21世纪法学系列教材

诉讼法系列

民事强制执行法要义与实务

石 淼 著

图书在版编目(CIP)数据

民事强制执行法要义与实务 / 石淼著. -- 北京：
北京大学出版社，2025.5. -- ISBN 978-7-301-36082-8
Ⅰ．D925.118.4
中国国家版本馆 CIP 数据核字第 2025YR1636 号

书　　　名	民事强制执行法要义与实务
	MINSHI QIANGZHI ZHIXINGFA YAOYI YU SHIWU
著作责任者	石　淼　著
责 任 编 辑	周　菲
标 准 书 号	ISBN 978-7-301-36082-8
出 版 发 行	北京大学出版社
地　　　址	北京市海淀区成府路 205 号　100871
网　　　址	http://www.pup.cn
新 浪 微 博	@北京大学出版社　@北大出版社法律图书
电 子 邮 箱	编辑部 law@pup.cn　总编室 zpup@pup.cn
电　　　话	邮购部 010-62752015　发行部 010-62750672　编辑部 010-62752027
印 刷 者	北京圣夫亚美印刷有限公司
经 销 者	新华书店
	730 毫米×1020 毫米　16 开本　22.75 印张　360 千字
	2025 年 5 月第 1 版　2025 年 5 月第 1 次印刷
定　　　价	68.00 元

未经许可，不得以任何方式复制或抄袭本书之部分或全部内容。
版权所有，侵权必究
举报电话：010-62752024　电子邮箱：fd@pup.cn
图书如有印装质量问题，请与出版部联系，电话：010-62756370

作者简介

石淼,广东省珠海市香洲区人民法院审判委员会委员,一级法官,曾任北京理工大学珠海学院民商法律学院教授。

自1991年从中国政法大学毕业后在民商事审判执行一线工作逾三十年,承办过传统民事、商事、涉外商事、执行实施及异议审查案件近五千件,公开发表论文及案例分析文章二十余篇。近年来,持续在大学教授民事诉讼法课程,讲授视角独特,将理论与实务知识融会贯通,深受学生欢迎。

2021年出版独著《民事诉讼法要义及实务》(北京大学出版社"21世纪法学系列教材"),受到大学法科生及法律实务工作者的广泛好评。

内 容 介 绍

本书定位:学生本位;读者视角;实务工具。

本书以《民事强制执行法(草案)》为蓝本,内容全面具体,涵盖全部执行程序,对与执行程序相关联的破产程序、执行异议之诉等亦有介绍。一书在手即可学习执行程序的全部知识点。

本书内容通俗易懂,在不失严谨之下,措词用语力求言简意赅。真实典型案例及图、表的加入,让读者能够轻松学习、快速理解、精确记忆。

本书将理论与实务融会贯通,适用人群广。在切实解决执行难的"大执行"理念之下,审判人员需要学习执行程序已是大势所趋,故本书适用于法院全体审判法官及辅助人员。执行队伍流动性较强,法官、执行员及辅助人员转入执行队伍后,迫切需要一本内容全面具体且有实务指导价值的学习手册,以满足对执行程序体系化"补课"之需,本书应是不错的选择。此外,律师、企业法务人员执业亦离不开执行程序,本书可作为他们提供法律意见、代理执行案件的好帮手。

本书可作为大学教学参考资料。学习本书,学生能够通过对执行实务知识的学习加深对理论知识的理解,反过来又潜移默化地提升学生对理论知识的实践运用能力,以最大限度地贴近实务教学。

"石"话实说

2022年6月21日,《民事强制执行法(草案)》首次提请全国人大常委会审议。因对"审执分离"模式存在较大意见的分歧,搁置审议两年后,全国人大常委会终止了首部民事执行领域专门立法的进程。全国人大宪法和法律委员会在报告中认为,实行"审执分离"改革,是采取内部分离还是外部分离,如何深化执行体制改革,需要根据党中央精神作出改革决策,然后才能推进相关立法。立法工作虽然暂停,但学术界与实务界对民事强制执行制度的讨论与探索仍在继续,《民事强制执行法(草案)》作为汇编既往执行程序与探索执行创新的"集大成者"愈发引人关注。

《民事强制执行法(草案)》对现行执行程序变动较大,借鉴域外立法,新设若干执行制度,仅新增的涉执行诉讼类型就有五种之多。草案同时也是对各地执行机构正在探索并卓有成效的诸多执行方法的提炼与总结,比如对人身保险合同现金价值等新类型财产权的执行,对登记在配偶名下的夫妻共同财产的执行等。对草案进行研究,既可以对既往民事执行方面零碎分散的几百件司法解释进行系统梳理,也可以对诸如"强制管理""按日罚款"等创新制度进行探究。继而拨云见日,引发启迪与灵感,借鉴草案中成熟且可行的创新方法解决现存的"执行难"问题。

执行程序非常复杂,且实务性极强,没有实务经验很难对其有深入透彻的理解。笔者在法院民商事一线工作逾三十年,其中有六年执行工作经历。近年来,持续在大学讲授民事诉讼法课程,对于执行程序的理论与实务都熟稔于心,深有体会。2021年9月,笔者独著《民事诉讼法要义及实务》由北京大学出版社出版,受到大学法科生及法律实务工作者的广泛好评。该书对当时的执行程序的介绍已非常详尽,为笔者根据草案内容重新编著本书奠定了基础。

笔者以《民事强制执行法(草案)》为蓝本,结合教学与实务经验,力求对草案进行全方位解读。全书将执行程序基本理论与必要的实务知识有机结合,措词用语简明扼要,通俗易懂;内容全面具体,涵盖全部执行程序,对与执行程序相关联的破产程序、执行异议之诉等亦有介绍。通过本书的学习,笔者力求让读者一书在手,不必再翻找其他资料,即可系统学习全部有关执行程序的内容。

为了让读者能够轻松阅读、快速理解及精确记忆,本书将真实典型案例与图、表相结合。在大部分执行程序开始介绍前,都穿插导入案例,以期先让读者对知识点建立直观印象,在接下来正式学习时更易于理解。紧随其后,多数程序都配有相应流程图,或配有类似程序知识点的对比列表,可以让读者再一次加深印象。

本书可作为执行实务用书。近年来,为了"基本解决执行难"及"切实解决执行难",各级法院持续扩充执行队伍,执行人员数量通常占法院总人数的四分之一左右。并且,执行队伍流动性较强,执行人员更迭频繁。法官、执行员及辅助人员转入执行队伍后,迫切需要一本内容全面具体且有实务指导价值的学习手册,以满足对执行程序体系化"补课"之需,本书应是不错的选择。此外,律师、企业法务人员执业亦离不开执行程序,本书可作为他们提供法律意见、代理执行案件的好帮手。

本书亦可作为大学教学参考资料。2017年5月,习近平总书记在中国政法大学考察时,就全面推进依法治国、加强法治人才培养等发表了重要讲话,强调要加快构建中国特色法学学科体系,处理好法学知识教学和实践教学的关系。我国法学院校法学理论与实践教学存在脱节已是不争的事实,处理好二者的关系需有诸多方面的配套,需要假以时日。一本理论与实务融会贯通的参考资料,既可以让学生通过对执行实务知识的学习加深对理论知识的理解,又可以反过来潜移默化地提升学生对理论知识的实践运用能力,这也是笔者编撰本书的初衷之一。

感谢周菲编辑的辛勤编审,感谢北京大学出版社的再次垂青!

由于能力、学识所限,错漏之处在所难免,敬请各位见谅并指正。

聊作自序。

石 淼

2024年9月于南海之滨

本书常用法律文件缩略语

◆ 法　律

《中华人民共和国宪法》（2018 修正）——————————《宪法》
《中华人民共和国民法典》——————————————《民法典》
《中华人民共和国民事诉讼法》（2023 修正）————《民事诉讼法》
《中华人民共和国企业破产法》——————————《企业破产法》
《中华人民共和国法官法》（2019 修订）——————————《法官法》

◆ 司法解释

《最高人民法院关于适用〈中华人民共和国民事诉讼法〉的解释》
————————————————————————《民诉法解释》
《最高人民法院关于人民法院民事执行中查封、扣押、冻结财产的规定》
（2020 修正）——————————————————《查封、扣押规定》
《最高人民法院关于人民法院执行工作若干问题的规定（试行）》
（2020 修正）——————————————————《执行问题规定》
《最高人民法院关于人民法院民事执行中拍卖、变卖财产的规定》
（2020 修正）——————————————————《拍卖、变卖规定》
《最高人民法院关于执行担保若干问题的规定》（2020 修正）
————————————————————————《执行担保规定》
《最高人民法院关于人民法院办理执行异议和复议案件若干问题的规定》

（2020修正）——————————————————《执行异议规定》

《最高人民法院关于适用〈中华人民共和国民事诉讼法〉执行程序若干问题的解释》（2020修正）——————————《执行程序解释》

《最高人民法院关于在执行工作中进一步强化善意文明执行理念的意见》——————————————————————《善意执行理念》

《最高人民法院关于民事执行中财产调查若干问题的规定》（2020修正）——————————————————————《调查规定》

目录 Contents

第一章　执行程序绪论　001
　第一节　执行程序概述　001
　第二节　民事强制执行法　011

第二章　执行机构、执行管辖与执行依据　017
　第一节　执行机构与执行人员　017
　第二节　执行管辖　021
　第三节　执行依据　030

第三章　执行措施与制裁措施　037
　第一节　执行措施　037
　第二节　制裁措施　047

第四章　执行立案与执行调查　064
　第一节　执行立案　064
　第二节　执行调查　081

第五章　委托执行与协助执行　101
　第一节　委托执行　101
　第二节　协助执行　108

第六章　执行担保、执行承担与执行和解　119
　第一节　执行担保　119

第二节　执行承担　　123
　　第三节　执行和解　　134

第七章　执行救济　　141
　　第一节　执行异议与复议　　142
　　第二节　案外人异议　　151
　　第三节　案外人异议之诉与被执行人异议之诉　　159
　　第四节　执行回转　　167

第八章　金钱债权的终局执行　　172
　　第一节　迟延履行利息　　172
　　第二节　执行财产的范围　　175
　　第三节　对不动产的执行　　178
　　第四节　对动产的执行　　197
　　第五节　对存款、收入等资金的执行　　200
　　第六节　对一般债权的执行　　204
　　第七节　对股权等其他财产权的执行　　210
　　第八节　对共有财产的执行　　222

第九章　清偿与分配　　231
　　第一节　清偿　　231
　　第二节　分配的程序　　234
　　第三节　分配方案异议与异议之诉　　246

第十章　非金钱债权的终局执行　　252
　　第一节　物之请求权的执行　　252
　　第二节　行为请求权的执行　　263

第十一章　保全执行　　270
　　第一节　诉前保全与诉讼保全程序　　270
　　第二节　保全的执行　　287

第十二章　执行的停止与终结　　295
　　第一节　不予执行　　296
　　第二节　执行中止与执行终结　　305
　　第三节　执行转破产　　315

第十三章　执行监督　　329
　　第一节　执行监督的申请与审查　　330
　　第二节　上级法院的执行监督　　339
　　第三节　检察监督　　344

参考文献　　351

第一章 执行程序绪论

强制执行的功能在于,债权人的正当权益通过私力救济得不到实现时,由人民法院以国家强制力为后盾依法实施公力救济。对于债权人,法院的基本责任就是积极履行职责,穷尽法律规定的各种救济措施,不得疏忽大意、懈怠涣散、行动迟缓。对于债务人,法院的基本责任是严格按照法律规定的条件、程序和方式采取强制措施,不得超越职权、滥用职权。追求程序公正、弘扬程序正义,是执行工作永恒的价值取向。

第一节 执行程序概述

导入案例 1-1

因燕某在微博上指某知名女艺人是"坐台小姐",该女艺人起诉其侵犯名誉权。法院判决燕某赔偿 6 万元并赔礼道歉,但他始终没有履行判决。后法院通过官方微博喊话让燕某去法院谈话,但至今仍无回应。某日下午,法院执行法官前往燕某公司所在地欲采取强制措施。但公司大门紧锁,燕某也不知去向。目前法院将燕某列入失信黑名单并将对他继续追查。

名下无存款无房产

据法官介绍,燕某名下没有存款也没有房产。他名下原登记有一辆捷豹轿车。但经过调查,该车已经被出售并且转移到了外省,而且该车牌此后再未进行车辆登记。此后,法官调查发现,燕某曾是某投资顾问有限公司的法定代表人。法官随后到工商机关查询该公司工商登记情况,发现公司法定代表人由燕某变成了于某，注册资本由10万元变更成了100万元，股东由原来的燕某一人变更为燕某、于某两人，其中燕某持股90%。

上门强执未见人

某日下午，执行庭法官前往燕某公司所在地向其送达股权冻结书，对其进行强制执行。现场可见公司名称还在该楼层的指示牌上，但是公司大门紧锁，屋内也没有人。法官与物业公司工作人员协商能否打开该公司的门，让执行法官进去看看，但物业公司工作人员称，房间目前属于某广场，他们要向上级请示后才能答复。不久之后，某广场的法律顾问也赶到现场，这名法律顾问告诉法官，今年3月3日，因为燕某的公司欠租，他们已经单方面强制终止了与燕某公司的租约，并向法官展示了终止函。

已进入失信黑名单

法官表示，下一步，他们将继续寻找燕某，要求他履行法院判决。此外，法院还会继续寻找燕某的公司，并给这家公司发通知。"在这家公司里，燕某有90万的股权，我们将要求这家公司冻结燕某的股权红利。他也要在全国公开发行的报纸显著位置以及微博置顶位置道歉。"根据判决，其中微博置顶位置的道歉要求放置15天。

此外，法官还表示，他们已经将燕某列入最高人民法院的失信者黑名单，并对其限制出境。"我们查到他拥有香港永久居住证，但是他并没有注销内地户口。目前并不知道他是在内地还是在香港，如果在内地，一旦他出境就会被发现，当然他可以入境，这对案件执行有利。此外，因为被列入失信黑名单，他也无法购买机票。"

法官最后表示，法院将会继续对其进行强制执行，如果燕某仍然拒不履行判决，找到人后将根据法律对其进行处罚。根据刑法规定，拒不履行法院判决将被判处3年以下有期徒刑、拘役或者罚金。

一、执行概述

（一）执行的概念

民事执行，又称为民事强制执行，是指法院的内设执行机构以法院、仲裁机构、公证机构等作出的法律文书为执行依据,依照法律规定的条件、程序和方式,运用国家强制力,强制债务人履行生效法律文书所确定的义务,以实现债权人民事权利的行为。简言之,民事执行就是法院执行机构强制债务人履行生效法律文书所确定的义务的行为。本书讨论的是民事执行问题,因此将民事执行简称为执行。如无特指,本书中的执行均指民事执行。

一份法律文书生效后,如果债务人主动全部履行了法律文书确定的义务,这份法律文书就不需要债权人向法院执行机构申请强制执行。但如果债务人全部或部分没有履行法律文书确定的义务,债权人就可以申请法院行使强制执行权,以满足或实现债权人的债权。债权人向法院请求的权利称为民事强制执行请求权(程序权利)。民事强制执行请求权属于公法上的权利,具有法定性和强制性的特点,不因债权人的意思而任意处分,也不因债权人抛弃而消灭。当然,执行依据所载的债权人的权利是债权人针对债务人的民事实体法上的请求权(实体权利),也称为执行债权。执行债权是私法上的请求权利,具有私法性质,债权人可以任意处分。比如:债权人可以选择申请强制执行或不申请强制执行;执行程序启动后可以撤回执行申请;债权人还可以放弃部分执行债权,与债务人达成执行和解;等等。

实务中经常提及债务人履行生效法律文书确定的义务,或债务人没有履行义务等。履行一词与执行的含义不同。执行程序中的履行是指债务人主动完成生效法律文书确定义务的行为,强调债务人的主动性。执行则是执行机构强制债务人完成生效法律文书确定义务的行为,重在强制性。

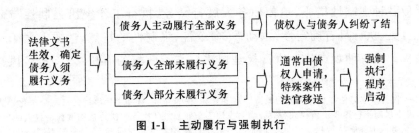

图 1-1 主动履行与强制执行

(二) 执行的特征

执行的目的在于强制实现生效法律文书所确定的权利义务。作为法定执

行机关人民法院的一项专门活动,执行具有以下法律特征:

1. 执行由法院内设的执行机构进行。执行须由国家授权的机关进行,严禁任何单位、组织或个人进行私力救济。① 在我国,法定的民事案件执行机构是法院,且是唯一法定机构。②

2. 执行以执行依据为根据。执行的本质为执行生效法律文书确定的义务,执行机构的执行活动必须以生效的法律文书为依据展开。

3. 执行是执行机构行使公权力的强制行为。执行机构实施强制措施,迫使债务人履行义务,强制执行是民事执行的本质属性。

4. 执行是实现生效法律文书确定义务的行为。执行机构实施强制措施,将生效法律文书中确定的债权人的权利转化为现实的权利。

5. 执行必须依据法律规定的条件、程序和方式,及时、高效、持续地进行,非因法定情形并经法定程序不得停止。执行机构的执行行为必须受执行程序的约束,才能保证执行权力的规范行使。

(三) 执行权的性质

对于执行权的性质目前存有争议:第一种观点认为执行权是由法院执行机构行使的,执行机构是法院的内设机构,法院是审判机关,执行权是法院审判权的组成部分,具有司法权的性质。第二种观点认为执行与审判是两种不同性质的工作。执行的目的在于强迫债务人履行债务,其前提是当事人的纠纷已得到解决,债权人的债权已经由生效法律文书确认,执行的内容、对象都已明确。执行人员应当根据作为执行依据的生效法律文书确定的义务,主动地采取各种强制性措施,迫使债务人履行义务,执行工作突出强制性与命令性。可见,执行具有确定性、主动性、命令性、强制性的特点,性质上属于一种行政权。第三种观点认为执行权是司法权与行政权的有机结合,虽然执行过

---

① 执行原本是依靠债权人私力救济。19世纪末20世纪初,伴随着民事诉讼法的公法化趋势,在德国,民事强制执行逐步由债权人"私的执行"发展到全面的"官"执行。执行机构取代债权人的地位独占了对债务人的强制执行权。参见吴光陆:《强制执行法拍卖性质之研究》,台湾五南图书出版公司1987年版,第13页。

② 执行权通常由法院内设的专门执行机构(执行局)行使。部分法院的人民法庭根据执行局授权可以执行本法庭审理的案件。其依据为《最高人民法院关于执行权合理配置和科学运行的若干意见》(法发〔2011〕15号)第10条"执行权由人民法院的执行局行使;人民法庭可根据执行局授权执行自审案件,但应接受执行局的管理和业务指导"的规定。

程中诸如对被执行人的财产进行调查、实施控制、处分等非裁决事项具有确定性、主动性、命令性、强制性等行政权的特性,但执行权还包括许多对执行中的实体性与程序性问题裁决的事项,因此,司法权与行政权在执行权中兼有体现。通说认为,执行权兼具司法权与行政权的特性,是二者的有机统一。

(四)民事执行与行政执行、刑事执行的区别

民事执行不同于行政执行。行政执行由行政机关或法院进行。行政机关直接执行的是行政机关自身作出的某些行政处罚决定、处理决定等法律文书。由法院执行的行政执行文书包括法院作出的行政案件裁判文书、行政案件调解书,以及部分行政机关作出的行政处罚决定、处理决定。而民事执行只能由法院进行,执行依据是民事法律文书。执行过程中,行政执行不存在执行和解,只能强迫义务人履行义务。民事执行债权人与债务人可以达成和解协议,对法律文书确定的主体、权利义务内容、履行期限、履行方式等内容进行变更,法院可以执行和解方式结案。

民事执行也不同于刑事执行。刑事执行的依据是刑事裁判文书。执行机构也随着刑种的不同而不同:刑事裁判文书中的自由刑由公安机关或司法行政机关下属的监狱执行;罚金、没收财产等财产刑以及死刑由法院执行机构执行。此外,刑事附带民事判决书、裁定书、调解书的执行则属于民事执行的范畴,由法院执行机构执行。

(五)执行程序的立法体例及法律渊源

世界各国和地区有关执行程序的立法体例主要有以下四种:(1)将执行程序的内容规定在民事诉讼法中,如德国。(2)将执行程序的内容规定在破产法中,如瑞士、土耳其。(3)将执行程序的内容规定在其他法律中,如美国、意大利。(4)制定独立的民事执行法典,如日本、法国和我国台湾地区。我国目前采取的是第一种体例,将执行程序单独成编规定在《民事诉讼法》第三编中。《民事强制执行法》颁布后,将宣告我国对执行程序的立法体例正式转变为制定独立的执行法典。

我国对执行程序的规定除了《民事诉讼法》执行编之外,还有非常繁杂的

司法解释。① 至 2023 年年底仍然有效的司法解释主要包括:《最高人民法院关于人民法院执行工作若干问题的规定(试行)》(简称《执行问题规定》);《最高人民法院关于人民法院民事执行中查封、扣押、冻结财产的规定》(简称《查封、扣押规定》);《最高人民法院关于人民法院民事执行中拍卖、变卖财产的规定》(简称《拍卖、变卖规定》);《最高人民法院关于适用〈中华人民共和国民事诉讼法〉执行程序若干问题的解释》(简称《执行程序解释》);《最高人民法院关于人民法院办理执行异议和复议案件若干问题的规定》(简称《执行异议规定》)等。这些司法解释与《民事诉讼法》一起构成我国执行程序的法律渊源。

二、执行程序和审判程序的关系

民事诉讼程序有广义与狭义之说。广义的民事诉讼程序包括审判程序与执行程序。目前执行程序独立成编规定在《民事诉讼法》中,而总则编"人民检察院有权对民事诉讼实行法律监督"规定中的"民事诉讼"本身就是审判程序与执行程序的总称,可见,目前民事诉讼程序采广义说,泛指审判程序与执行程序。在《民事强制执行法(草案)》中,执行程序脱离《民事诉讼法》独立成法,民事诉讼程序随之也采狭义说,特指审判程序。

执行程序与审判程序都是以国家公权力为基础,二者有一定联系,但也有明显区别。

(一)执行程序和审判程序的联系

1. 两种程序的运行都是以国家公权力为基础,目的都是通过国家公权力保护当事人的合法权益。

2. 民事执行所依据的生效法律文书多数都是由法院通过审判程序(含特别程序、公示催告程序、督促程序等非讼程序)作出,审判程序是执行程序的前提与基础;法院通过审判程序作出的生效法律文书,在债务人不履行法律文书确定的义务时,债权人需要通过向法院申请强制执行来实现其债权,因此,执行程序是审判程序的继续与完成。

3. 两者之间存在交叉关系。《民事强制执行法(草案)》规定,执行过程

---

① 我国目前关于执行程序的司法解释多达上百件(包括最高人民法院针对个案的"批复")。

中,当事人、利害关系人就实体权利义务产生争议的,可以向法院提起诉讼,由法院审判机构按照民事审判程序审理,但是法律明确规定通过其他方式解决的除外。执行程序中涉及当事人、利害关系人实体权利义务的判断,需通过审判程序审理确定。比如,执行程序中案外人对执行标的物主张实体权利,最终要由审判机构通过审判程序审理作出裁判。而审判程序中的诉讼保全与先予执行,则要由执行机构适用执行程序的有关规定具体实施。

此外,《最高人民法院关于执行权合理配置和科学运行的若干意见》(法发〔2011〕15号)规定,审判机构在审理确权诉讼时,应当查询所要确权的财产权属状况,发现已经被执行局查封、扣押、冻结的,应当中止审理;当事人诉请确权的财产被执行局处置的,应当撤销确权案件;在执行局查封、扣押、冻结后确权的,应当撤销确权判决或者调解书。该规定亦体现出执行程序和审判程序的交叉关系:审判机构审理确权诉讼,需要查询确权财产是否被执行机构采取查封等控制性措施或已被执行机构处置。确权财产已被执行机构采取查封等控制性措施的,审判机构无权继续审理,应当撤销案件;确权财产已被执行机构处置的,应当以审判监督程序撤销已经生效的判决书或调解书。

(二)执行程序和审判程序的区别

1. 两者的权力基础不同。审判程序是以国家审判权为基础的法定程序,执行程序是以国家执行权为基础的法定程序,执行权是司法权与行政权的有机结合。

2. 纠纷的解决对两者的需求不同。一件民事纠纷在法院裁判或调解后,如果义务方主动履行法律文书确定的义务,则不需要进入执行程序,因此,执行程序不是通过法院解决纠纷的必经程序,而审判程序是必经程序。

3. 两者的功能不同。执行程序的功能是实现生效法律文书确定的债权人权利,审判程序的功能则是确定当事人之间争议的民事权利义务关系。

4. 程序制度内容的构成不同。执行程序是单一程序,审判程序是由一审、二审、再审等诉讼程序与非讼程序共同构成的复合程序。

5. 审判程序仅审理当事人起诉至法院的纠纷或请求。执行依据不仅包括法院审判机构制作的生效法律文书,还包括仲裁机构、公证机构等其他机构制作的生效法律文书。

三、执行的分类

执行的分类在理论和实务中都具有非常重要的意义。不同的执行类别，对应的执行措施与执行方法有所不同，具体程序则可能千差万别。依据不同的标准，执行可以有不同的分类。

(一) 终局执行与保全执行

以执行的结果为标准，执行可分为终局执行和保全执行。终局执行是指使债权人的权利获得最终实现的执行。比如，执行机构根据执行依据，强制债务人履行给付债务的义务，债权人的债权得以全部实现。保全执行是指暂时维持债务人财产现状，以保证将来判决得到顺利执行的执行。比如，执行机构依据财产保全裁定对债务人财产采取查封措施，限制债务人处分其财产。上述两种执行行为所追求的效果不同，终局执行以最终实现权利人权利为目的，而保全执行以保证将来终局执行为目的，为终局执行提供必要的保障。民事执行原则上指终局执行，保全执行为其例外。

(二) 直接执行、间接执行与替代执行

以执行的方法为标准，执行可分为直接执行、间接执行与替代执行。直接执行是直接针对执行标的物的执行，比如划拨被执行人的存款。间接执行是不直接针对执行标的物执行，而是通过给予债务人一定的处罚，以迫使债务人履行义务的执行，比如罚款、拘留等。替代执行是指执行机构责令他人代替债务人履行债务，而由债务人负担费用的执行。比如，对债务人不履行执行依据确定的限期拆除围墙义务的行为，执行机构可指定他人拆除围墙，拆除费用由债务人负担。

(三) 金钱债权的执行与非金钱债权的执行

以债权种类为标准，执行可分为金钱债权的执行与非金钱债权的执行。金钱债权的执行是指实现执行依据所确定金钱债权的执行，比如支付货款、返还借款等。为满足金钱债权，可以对债务人的财产或人身进行执行。非金钱债权的执行是指为实现金钱债权之外的债权而进行的执行。非金钱债权的执行又分为物的交付的执行（如返还特定物）与行为的执行（如停止侵害）两种。

金钱债权的执行与非金钱债权的执行,因实现的权利性质不同,二者的执行方法也有所不同。

（四）对财产执行与对行为执行

以执行标的的性质为标准,执行可分为对财产执行与对行为执行。对财产执行是指以债务人的财产作为执行标的,要求债务人给付金钱或交付标的物的执行。比如,强制债务人以给付金钱的方式赔偿损失、强制债务人退出侵占的房屋等。对行为执行是指以债务人的行为为执行标的,强制债务人履行某种义务的执行。对财产的执行可采取直接的强制措施,而对行为的执行,一般采取间接的执行措施,或者采用替代执行的方法进行。比较典型的是离婚后婚生子女探望权的执行。比如,某夫妻离婚后女方居住在深圳市,男方去广州市工作,儿子被判决随男方一同生活。男方将儿子送至哈尔滨其父母处,致使女方常年无法行使探望权。女方申请强制执行探望权,法院如采用直接执行措施强行将儿子交给女方探望,可操作性不强,也不利于未成年人的身心健康,所以只能采用强制男方履行义务的间接执行措施。

四、执行信息公开

导入案例 1-2

A 市某网络公司与 B 市某网络公司联营合同纠纷一案,经法院审理判决:被告 B 市某网络公司支付原告 A 市某网络公司游戏分成款 600 万元。由于 B 市某网络公司未按照文书确定的时间履行义务,A 市某网络公司向法院申请立案执行。执行中法院查得可供执行财产为车辆、股权和少量存款,价值有限,难以短时间内实现执行债权。由于被执行人有履行能力但未履行任何义务,也未报告财产,法院遂将其纳入失信被执行人名单进行信用惩戒。

被纳入失信被执行人名单后,被执行人在与 C 市企业签订合作协议时,因属于失信被执行人而遭到拒绝。为签署合作协议,被执行人与申请人达成执行和解协议,约定分期支付游戏分成款,并由股东提供执行担保。和解协议还约定支付首笔款项后申请人向法院申请删除失信信息。此后,被执行人按照执行和解协议履行了义务,申请人向法院申请删除失信信息。经法院审核,删除了被执行人的失信信息。

该案C市企业为防范经营风险,以中国执行信息公开网公布的失信被执行人名单为参照进行信用评价,拒绝与失信被执行人开展合作,被执行人迫于无奈只得积极履行义务。此案的顺利执行终结,彰显了执行信息公开的重要意义与价值。

《民事强制执行法(草案)》第26条规定:"人民法院应当建立网络信息平台,将执行当事人、终结本次执行程序案件、限制消费、失信惩戒、执行裁判文书等信息向社会开放,对依法应当由案件当事人知悉的信息通过信息化方式及时向其推送。"执行信息公开包括两方面的内涵,一是向社会公众公开执行当事人、终结本次执行程序案件、限制消费、失信惩戒、执行裁判文书等信息,二是及时向执行案件当事人推送其应当知悉的执行案件流程信息。执行信息公开是法院司法公开的重要内容,也是推进法院执行工作、破解"执行难"、促进社会诚信体系建设的重要手段。2013年11月21日,最高人民法院施行《最高人民法院关于推进司法公开三大平台建设的若干意见》(法发〔2013〕13号),全面推进包括审判流程公开、裁判文书公开、执行信息公开在内的三大平台建设。2014年11月1日,中国执行信息公开网正式开通,成为全国统一的执行信息公开平台。

中国执行信息公开网平台开通后,当事人可登录查询未执结案件的基本信息、失信被执行人名单信息和执行裁判文书信息,还可以通过自己的姓名、身份证号码、执行案号登录查询案件的流程信息,包括执行立案、执行人员、执行程序变更、执行措施、执行财产处置、执行裁决、执行款项分配、暂缓执行、中止执行、执行结案等信息,在线了解执行案件进展情况。社会公众可以方便地查询执行案件立案标准、启动程序、执行收费标准和依据、执行费缓减免的条件和程序、执行风险提示、悬赏公告、拍卖公告等信息,还可以根据被执行人的姓名或名称、身份证号或组织机构代码进行查询:(1)未结执行实施案件的被执行人信息;(2)失信被执行人名单信息;(3)限制出境被执行人名单信息;(4)限制招投标被执行人名单信息;(5)被限制消费的被执行人名单信息等。

执行信息公开是提高执行效率、防止执行腐败的"一剂良药"。《最高人民法院关于进一步完善执行权制约机制 加强执行监督的意见》(法〔2021〕322号)对深化执行公开提出新目标:进一步优化执行信息化公开平台,将执行当事人、终本案件、限制消费、失信惩戒、财产处置、执行裁判文书等信息向社会全面公开,对依法应当公开的执行流程节点、案件进展状态通过手机短信、微信、诉讼服务热线、手机 App 等及时向案件当事人推送,实现执行案件办理过程全公开、节点全告知、程序全对接、文书全上网,保障当事人和社会公众的知情权、参与权和监督权,让执行权在阳光下运行。广泛开展"正在执行"全媒体直播等活动,凝聚全社会了解执行、理解执行、支持执行的共识。有效解决暗箱操作、权力寻租顽疾。

第二节　民事强制执行法

一、《民事强制执行法(草案)》的公布

2018 年 9 月,民事强制执行法被纳入十三届全国人大常委会立法规划二类项目,确定最高人民法院为牵头起草单位。最高人民法院在充分调研的基础上,形成草案初稿。此后,通过法院系统内部座谈、专家研讨会等方式,对初稿进行多次修改,于 2019 年 9 月形成草案征求意见稿。

围绕草案征求意见稿,最高人民法院向中央组织部、中央编办、最高人民检察院、公安部等中央和国家机关,部分科研机构、社会团体、专家学者、全国人大代表、全国政协委员,各高级人民法院等书面征求意见。并通过召开座谈会等方式,进一步听取公安部、司法部等有关单位和社会团体、地方法院、地方人大代表和政协委员、企业代表等意见。2019 年 12 月,最高人民法院召开专家论证会,对草案征求意见稿进行全面研讨,对重点问题、重点条款逐一深入论证,形成广泛共识。2019 年年底,将草案征求意见稿报全国人大监司委、全国人大常委会法工委。在全国人大监司委、全国人大常委会法工委指导下,结合各方反馈意见,对总体篇幅、体例结构、条文内容等进行修改完善后形成了草案。

2022年1月,最高人民法院党组对草案进行专题研究,并向中央政法委书面报告。2022年2月,最高人民法院向全国人大常委会法工委汇报起草情况,5月向全国人大监司委全体会议汇报起草情况,根据两次会议意见进一步修改完善,形成了提请审议的《中华人民共和国民事强制执行法(草案)》。草案分为四编十七章,共207条,各编依次为总则、实现金钱债权的终局执行、实现非金钱债权的终局执行、保全执行,以及附则。在体例结构上,参考《民法典》,采用编章节的体例和总分结构;在立法技术上,逐级提取"公因式",尽可能减少条文,也提高结构的系统性;在草案内容上,注重总结具有实践基础、中国特色的执行查控、执行财产变现、执行管理模式,并把制约和监督执行权、规范执行行为,以及通过执行实践和司法解释解决不了的法律适用难题作为起草重点。

以下从学理上对民事强制执行法作为一部法律的性质等内容进行探讨。

二、《民事强制执行法》的性质

一部法律的性质,可以从多个角度加以考察与确定,《民事强制执行法》亦不例外。《民事强制执行法》的性质主要包括:

1.《民事强制执行法》是基本法

所谓基本法,是指由全国人民代表大会制定和修改的,规定或调整国家和社会生活中在某一方面具有根本性和全面性关系的法律。按照法律地位与作用的不同,法律分为根本法、基本法、一般法。在我国法律体系中,效力最高的是宪法,宪法是根本大法,它规定了国家体制、政治制度、公民基本权利和义务等重大问题,是制定其他法律的依据。《民事强制执行法》根据宪法制定,法律地位仅次于宪法,法律位阶属于基本法。

2.《民事强制执行法》是公法

公法与私法是大陆法系国家法学理论上的一种分类。公法调整国家管理社会的法律关系,私法则调整私人生活的法律关系,尤其是民事法律关系。在强制执行程序中,无论是对实体争议和程序争议的裁决,还是对各种执行措施的实施,均体现了国家公权力的运行。《民事强制执行法》规范国家执行机关的组织及其运用权力的程序,属于公法的一种。

3.《民事强制执行法》是程序法

法律依其内容可分为实体法和程序法。前者是规定实体权利义务的性质、范围及其存在与否的法律,后者是规定实现实体权利义务的手续的法律。《民事强制执行法》的主要内容是规定执行机关行使公权力实现生效法律文书所确定的权利的程序,属于程序法。

4.《民事强制执行法》是个别执行法

民事强制执行程序与破产清算程序,均是利用国家公权力按照法律规定来实现债权的法律程序。但是,民事强制执行属于个别执行,即以债务人的部分财产满足个别债权人的债权,其前提是债务人的财产能够清偿到期债权(即不存在破产事由)。破产清算程序则是将债务人的全部财产在全体债权人中按各自债权比例进行公平分配,一次性地解决全部债权人与债务人之间的债权债务关系。当债务人的财产不足以清偿到期债权,即债务人存在破产事由时,破产程序的适用优先于民事强制执行程序。

三、《民事强制执行法》的基本原则

我国学者对《民事强制执行法》应当包括哪些基本原则一直见仁见智,各执一词。法律创设民事强制执行的目的在于迅速、快捷地实现生效法律文书确认的权利义务关系,因此,"效率"是民事强制执行的根本价值追求。在追求效率价值的同时,还必须防范执行权的不正当行使,以及发生损害时及时给予救济,因此,"公正"也是民事强制执行的另一项价值追求。围绕公正与效率的价值追求,《民事强制执行法》的基本原则主要有:

1. 诚信原则

诚实信用原则被称为民法的"帝王原则",我国《民法典》颁布之前,《民法总则》《合同法》对此均有相关规定,《民法典》总则编中再次明确了这一原则。2012年《民事诉讼法》首次规定了民事诉讼的诚实信用原则。民事诉讼的诚实信用原则来源于罗马法的诚信诉讼。为与《民法典》规定表述一致,2021年《民事诉讼法》修改"诚实信用原则"为"诚信原则",诚信是诚实信用的简称。《民事强制执行法(草案)》中也规定了民事强制执行活动应当遵循诚信原则,具体包括禁止滥用执行程序权利、禁反言、真实义务等。比如:规定被执行人必须

如实报告财产；代位权执行中的次债务人提出异议作虚假陈述的，法院应当予以处罚，给申请执行人造成损害的，还应当承担赔偿责任；债权人申请分配时作虚假陈述的，法院应当予以处罚，造成被执行人或其他债权人损害的，应当承担赔偿责任；等等。《民事强制执行法》诚信原则的适用主体不仅包括执行当事人和利害关系人，还包括执行法官、执行员在内的全体执行人员，以及办理执行辅助事项的机构和人员。

2. 严格按照法定程序进行原则

执行具有命令性、强制性、主动性等行政权属性，如行使不当，极易对被执行人及利害关系人的财产甚至人身造成损害，因此，民事强制执行活动必须严格按照法律规定的条件、程序和方式进行。执行人员不得超越职权、滥用职权。追求程序公正、弘扬程序正义，是执行工作永恒的价值取向。

3. 执行效率原则

审判活动突出公正，执行活动则更加强调效率。执行程序启动后，执行人员须尽量缩短办案周期，尽可能迅速、充分地实现申请执行人的债权，因此，民事强制执行应当及时、高效、持续进行。并且执行程序一经启动，非因法定情形（含执行中止、暂缓执行、终结本次执行、执行转破产与终结执行），并经法定程序，不得停止。

4. 公平、比例原则

《宪法》是国家的根本大法，《民事强制执行法》根据《宪法》而制定。从《宪法》对人权、财产权保护的角度来理解和认识执行程序和制度，对于我们转变执行观念，准确适用《民事强制执行法》都有非常重要的意义。

保障债权人的债权及时、充分地得到实现和满足，不仅是《民事强制执行法》的要求，也是《宪法》对财产权等基本权利保护的要求。对债务人及其利害关系人而言，强制执行必然会触及他们的财产、住宅、人身自由、人格尊严等基本权利，对他们的基本权利和人格尊严给予充分尊重和保护也是《宪法》和《民事强制执行法》的要求。因此，民事强制执行应当公平、合理、适当，兼顾各方当事人和利害关系人的合法权益，不得超过实现执行目的所需的必要限度。比如，《民事强制执行法（草案）》规定了豁免执行财产制度：为了保障被执行人及其所扶养的家庭成员的基本生存权，不强制执行被执行人及其所扶养的家庭成员必需的生活、医疗、学习物品和相关费用；为保障被执行人的人格权，不强制执行勋章或者其他表彰被执行人荣誉的物品，以及不以营利为目的饲养并与被执行人共同生活的宠物等。①

四、《民事强制执行法》与《民事诉讼法》的关系

《民事强制执行法》与《民事诉讼法》均是依据《宪法》制定，法律位阶同属于基本法。二者之间主要的区别为：

1. 立法目的不同

《民事诉讼法》的立法目的是确认民事权利的存在与否，而《民事强制执行法》的立法目的在于保障和实现权利。因为二者的立法目的不同，所以各自的基本原则和制度设计在本质上也有着重大区别。民事诉讼采当事人主义，突出原告与被告的对抗；执行采法院职权主义，强调法院主动采取执行措施。民事审判程序的设计侧重于尊重当事人的意思自治，体现出强烈的当事人主义；而民事强制执行程序的设计更加突出职权主义倾向，强烈体现着法律的强制力。

2. 价值取向不同

公正和效率是司法活动的基本价值追求，但是司法活动的不同阶段对公正和效率的追求程度有所不同。《民事诉讼法》规定审判程序，该阶段的司法活动更加强调对公平的保障和维护，比如设计对抗制的庭审模式，设立严格而又复杂的审判程序等。《民事强制执行法》规定执行程序，该阶段的司法活动更加强调及时恢复被损害的法律秩序、及时救济权利，更加突出效率性。

关于《民事强制执行法》与《民事诉讼法》的联系，《民事强制执行法（草案）》第205条规定："民事强制执行，本法没有规定的，适用民事诉讼法的有关规定。"为减少条文数量，《民事强制执行法（草案）》对一些执行程序与审判程序通用的制度未作重复规定，比如执行程序中的文书送达制度、保全执行中的

---

① 多数西方强制执行理论认为，民事诉讼，法官居中裁判，为使两造当事人各尽攻击防御之能事，故采当事人平等主义，即当事人在民事诉讼中程序地位平等。强制执行程序中，债权人与债务人的权利义务已经过平等对抗的诉讼程序得以确定，强制执行的目的是迅速实现债权人的债权，其侧重点应当是保护和实现债权人的债权，故不宜再使债务人与债权人处于平等程序地位。我国《民事强制执行法（草案）》体现的原则与理念与此不同，更加强调公平、比例原则。

保全申请、保全裁定等一系列制度等。

《民事强制执行法（草案）》第 206 条还规定："人民法院执行行政生效法律文书、刑事生效法律文书涉财产部分，行政诉讼法、行政强制法、刑法、刑事诉讼法等没有规定的，适用本法的有关规定。"由此可见，人民法院执行行政生效法律文书、刑事生效法律文书涉财产部分时，行政诉讼法、行政强制法、刑法、刑事诉讼法等法律对执行程序有规定的，相关规定属于特别法，应当优先适用。上述法律没有规定的，适用《民事强制执行法》的有关规定。

思考题

1. 简述执行程序和审判程序的联系与区别。
2. 以执行的方法分类，民事执行可分为哪几种？各自的执行方法是什么？
3. 民事强制执行程序与破产清算程序对实现债权的解决机制有何不同？
4. 简述民事强制执行法中公平、比例原则的内涵。

第二章 执行机构、执行管辖与执行依据

第一节 执行机构与执行人员

一、执行机构概述

《民事强制执行法（草案）》第 9 条第 1 款、第 2 款规定："民事强制执行工作由人民法院负责。人民法院根据需要可以设立执行机构。"法院是负责民事强制执行的唯一法定机关，民事强制执行具体由法院内设的执行机构负责实施。[①] 执行机构，是法院为做好执行工作，根据执行工作的任务和需要而设立的专门负责执行生效法律文书的组织。我国法院内部实行审判与执行相分离的机制，执行机构与刑事、民事、行政等审判庭平行设置，同为法院的内设机构。目前，我国四级法院都设立了专门的执行机构，机构名称大多为执行局（个别地方还称为执行庭）。为了提高工作效率，执行局内部再设立综合、实施、裁决等内设机构，不同内设机构之间分工合作、互相配合、互相监督、互相制约。

执行机构的职能是专门负责执行生效的法律文书。为了保证执行工作的顺利有序进行，执行机构由法官、执行员、书记员和司法警察等人员组成。其中：法官负责办理包括作出拘留决定、罚款决定等重大事项在内的各类执行案件，以及各类执行异议的裁决工作；执行员负责办理执行实施案件，具体来讲，执行员负责执行工作的具体实施，但涉及执行异议裁决及作出拘留决定、罚款决定等依法应当由法官办理的重大事项除外；书记员负责制作执行笔录，并协

[①] 部分法院的人民法庭根据执行机构授权可以执行本法庭审理的案件。

助执行员办理有关执行实施事项;司法警察负责维持执行秩序,保障执行工作的顺利进行,司法警察也可以在法官、执行员的指挥下参与执行实施工作。①

关于执行员和法官的区别。《民事强制执行法(草案)》规定,执行员的任免、管理等按照国家有关规定进行。根据《法官法》的规定,执行员参照《法官法》的规定管理。我国实行法官员额制,法官员额增加的幅度远比不上案件的增加速度,因此,仅仅依靠法官办理各类执行案件显然人手不够。法院将尚不具备法官资格但综合素质较高、业务能力较强的编制内法官助理或书记员任命为执行员,以弥补法官数量的不足。这些执行员不是员额法官,但是他们有独立承办执行案件的资格。

执行工作是一项专业性、对抗性、社会性很强的工作。执行人员不仅需要掌握实体法律知识,熟悉民事诉讼及执行法律程序,还需具备理解和运用政策的能力、协调能力、语言表达能力、处理突发事件的能力,以及具备一定的执行经验。实务中耳熟能详的执行人员需具备"执行艺术"的说法并不为过。因此,执行人员应当具备较高的政治素质、较好的法律素养、良好的个人操守及过硬的身体素质,以及能够胜任执行工作的各种能力。

为了保证执行工作的需要以及执行人员合法、有效地履行其执行职责,执行机构应当配备必要的交通工具、通信设备、音像设备和警械用具等。执行人员在执行公务时,应当向有关人员出示工作证和执行公务证,并按规定着装。执行公务证由最高人民法院统一制发。②

---

① 以德国为代表的大陆法系国家,追求实体法与诉讼法严格意义上的分离,在初级法院设立专门的执行法庭负责执行。执行机构人员由执行法官、司法辅助官和司法执行官组成。执行法官负责对执行异议裁判及签发搜查令与逮捕令等,一般不具体参与某一案件的执行;司法辅助官与执行法官地位平等,在执行工作中无领导关系,受执行法院委托办理强制拍卖、强制管理与扣押财产等大量的执行工作;司法执行官是隶属于司法服务机构的国家公务员,但又受执行机构监督,其执行的是行政职能。

② 关于执行公务证的发放范围,《最高人民法院政治部关于〈关于解决聘用制书记员执行公务证相关问题的请示〉研究意见的复函》(法政〔2018〕335号)的内容为:(1)关于为聘用制书记员发放人民法院执行公务证的问题。根据《最高人民法院关于加强执行公务证管理使用相关问题的通知》(法〔2009〕4号),执行公务证发放人员范围是人民法院正式在编且具有公务员身份的人员。目前,为聘用制书记员办理执行公务证缺乏政策依据,也不利于执行工作的规范管理。(2)关于执行过程中的"双人双证"问题。最高人民法院相关文件均只规定人民法院执行人员执行公务时应出示本人工作证和执行公务证,对执行人员数量没有明确要求。当前执行工作需要,原则同意江苏省高院政治部关于"外出执行时,只要一名执行人员具有工作证和执行公务证,另一名执行人员有工作证即可"的意见,具体操作问题,请江苏省高院与当地房地产管理部门、金融机构协调解决。实务中,多数法院为解决协助义务机关要求"双人双证"的问题,为聘用制书记员发放由本法院制作的执行公务证。

二、执行机构的职责

法院执行机构的职责可划分为执行实施、执行审查、执行裁判、执行协调、执行监督等五个方面。但是不同级别的法院执行机构的具体职责有所不同。

(一) 地方各级法院与专门法院执行机构的职责

地方各级法院是指除最高人民法院以外的其他各级法院,包括高级法院、中级法院及基层法院。我国的专门法院主要包括军事法院、海事法院、铁路运输法院、森林法院、农垦法院、石油法院以及知识产权法院、金融法院等。地方各级法院与专门法院执行机构的职责包括执行实施、执行审查和执行裁判三个方面。执行实施是指采取各种强制性执行措施以迫使被执行人履行法律文书确定的义务;执行审查是指对各种程序性事项是否符合法律规定进行审核检查并作出决定,执行审查通常由当事人提出申请或提出异议而开始;执行裁判是指对在执行程序中发生的争议和纠纷进行裁断与判定。虽然部分执行审查的裁决结果也是通过裁定书或决定书方式作出的,但执行审查的对象是纯程序性事项,这些事项并非全部需要法官参与,部分事项执行员有权作出裁决。执行裁判则是对实体性争议和纠纷的裁断与判定,只有执行法官才有权作出裁决。前者比如裁定终结本次执行,后者比如案外人异议审查。

地方各级法院与专门法院执行机构的职责具体包括:(1) 执行生效法律文书,包括法院制作的各种生效法律文书与其他机构制作的依法应当由执行机构执行的生效法律文书;(2) 对仲裁裁决、公证债权文书是否具有不予执行的情形进行审查与裁定;(3) 对仲裁机构提交法院的财产保全和证据保全申请进行审查与裁定;(4) 对变更与追加执行债务人进行审查与裁定;(5) 对执行异议与案外人异议进行审查与裁定;(6) 中止、终结本次执行和终结执行的裁定;(7) 对妨害民事执行行为人采取强制措施的审查与决定;(8) 其他应由执行机构办理的事项。

(二) 上级法院执行机构的职责

上级法院是针对下级法院而言,中级及中级以上的法院均可作为上级法院。由于下文单独列举最高人民法院执行机构的职责,因此,此处的上级法院仅指中级法院与高级法院。

上级法院执行机构负责本院对下级法院执行工作的监督、指导和协调。执行监督,是指上级法院对下级法院的执行行为是否及时、是否合法等进行监察督促;执行指导,是指上级法院对下级法院的执行工作进行业务指导;执行协调,是指上级法院执行机构对下级法院执行机构之间在执行工作中发生的争议进行协调处理。中级法院、高级法院的执行机构具有双重身份,它们的职责除承担各级地方法院的执行职责外,对各自的下级法院而言还具有执行监督、执行指导与执行协调的职能与责任。

尽管上下级法院之间并不具有行政领导关系,但基于执行工作的行政属性,上下级法院的执行机构之间具有某种程度的管理与被管理关系。《民事强制执行法(草案)》第11条规定:"人民法院执行机构负责人由法官担任。上级人民法院认为下级人民法院执行机构负责人不称职的,可以建议依照有关程序予以调整、调离或者免职。"该条规定从上级法院对下级法院执行机构不称职负责人的建议调整权方面体现出上下级法院执行机构之间的特殊关系。《最高人民法院关于执行权合理配置和科学运行的若干意见》(法发〔2011〕15号)则进一步明确了上级法院对辖区内执行工作进行统一管理的职责,为上下级法院执行机构之间的某种程度的管理与被管理关系作了注释。具体包括:中级以上法院对辖区法院的执行工作实行统一管理。下级法院拒不服从上级法院统一管理的,依照有关规定追究下级法院有关责任人的责任;上级法院可以根据本辖区的执行工作情况,组织集中执行和专项执行活动;对下级法院违法、错误的执行裁定、执行行为,上级法院有权指令下级法院自行纠正或者通过裁定、决定予以纠正;上级法院在组织集中执行、专项执行或其他重大执行活动中,可以统一指挥和调度下级法院的执行人员、司法警察和执行装备;上级法院根据执行工作需要,可以商政府有关部门编制辖区内法院的执行装备标准和业务经费计划;上级法院有权对下级法院的执行工作进行考核,考核结果向下级法院通报。

(三)最高人民法院执行机构的职责

最高人民法院的内设执行机构执行工作办公室于1995年设立,2008年更名为最高人民法院执行局。其主要职责为:(1)执行最高人民法院一审生效法律文书及法律规定应当由最高人民法院执行的其他生效法律文书,必要时组织或参加下级法院重大疑难案件的执行工作。①（2）办理当事人对高级法院在执行过程中作出的拘留、罚款决定不服，按照民事诉讼法的规定向本院申请复议的案件。（3）审查、监督立案庭移送的当事人或案外人提出的各级法院执行案件过程中存在违法执行或消极执行问题的执行案件。（4）协调处理法院间在跨省（自治区、直辖市）执行过程中发生的争议案件；协调处理执行过程中突发的暴力抗法事件；协调处理高级法院报送的执行法院与公安、检察、工商、银行、税务、海关、部队等有关部门或其他执法机关在执行过程中发生冲突的案件。（5）组织全国法院统一的执行行动。

第二节 执行管辖

一、执行管辖概述

执行管辖，是指法院系统内部，确定各级法院之间以及同级法院之间受理执行案件的分工和权限。简言之，执行管辖是指生效法律文书应由哪一级法院以及同级的哪一个法院执行。

执行管辖与民事诉讼管辖的区别主要表现在确定管辖时所考虑的主要因素有所不同。总体而言，执行工作主要是围绕着被执行财产和需要履行的行为进行的，在执行管辖标准的确定上也主要以被执行财产所在地和应履行行为所在地来进行。诉讼管辖的管辖标准确定主要围绕着有利于案件事实的查明和公正公开地适用法律来进行。由于生效法律文书作出前当事人之间的权利义务关系尚未确定，是否需要对一方当事人的财产采取强制执行措施或者强制一方当事人履行特定的行为亦未确定，故在此情形下无法也没有必要将被执行财产所在地或者应履行行为地作为确定民事诉讼管辖的标准。

《民事强制执行法（草案）》第36条第1款、第2款规定："发生法律效力的民事判决、调解书，由第一审人民法院或者与其同级的被执行的财产所在地人

---

① 《民事诉讼法》第21条规定："最高人民法院管辖下列第一审民事案件：（一）在全国有重大影响的案件；（二）认为应当由本院审理的案件。"

民法院执行。发生法律效力的裁定、决定、支付令,由作出裁定、决定、支付令的人民法院或者与其同级的被执行的财产所在地人民法院执行。"上述规定明确了法院制作的生效法律文书的执行管辖:不论终审判决由哪一级法院作出,执行工作原则上由第一审法院或者与第一审法院同级的被执行的财产所在地法院执行。换言之,基层法院终审的案件①和基层法院一审审理后中级法院终审审结的上诉案件,均由基层法院执行;中级法院一审判决当事人未上诉而生效的案件和中级法院一审审理后高级法院终审审结的上诉案件,均由中级法院执行;高级法院一审判决当事人未上诉而生效的案件和高级法院一审审理后最高人民法院终审审结的上诉案件,均由高级法院执行;最高人民法院审结的一审生效法律文书由最高人民法院执行。法律之所以规定判决由第一审法院或者与第一审法院同级的被执行的财产所在地法院执行,主要是因为第一审法院或者与第一审法院同级的被执行的财产所在地法院,一般在被执行人住所地或者被执行人的财产所在地,或者离被执行人住所地或者财产所在地距离较近,执行人员熟悉当地的风土人情,了解案件的具体情况,便于快速开展执行工作。

民事调解书与民事判决书具有同等的法律效力。民事调解书的执行,同样由民事案件第一审法院或与第一审法院同级的被执行财产所在地法院执行。但需特别注意,民事调解书有可能由第一审法院作出,但也有可能是由第二审法院作出,其执行管辖应当属于第一审级别的法院。换言之,调解书的执行法院并非一定是调解书的制作法院,而是案件第一审法院或与第一审法院同级的被执行财产所在地法院。比如,广州市中级人民法院一审案件制作的调解书,应由广州市中级人民法院或被执行财产所在地其他中级人民法院执行。但如果案件是由广州市越秀区人民法院一审作出判决,当事人不服一审判决提起上诉后,广州市中级人民法院在二审程序中制作的民事调解书,执行法院应当是第一审法院即越秀区人民法院,或与越秀区人民法院同级的被执行财产所在地其他基层人民法院,而不是广州市中级人民法院。

法院制作的发生法律效力的民事裁定、决定、支付令,由作出裁定、决定、支付令的法院或者与其同级的被执行财产所在地法院执行。民事裁定主要指

---

① 基层法院终审的案件包括基层法院一审终审的案件,如小额诉讼案件、支付令案件等,也包括基层法院判决后当事人未上诉而生效的案件。

法院按照特别程序审理制作的确认调解协议和实现担保物权等具有强制执行内容的民事裁定书,以及保全裁定书与先予执行裁定书,其他如不予受理、驳回起诉及管辖权异议裁定由于没有强制执行内容而无须执行。民事决定主要指法院对妨害民事诉讼行为人所作出的罚款决定书。支付令是指法院根据债权人提出的给付金钱或者有价证券的申请,不经过开庭审理就直接向债务人发出的责令债务人履行债务的命令。

《民事强制执行法(草案)》第36条第3款还规定了仲裁机构、公证机构作出的法律文书及其他需要执行的执行依据的执行管辖,即"前两款之外的执行依据,由被执行人住所地或者被执行的财产所在地人民法院执行。级别管辖参照适用民事诉讼法关于人民法院第一审民事案件级别管辖的规定"。仲裁机构、公证机构作出的法律文书的执行管辖分为以下情形:执行标的额属于《民事诉讼法》规定的基层法院管辖标准的,由被执行人住所地或者被执行的财产所在地基层法院执行;执行标的额达到《民事诉讼法》规定的中级法院或高级法院管辖标准的,由被执行人住所地或者被执行的财产所在地中级法院或高级法院执行。由于各高级法院标的额的管辖标准均为50亿元以上,并未设定上限,因此,最高人民法院执行机构不执行仲裁法律文书及公证债权文书。当然,由于仲裁法律文书及公证债权文书的标的额能达到中级法院管辖标的额标准的亦非常少见,故这些执行依据通常由基层法院负责执行。

表 2-1　第一审民事案件级别管辖标的额标准[①]

法院类别	细分标准	标的额
各省、自治区、直辖市高级人民法院,新疆维吾尔自治区高级人民法院生产建设兵团分院	当事人住所地均在或均不在受理法院所处省级辖区	高级法院:50亿元以上(含本数) 中级法院:5亿元—50亿元 基层法院:不满5亿元
	当事人一方住所地不在受理法院所处省级辖区	高级法院:50亿元以上(含本数) 中级法院:1亿元—50亿元 基层法院:不满1亿元

[①] 中级法院级别管辖标的额标准参见《最高人民法院关于调整中级人民法院管辖第一审民事案件标准的通知》(法发〔2021〕27号)。本次通知调整的级别管辖标准不适用于知识产权案件、海事海商案件和涉外涉港澳台民商事案件。高级法院级别管辖标的额标准参见《最高人民法院关于调整高级人民法院和中级人民法院管辖第一审民事案件标准的通知》(法发〔2019〕14号)。该通知适用于海事海商案件、涉外案件以及知识产权案件(《最高人民法院关于知识产权法庭若干问题的规定》第2条所涉案件类型除外)。

（续表）

法院类别	细分标准	标的额
解放军军事法院	不细分此标准	中国人民解放军军事法院（高级法院）：50亿元以上（含本数） 战区军事法院、总直属军事法院（中级法院）：1亿—50亿元 基层法院：不满1亿元
备注	\multicolumn{2}{l}{上述高级法院第一审民事案件级别管辖标的额标准适用于海事海商案件、涉外案件以及部分知识产权案件（《最高人民法院关于知识产权法庭若干问题的规定》第2条所涉案件类型除外①）。 上述中级法院第一审民事案件级别管辖标的额标准不适用于知识产权案件、海事海商案件和涉外涉港澳台民商事案件。}	

二、执行管辖的分类

执行管辖分为执行级别管辖、执行普通管辖、执行共同管辖与执行选择管辖、执行移送管辖、执行指定管辖及管辖权的转移、管辖权异议。

（一）执行级别管辖

执行级别管辖，是指上下级法院之间受理执行案件的分工和权限。我国四级法院都设有执行机构，每一级法院的执行机构都管辖一定范围内的执行案件。划分级别管辖的标准主要是案件的性质及影响。级别管辖的确定原则，简言之就是"谁作出一审文书谁执行"。

1. 基层法院管辖的执行案件

（1）基层法院作为第一审法院的执行案件。

（2）标的额在当地基层法院受理范围内的国内仲裁裁决、公证债权文书

---

① 《最高人民法院关于知识产权法庭若干问题的规定》（2023年修正）第2条规定："知识产权法庭审理下列上诉案件：（一）专利、植物新品种、集成电路布图设计授权确权行政上诉案件；（二）发明专利、植物新品种、集成电路布图设计权属、侵权民事和行政上诉案件；（三）重大、复杂的实用新型专利、技术秘密、计算机软件权属、侵权民事和行政上诉案件；（四）垄断民事和行政上诉案件。知识产权法庭审理下列其他案件：（一）前款规定类型的全国范围内重大、复杂的第一审民事和行政案件；（二）对前款规定的第一审民事和行政案件已经发生法律效力的判决、裁定、调解书依法申请再审、抗诉、再审等适用审判监督程序的案件；（三）前款规定的第一审民事和行政案件管辖权争议，行为保全裁定申请复议、罚款、拘留决定申请复议，报请延长审限等案件；（四）最高人民法院认为应当由知识产权法庭审理的其他案件。"

的执行案件。

（3）国内仲裁中财产保全和证据保全的执行案件，该类案件由被申请人住所地和申请财产保全的财产所在地的基层法院执行。

（4）一般的行政执行案件。行政机关申请法院执行的案件，执行标的额属于《民事诉讼法》规定的基层法院管辖标准的，除法律或司法解释明确由中级法院执行的以外，均由被执行人的住所地或者被执行财产所在地的基层法院执行。

2．中级法院管辖的执行案件

（1）中级法院作为第一审法院的执行案件。

（2）标的额在当地中级法院受理范围内的国内仲裁裁决、公证债权文书的执行案件。

（3）涉外仲裁裁决的执行案件以及涉外仲裁中财产保全和证据保全的执行案件。

（4）专利行政机关作出的处理决定和处罚决定的执行案件。

（5）国务院各部门、各省、自治区、直辖市人民政府和海关作出的处理决定和处罚决定的执行案件。

3．高级法院管辖的执行案件

（1）高级法院作为第一审法院的执行案件。

（2）高级法院提级执行的案件。

（3）执行标的额达到《民事诉讼法》规定的高级法院管辖标准的国内仲裁裁决、公证债权文书的执行案件。

表 2-2　执行级别管辖

法院	法院作出的法律文书	其他机关作出的法律文书
基层法院	基层法院作为第一审法院作出的判决、裁定、调解书（含基层法院一审判决上诉后二审法院制作的调解书）	标的额在当地基层法院受理范围内的国内仲裁裁决、公证债权文书
		国内仲裁中的财产保全和证据保全
		法律规定中级法院执行之外的一般的行政执行案件

(续表)

法院	法院作出的法律文书	其他机关作出的法律文书
中级法院	中级法院作为第一审法院作出的判决、裁定、调解书（含中院一审判决上诉后二审法院制作的调解书）	标的额达到当地中级法院管辖标准的国内仲裁裁决、公证债权文书
		涉外仲裁裁决的执行案件以及涉外仲裁中财产保全和证据保全
		专利行政机关作出的处理决定和处罚决定
		国务院各部门及省级人民政府和海关作出的处理决定和处罚决定
高级法院	高级法院作为第一审法院作出的判决、裁定、调解书（含高院一审判决上诉后最高人民法院二审制作的调解书）	标的额达到高级法院管辖标准的国内仲裁裁决、公证债权文书的执行案件
	高级法院提级执行的案件	

（二）执行普通管辖

《民事诉讼法》没有用普通管辖的概念，只规定了地域管辖。地域管辖，是指同级法院受理第一审民事案件的分工与权限，地域管辖是依据法院辖区和民事案件的关系来划分的管辖。①

普通管辖，又称为"一般管辖"，是地域管辖的一种，普通管辖通常以被告所在地为标准来确定案件的管辖法院。执行普通管辖，是同一级法院执行机构受理执行案件的分工和权限。依据执行普通管辖确定的管辖法院分为三种：第一种是与第一审法院同级的被执行财产所在地法院；第二种是作出生效法律文书的第一审法院（部分无上诉权法律文书的作出法院）；第三种较为特殊，只适用于法律规定由法院执行的其他法律文书，此类文书既可以由被执行的财产所在地法院管辖，也可以由被执行人住所地法院管辖。

1. 第一审法院或者与其同级的被执行财产所在地法院管辖

发生法律效力的民事判决、调解书，既可以由作出民事判决、调解书的第一审法院执行，也可以由与其同级的被执行财产所在地法院执行，具体由申请

---

① 地域管辖分为一般地域管辖与特殊地域管辖。确定标准为：一般地域管辖，单纯以当事人所在地与法院辖区之间的联系为根据；特殊地域管辖，综合当事人所在地、案件诉讼标的、法律事实所在地与法院辖区之间的联系为根据。

执行人选择确定。比如,珠海市香洲区人民法院作出的一审判决,被执行人财产在深圳市福田区,深圳市福田区人民法院与珠海市香洲区人民法院同为基层法院,申请执行人可选择向其中一个法院申请强制执行。如果一审判决由珠海市中级人民法院作出,被执行人财产在深圳市福田区,那么申请执行人可选择向珠海市中级人民法院或深圳市中级人民法院申请强制执行。

发生法律效力的实现担保物权裁定、确认调解协议裁定、制裁处罚决定、支付令,由作出裁定、决定、支付令的法院或者与其同级的被执行财产所在地的法院执行。认定财产无主的判决,由作出判决的法院将无主财产收归国家或者集体所有。

2. 其他文书由债务人住所地或被执行财产所在地法院管辖

法律规定由法院执行的其他法律文书,由被执行人住所地或者被执行的财产所在地法院执行。"其他法律文书"包括仲裁裁决书、仲裁中的财产保全裁定、公证机关赋予强制执行力的公证债权文书、行政机关申请执行的处理决定和处罚决定等。

(三)执行共同管辖与执行选择管辖

执行共同管辖,是指两个以上法院对同一个执行案件都有管辖权。执行选择管辖,是指当事人对共同管辖案件可以选择其中一个法院申请执行,接受申请的法院取得执行案件的管辖权,其他法院不得再管辖该案件。

两个以上法院都有管辖权的,当事人可以向其中一个法院申请执行;当事人向两个以上法院申请执行的,由最先立案的法院管辖。其他法院在立案后发现有管辖权的法院已经立案的,应当撤销案件;已经采取执行措施的,应当将控制的财产交先立案的执行法院处理。

(四)执行移送管辖

执行移送管辖,是指法院发现受理的执行案件不属于本院管辖的,应当移送至有管辖权的法院执行,受移送的法院应当执行,且不得再行移送。如果受移送的法院认为执行案件不属于本院管辖的,应当报送上级法院指定管辖。

对法院采取财产保全措施的案件,申请执行人向采取保全措施的法院以外的其他有管辖权的法院申请执行的,采取保全措施的法院应当将保全的财产交执行法院处理。

(五) 执行指定管辖

执行指定管辖,是指下级法院因执行管辖发生争议无法协商解决或上级法院认为确有必要时,由上级法院指定下级某一法院为管辖法院。下级法院因执行管辖发生争议包括两个法院都主张有管辖权与都推诿执行两种情形。

《民事强制执行法(草案)》第 36 条第 4 款规定:"上级人民法院对下级人民法院管辖的执行案件,认为确有必要的,可以指定本辖区其他人民法院管辖。多个人民法院管辖的相同被执行人的执行案件,共同上级人民法院可以指定其中一个人民法院集中管辖。"根据本条规定,指定管辖还包括多个法院管辖的相同被执行人的执行案件,为了统一执行措施实施的尺度,提高执行效率,共同的上级法院可以指定正在执行案件的其中一个法院对其他案件一并集中管辖。

(六) 管辖权的转移

执行管辖权的转移,是指对执行案件有管辖权的法院因特殊情况需要上级法院执行的,可以报请上级法院执行。上级法院对下级法院有管辖权的案件,在特殊情况下可以提级执行。需注意,执行管辖权转移为单向转移,只能从下至上转移,即由下级法院转移至上级法院,而诉讼管辖权的转移是双向转移[①],包括从下至上转移与从上至下转移两种。

根据于 2000 年 1 月 14 日发布的《最高人民法院关于高级人民法院统一管理执行工作若干问题的规定》(法发〔2000〕3 号)的规定,高级法院对下级法院的下列案件可以裁定提级执行:(1) 高级法院指令下级法院限期执结,逾期未执结需要提级执行的;(2) 下级法院报请高级法院提级执行,高级法院认为应当提级执行的;(3) 疑难、重大和复杂的案件,高级法院认为应当提级执行的;(4) 高级法院对最高人民法院函示提级执行的案件,应当裁定提级执行。

(七) 管辖权异议

管辖权异议,是指法院受理案件以后,当事人提出该院对本案没有管辖权

[①] 《民事诉讼法》第 39 条规定:"上级人民法院有权审理下级人民法院管辖的第一审民事案件;确有必要将本院管辖的第一审民事案件交下级人民法院审理的,应当报请其上级人民法院批准。下级人民法院对它所管辖的第一审民事案件,认为需要由上级人民法院审理的,可以报请上级人民法院审理。"

的请求。管辖权异议是法律赋予当事人的一项重要的程序性权利。执行管辖权是法院对具体民事案件行使执行权的具体落实，只有对案件有管辖权的法院才能对案件进行执行。由于法院之间、当事人之间以及法院与当事人之间对被执行人在某地是否有可供执行的财产等问题认识不一，客观上将导致各方在管辖权问题上产生分歧，故产生执行管辖权争议不可避免。

当事人提出的有效管辖权异议应同时具备以下条件：

1. 申请人是提出管辖权异议的合格主体

执行程序中有权提出管辖权异议的主体应当是执行案件的当事人，包括申请执行人和被执行人，其他非执行案件当事人均无权提出执行管辖权异议。由于执行案件受理法院是由申请执行人选定的，所以通常只有被执行人才可能提出管辖权异议。对于申请执行人是否可以提出管辖权异议，司法解释没有明确的规定，但实务中不排除由于申请执行人对被执行财产所在地认识错误，选定执行法院后发现被执行财产不在执行法院辖区范围内，从而提出管辖权异议。所以对申请执行人是否有权提出管辖权异议不能一概而论，如果执行法院辖区范围内有被执行财产的，即使仅是被执行人的部分财产甚至是次要财产，申请执行人亦无权提出管辖权异议；如果执行法院辖区范围内没有被执行财产，则申请执行人有权提出管辖权异议。

2. 提出管辖权异议的时间应当在收到执行通知书之日起 10 日内

被执行人并非在任何时候都可以提出管辖权异议。法院受理执行申请后，被执行人对管辖权有异议的，应当自收到执行通知书之日起 10 日内提出。被执行人在收到执行通知书之日起 10 日内未提出管辖权异议的，视为被执行人对管辖权没有异议或者放弃管辖权异议的权利行使。逾期提出的，法院不予审查。对于申请执行人提出管辖权异议的时间，应当对等确定在被执行人收到执行通知书之日起 10 日内。

法院对当事人提出的异议，应当审查。异议成立的，应当撤销执行案件，并告知当事人向有管辖权的法院申请执行；异议不成立的，裁定驳回。当事人对裁定不服的，可以向上一级法院申请复议，上级法院应当作出书面裁定。管辖权异议审查和复议期间，不停止执行。

表 2-3　执行与诉讼管辖权异议的区别

	执行管辖权异议	诉讼管辖权异议
提出时间	收到执行通知书10日内	提交答辩状期间
救济途径	向上一级法院申请复议	向上一级法院提起上诉
异议成立的法律后果	裁定撤销案件,并告知申请执行人向有管辖权法院申请执行	裁定移送有管辖权法院审理

第三节　执 行 依 据

一、执行依据的概念和条件

执行依据,是指法院及其他有权机构依法出具的、载明债权人享有一定债权,债务人可据以请求执行的法律文书。简言之,执行依据就是指执行机构据以执行所依据的法律文书。民事执行的目的是实现生效法律文书确定的权利,执行机构采取执行措施迫使债务人履行义务,从而实现债权人享有的债权。民事执行是围绕着生效法律文书确定的权利义务展开的,因此,民事执行必须以生效法律文书作为依据。没有执行依据,民事执行就成了无源之水、无本之木,不仅没有基础和内容,也无法开展和进行。

执行依据除了法院制作的生效裁判文书、调解书、决定书、支付令外,还包括仲裁裁决书、仲裁调解书、仲裁中的财产保全裁定、公证机构赋予强制执行力的公证债权文书、行政机关申请执行的处理决定和处罚决定等。①

执行依据全部都是法律文书,但并非所有的法律文书都可以作为执行依据。法律文书作为执行依据须具备以下四个条件:(1)须由法定机关或机构制作,包括法院和其他机构制作的法律文书。(2)须是已经生效的法律文书。(3)须有可供执行的内容,且给付内容明确。生效法律文书必须具有明确的

---

① 行政机关申请执行的处理决定和处罚决定理论上属于行政执行,刑事附带民事判决、裁定书属于刑事执行,但《民事强制执行法(草案)》第206条规定:"人民法院执行行政生效法律文书、刑事生效法律文书涉财产部分,行政诉讼法、行政强制法、刑法、刑事诉讼法等没有规定的,适用本法的有关规定。"

给付内容,才能成为执行依据。法律文书确定继续履行合同的,应当明确继续履行的具体内容。(4)权利义务主体明确。

二、执行依据的分类

依法律文书的制作机构不同,执行依据可分为两大类,一类是可作为执行依据的法院制作的法律文书,另一类是可作为执行依据的其他机关或机构制作的法律文书。

(一)可作为执行依据的法院制作的法律文书

1. 发生法律效力的判决、裁定

作为执行根据的判决书必须是终局的、确定的、且具有给付内容的判决书。所谓终局的判决书,是指审判机关依认定的事实和实体法的规定,就诉讼中的全部或一部分实体问题,以终结该审级程序为目的而作出的判决。所谓确定的判决书,就是指当事人不可能再通过上诉的方式请求改变该判决,亦即已经发生法律效力的判决。发生法律效力的判决包括两种情况:一是上诉期限届满而当事人没有上诉的判决;二是终审判决,当事人已无上诉的可能。所谓具有给付内容,是指以给付为内容的判决书才能成为执行根据,包括转移财产的所有权、为一定行为或不作为、提交一定的物,等等。

裁定是法院为处理诉讼中的各种程序性事项所作出的具有法律约束力的结论性判定。裁定与判决一样,都是法院行使审判权所作出的法律文书。但不是所有的民事裁定都可以作为执行根据,也不是所有的民事裁定都需要强制执行。可以作为执行根据的裁定主要包括以下几种:(1)保全裁定;(2)先予执行裁定;(3)确认调解协议裁定;(4)实现担保物权裁定。

法院制作的发生法律效力的、具有给付内容的民事判决书、民事裁定书,以及刑事附带民事判决、裁定书,是最常见的民事执行依据。

2. 发生法律效力的民事调解书、支付令

调解是在有关机关的主持下,双方当事人就民事权益的争议进行协商达成协议,从而解决纠纷的活动。在双方当事人达成协议后,有关机关根据当事人双方的协议制作的具有法律效力的文书,就是调解书。调解是我国法院审理民事案件、刑事附带民事案件的附带民事部分、行政赔偿案件以及仲裁机构处理民事案件的一种结案方式,调解书与判决书、裁定书、仲裁裁决书具有同等的法律效力。所以调解书也可以成为执行根据,由执行机构强制执行。能作为执行根据的调解书同样必须具有给付内容,没有给付内容的调解书因不需要强制执行,而不能成为执行根据。民事调解书虽然是法院根据当事人达成的调解协议确认后所出具,但实务中义务人不主动履行民事调解书的情况较为常见,因此,民事调解书也经常成为执行依据。

支付令是法院对于债权人的给付金钱、有价证券的请求,经审查认为债权债务关系明确合法,不经审判程序而直接向债务人发出的,要求其在一定期限内履行给付义务的法律文书。债务人在法定期限内不提出异议又不履行,以及债务人虽然提出异议,但经法院审查异议不成立的支付令,债权人可以向法院申请强制执行。可见,支付令一旦生效,就与生效判决一样具有执行力,可以成为执行依据。

3. 民事制裁决定书

法院在审理民事案件的过程中,对于特定的民事案件,除判决义务人承担民事责任外,还可依法对妨害民事诉讼行为的人(包括当事人与案外人)给予一定的民事制裁。当被处罚人不履行其交付金钱的义务时,也适用民事执行程序,因此,民事制裁决定书也可以作为执行依据。最常见的是法院对妨害民事诉讼行为人作出的罚款决定书。

4. 经我国人民法院裁定承认其效力的外国法院作出的判决、裁定,以及国外仲裁机构作出的仲裁裁决

根据国家主权原则,任何国家法院的判决和仲裁机构的裁决,原则上只能在该国领域内产生法律效力,而没有域外效力。但由于国际贸易关系多发生在不同国家的当事人之间,争议的标的也常涉及多个国家,这两种情况都会使一国法院作出的涉外经济贸易案件判决或仲裁机构的裁决变得毫无意义。为了解决这类问题,法院地国的判决或仲裁机构的裁决将不得不请求有关争议标的地国法院承认并协助执行。为了加强我国同外国的贸易往来,使外国投资者和外国经济贸易商在外国可能获得的胜诉裁决在我国得到承认及执行,从而保护外国当事人的合法权益;同样也为了使我国人民法院作出的判决、裁定与国内仲裁结构作出的仲裁裁决在外国得到承认与执行,从而保障我国当

事人合法权益的实现,有必要规定对经我国人民法院裁定承认其效力的外国法院作出的判决、裁定,以及国外仲裁机构作出的仲裁裁决,由我国人民法院在我国境内予以执行。

5. 经我国内地(大陆)人民法院裁定承认其效力的港澳台地区法院作出的判决、裁定,以及港澳台地区仲裁机构作出的仲裁裁决

香港、澳门特别行政区法院的判决书、裁定书和仲裁裁决书在我国内地不直接发生法律效力,也无法直接执行,需要通过我国内地人民法院承认其法律效力方可执行。同样,全国其他法院的判决书及仲裁裁决书在特别行政区也不直接发生法律效力及执行,需要特别行政区法院的承认及执行。2015年6月29日,最高人民法院发布《关于认可和执行台湾地区法院民事判决的规定》与《关于认可和执行台湾地区仲裁裁决的规定》,我国大陆人民法院对台湾地区法院和仲裁机构作出的判决、裁定及仲裁裁决予以承认与执行。此类案件的执行,必须同时包括两个方面的执行依据:一是生效的港澳台地区法院的判决、裁定及港澳台地区仲裁机构的仲裁裁决,二是我国内地(大陆)人民法院作出的承认并同意执行的裁定。

需注意,香港特别行政区法院和我国台湾地区法院所作出的生效法律文书的范围和名称的差异。我国内地人民法院承认效力的香港特别行政区法院作出的文书包括判决、命令、判令、讼费评定证明书,不包括禁诉令、临时济助命令。作出文书的机构包括香港特别行政区终审法院、高等法院上诉法庭及原讼法庭、区域法院以及劳资审裁处、土地审裁处、小额钱债审裁处、竞争事务审裁处。我国大陆人民法院承认效力的我国台湾地区法院作出的民事判决,包括台湾地区法院作出的生效民事判决、裁定、和解笔录、调解笔录、支付命令等。申请认可和执行由台湾地区乡镇市调解委员会等出具并经台湾地区法院核定,与台湾地区法院生效民事判决具有同等效力的调解文书同样适用。

(二)可作为执行依据的其他机关或机构制作的法律文书

1. 依法应由法院执行的行政处罚决定、行政处理决定

根据《行政诉讼法》的规定,公民、法人或者其他组织对行政行为在法定期限内不提起诉讼又不履行的,行政机关可以申请法院强制执行,或者依法强制执行。目前由法院执行的具体行政行为主要表现为行政处罚决定和行政处

决定。对行政处罚决定和行政处理决定的执行,有三种情况:一是有关法律、法规规定行政机关对行政处罚决定和行政处理决定具有强制执行权的,行政机关可以依法自行强制执行;二是法律、法规没有赋予行政机关强制执行权的,行政机关可以申请法院强制执行,法院应当依法受理;三是法律、法规规定既可以由行政机关依法强制执行,也可以申请法院强制执行,行政机关申请法院强制执行的,法院可以依法受理。因此,只有依法应由法院执行的行政处罚决定、行政处理决定才可以作为执行根据。

2. 我国仲裁机构作出的仲裁裁决和调解书以及法院根据《仲裁法》有关规定作出的财产保全和证据保全裁定

我国仲裁机构作出的仲裁裁决和调解书由法院执行机构负责执行。仲裁裁决是仲裁机构根据当事人之间达成的仲裁协议,在对民事争议进行实体审理的基础上,对当事人之间的实体权利义务关系作出的终局性判断。记载此种判断的法律文书,就是仲裁裁决书。

仲裁调解书是在仲裁过程中,在仲裁员的主持下,当事人就民事争议自愿进行协商并达成协议,仲裁机构根据当事人的申请而制作的确认该协议效力的法律文书。调解是仲裁机构处理民事争议的一种结案方式。在仲裁程序中达成调解协议的,当事人既可要求作出调解书,也可以要求按照调解协议的内容制作裁决书。仲裁调解书与仲裁裁决书具有同等的法律效力,仲裁调解书同样可以成为执行依据。

仲裁机构性质上属于民间组织,没有国家公权力作为后盾,因此,申请人向仲裁机构申请财产保全或证据保全的,仲裁机构需将保全申请移送法院,由法院作出财产保全和证据保全裁定,上述裁定亦可成为执行依据。

3. 公证机构依法赋予强制执行效力的关于追偿债款、物品的债权文书

公证文书是指由依法设立的公证机构根据当事人的申请,在其职权范围内作出的,证明法律行为、有法律意义的文书和事实的真实性、合法性的证明文书。公证债权文书是公证文书的一种,是指公证机关对于追偿债款、物品的文书,认为无疑义的,在该文书上证明有强制执行效力的公证文书。当债务人拒绝履行公证机构依法赋予强制执行效力的债权文书确定的义务时,债权人可以向法院申请执行。公证机构依法赋予强制执行力的债权文书可以成为执

行依据。

公证机构赋予强制执行效力的债权文书应当具备以下条件：（1）债权文书具有给付货币、物品、有价证券的内容；（2）债权债务关系明确，债权人和债务人对债权文书有关给付内容无疑义；（3）债权文书中载明债务人不履行义务或不完全履行义务时，债务人愿意接受依法强制执行的承诺。

公证机构赋予强制执行效力的债权文书的范围包括：（1）借款合同、借用合同、无财产担保的租赁合同；（2）赊欠货物的债权文书；（3）各种借据、欠条；（4）还款（物）协议；（5）以给付赡养费、扶养费、抚养费、学费、赔偿金、补偿金为内容的协议；（6）符合赋予强制执行效力条件的其他债权文书。

公证机构在办理符合赋予强制执行效力的条件和范围的合同、协议、借据、欠单等债权文书公证时，应当依法赋予该债权文书强制执行效力。未经公证的上述合同、协议、借据、欠单等债权文书，在履行过程中，债权人申请公证机构赋予强制执行效力的，公证机构必须征求债务人的意见。如债务人同意公证并愿意接受强制执行的，公证机构可以依法赋予该债权文书强制执行效力。

债务人不履行或不完全履行公证机构赋予强制执行效力的债权文书的，债权人可以向原公证机构申请执行证书。公证机构签发执行证书应当注意审查以下内容：（1）不履行或不完全履行的事实确实发生；（2）债权人履行合同义务的事实和证据，债务人依照债权文书已经部分履行的事实；（3）债务人对债权文书规定的履行义务有无疑义。公证机构签发执行证书应当注明被执行人、执行标的和申请执行的期限。债务人已经履行的部分，在执行证书中予以扣除。因债务人不履行或不完全履行而发生的违约金、利息、滞纳金等可以列入执行标的。债权人凭原公证书及执行证书可以向有管辖权的法院申请执行。

4. 法律规定应由法院执行的其他文书

设置兜底条款的目的在于适应民事执行立法和实践不断发展的需要。今后如果有新的法律明确规定应由法院执行的其他生效法律文书，则该生效法律文书也是法院执行的根据。

表 2-4　执行依据

法院制作的生效法律文书	其他机关或机构制作的文书		
民事判决、裁定书;刑事附带民事判决、裁定书	仲裁机构	公证机构	其他行政机关
民事调解书;支付令			
民事制裁决定书	仲裁裁决、调解书	赋予强制执行效力的关于追偿债款、物品的债权文书	应由法院执行的行政处罚决定、行政处理决定等
我国域内人民法院裁定承认其效力的域外法院作出的判决、裁定,以及域外仲裁机构作出的仲裁裁决	财产保全和证据保全裁定		

思考题

1. 简述执行管辖与诉讼管辖确定原则的不同。

2. 某案件由深圳市福田区人民法院作出一审判决,被告不服提起上诉后,二审中当事人在法院主持下达成调解协议,深圳市中级人民法院出具了民事调解书。由于被告没有主动履行调解书,原告准备申请强制执行。原告应向哪一个法院提出申请?

3. 中级法院管辖的执行案件有哪些类型?

4. 法院如果认定被执行人提出的管辖权异议成立,是否可以将执行案件直接移送有管辖权的法院执行?

5. 简述可以作为法院执行依据的法律文书类型。

6. 公证机构赋予强制执行效力的债权文书应当具备哪些条件?

第三章 执行措施与制裁措施

第一节 执 行 措 施

执行是人民法院以国家强制力为后盾实施公力救济的行为,需要诸多执行措施与制裁措施相配套才可以顺利推进。执行措施,是指法院依法强制被执行人履行执行依据所确定义务的各种方法和手段。制约实现执行依据所确定的权利的因素很多,被执行人是否有足额的可供执行的财产、是否具有足够的履行能力是首要因素,而执行措施是否适当、是否到位也是其中很重要的一个因素。

执行措施的特点包括:(1)执行措施具有强制性。执行措施的强制性以国家强制力为后盾,是迫使义务人履行义务的重要保障。(2)执行措施具有法定性。执行措施具有法定性不仅表现在各种执行措施要有法律、司法解释的明确规定,而且表现在法院采取执行措施时必须严格依照法定的条件、程序和方式进行。(3)执行措施具有多样性。执行依据所确定的权利种类不同、执行对象不同,需要采取的执行措施也不尽相同。执行措施的多样性能够保障法院执行人员"对症下药",确保所采取的执行措施与所要实现的权利相匹配。

依据不同的标准,执行措施可以有不同的分类:

(1)以执行标的的性质和特点为标准,执行措施可分为对财产的执行措施和对行为的执行措施。其中,对财产的执行又可细分为对金钱债权的执行和对非金钱债权的执行。对金钱债权的执行是指实现执行依据所确定金钱债权的执行,比如侵权纠纷中的赔偿损失。对非金钱债权的执行是指为实现金钱债权之外的债权而进行的执行。对非金钱债权的执行又可细分为物的交付请求权的执行和行为请求权的执行，前者如返还特定物，后者如赔礼道歉。针对上述不同的执行类型，《民事强制执行法（草案）》规定了与之相对应的多种执行措施。

（2）以执行行为能否直接实现执行依据为标准，执行措施可分为直接执行措施、间接执行措施和代执行措施。直接执行措施，是指能够直接满足执行依据所确定权利的执行措施，比如法院划拨被执行人的存款。间接执行措施，是指虽然不能直接实现执行依据，但能够给被执行人施加压力，迫使被执行人履行义务的执行措施，比如对被执行人限制出境。代执行措施，是指被执行人不履行生效法律文书确定的行为义务，法院选定代履行人代替被执行人履行义务，由被执行人向代履行人支付代履行费用的执行措施。例如，相邻权纠纷中，法院判决被执行人拆除加建的围墙，被执行人拒不履行义务的，法院可委托他人拆除围墙，拆墙费用由被执行人负担。

（3）以执行措施能否直接强制被执行人履行义务为标准，执行措施可分为控制性执行措施和处分性执行措施。控制性执行措施，是指以防止被执行人转移、隐藏、变卖、毁损财产为目的的执行措施，比如查封被执行人所有的汽车。处分性执行措施，是指通过将被执行人的财产变价用以清偿债务的执行措施，比如拍卖该汽车。

《民事强制执行法（草案）》规定的执行措施包括查封、划拨、变价、强制管理、强制交付、替代履行、限制消费、限制出境、拘传等。本章只介绍限制消费、限制出境、拘传三种执行措施，其他执行措施在本书第八章"金钱债权的终局执行"与第十章"非金钱债权的终局执行"中介绍。

一、限制消费

导入案例 3-1

张某峰因生意筹集资金向魏某借款 4100 万元，期限为 1 年。李某作为张某峰的朋友对债务承担连带保证责任，张某峰的儿子张某政以其名下的房产为借款提供抵押担保。魏某与张某峰、张某政、李某在某公证处对借款合同办理了具有强制执行效力的债权文书公证。还款期限届满后，张某峰未能偿还借款本金。

　　魏某向某区人民法院申请强制执行。执行法官联系被执行人督促其主动履行还款义务，但被执行人拒不履行义务。随后，执行法官依法查封了三名被执行人名下的四套房产与三辆汽车。执行法官再次电话联系张某峰，张某峰不但无任何主动履行意愿，且态度蛮横，并对执行法官言语威胁。之后，执行法官等6名执行干警与多家媒体一起赶到张某政900多平米的别墅进行强制执行。执行现场共有被执行人所雇佣保姆、司机、厨师及房客四人，执行法官出示证件后，上述人员仍有阻碍执行公务的行为。执行法官在控制住现场秩序后，依法在房屋门口张贴拍卖公告，并向被执行人张某峰送达传票和限制消费令。执行过程中，执行法官还当场扣押被执行人所有的宾利车钥匙一把。

　　受到限制消费令的实际影响，张某峰出行受阻。次日，张某峰便主动向执行法官打电话，承认错误并表示积极履行还款义务。一周后，申请执行人魏某到法院递交了执行和解协议，本案顺利执结。

　　《民事强制执行法（草案）》第57条规定："被执行人不履行执行依据确定义务的，人民法院可以禁止其进行高消费及非生活或者经营必需的有关消费。人民法院决定采取限制消费措施的，应当向被执行人发出限制消费令。被限制消费的被执行人确有必要进行本条第一款禁止的消费的，应当向人民法院提出申请，获得批准后方可进行。"限制消费的执行措施最早规定于《最高人民法院关于限制被执行人高消费的若干规定》。该司法解释规定，被执行人未按执行通知书指定的期间履行生效法律文书确定的给付义务的，法院可以限制其高消费及非生活或经营必需的有关消费。纳入失信被执行人名单的被执行人，法院应当对其采取限制消费措施。由此可见，限制消费所指的消费不仅包括超出社会公众通常消费水平的高消费，还包括被执行人非生活必需和非经营必需的有关消费。对于被执行人生活或者经营必需的有关消费，由法院参照当地最低收入水平和被执行人的情况具体判断。

　　（一）限制消费主体及不得从事的行为

　　被执行人为自然人的，被采取限制消费措施后，不得有以下高消费及非生活和经营必需的消费行为：（1）乘坐交通工具时，选择飞机、列车软卧、轮船二等以上舱位①；(2) 在星级以上宾馆、酒店、夜总会、高尔夫球场等场所进行高消费；(3) 购买不动产或者新建、扩建、高档装修房屋；(4) 租赁高档写字楼、宾馆、公寓等场所办公；(5) 购买非经营必需车辆；(6) 旅游、度假；(7) 子女就读高收费私立学校②；(8) 支付高额保费购买保险理财产品；(9) 乘坐G字头动车组列车全部座位、其他动车组列车一等以上座位③。

被执行人为组织的，被采取限制消费措施后，被执行人不得实施上述规定的行为，被执行人的法定代表人、主要负责人、影响债务履行的直接责任人员、实际控制人同样不得实施上述规定的行为。需注意，被执行人为组织的，其直接责任人员、实际控制人不像法定代表人、主要负责人等通过工商登记、公司章程等形式要件即可作出认定，因此对直接责任人④、实际控制人⑤的认定应当通过更加严格的事实、证据进行审查判断。对曾经是被执行人的直接责任人、实际控制人，但在执行过程中已不再担任上述职务，且对债务履行不再产生直接影响的人员，不应纳入限制高消费范围，否则有违公平，亦于督促被执行人履行债务没有益处。

（二）限制消费令的启动

限制消费措施一般由申请执行人提出书面申请，经法院审查决定；必要时法院可以依职权决定。法院决定采取限制消费措施时，应当考虑被执行人是否有消极履行、规避执行或者抗拒执行的行为以及被执行人的履行能力等

---

① 轮船客舱分为贵宾舱、头等舱和普通舱，普通舱通常包括一等舱、二等舱、三等舱、四等舱四个等级。舱位等级的划分没有明确的规定，通常以舱位空间的大小、客舱位置、硬件设施以及提供的服务来确定。

② 《善意执行理念》规定，限制子女就读高收费学校，是指限制其子女就读超出正常收费标准的学校。即如果就读于收费未超出正常标准的私立学校，也不属于限制范围。

③ 动车组在我国国家铁路运输系统里指"（普通）动车组旅客列车"，车次以"D"开头。其综合等级高于直达特快列车和其他普速列车，低于由其本身细分出来的"高速动车组列车（G字头）"和"城际动车组列车（C字头）"。

④ 影响债务履行的直接责任人员，是指虽不具有法定代表人、主要负责人等特定身份，但能够通过其行为（包括作为和不作为），直接对组织的实际经营活动产生重要影响的人员，由法院根据相关人员的身份、行为性质、影响和后果综合判定。可重点审查原法定代表人、股东（尤其是控股股东）、董事、监事、高级管理人员等。高级管理人员包括经理、副经理、财务负责人，上市公司董事会秘书和章程规定的其他重要人员。

⑤ 实际控制人，是指虽不是组织的股东或其他登记的权益人，但通过投资关系、协议或者其他安排（如代持股、家族企业、境内主体为实现境外上市的VIE协议控制等形式），能够实际支配组织行为的人。

因素。

　　法院决定采取限制消费措施的，应当向被执行人发出限制消费令。限制消费令由法院院长签发。限制消费令应当载明限制消费的期间、项目、法律后果等内容。

　　为了增强限制消费令的威慑力，法院决定采取限制消费措施的，可以根据案件需要和被执行人的情况向有义务协助调查、执行的单位送达协助执行通知书，也可以在相关媒体上进行公告。限制消费令的公告费用由被执行人负担；申请执行人申请在媒体公告的，应当垫付公告费用。

　　被限制消费后，被执行人不能变相地以他人财产实施被禁止的消费行为或接受被禁止的消费服务。换言之，不管是被执行人自己实施被禁止的行为，还是以他人的名义实施被禁止的行为，或者他人以被执行人的财产实施被禁止的行为，只要是以被执行人的财产支付费用，导致被执行人财产减少，都应在禁止之列。被限制消费的被执行人因生活或者经营必需确有必要进行限制消费令禁止的消费活动的，应当向法院提出申请，获批准后方可进行。

　　（三）限制消费令的解除

　　《民事强制执行法（草案）》第58条规定："被执行人有证据证明查封财产足以清偿债务的，人民法院可以解除限制消费措施。申请执行人申请解除对被执行人的限制消费措施的，人民法院应当解除。"解除限制消费令主要有两种情形：第一种是被执行人向法院提交证据，证明法院查封的财产已足以清偿债务，法院没有必要再对被执行人限制消费；第二种是申请执行人向法院提出申请，申请解除被执行人的限制消费措施。此外，在限制消费期间，被执行人提供确实有效的担保并经申请执行人同意的，法院可以解除限制消费令。被执行人履行完生效法律文书确定的义务的，法院应当在限制消费令通知或者公告的范围内及时以通知或者公告的方式解除限制消费令。

　　采取限制消费令后，被执行人及其有关人员提交充分有效证据并作出书面承诺，申请解除或暂时解除的，法院视下列情形分别处理：（1）组织被执行人被限制消费后，其法定代表人、主要负责人、影响债务履行的直接责任人员、实际控制人以因私消费为由提出以个人财产从事消费行为，经审查属实的，应予准许；（2）组织被执行人被限制消费后，其法定代表人、主要负责人确因经营管理需要发生变更,原法定代表人、主要负责人申请解除对其本人的限制消费措施的,应举证证明其并非单位的实际控制人、影响债务履行的直接责任人员。法院经查证属实的,应予准许,并对变更后的法定代表人、主要负责人采取限制消费措施。①(3)被限制消费的自然人因本人或近亲属重大疾病就医,近亲属丧葬,以及本人执行或配合执行公务,参加外事活动或重要考试等紧急情况急需赴外地,向法院申请暂时解除乘飞机、高铁限制措施的,经严格审查并经本院院长批准,可以给予其最长不超过 1 个月的暂时解除期间。

被执行人履行完毕的,法院必须在 3 个工作日内解除限制消费令,因情况紧急当事人申请立即解除的,法院应当立即解除限制消费令。在限制消费期间,被执行人提供有效担保或者经申请执行人同意的,法院应当在 3 个工作日内解除限制消费令。②

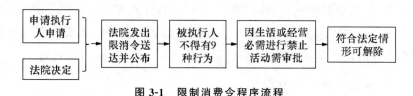

图 3-1　限制消费令程序流程

(四)违反限制消费令的后果

为真正发挥限制消费令的威慑作用,法院仅仅向被执行人下发限制消费令远远不够,除相关协助执行部门配合外,还需社会公众的监督。因此,法院应当设置举报电话或者邮箱,接受申请执行人和社会公众对被限制消费的被执行人进行高消费及非生活或经营必需的有关消费的举报,并进行审查认定。

被执行人违反限制消费令进行消费的行为性质上属于拒不履行法院判决、裁定的行为,经查证属实的,法院应当依照《民事诉讼法》"拒不履行法院已经发生法律效力的判决、裁定"的规定对其予以拘留、罚款;情节严重,构成犯罪的,依法追究其刑事责任。

---

① 实务中存在被限制消费的组织法定代表人为规避限制消费令,变更法定代表人后向法院申请解除限制消费措施的情形,因此,法院对此需严格审查,只有能够证明其并非单位的实际控制人、影响债务履行的直接责任人员,才能予以准许。

② 参见《最高人民法院关于进一步完善执行权制约机制加强执行监督的意见》(法〔2021〕322 号)第 23 条规定。

有关组织在收到法院协助执行通知书后,仍允许被执行人进行高消费及非生活或者经营必需的有关消费的,法院可以依照《民事诉讼法》"有义务协助执行的组织拒绝协助执行"的规定,责令其履行协助义务,并可以对该组织予以罚款。还可以对该组织主要负责人或直接责任人员予以罚款,对仍不履行协助义务的,可以予以拘留,并可以向监察机关或有关机关提出予以纪律处分的司法建议。

二、限制出境

导入案例 3-2

1998年,已有家室的李正某与蔡某莲非法同居,1999年3月生下一女蔡某婷。2000年,蔡某莲起诉要求解除非法同居关系,法院判决解除双方的非法同居关系,并判决蔡某婷由蔡某莲抚养,李正某自2001年3月起每月负担抚养费500元,直至蔡某婷18周岁。2005年,蔡某莲再次提起诉讼要求变更抚养费至每月1000元,法院判决抚养费变更为每月1000元。

判决生效后,李正某即下落不明,抚养费也分文未付。法院立案执行后经多方调查,仍未查找到李正某下落。2016年年初,执行法官通过网络查控系统发现李正某身份信息的最新线索,于是两次到其湖南老家调查。执行法官辗转查明李正某因第一代身份证号码与他人相同,在升级二代身份证时变更了身份证号码,并更名为李某。在确认了被执行人新身份后,执行法官当即对李某采取限制出境措施。2016年7月15日,消失了十年之久的李正某,在出境前往香港时被边检部门截获,执行法官立即将其带回法院并对其司法拘留15日。拘留期间李正某妻子找到法院,一次性支付蔡某婷18岁前的全部抚养费和利息。

我国关于限制出境的法律规定最早起始于1986年起实施的《外国人入境出境管理法》和《公民出境入境管理法》。两部现已失效的法律中都有关于法院通知有未了结民事案件不能出境的规定。1987年,《最高人民法院、最高人民检察院、公安部、国家安全部关于依法限制外国人和中国公民出境问题的若干规定》中规定了有未了结民事案件（包括经济纠纷案件）的，由法院决定限制出境并执行。2005年12月印发的《最高人民法院第二次全国涉外商事海事审判工作会议纪要》明确使用了"限制当事人出境"的概念，并对具体操作问题进行了规定，使其进一步制度化。2007年修正的《民事诉讼法》在执行篇中增加"被执行人不履行法律文书确定的义务的，人民法院可以对其采取或者通知有关单位协助采取限制出境，在征信系统记录、通过媒体公布不履行义务信息以及法律规定的其他措施"的规定，首次在《民事诉讼法》中正式确立了限制出境措施的法律地位。之后修正的《民事诉讼法》基本沿用了该条规定，对该项制度进一步予以巩固。

限制出境，是指执行法院对未履行生效法律文书确定义务的自然人被执行人或组织被执行人的主要负责人员、直接责任人员，限制其出境的强制措施。根据《民事强制执行法（草案）》的规定，被执行人不履行执行依据确定义务的，法院可以限制其出境，但是被执行人出境不影响执行程序正常进行的除外。被执行人为组织的，可以限制其主要负责人员或者影响债务履行的直接责任人员出境。法院采取限制出境措施的，应当制作决定书，并通知移民管理机构等有关组织协助。

（一）限制出境的启动

对被执行人限制出境的，应当由申请执行人向执行法院提出书面申请。必要时，执行法院可以依职权决定采取限制出境措施。

（二）限制出境的主体

限制出境的主体包括：自然人被执行人；法人的法定代表人或其他组织的负责人及影响债务履行的直接责任人员；无民事行为能力人或者限制民事行为能力人被执行人的法定代理人。

（三）限制出境的决定

法院决定采取限制出境措施的，应当制作执行决定书，并通知移民管理机构等有关组织协助。决定书应当告知被限制出境人申请复议的权利和期限，并应当送达当事人。

（四）限制出境的解除

在限制出境期间，被执行人履行法律文书确定的全部债务的，执行法院应当及时解除限制出境措施。被执行人提供充分、有效的担保或者申请执行人同意的,法院亦可以解除限制出境措施。

(五)限制出境的救济途径

限制出境措施属于法院行使公权力的职权行为,其与拘留、罚款性质相同,是法院为了迫使被执行人履行义务,对被执行人的人身施加一定限制的间接执行措施,因此,对限制出境措施的救济途径,应参照《民事诉讼法》对拘留措施救济途径的规定,赋予被执行人直接向上一级法院申请复议的权利。《执行异议规定》第9条规定,被限制出境的人认为对其限制出境错误的,可以自收到限制出境决定之日起10日内向上一级人民法院申请复议。上一级人民法院应当自收到复议申请之日起15日内作出决定。复议期间,不停止原决定的执行。

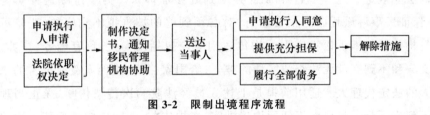

图 3-2　限制出境程序流程

三、拘传

《民事强制执行法(草案)》第61条规定:"对于必须到场接受调查的被执行人或者被执行人的法定代理人、主要负责人员、直接责任人员等,人民法院可以传唤其到场;无正当理由拒不到场的,可以拘传。拘传时,应当向被拘传人出示拘传票。人民法院决定拘传的,可以通知公安机关协助查找、控制被拘传人。"在民事诉讼程序中,拘传是指法院派出司法警察强制有关人员到庭参加诉讼的强制措施。执行程序中的拘传与民事诉讼程序略有不同,是指法院强制必须到场接受调查的被执行人或者被执行人的法定代表人、主要负责人员、直接责任人员等到达法院指定场所的执行措施。执行现场的范围比较广泛,除了法院外,还包括法院外的许多不特定场所,比如查封财产现场、腾退清理房屋现场等,所以执行拘传可以传唤被拘传人到强制执行需要的所有场所。

法院决定拘传，被拘传人下落不明的，法院还可以通知公安机关协助查找、控制被拘传人。

执行拘传是一种强制措施，具有强制性，被拘传人不配合到场时可以使用戒具。但执行拘传不具有羁押的效力，需要被拘传人到场配合的执行措施结束后应当立即将被拘传人放回，不得变相通过拘传措施限制被拘传人的人身自由。此外，在本辖区以外采取拘传措施时，应当将被拘传人拘传到当地法院，当地法院应当予以协助。

民事诉讼程序中的拘传是法院派出司法警察依法强制有关人员到庭参加诉讼的强制措施。《民事诉讼法》规定："人民法院对必须到庭的被告，经两次传票传唤，无正当理由拒不到庭的，可以拘传。"一般来讲，出庭不是被告的强制义务，然而在特定案件中，只有被告到庭才能查清案件事实、及时解决争议，所以法律规定了这些案件中被告必须到庭参加诉讼。为了排除这种妨害行为，保证民事诉讼程序的正常进行，对必须到庭的被告拒不到庭的，法院可以进行拘传。民事诉讼程序中的拘传适用对象包括两类人：负有赡养、扶养、抚育义务和不到庭就无法查清案情的被告；给国家、集体或他人造成损害的未成年人的法定代理人。适用前提是上述人员经法院两次传票传唤，无正当理由拒不到庭。为了尽可能不适用拘传措施，在拘传前，法院应向被拘传人说明拒不到庭的后果，经批评教育仍不到庭的才适用拘传。与执行拘传相同的是，民事诉讼程序中的拘传也必须经院长批准，并使用拘传票，在采取措施时直接送达给被拘传人。

执行拘传与下一节介绍的拘留措施相比，两者都在一定程度上限制了被执行人的人身自由，但拘传限制人身自由的程度相对轻微。从词义分析，拘传措施重在"传"，拘留措施重在"留"，两者的区别在于：(1) 执行依据的法律文书不同。拘传由院长签发拘传票；拘留则需要院长签发拘留决定书。(2) 执行方式不同。拘传由司法警察执行，必要时才可以使用戒具；拘留由司法警察将被拘留人送交当地公安机关看管，一般在看守所或拘留所执行。[①] (3) 适用次数不同。拘传没有次数限制，只要符合拘传的条件，在同一案件中可以多次

[①] 执行拘留决定虽然由法院作出，但被拘留人是被羁押在公安看守所或拘留所内，因此，拘留的执行机关是公安机关。

适用；关于拘留措施，对同一妨害妨碍、抗拒执行的行为通常不得连续适用拘留，只有发生了新的妨害民事诉讼行为，法院才可以重新拘留。[①]（4）适用的条件及主体不同。适用拘传的条件是必须到场接受调查的被执行人或者被执行人的法定代理人、主要负责人员、直接责任人员等，无正当理由拒不到场。适用主体为案件的被执行人或被执行人的法定代理人、主要负责人员、直接责任人员等。拘留则是法院对妨害妨碍、抗拒执行严重者采取的制裁措施，既适用于被执行人，也适用于严重妨害妨碍、抗拒执行的案外人，甚至有可能是妨害妨碍的申请执行人。（5）救济途径不同。法律及司法解释没有专门规定针对拘传的救济措施，当然，作为法院采取的执行措施，被拘传人可以提出执行异议；拘留措施则有专门的救济途径，即被拘留人对拘留决定不服的，可以向上一级法院申请复议。（6）适用期间不同。拘传的效力在被执行人到场后结束，期间较短；拘留的期限最长可达 15 日。

第二节 制 裁 措 施

一、罚款和拘留

罚款，是指法院强制妨害执行的行为人缴纳一定数额金钱的强制性措施。拘留，是指法院对妨害妨碍、抗拒执行严重者，在一定期限内限制人身自由的强制措施。根据《民事强制执行法》的规定，法院对执行当事人和其他人根据情节轻重可适用罚款、拘留制裁措施：(1) 有证据证明被执行人有履行能力而拒不履行执行依据确定的义务；(2) 以虚假诉讼、虚假仲裁、虚假公证或者以隐匿、转移、毁损财产等方法逃避履行执行依据确定的义务；(3) 隐藏、伪造、毁灭证据，以暴力、威胁、贿买方法阻止证人作证或者指使、贿买、胁迫他人作

[①] 《民事强制执行法（草案）》规定的特殊拘留制度为例外情形：执行依据确定被执行人作出特定行为，该行为不能由他人替代完成的，法院应当责令被执行人在指定期限内履行。被执行人逾期未履行的，应当对被执行人依据本法规定按日予以罚款或者予以拘留，但是被执行人有正当理由的除外。拘留期限届满后，被执行人仍未作出特定行为的，法院可以再次予以拘留，但是累计拘留期限不得超过 6 个月。

伪证;(4)违反限制消费令进行消费;(5)侮辱、威胁、诽谤、诬陷、殴打或者打击报复执行人员、执行参与人;(6)以暴力、威胁或者其他方法阻碍执行人员执行职务;(7)违反协助执行义务;(8)其他妨碍、抗拒执行行为。法院对有上述规定的行为之一的组织,可以同时对其主要负责人员或者直接责任人员予以罚款、拘留;构成犯罪的,依法追究刑事责任。依据上述规定处罚的法院还可以向监察机关或者其他有关机关提出对被罚款人、被拘留人予以纪律处分的司法建议。

适用罚款措施时应注意:

(1)被罚款人既可以是自然人,也可以是组织。对自然人罚款金额为10万元以下,没有下限;对组织罚款金额为5万元以上100万元以下。法院对个人或者组织采取罚款措施时,应当根据其实施妨害民事诉讼行为的性质、情节、后果,当地的经济发展水平,以及诉讼标的额等因素,在上述限额内确定相应的罚款金额。

(2)适用罚款措施必须经院长批准,并适用决定书。适用罚款的,应当先由执行案件合议庭提出意见,报院长审批,然后制作罚款决定书。

(3)罚款决定作出后,被罚款人拒不缴纳的,由执行机构强制执行。

(4)被罚款人及时改正的,法院可以减免罚款金额。

适用拘留措施时应注意:

(1)拘留的期限为15日以下,没有下限。法院采取拘留措施时,应当根据妨害民事诉讼行为人实施妨害民事诉讼行为的性质、情节、后果等因素,在1日至15日范围内确定相应的拘留期限。

(2)适用拘留措施必须经院长批准,并适用决定书。适用拘留的,通常情况下应当先经院长批准,但有紧急情况必须立即采取拘留措施的,可以在拘留后立即报告院长补办批准手续。紧急情况包括哄闹、冲击法庭,用暴力、威胁等方法抗拒执行公务等。必须立即采取拘留措施的,可在拘留后,立即报告院长补办批准手续。院长认为拘留不当的,应当及时解除拘留措施。

(3)法院对被拘留人采取拘留措施后,应当在24小时内通知其家属;确实无法通知或者通知不到的,应当记录在案。

(4)被拘留人不在本辖区的,作出拘留决定的法院应当派员到被拘留人所在地的法院,请该院协助执行,受委托的法院应当及时派员协助执行。被拘留人申请复议或者在拘留期间承认并改正错误,需要提前解除拘留的,受委托法院应当向委托法院转达或者提出建议,由委托法院审查决定。

(5) 法院决定拘留,被拘留人故意躲避或下落不明的,法院可以通知公安机关协助查找、控制被拘留人。比如,法院决定拘留被执行人梁某,向当地公安机关发出协助执行通知书。公安机关将梁某纳入公安部门的人脸识别系统。后梁某在步行经过某公园门口时,被系统自动抓拍。系统自动报警至所属辖区派出所,公安民警将梁某抓获并移交法院。

(6) 被拘留人由司法警察送交拘留地公安机关看管。被拘留人在拘留期间认错悔改的,可以责令其具结悔过,提前解除拘留。提前解除拘留,应报经院长批准,并作出提前解除拘留决定书,交负责看管的公安机关执行。

被罚款人、被拘留人不服处罚决定的,可以向上一级法院申请复议一次。为了保证强制措施的有效性,复议期间不停止执行。被罚款人、被拘留人申请复议的[①],应当在收到决定书之日起 3 日内申请复议,上级法院应在收到复议申请后 5 日内作出决定,并将复议结果通知下级法院和当事人。上级法院复议时认为强制措施不当的,应当制作决定书,撤销或变更下级法院的罚款、拘留决定。为了避免被拘留人受不当拘留措施的继续侵害,对于情况紧急的,上级法院可以首先用口头形式通知下级法院改变错误决定,然后在 3 日之内发出撤销或者变更原拘留或者罚款的决定书。

执行拘留措施与民事诉讼程序中的拘留措施同属于司法拘留措施。民事诉讼程序中的拘留,是指法院对强制妨害民事诉讼行为严重者,在一定期限内限制人身自由的强制措施。与《民事诉讼法》规定的拘传、训诫、责令退出法庭、罚款这四种妨害民事诉讼的强制措施相比,拘留的强制力度最强。所以,在民事诉讼程序中适用拘留必须十分慎重,只对性质严重、适用其他强制措施不足以排除妨害,同时又未构成犯罪的妨害民事诉讼行为才采取拘留这一强制措施。

我国法律规定了三种拘留措施,分别为刑事拘留、行政拘留和司法拘留,

---

① 由于复议期间不停止执行,被拘留人可通过拘留场所向法院转交复议申请书,也可委托律师提交复议申请书。

在理解适用上应当将三者加以区别。

（1）性质不同。刑事拘留是刑事诉讼中的保障性措施，其目的是保证刑事诉讼的顺利进行，本身不具有惩罚性；行政拘留是治安管理的一种处罚方式，实质上是一种行政制裁，其目的是惩罚和教育有一般违法行为的人；司法拘留是一种排除性措施，是针对已经出现的妨害诉讼活动和妨害、抗拒执行的严重行为而采取的。

（2）法律根据不同。刑事拘留是依据《刑事诉讼法》的规定而适用的；行政拘留是根据《行政处罚法》《治安管理处罚法》等法律采用的；司法拘留则是分别根据《刑事诉讼法》《民事诉讼法》和《行政诉讼法》的规定适用的。

（3）适用对象不同。刑事拘留适用于刑事案件中涉嫌犯罪的现行犯或者重大嫌疑分子；行政拘留适用于有一般违法行为的人；司法拘留则适用于在诉讼过程中实施了妨害诉讼行为的人，以及在强制执行过程中妨害、抗拒执行的人，既包括诉讼（执行）当事人、其他诉讼（执行）参与人，也包括案外人。

（4）权力主体不同。刑事拘留依法由公安机关、人民检察院决定，并由公安机关执行；行政拘留由具有行政处罚权的行政机关在法定职权范围内实施，并由公安机关执行；司法拘留依法由法院决定并由公安机关执行。

（5）羁押期限不同。对于一般现行犯的刑事拘留最长期限为14日；行政拘留的最长期限为15日；司法拘留的期限最长为15日。

二、对失信被执行人的信用惩戒

导入案例 3-3

李某因与王某民间借贷纠纷一案，法院判决王某归还借款80万元并支付利息。执行中，王某因未履行生效法律文书确定的义务而被法院依法纳入失信被执行人名单并被限制消费。王某长期生活在日本，暑期回国看望女儿时需要购买机票，民航购票系统自动识别出其为失信被执行人，限制其购买机票。王某无法顺利回国。

导入案例 3-4

被执行人某建设公司承接当地建设项目较多。法院将某建设公司列入失信被执行人名单后，向当地政府制发司法建议，建议其完善招投标过程中的资格审查工作，限制某建设公司再次参与相关项目的投标。司法建议发出后，当地政府积极回应，对某建设公司参与项目招标予以限制，并敦促某建设公司尽快履行义务。

导入案例 3-5

被执行人蔡某被法院列入失信被执行人名单。蔡某在找工作过程中屡屡碰壁，用人单位在入职前调查中发现其为失信被执行人后，拒绝录用。无奈，被执行人蔡某和其母亲主动联系法院，其母亲愿意提供执行担保并代替蔡某履行还款义务，希望和申请执行人协商分期还款。

对失信被执行人进行信用惩戒，需要将被执行人的失信信息在征信系统中进行记录。在征信系统记录，是指法院将被执行人不履行生效法律文书确定义务的行为记录在法院的征信系统中的强制措施。征信系统记录的最终目的是通过法院的征信系统与金融、工商、房地产、交通、出入境管理等部门以及其他社会信用体系相连接，使不履行义务的被执行人在社会生活中受到严格限制，从而建立国家层面的威慑机制。

《最高人民法院关于公布失信被执行人名单信息的若干规定》规定，被执行人具有履行能力而不履行生效法律文书确定的义务，并具有一定情形的，法院应当将其纳入失信被执行人名单，依法对其进行信用惩戒。

法院决定将被执行人纳入失信被执行人名单的，应当制作决定书，决定书应当写明纳入失信被执行人名单的理由，有纳入期限的，应当写明纳入期限。决定书由院长签发，自作出之日起生效。决定书应当按照《民事诉讼法》规定的法律文书送达方式送达当事人。

（一）纳入名单的情形

法院向被执行人发出的执行通知中，应当载明有关纳入失信被执行人名单的风险提示等内容。

被执行人未履行生效法律文书确定的义务，并具有下列情形之一的，法院应当将其纳入失信被执行人名单，依法对其进行信用惩戒：(1) 有证据证明被执行人有履行能力而拒不履行执行依据确定的义务；(2) 以虚假诉讼、虚假仲裁、虚假公证或者以隐匿、转移、毁损财产等方法逃避履行执行依据确定的义务；(3) 隐藏、伪造、毁灭证据，以暴力、威胁、贿买方法阻止证人作证或者指使、贿买、胁迫他人作伪证；(4) 违反限制消费令进行消费；(5) 侮辱、威胁、诽谤、诬陷、殴打或者打击报复执行人员、执行参与人；(6) 以暴力、威胁或者其他方法阻碍执行人员执行职务；(7) 违反协助执行义务；(8) 其他妨碍、抗拒执行行为。

实务中，对"被执行人有履行能力而拒不履行执行依据确定的义务"情形的认定存在较大争议，认定时应注意：(1) 被执行人承担金钱给付义务时有可供执行的财产，承担行为给付义务时有可实际履行的能力，但具有积极逃避履行或消极懈怠不履行的情形的，可认定为"有履行能力而拒不履行生效法律文书确定义务"。其中，被执行人"有能力履行"既包括具备全部履行能力，也包括具备部分履行能力。(2) 下列情形可以认定为"有履行能力而拒不履行生效法律文书确定义务"：① 拒不履行行为义务；② 拒不交付法院已经查封但未实际控制的车辆、船舶等动产；③ 法院就房屋、土地等不动产发布搬迁公告后，拒不搬迁；④ 被执行人的工资等收入明显超出被执行人及其所扶养家属生活所必需的费用，仍拒不履行金钱给付义务；⑤ 被执行人放弃或怠于主张债权。

申请执行人认为被执行人具有上述情形之一的，可以向法院申请将其纳入失信被执行人名单。法院应当自收到申请之日起15日内审查并作出决定。法院也可以依职权决定将被执行人纳入失信被执行人名单。

（二）不得纳入名单的情形

综合《民事强制执行法（草案）》与《最高人民法院关于公布失信被执行人名单信息的若干规定》，具有下列情形之一的，法院不得将被执行人纳入失信被执行人名单：(1) 提供了充分有效担保的；(2) 已被采取查封、扣押、冻结等措施的财产足以清偿生效法律文书确定债务的；(3) 被执行人履行顺序在后，对其依法不应强制执行的；(4) 被执行人为未成年人的①；(5) 其他不属于有履行能力而拒不履行生效法律文书确定义务的情形。此外，法人或者非法人组织是失信被执行人，但是其法定代表人、主要负责人、影响债务履行的直接责任人员、实际控制人等不是被执行人的，法院不得将前述人员纳入失信被执行人名单。被执行人在抢险救灾、疫情防控等特殊时期承担特殊、紧急社会保障职能的。

（三）纳入名单的期限

纳入失信被执行人名单的期限为2年以下。情节严重或具有多项失信行为的，可以延长1至3年，即可以延长至3年至5年。

（四）记载和公布名单信息的内容

记载和公布的失信被执行人名单信息应当包括：(1) 作为被执行人的法人或者其他组织的名称、统一社会信用代码（或组织机构代码）、法定代表人或者负责人姓名；(2) 作为被执行人的自然人的姓名、性别、年龄、身份证号码；(3) 生效法律文书确定的义务和被执行人的履行情况；(4) 被执行人失信行为的具体情形；(5) 执行依据的制作单位和文号、执行案号、立案时间、执行法院；(6) 法院认为应当记载和公布的不涉及国家秘密、商业秘密、个人隐私的其他事项。

（五）公布失信被执行人程序

各级法院应当将失信被执行人名单信息录入最高人民法院失信被执行人名单库，并通过该名单库统一向社会公布。

各级法院可以根据各地实际情况，将失信被执行人名单通过报纸、广播、电视、网络、自媒体、新闻发布会、法院公告栏、手机彩铃等方式予以公布，并可以采取新闻发布会或者其他方式对本院及辖区法院实施失信被执行人名单制

---

① 被执行人为未成年人的，法院可以对其采取限制消费措施，但不得将其纳入失信被执行人名单。被执行人成年后，仍未履行生效法律文书确定的义务，且符合信用惩戒条件的，法院可以将其纳入失信被执行人名单。对涉刑事裁判财产刑的未成年执行人采取限制消费措施的，不得在新闻报道、影视节目、公开出版物、网络等披露该未成年人的姓名、住所、照片、图像以及可能推断出该未成年人身份的资料。

度的情况定期向社会公布。①

法院应当将失信被执行人名单信息，向政府相关部门、金融监管机构、金融机构、承担行政职能或者提供社会公共服务的事业单位及行业协会等组织通报，供有关组织依照法律、法规和有关规定，在限制消费、政府采购、融资信贷、市场准入、资质认定、荣誉授信等方面，对失信被执行人予以信用惩戒。法院应当将失信被执行人名单信息向征信机构通报，并由征信机构在其征信系统中记录。

国家工作人员、人大代表、政协委员等被纳入失信被执行人名单的，法院应当将失信情况通报其所在单位和相关部门。国家机关、事业单位、国有企业等被纳入失信被执行人名单的，法院应当将失信情况通报其上级单位、主管部门或者履行出资人职责的机构。②

（六）失信被执行人对公布信息的异议及审查

被纳入失信被执行人名单的公民、法人或其他组织认为有下列情形之一的，可以向执行法院申请纠正：(1) 不应将其纳入失信被执行人名单的；(2) 记载和公布的失信信息不准确的；(3) 失信信息应予删除的。

自然人、法人或其他组织对被纳入失信被执行人名单申请纠正的，执行法院应当自收到书面纠正申请之日起 15 日内审查，理由成立的，应当在 3 个工作日内纠正；理由不成立的，决定驳回。需注意，根据《最高人民法院关于公布失信被执行人名单信息的若干规定》，对于被纳入失信被执行人名单异议的审查性质上属于复查，不同于执行行为异议的审查。异议审查人员为作出决定的执行人员而非执行异议审查人员，适用文书为决定书而非裁定书。

自然人、法人或其他组织对驳回决定不服的，可以自决定书送达之日起 10 日内向上一级法院申请复议。上一级法院应当自收到复议申请之日起 15

---

① 通过报纸、广播、电视、网络、自媒体、新闻发布会、公告栏、手机彩铃等媒介发布失信被执行人名单信息及限制消费人员信息时，公示项目可增加被执行人照片，但不得注明被执行人住址、工作单位及联系电话等个人隐私信息，并应屏蔽公民身份证号码的出生月、日四位数字。

② 国家工作人员包括：中国共产党机关、人民代表大会及其常务委员会机关、人民政府、监察委员会、人民法院、人民检察院、中国人民政治协商会议各级委员会机关、民主党派机关和工商业联合会机关的公务员，以及参照《中华人民共和国公务员法》管理的人员；法律、法规授权或者受国家机关依法委托管理公共事务的组织中从事公务的人员；国有企业管理人员；公办的教育、科研、文化、医疗卫生、体育等单位中从事管理的人员；基层群众性自治组织中从事管理的人员。

内作出决定。复议期间,不停止原决定的执行。

(七)失信信息的撤销和删除

不应纳入失信被执行人名单的自然人、法人或其他组织被纳入失信被执行人名单的,法院应当在3个工作日内撤销失信信息。记载和公布的失信信息不准确的,法院应当在3个工作日内更正失信信息。惩戒期限届满的,法院应当在3个工作日内删除失信信息。失信被执行人主动纠正失信行为的,法院可以根据情况提前删除失信信息。撤销、删除失信信息的,法院应当及时向社会公开并通报给已推送组织。实施信用惩戒的有关组织应当及时解除对被执行人的惩戒措施。确需继续保留惩戒措施的,必须严格按照法律法规的有关规定实施,并明确继续保留的期限。

此外,具有下列情形之一的,法院应当在3个工作日内删除失信信息:(1)被执行人已履行生效法律文书确定的义务或法院已执行完毕的;(2)当事人达成执行和解协议且已履行完毕的;(3)申请执行人书面申请删除失信信息,法院审查同意的;(4)终结本次执行程序后,通过网络执行查控系统查询被执行人财产两次以上,未发现有可供执行财产,且申请执行人或者其他人未提供有效财产线索的;(5)因审判监督或破产程序,法院依法裁定对失信被执行人中止执行的;(6)法院依法裁定不予执行的;(7)法院依法裁定终结执行的。失信被执行人名单有纳入期限的,不适用上述规定,纳入期限届满后3个工作日内,法院应当删除失信信息。

删除失信信息后,被执行人又具有失信被执行人规定情形之一的,法院可以重新将其纳入失信被执行人名单。

申请执行人书面申请删除被执行人失信信息,法院审查删除后6个月内,申请执行人又申请将该被执行人纳入失信被执行人名单的,法院不予支持。

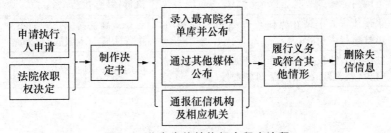

图 3-3 公布失信被执行人程序流程

需注意，罚款、拘留、纳入失信被执行人名单的制裁措施既可以单独适用，也可以合并适用其中两种或同时并用三种制裁措施。

目前，我国失信被执行人跨部门协同监管和联合惩戒机制已初步建立，已共同构建起对失信被执行人"一处失信，处处受限"的信用监督、警示和惩戒工作机制。导入案例3-3、3-4、3-5就是跨部门联合信用惩戒的典型案例。

表3-1 限制消费令与失信被执行人名单措施比较

	限制消费令	失信名单
适用对象	未履行义务的被执行人（应当考虑履行能力等），失信名单被执行人当然适用	有履行能力不履行；妨碍、抗拒执行；规避执行；违反财产报告令；违反限制消费令；无理由不履行和解协议
	单位被执行人及法定代表人、主要负责人、影响债务履行的直接责任人员、实际控制人同样适用	
内涵	限制其高消费及非生活或者经营必需的有关消费	纳入失信被执行人名单并对其进行信用惩戒
禁止行为及失信通报惩戒	住：星级宾馆、酒店；购买不动产或者新建、扩建、高档装修房屋；租赁高档写字楼、宾馆、公寓等场所办公	向政府相关部门、金融监管机构、金融机构等通报，在政府采购、招标投标等方面予以信用惩戒
	行：购买非经营必需车辆；飞机、列车软卧、轮船二等以上舱位；乘坐G字头动车组列车全部座位、其他动车组列车一等以上座位	向征信机构通报，并由征信机构在其征信系统中记录
	消费：在星级以上宾馆、酒店、夜总会、高尔夫球场等场所进行高消费；旅游、度假；支付高额保费购买保险理财产品	失信被执行人是国家工作人员的，通报其所在单位；失信被执行人是国家机关、国有企业的，通报其上级单位或者主管部门
	子女：就读高收费私立学校	
解除	提供确实有效担保或者经申请执行人同意，可以解除；足额履行的，在已通知或公告相同范围内通知或公告解除	足额履行；达成和解并确认履行；申请执行人申请；中止执行；不予执行；终结执行
公布	申请执行人申请在媒体公告垫付公告费用，由被执行人负担	登录最高法院库统一公布执行法院及上级自行公布
后果	被执行人违反行为属于拒不履行判决、裁定行为，处罚款、拘留直至刑事责任	信用惩戒，处处受限

三、通过媒体公布不履行义务信息

导入案例 3-6

被执行人某商场不履行法院判决,法院经调查未发现可供执行的财产。法院决定对被执行人经营场所进行全面搜查,对在租商户进行地毯式调查走访并送达协助执行通知书,要求租户协助将租金直接交付至法院账户。法院对搜查过程邀请当地融媒体中心进行全程拍摄报道,全面曝光失信被执行人信息。当晚,上述执行措施在当地电视台予以报道。被执行人被电视报道公示为失信惩戒对象后,严重降低企业商誉。不少商户得知被执行人被列入黑名单,都表示不想再继续合作。无奈,被执行人与申请执行人达成执行和解协议,并履行了全部义务,法院依法将其从失信被执行人名单中删除。

通过媒体公布不履行义务信息,俗称曝光老赖,是指法院在报刊、广播、电视等新闻媒体、网络或法院公告栏等公众场所,或以通报会、发布会等其他形式对拒不履行生效法律文书确定义务的被执行人信息加以公布,借助社会舆论和信用惩戒的力量,迫使义务人自动履行义务的执行措施。《执行程序解释》规定,执行法院可以依职权或者依申请执行人的申请,将被执行人不履行法律文书确定义务的信息,通过报纸、广播、电视、互联网等媒体公布。媒体公布的有关费用,由被执行人负担;申请执行人申请在媒体公布的,应当垫付有关费用。通过媒体公布不履行义务信息措施会对被执行人的名誉、声誉带来一定负面影响,如果信息发布错误,无疑会侵犯他人的名誉权或隐私权,因此实务中需严格审查。

(一)适用情形

通过媒体公布不履行义务信息的适用情形包括:被执行人在案件进入执行程序后,在执行通知指定的期限拒不履行法定义务的;被执行人或其法定代表人故意躲藏、逃避执行,导致法院无法查找的;被执行人在案件进入执行程序后公开表示拒不履行,或有隐藏、转移、故意损毁财产或者有无偿转让财产、以明显不合理低价转让财产等妨碍执行行为的;其他应当公布不履行义务信息的情形。

(二) 实施程序

通过媒体公布不履行义务信息既可以由法院依职权决定,也可以由申请执行人提出申请后审查决定。

公布不履行义务信息的内容应当包括被执行人的基本情况、执行依据、未履行标的额等。不履行义务信息公布范围应当是与被执行人活动区域有关的区域,可以借助报纸、广播、电视等新闻媒体或者在法院公告栏、被执行人所在社区等公共场所公布。

为慎重起见,正式公布不履行义务信息前可以向被执行人发出预告通知书,告知其如不在指定期限内履行生效法律文书确定的义务,法院将采取的公布信息措施及其不利后果。正式公布后,不履行义务的信息应及时更新,因案件已经执行完毕、被执行人与申请执行人达成和解协议、被执行人提供了申请执行人认可的担保的,执行法院应依职权或依被执行人的申请及时将公布的内容删除或变更。因公布不履行义务信息侵害他人合法权益的,应及时予以停止并给予适当救济。

广播电视台等融传媒单位作为失信联合惩戒机制中的重要协助执行单位,对法院执行工作发挥着不可替代的作用。传媒单位对于失信被执行人曝光的方式不仅可以是公布失信人员名单等传统静态宣传模式,还可以采取全程跟踪拍摄等动态宣传方法。案例 3-6 中就是当地融媒体中心全程配合跟踪报道,给予被执行人强大的执行压力,形成了积极的舆论导向,取得了良好的失信联合惩戒效果。

四、追究刑事责任

导入案例 3-7

2017 年 6 月,杜某骑行两轮电动车不慎碰撞到行人谢某,造成谢某腰椎爆裂性骨折,其损伤后遗症构成九级伤残。经交警部门责任认定,杜某负此次事故的全部责任。某法院经审理后,判决杜某赔偿医疗等费用共计 6 万余元。判决生效后,杜某并未履行义务,谢某遂向法院申请强制执行。

进入执行程序后,执行人员通过网络查控,未查询到被执行人杜某有可供执行的财产。此后,根据申请人谢某提供的线索,执行人员来到杜某上班的公司,向杜某送达执行通知书,责令其如实报告财产并积极履行判决书确定的义务,但杜某态度强硬,主观上认为其没有过错,拒绝履行,也拒绝和解。鉴于杜某拒不履行的行为,法院依法对作出罚款决定,并向该公司发出协助执行通知书,对杜某工资予以扣留。然而,杜某在当月就办理了辞职手续,去向不明,案件执行陷入了僵局。谢某向当地公安机关提出控告,要求公安机关对杜某以涉嫌拒不执行判决、裁定罪立案侦查,但公安机关没有立案。

2019 年 7 月,谢某以被执行人杜某涉嫌拒不执行判决、裁定罪向法院提起刑事自诉,请求追究杜某刑事责任。法院立案后,对杜某作出逮捕决定。同时,某公安分局将杜某列入网上追逃名单。天网恢恢,经过一年多的追捕,公安民警终于在杜某所住出租屋内将其抓获。在强大的法律威慑下,杜某终于低下了头,意识到自己的错误,表示因为不懂法才抱有侥幸逃避心理。在执行法官的主持下,谢某与杜某达成和解协议并立即履行。谢某考虑杜某的家庭情况,同意撤回刑事自诉,并自愿放弃部分执行请求,双方最终握手言和。

为了维护国家司法权的权威和严肃性,保证法院判决、裁定的执行,《中华人民共和国刑法》第 313 条规定:"对人民法院的判决、裁定有能力执行而拒不执行,情节严重的,处三年以下有期徒刑、拘役或者罚金;情节特别严重的,处三年以上七年以下有期徒刑,并处罚金。单位犯前款罪的,对单位判处罚金,并对其直接负责的主管人员和其他直接责任人员,依照前款的规定处罚。" 2021 年 1 月 1 日,修正后的《最高人民法院关于审理拒不执行判决、裁定刑事案件适用法律若干问题的解释》施行。

(一)犯罪主体及客体

拒不执行判决、裁定罪的犯罪主体是特殊主体,即有能力执行或者协助执行法院判决、裁定的被执行人、协助执行义务人、担保人等负有执行义务的人。单位也可成为本罪的犯罪主体。

拒不执行判决、裁定罪侵犯的客体是法院判决、裁定的正常执行活动。本罪所针对的犯罪对象是法院的判决、裁定,但并非所有法院作出的判决、裁定都是犯罪对象。本罪中的判决、裁定具有以下几个特征：(1) 司法性。法院是国家审判机关，但作为一种社会主体，活动范围不可能仅仅限于司法领域，因此，只有那些法院在司法过程中针对具体案件所作出的判决、裁定才是本罪的犯罪对象，包括民事、刑事、行政判决、裁定。(2) 执行性。所谓执行性是指法院作出的判决、裁定必须具有可供执行的内容。(3) 有效性。只有已经生效的判决、裁定才是本罪的犯罪对象，未生效的判决、裁定不存在有义务"执行"的问题，也就没有"拒不执行"。

具体而言，根据全国人大常委会的立法解释，本罪名中法院作出的民事判决、裁定，是指法院依法作出的具有执行内容并已经发生法律效力的民事判决、裁定。包括法院为依法执行支付令、生效的调解书、仲裁裁决、公证债权文书所作的执行裁定亦属于本罪名中的裁定。

（二）管辖法院

拒不执行判决、裁定罪刑事案件一般由执行法院所在地人民法院审理。按照刑事诉讼法及其解释的相关规定，刑事案件由犯罪地法院管辖，犯罪地包括犯罪行为发生地及犯罪结果地，而拒不执行判决、裁定罪犯罪行为的主要结果就是致使判决、裁定无法执行，所以，执行法院所在地可以纳入犯罪结果地范围，由执行法院所在地法院管辖符合法律规定。

（三）主观方面

本罪主观方面是故意，可能是直接故意也可以是间接故意。其故意的具体内容是行为人明知自己的行为可能或必然损害法院判决、裁定的正常执行活动或者致使法院判决、裁定不能执行，仍然追求或者放任这种结果的发生。如果确因不知判决、裁定已发生法律效力而未执行的，或者因不能预见或无法抗拒的原因而无法执行的，不属于故意拒不执行，不能构成本罪。而对于行为人多种多样的故意拒不执行的动机，则不影响本罪的构成。

（四）客观方面

拒不执行判决、裁定罪的客观方面表现为对于法院作出的生效判决、裁定，有能力执行而拒不执行，情节严重的行为。可见，从行为方式来看，本罪是典型的不作为犯罪，但并不意味着只有消极的行为才可构成本罪，相反，行为人为了不执行判决、裁定往往采取很多积极的行为。负有执行义务的人有能力执行而实施下列行为之一的,应当认定为"其他有能力执行而拒不执行,情节严重的情形":(1) 具有拒绝报告或者虚假报告财产情况、违反法院限制高消费及有关消费令等拒不执行行为,经采取罚款或者拘留等强制措施后仍拒不执行的;(2) 伪造、毁灭有关被执行人履行能力的重要证据,以暴力、威胁、贿买方法阻止他人作证或者指使、贿买、胁迫他人作伪证,妨碍法院查明被执行人财产情况,致使判决、裁定无法执行的;(3) 拒不交付法律文书指定交付的财物、票证或者拒不迁出房屋、退出土地,致使判决、裁定无法执行的;(4) 与他人串通,通过虚假诉讼、虚假仲裁、虚假和解等方式妨害执行,致使判决、裁定无法执行的;(5) 以暴力、威胁方法阻碍执行人员进入执行现场或者聚众哄闹、冲击执行现场,致使执行工作无法进行的;(6) 对执行人员进行侮辱、围攻、扣押、殴打,致使执行工作无法进行的;(7) 毁损、抢夺执行案件材料、执行公务车辆和其他执行器械、执行人员服装以及执行公务证件,致使执行工作无法进行的;(8) 拒不执行法院判决、裁定,致使债权人遭受重大损失的。拒不执行判决、裁定的被告人在一审宣告判决前,履行全部或部分执行义务的,可以酌情从宽处罚。

(五) 拒不执行判决、裁定罪的刑事自诉

申请执行人有证据证明同时具有下列情形,法院认为符合"有能力执行而拒不执行,情节严重"规定的,以自诉案件立案审理:(1) 负有执行义务的人拒不执行判决、裁定,侵犯了申请执行人的人身、财产权利,应当依法追究刑事责任的;(2) 申请执行人曾经提出控告,而公安机关或者人民检察院对负有执行义务的人不予追究刑事责任的。①

审理拒不执行判决、裁定罪的刑事自诉案件应当注意:

---

① 2018年5月30日,《最高人民法院关于拒不执行判决、裁定罪自诉案件受理工作有关问题的通知》施行。通知明确:(1) 申请执行人向公安机关控告负有执行义务的人涉嫌拒不执行判决、裁定罪,公安机关不予接受控告材料或者在接受控告材料后60日内不予书面答复,申请执行人有证据证明该拒不执行判决、裁定行为侵犯了其人身、财产权利,应当依法追究刑事责任的,人民法院可以以自诉案件立案审理。(2) 人民法院向公安机关移送拒不执行判决、裁定罪线索,公安机关决定不予立案或者在接受案件线索后60日内不予书面答复,或者人民检察院决定不起诉的,人民法院可以向申请执行人释明。申请执行人有证据证明负有执行义务的人拒不执行判决、裁定侵犯了其人身、财产权利,应当依法追究刑事责任的,人民法院可以自诉案件立案审理。(3) 公安机关接受申请执行人的控告材料或者人民法院移送的拒不执行判决、裁定罪线索,经过60日之后又决定立案的,对于申请执行人的自诉,人民法院未受理的,裁定不予受理;已经受理的,可以向自诉人释明让其撤回起诉或者裁定终止审理。此后再出现公安机关或者人民检察院不予追究情形的,申请执行人可以依法重新提起自诉。

1. 拒不执行判决、裁定罪刑事自诉案件不适用调解

在一般的自诉案件中,被害人可以接受法院调解,可以与对方当事人和解,可以自行撤诉。但由于拒不执行判决、裁定罪自诉案件具有一定的特殊性,被害人基于公安、检察机关不予处理才向法院告诉,法院受理后应积极进行审查处理并作出裁判,不应再进行调解。因此,拒不执行判决、裁定罪自诉案件不适用调解。

2. 拒不执行判决、裁定罪案件自诉人可以同被告人自行和解

执行和解的期限为宣告判决前,且要求双方完全自愿进行。法律设立拒不执行判决、裁定罪更多的是起到威慑和强制执行的作用,如果在自诉案件审理过程中,被执行人愿意履行执行义务,并得到申请执行人的同意,双方自愿达成和解,或者自诉人因和解而撤诉的,法院应予以认可。

3. 拒不执行判决、裁定罪案件自诉人可以撤诉

拒不执行判决、裁定罪自诉案件中,自诉人申请撤诉的,应当经过法院的审查准许。对于经审查后,缺乏罪证的自诉案件,如果自诉人提不出补充证据,应当说服自诉人撤回自诉,或者裁定驳回。自诉人经两次依法传唤,无正当理由拒不到庭的,或者未经法庭许可中途退庭的,按撤诉处理。

拒不执行判决、裁定罪的自诉模式为申请执行人维护自身权益打开了更广阔的空间。导入案例3-7中,申请执行人谢某通过刑事自诉程序依法追究被执行人杜某的刑事责任,法院刑事案件审判部门发出逮捕证,通知公安机关协助抓捕犯罪嫌疑人杜某,杜某归案后积极与谢某达成执行和解协议并一次性履行,案件圆满执行终结。

思考题

1. 简述不得纳入失信被执行人名单的情形。
2. 被执行人被限制消费后,不可以进行哪些消费行为?
3. 云南省昆明市的王某被当地法院限制消费,天津市河西区人民法院因王某与他人发生的纠纷向王某送达开庭传票,并要求王某本人到庭。王某是否可以乘坐飞机或高铁前往天津出庭?
4. 限制出境措施的所用文书是什么?协助义务人是什么国家机关?

5. 被执行人对法院作出的罚款和拘留措施不服应如何救济？

6. 什么情形之下，法院应当删除被执行人的失信信息？

7. 简述拒不执行人民法院判决、裁定罪的主体、客体和"有能力执行而拒不执行，情节严重的情形"的构成要件。

第四章 执行立案与执行调查

第一节 执 行 立 案

执行立案,又称执行受理,是指法院受理债权人的执行申请或审判庭移送的执行案件的行为。执行案件统一由法院立案庭(诉讼服务中心)进行立案登记。立案庭登记立案后,应当依照法律、司法解释的规定向申请执行人发出受理通知书。执行案件应当纳入审判和执行案件统一管理体系,任何案件未经立案不得进入执行程序。

执行程序的启动包括两种方式:(1)债权人申请执行;(2)法官移送执行。

一、申请执行

(一)申请执行的概念

申请执行,是指债权人在债务人不履行生效法律文书确定的义务时,向法院请求强制执行的行为。申请执行是债权人的一项重要程序权利,也是启动执行程序的主要方式。生效法律文书确认和保护的实体民事权利也称执行债权,执行债权属于当事人所享有的可自行处分的私权。当债务人拒不履行法律文书确定的义务时,是否申请执行,以及什么时间申请执行,均属于债权人私法上的权利,债权人具有完全的处分权。

(二)申请执行的条件

债权人向法院申请强制执行,只有在具备一定条件的情况下,才能启动执行程序。具体而言,申请执行的条件主要有以下方面:

(1) 作为执行依据的法律文书已经生效,权利、义务主体确定,申请执行内容明确,且具有给付内容。

(2) 申请执行人是生效法律文书确定的权利人或权利人的继承人、权利承受人。权利承受人包括债权转移的受让人。

(3) 生效法律文书确定的履行期限届满或者权利人有证据证明所附的条件已经成就。义务人逾期不履行法律文书确定的义务,包括义务人部分不履行义务。

(4) 申请人向法院提出申请。1991年《民事诉讼法》采用了"申请执行期限"的表述,自2007年修正后,《民事诉讼法》一直采用"申请执行时效"的表述。"期限"体现了当事人向原告主张权利的期间限制,而"时效"更多地体现为权利人向义务人主张权利的期间限制。概念的转换顺应了诉讼时效与执行时效的体系统一,带来的显著变化是法院立案时不再对时效进行审查,超过诉讼时效起诉或超过执行时效申请执行的,法院也应当立案受理。

其一,执行时效的法定期间。

《民事强制执行法(草案)》第15条规定:"执行依据确定的民事权利,向人民法院请求保护的时效适用《中华人民共和国民法典》等法律有关诉讼时效的规定。但是,法律规定诉讼时效期间不满三年的,执行依据作出后重新起算的时效期间为三年。"《民法典》与执行时效相关的规定主要包括:① 向法院请求保护民事权利的诉讼时效期间为3年。法律另有规定的,依照其规定。② 当事人约定同一债务分期履行的,诉讼时效期间自最后一期履行期限届满之日起计算。③ 不适用诉讼时效制度的请求权:A. 请求停止侵害、排除妨碍、消除危险;B. 不动产物权和登记的动产物权的权利人请求返还财产;C. 请求支付抚养费、赡养费或者扶养费;D. 依法不适用诉讼时效的其他请求权。④ 诉讼时效的中止、中断等。

申请执行时效的具体内容包括:

① 申请执行的通常时效为3年。法律规定诉讼时效期间不满3年的,执行依据作出后重新起算的时效期间为3年。《民事强制执行法(草案)》将执行时效期间与普通诉讼时效期间持平,同时明确《民法典》中不满3年的短期诉讼时效,申请执行时效一律延长为3年,有利于保障申请执行人有更加充分的

时间实现其债权。

② 民事调解书、仲裁调解书中当事人约定同一债务分期履行的,执行时效期间自最后一期履行期限届满之日起计算。分期履行期限尚未届满,权利人就已经到期的债权申请强制执行的,法院同样应该立案受理。换言之,债权人既可选择分期申请执行,亦可选择全部债务到期后一次性申请执行,执行时效期间均是自最后一期履行期限届满之日起才开始计算。

③ 下列请求权不受执行时效的限制:A. 请求停止侵害、排除妨碍、消除危险;B. 不动产物权和登记的动产物权的权利人请求返还财产;C. 请求支付抚养费、赡养费或者扶养费;D. 依法不适用诉讼时效的其他请求权。依法不适用诉讼时效的请求权包括《民法典》第995条、第1001条规定的人格权受到侵害的赔偿请求权及自然人身份权利的保护请求权。申请执行上述请求权没有执行时效,不存在超过执行时效申请执行之虞。

④ 法律文书未明确履行期间的,从法律文书生效之日起计算。法律文书未明确履行期限,意味着法律文书一旦生效债务人即负有立刻履行的义务,债权人亦享有立即申请执行的权利,故无须再给予债务人宽限期,执行时效自法律文书生效时开始计算。

⑤ 生效法律文书规定债务人负有不作为义务的,申请执行时效期间从债务人违反不作为义务之日起计算。生效法律文书所确定的不作为义务,只要债务人没有作出一定的积极行为,其义务即处于履行之中,债权人的权利即处于实现状态,自然没有申请执行的必要。但当债务人实施了一定的积极行为,就会产生不履行义务的问题,此时也就存在申请执行的必要,执行时效从此时开始计算。

表 4-1 执行时效起算时间

文书内容	文书规定一次性履行期限的	文书规定分期履行的	文书未规定履行期限的	文书规定债务人负有不作为义务的
执行时效起算时间	从履行期间的最后一日起计算	从最后一期履行期限届满之日起计算	从法律文书生效之日起计算	从债务人违反不作为义务之日起计算

其二,执行时效的计算规则。

根据《民事诉讼法》的规定,期间计算遵循以下原则:

① 期间开始的日,不计算在期间内。

期间以日为单位计算的,开始的日也不计算在内,始期从次日(第二天)开始计算,终期则根据期间的实际天数相加确定。另外,《民法典》规定,期间的最后一日的截止时间为二十四时;有业务时间的,停止业务活动的时间为截止时间。

期间以月和年为单位计算的,开始的日也不计算在内①,终期则是根据期间的实际月或者年数相加所确定的届满月或者届满年的始期对应日。需注意,确定终期的始期对应日为始期当日而非次日。② 比如,期间从 2018 年 8 月 26 日开始一年,那么终期就是 1 年后的始期对应日,即 2019 年 8 月 26 日。如果终期没有对应日的,就以该月的最后一天为届满日。比如,期间从 2018 年 8 月 31 日开始一个月,由于 9 月没有 31 日,因此终期就是 2018 年 9 月 30 日。③

② 期间届满的最后一日是节假日的,由于节假日法院工作人员不上班,因此,以节假日后的第一个工作日为期间届满的日期。换言之,期间的终期顺延至工作日第一日。此处"节假日"是指国家法定节假日④,包括元旦、春节、清明节、国际劳动节、国庆节及周六、周日等,不包括圣诞节、感恩节等西方节日。特别注意,如果节假日是在期间中间而不是在期间届满的最后一日,那么节假日就不能扣除。⑤

③ 期间不包括邮寄在途时间,诉讼文书在期满前交邮的,不算过期。邮寄在途时间,即诉讼文书在邮寄途中所花费的时间。确定诉讼文书交邮的时间,通常是以邮寄地邮局所盖邮戳上的时间为准。

---

① 期间以月和年为单位计算的,由于月与年实际上是由日组成,因此也是从次日开始计算。《民法典》第 201 条第 1 款规定:"按照年、月、日计算期间的,开始的当日不计入,自下一日开始计算。"

② 确定终期的对应日为始期当日与期间从次日开始计算并不冲突。始期从次日开始计算,终期自然在对应的始期当日届满。

③ 《民法典》总则编第 202 条规定:"按照年、月计算期间的,到期月的对应日为期间的最后一日;没有对应日的,月末日为期间的最后一日。"

④ 法定假期时间应以国家当年公布为准,不同年度可能有所不同。

⑤ 其原理是节假日法院工作人员不上班,期间的终期才顺延至工作日第一日。并非是因为节假日当事人或诉讼代理人要休假,节假日才不计算在内,因此,如果节假日是在期间中间而不是在期间届满的最后一日,那么节假日就不能扣除。

其三，执行时效的中止与中断。

在申请执行时效期间的最后6个月内，因不可抗力或者其他障碍导致不能行使请求权的，申请执行时效中止。从中止时效的原因消除之日起，申请执行时效期间继续计算6个月。

申请执行时效因申请执行、当事人双方达成和解协议、当事人一方提出履行要求或者同意履行义务而中断。从中断时起，申请执行时效期间重新计算。当事人一方提出履行要求，既包括权利人向义务人提出履行要求，也包括义务人向权利人提出履行要求。当然，实务中较为普遍的是权利人向义务人请求履行法律文书确定的义务。关于请求的方式，既包括书面方式，也包括口头请求等能够实现请求效果的方式，法院在判断时应作宽泛解释。比如，权利人在义务人在诉讼中的工商登记的注册地址张贴请求履行公告，即使工商登记注册地址已变更，仍构成有效的履行请求。再如，权利人通过电话录音方式持续地向义务人的法定代表人请求履行，且该法定代表人也已实际履行部分义务，即使之后法定代表人发生变更，在无有效证据证明权利人已知晓变更的情况下，权利人的请求履行行为及于义务人，同样构成有效的履行请求。此外，与诉讼时效规定一致，执行时效的中断并不局限于上述四种情形，实务中比较典型的还包括权利人申请参与分配、主张抵销、申报破产债权及申请债务人破产等。

表 4-2 执行时效中止、中断事由

执行时效	期间为3年。申请执行时效的中止、中断，适用法律有关诉讼时效中止、中断的规定
执行时效中断事由	申请执行、当事人双方达成和解协议、当事人一方提出履行要求或者同意履行义务。① 从中断时起，申请执行时效期间重新计算
执行时效中止事由	执行时效期间的最后6个月内，因不可抗力或者其他障碍不能行使请求权的，申请执行时效中止。原因消除之日起继续计算6个月

其四，超过执行时效申请执行的后果。

申请执行人超过申请执行时效期间向法院申请强制执行的，法院应予受理。被执行人对申请执行时效期间提出异议，法院经审查异议成立的，裁定不予执行。被执行人履行全部或者部分义务后，又以不知道申请执行时效期间

---

① 诉讼时效中断事由为提起诉讼、当事人一方提出要求或者同意履行义务。

届满为由请求执行回转的,法院不予支持。

尽管立法者为了保护申请执行人的权益,也为了顺应国际潮流,同时兼顾执行时效与诉讼时效规定的统一性,将执行时效期间一再延长到与普通诉讼时效持平,但对于债权人而言,还是要尽可能在法律文书生效后尽快申请执行。原因有四点:一是市场机会转瞬即变,经营风险、投资风险与法律风险无处不在,被执行人的财产有可能随着时间的推移而出现减损。二是执行分配中普通债权是按照债权人查封被执行人财产的先后顺序受偿,如果被执行人的特定财产不足以满足全部债权的,采取查封措施在后的债权人可能得不到清偿。三是《民事强制执行法(草案)》规定,法律文书确定的履行期间届满、所附条件成就之日起30日内,债权人未申请执行的,作出保全裁定的法院可以根据被保全人的申请,裁定解除保全。换言之,对于申请了诉前保全或诉讼保全的债权人,如果没有在法律文书确定的履行期间届满、所附条件成就之日起30日内申请执行,保全措施有可能被法院裁定解除,债权有可能"竹篮打水一场空"。最后,对于无财产可供执行的案件,经申请人之一向执行法院申请或被执行人同意,执行法院可启动执行转破产程序,将执行案件相关材料移送被执行人住所地法院审查破产。由于民事强制执行属于个别执行,即以债务人的部分财产满足个别债权人的债权,而破产清算程序则是将债务人的全部财产在全体债权人中按各自债权比例进行公平分配,对于查封财产顺位在后的债权人而言,如果没有及时申请执行"上位"为申请执行人,就会无权申请法院启动执行转破产程序。此类债权人如按照执行分配程序受偿,其债权可能得不到清偿。

(5)属于受申请的法院管辖。《民事强制执行法(草案)》第36条第1款、第2款、第3款规定:"发生法律效力的民事判决、调解书,由第一审人民法院或者与其同级的被执行的财产所在地人民法院执行。发生法律效力的裁定、决定、支付令,由作出裁定、决定、支付令的人民法院或者与其同级的被执行的财产所在地人民法院执行。前两款之外的执行依据,由被执行人住所地或者被执行的财产所在地人民法院执行。级别管辖参照适用民事诉讼法关于人民法院第一审民事案件级别管辖的规定。"需注意两点:一是发生法律效力的民事判决、裁定,以及刑事判决、裁定中的财产部分,由第一审法院或者与第一审法院同级的被执行的财产所在地法院执行,被执行人住所地法院没有当然的管辖权;二是调解书的执行法院并非一定是调解书的制作法院,而是案件第一审法院或与第一审法院同级的被执行财产所在地法院。

(6) 法律规定的其他条件。《民事强制执行法(草案)》对于申请执行的条件规定了兜底条款,以满足未来法律可能增加规定申请执行条件的需求。

(三) 申请执行应提交的资料及申请执行费的负担

1. 申请执行应提交的资料

申请执行的方式分为线上、线下两种。线下申请执行的,申请执行人应当提供下列纸质资料;通过信息网络平台线上申请执行的,申请执行人应当填报下列信息:

(1) 申请执行书。申请执行书应当写明当事人的基本情况,申请执行的理由、事项、执行标的以及已知的被执行人的财产和身份信息。申请执行人书写困难的,可以口头申请,由法院工作人员记入笔录。

(2) 生效法律文书原件,法院作出的法律文书应同时提交审判庭出具的生效证书,其他机关作出的法律文书需同时提交其他机关出具的送达证明。

(3) 申请执行人的身份证明。申请执行人是公民的出具身份证复印件,是法人或其他组织的出具营业执照副本及机构代码证复印件,同时提交原件供法院立案时核对。

(4) 继承人或权利承受人申请执行的,提交继承或承受权利的证明材料。

(5) 其他应当提交的材料。兜底条款是为了满足特殊执行案件的多样化需求。

申请执行人可以委托代理人代为申请执行。委托代理的,应向法院提交授权委托书,并写明委托事项或代理人权限。委托代理人代为放弃、变更执行权利,或代为进行执行和解,或代为收取执行款项的,应当在授权委托书中特别写明。①

---

① 2019年12月25日,《最高人民法院、司法部、中华全国律师协会关于深入推进律师参与人民法院执行工作的意见》发布。该意见第12条规定,法院应当在执行案件受理通知书中告知当事人有权委托律师代理执行案件,并列明律师的职能作用。对于符合法律援助条件而没有委托律师的,应当及时告知当事人有权申请法律援助。

2. 申请执行费的负担

根据国务院《诉讼费用交纳办法》的规定，当事人依法向法院申请执行法院发生法律效力的判决、裁定、调解书，申请执行仲裁机构依法作出的裁决和调解书、公证机构依法赋予强制执行效力的债权文书，以及申请承认和执行外国法院判决、裁定和国外仲裁机构裁决，应当交纳申请费。换言之，执行案件应当收取申请执行费，但与诉讼案件不同的是，申请执行费无须申请执行人预交，而是在执行结案后由法院直接向被执行人征收。申请执行费的具体收费标准见下图。

表 4-3　申请执行费速算公式

标的额	计算公式
1 万元以下	固定 50 元
1 万元—50 万元	标的额×0.015－100 元
50 万元—500 万元	标的额×0.01＋2400 元
500 万元—1000 万元	标的额×0.005＋27400 元
1000 万元以上	标的额×0.001＋67400 元

（四）移送执行

1. 移送执行概述

移送执行，是指审判人员依据生效法律文书，将某些特殊案件直接移交给执行机构执行，从而启动执行程序。移送执行时，审判人员需填写移送执行通知书，并履行必要的登记手续。实务中，移送执行仍需要通过立案庭登记、编号后中转给执行机构执行。

2. 移送执行案件的范围

（1）公益诉讼。公益诉讼是指对损害国家和社会公共利益的违法行为，由法律规定的国家机关或有关组织向法院提起民事诉讼。由于公益诉讼目的的特殊性及原告的特定性，法律规定部分公益诉讼应当由审判人员移送执行，部分公益诉讼既可以由审判人员移送执行机构执行，也可以由公益诉讼的原告也向法院申请执行。①

（2）已经生效的刑事法律文书中含有财产执行内容。包括没有债权人的没收财产、罚金、追缴财产上交国库等刑事判决，也包括有债权人的刑事附带民事判决、裁定、调解书。

（3）法院作出的程序性民事裁定书、决定书。前者如保全裁定与先予执行裁定，后者如罚款、拘留决定。

（4）其他特殊类型的民事裁定书。根据《中华人民共和国反家庭暴力法》的规定，人身安全保护令的执行主体是法院，人身安全保护令由法院以裁定形式作出。人身保护令义务方拒绝履行的，对方当事人可以向法院申请执行，也可以由审判人员移送执行机构执行。

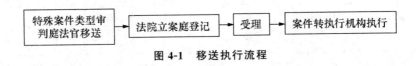

图 4-1 移送执行流程

（五）主动执行

主动执行是广东省高级人民法院试行的一种执行程序启动方式。

2010年5月1日，《广东省高级人民法院关于在全省法院实行主动执行制度的若干规定（试行）》开始实施，其主要内容为，原告起诉，立案庭在受理民事诉讼案件后，应当在送达有关立案文书的同时向当事人一并送达《主动执行告知书》，对主动启动执行程序的有关情况予以书面说明。如原告同意由立案法院主动执行，应当在《主动启动执行程序确认书》上签名确认。原告未在《主动启动执行程序确认书》上签名确认的，视为不同意由法院主动启动执行程序。法院对于已经生效并超过履行期限、债务人没有自动履行的法律文书，在事先征得债权人同意的前提下，由审判庭主动移送立案庭立案执行，无须债权人申请执行。上述"法律文书"包括广东省法院一审、二审和再审生效的具有民事

---

① 《最高人民法院关于审理环境民事公益诉讼案件适用法律若干问题的解释》（2020年12月修正）第32条规定："发生法律效力的环境民事公益诉讼案件的裁判，需要采取强制执行措施的，应当移送执行。"《最高人民法院、最高人民检察院关于检察公益诉讼案件适用法律若干问题的解释》（2020年12月修正）第12条规定："人民检察院提起公益诉讼案件判决、裁定发生法律效力，被告不履行的，人民法院应当移送执行。"据此，环境民事公益诉讼案件应当由审判人员移送执行，无须请求权人申请执行。

执行内容的判决书、裁定书、调解书以及支付令。

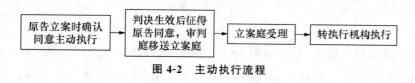

图 4-2 主动执行流程

二、执行申请的受理与救济

执行申请符合上述执行条件的,执行法院应当当场立案。不符合上述执行条件的,裁定不予受理。无法当场判断是否符合受理条件的,应当接收有关材料,并在7日内审查处理。同意立案的,法院应作出立案受理通知书并送达给申请执行人。立案后,法院发现执行申请不符合上述执行条件的,裁定驳回执行申请。申请人对不予受理或者驳回执行申请裁定不服的,可以在裁定送达之日起10日内向上一级法院申请复议。

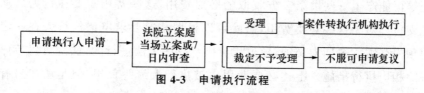

图 4-3 申请执行流程

由于对执行依据所附条件是否成就的认定涉及实体内容的审查,不是单纯的程序事项,所以应通过审判程序审理认定。《民事强制执行法(草案)》规定,对于执行申请因执行依据所附条件未成就被不予受理或者驳回的,申请人可以另行提起诉讼确认执行依据所附条件已经成就。被执行人认为法院立案执行的执行依据所附条件尚未成就的,可以在执行程序终结前,以申请执行人为被告,向执行法院提起诉讼,请求确认执行依据所附条件未成就。

三、执行的准备工作

执行立案后,执行机构立即着手准备执行工作,具体包括:

1. 执行通知与立即执行

(1)发出执行通知书、被执行人报告财产令。

法院应当在收到申请执行书或者移交执行书后7日内发出执行通知,责令被执行人在指定期限内履行义务,并承担迟延履行期间的债务利息或迟延履行金,同时还应责令被执行人向法院报告财产。

(2) 可以立即执行。

《民事强制执行法(草案)》第 43 条规定:"人民法院立案执行的,可以立即采取执行行为,并应当在立案之日起七日内向被执行人发送执行通知。"法院视执行案件的具体情况决定是否立即执行。对于被执行人可能逃避执行、转移财产的,法院应立即采取执行行为。根据《执行程序解释》,立即采取强制执行措施的,可以同时或者自采取强制执行措施之日起 3 日内发送执行通知书。申言之,执行案件立案后,法院可以径行采取强制执行措施,但仍然要在采取措施的同时或 3 日内发出执行通知书。同时需注意,发送执行通知书的最晚时间为立案之日起 7 日。

2. 通知申请执行人预交纳必要费用

执行过程中,因保管、询价、评估、拍卖、变卖、公告、运输、鉴定、检验、强制管理等可能产生一些由第三方收取的必要费用,这些费用需要在行为启动前预先支付。对于这些必要费用,法院可以根据情况要求申请执行人在一定期限内预先交纳。逾期未交纳,导致相应执行程序无法进行的,法院可以暂停或者解除相应执行措施。上述必要费用由被执行人最终负担,但是法律另有规定的除外。被执行人拒不交纳的,强制执行。

四、执行送达的方式

《民事强制执行法(草案)》规定,民事强制执行,该法没有规定的,适用民事诉讼法的有关规定。该法只规定了执行中的直接送达与公告送达两种送达方式,结合《民事诉讼法》的送达规定,执行送达包括以下七种送达方式:

(一) 直接送达

直接送达,是指法院执行人员将法律文书直接送交给受送达人本人的送达方式。由于直接送达不仅需要的时间最短,而且最为可靠,所以直接送达是首选的送达方式。采用直接送达方式时,应当注意:

1. 送达法律文书,应当直接送交受送达人。
2. 受送达人是自然人,本人不在的,交他的同住成年家属签收。

3. 受送达人是法人或者其他组织的,应当由法人的法定代表人、其他组织的主要负责人或者该法人、组织负责收件的人签收。负责收件的人主要指办公室、收发室或值班室人员。

4. 受送达人有委托代理人的,可以送交其代理人签收,授权委托书声明无权签收的代理人除外;受送达人向法院指定代收人的,送交代收人签收。

5. 受送达人的同住成年家属、法人或者其他组织的负责收件的人或者代收人等人在送达回证上签收的日期为送达日期。

执行过程中,由于被执行人下落不明或被执行人怠于签收法律文书导致送达困难的情况比较常见,《民事强制执行法(草案)》对直接送达作出了特别规定:

1. 执行中,受送达人应当向法院确认送达地址。受送达人未确认送达地址,经法院告知后仍不确认的,自然人以户籍登记或者其他有效身份登记记载的居所为送达地址;法人或者非法人组织以登记地为送达地址。

2. 受送达人在诉讼、仲裁、公证等程序中确认的送达地址,可以适用于执行程序,但是申请执行时执行依据已经生效1年的除外。

3. 按照上述两种确定的地址进行送达,受送达人未能实际接收,直接送达的,法律文书留在送达地址之日视为送达之日;邮寄送达的,法律文书被退回或者由他人签收之日视为送达之日。由于该送达方式为拟制送达,受送达人不一定实际接收文书,为保护受送达人合法权益,法院应当通过互联网等方式公开送达信息。

(二) 留置送达

留置送达,是指受送达人拒绝签收法律文书时,法院执行人员将文书放置在特定地点即视为完成送达的送达方式。

采用留置送达需注意以下几点:

(1) 留置送达时,送达人可以邀请有关基层组织或所在单位的代表到场,说明情况,在送达回证上记明拒收事由和日期,由送达人、见证人签名或者盖章,把法律文书留在受送达人的住所;也可以把法律文书留在受送达人住所,并采用拍照、录像等方式记录送达过程,即视为送达。

由于《民事诉讼法》仅规定在当事人住所的留置送达,而实务中需要留置送达的场所并不局限于当事人住所,因此,《民诉法解释》作出扩充解释:① 法院内留置:法院直接送达法律文书的,可以通知当事人到法院领取。当事人到达法院,拒绝签署送达回证的,视为送达。送达人应当在送达回证上注明送达情况并签名。② 当事人住所外留置:法院可以在当事人住所以外向当事人直接送达法律文书。当事人拒绝签署送达回证的,采用拍照、录像等方式记录送达过程即视为送达。送达人应当在送达回证上注明送达情况并签名。

(2) 向法人或者其他组织送达法律文书,法人的法定代表人、该组织的主要负责人或者办公室、收发室、值班室等负责收件的人拒绝签收或者盖章的,适用留置送达。

(3) 受送达人有委托代理人的,法院既可以向受送达人送达,也可以向其委托代理人送达。法院向委托代理人送达时,除授权委托书声明无权签收的代理人外,适用留置送达。

(4) 受送达人拒绝接受法律文书,有关基层组织或所在单位代表及其他见证人不愿在送达回证上签字或盖章的,由送达人把法律文书留在受送达人住所,并采用拍照、录像等方式记录送达过程,即视为送达。

(三) 委托送达

委托送达,是指执行法院在直接送达法律文书有困难时,委托其他法院代为送达的送达方式。简言之,委托送达是指法院委托其他法院送达诉讼文书。

委托其他法院代为送达的,委托法院应当出具委托函,并附需要送达的法律文书和送达回证,以受送达人在送达回证上签收的日期为送达日期。受托法院收到函件后 10 日内代为送达。

(四) 邮寄送达

邮寄送达,是指执行法院在直接送达法律文书有困难时,通过将法律文书以邮局挂号的方式或特快专递的形式邮寄给受送达人的送达方式。

1. 邮寄送达应注意事项

采用邮寄送达时,应当注意以下两点:

(1) 邮寄送达是与委托送达相并列的一种送达方式,根据《民事诉讼法》的规定,法院直接送达诉讼文书有困难时,既可以委托其他法院代为送达,又可以邮寄送达。

（2）采用邮寄送达时，应当附有送达回证。需注意，挂号信回执上注明的收件日期与送达回证上注明的收件日期不一致的，或者送达回证没有寄回的，以挂号信回执上注明的收件日期为送达日期。采用特快专递邮寄方式的，以快递回执上注明的收件日期为送达日期。

2. 法院专递

2005年1月1日，《最高人民法院关于以法院专递方式邮寄送达民事诉讼文书的若干规定》施行。该司法解释规定：

（1）当事人起诉或者答辩时应当向法院提供或者确认自己准确的送达地址，并填写送达地址确认书。当事人拒绝提供的，法院应当告知其拒不提供送达地址的不利后果，并记入笔录。

（2）当事人拒绝提供自己的送达地址，经法院告知后仍不提供的，自然人以其户籍登记中的住所地或者经常居住地为送达地址；法人或者其他组织以其工商登记或者其他依法登记、备案中的住所地为送达地址。

（3）签收人是受送达人本人或者是受送达人的法定代表人、主要负责人、法定代理人、诉讼代理人的，签收人应当当场核对邮件内容。签收人发现邮件内容与回执上的文书名称不一致的，应当当场向邮政机构的投递员提出，由投递员在回执上记明情况后将邮件退回法院。

（4）签收人是受送达人办公室、收发室和值班室的工作人员或者是与受送达人同住成年家属，受送达人发现邮件内容与回执上的文书名称不一致的，应当在收到邮件后的3日内将该邮件退回法院，并以书面方式说明退回的理由。

（5）因受送达人自己提供或者确认的送达地址不准确、拒不提供送达地址、送达地址变更未及时告知法院、受送达人本人或者受送达人指定的代收人拒绝签收，导致诉讼文书未能被受送达人实际接收的，文书退回之日视为送达之日。

（五）转交送达

转交送达，是指法院执行人员将法律文书交给受送达人所在组织，让他们转交给受送达人的送达方式。简言之，转交送达是指法院转交特定组织送达法律文书。

转交送达主要适用于以下三种情形：

（1）受送达人是军人的，通过其所在部队团以上单位的政治机关转交。

（2）受送达人被监禁的，通过其监所转交。

（3）受送达人被采取强制教育措施的，通过其所在强制性教育机构转交。

代为转交的机关、单位收到诉讼文书后，必须立即交受送达人签收，以在送达回证上的签收日期，为送达日期。

（六）电子送达

经受送达人同意，法院可以采用能够确认其收悉的电子方式送达法律文书，以送达信息到达受送达人特定系统的日期为送达日期。

采用电子送达时需注意：

（1）电子送达需经受送达人同意。受送达人明确表示不同意的，不得采用电子送达方式。

（2）电子送达方式包括但不限于传真、电子邮件，只要是法院能够确认受送达人收悉的方式均可。

传真和电子邮件通常作为电子送达的主要形式。二者经过多年的应用，技术已经相对成熟，且被证实具有较高的可靠性和稳定性，能够迅速及时有效地传递信息。但《民事诉讼法》并未将电子送达方式仅限制在传真和电子邮件，而是采用了兜底性条款，即"能够确认其收悉的方式"都可以用来送达特定法律文书。

（3）电子送达以送达信息到达受送达人特定系统的日期为送达日期。"到达受送达人特定系统的日期"为法院对应系统显示发送成功的日期，但受送达人证明到达其特定系统的日期与法院对应系统显示发送成功的日期不一致，应当以信息到达受送达人特定系统的日期为准。

（4）通过电子送达方式送达执行裁定书、决定书，受送达人提出需要纸质文书的，法院应当提供。

（七）公告送达

公告送达，是指在受送达人下落不明或者在采用上述送达方式无法送达法律文书时，法院发出公告将送达内容告诉社会公众，经过法定期间即视为送达的送达方式。公告送法是一种拟制送达，即将法律文书通过一定方式公示于众,经过合理期限,即视为受送达人已知晓送达内容。

根据《民事诉讼法》的规定,受送达人下落不明,或者用法律规定的其他方式无法送达的,公告送达。自发出公告之日起,经过 30 日,即视为送达。由于执行措施的时效性要求较高,同时执行事项不涉及当事人双方的权利义务争议,出于执行效率的考虑,《民事强制执行法(草案)》第 30 条对执行公告送达作出特别规定:"受送达人下落不明,或者用其他方式无法送达的,通过互联网等途径公告送达。对执行当事人进行公告送达的,自公告发布之日起,经过十五日,即视为送达。对同一受送达人需再次公告送达的,自公告发布之日起,经过三日,即视为送达。"申言之,执行公告优先采用效率更高的互联网公告方式。对当事人送达法律文书的,公告期缩短为 15 日;再次公告的,公告期压缩为 3 日。

采用执行公告送达应当注意以下几点:

(1) 采用公告送达的前提有两种情形,一是受送达人下落不明;二是采用直接送达、留置送达、委托送达、邮寄送达、转交送达、电子送达等送达方式无法送达。比如,实务中最让书记员发愁的被执行人"躲猫猫"行为,穷尽除公告送达外其他送达方式无法送达的,即可公告送达。

(2) 为了提高效率,执行公告送达的首选方式是通过互联网途径公告送达。当然,也可以在法院的公告栏、受送达人原住所地张贴公告,或在报纸等媒体上刊登公告,发出公告日期以最后张贴或者刊登的日期为准。对公告送达方式有特殊要求的,应当按要求的方式进行。执行人员在受送达人住所地张贴公告的,应当采取拍照、录像等方式记录张贴过程。

(3) 执行公告送达公告期分为两种:(1) 对执行案件当事人进行公告送达的,自公告发布之日起,经过 15 日,即视为送达。对同一受送达人需再次公告送达的,自公告发布之日起,经过 3 日,即视为送达。(2) 对非执行案件当事人如案外人、利害关系人公告送达的,应适用《民事诉讼法》的送达规定,自发出公告之日起,经过 30 日,即视为送达。

五、消极执行的救济与不当、违法执行的纠正和责任

(一) 消极执行的救济

执行案件立案后,如当事人、利害关系人认为法院应当实施执行行为而未

实施的,可以在执行程序终结前,向执行法院提出书面申请,请求实施该执行行为。法院收到实施执行行为申请后,应当在 7 日内审查处理。理由成立的,开始执行;理由不成立的,书面通知申请人。法院收到实施执行行为申请后,对情况紧急的,应当在 48 小时内审查处理。理由成立的,应当立即开始执行。申请人对法院逾期未审查处理或者所作出的通知不服的,可以向执行法院提出书面异议,请求实施执行行为或撤销或变更通知所确定的执行行为,但是依照《民事强制执行法(草案)》可以直接申请复议的除外。

对于消极执行案件,申请执行人除可以向执行法院申请及时执行外,还可以向上级法院提出申请;执行法院在法定期限内未执行,申请执行人请求上级法院提级执行、责令下级法院限期执行或者指令其他法院执行的,上级法院应当立案办理。① 上级法院对下级法院存在消极执行的案件,应及时督促执行、提级执行或者指令其他法院执行。指令其他法院执行必须坚持有利于及时公正执行标准,严禁以"指令其他法院执行"之名,行消极执行、拖延执行之实。②

检察院通过当事人、利害关系人申诉或行使检察监督权时发现法院有下列怠于或不履行执行职责情形之一的,应当向法院提出检察建议:(1) 对依法应当受理的执行申请不予受理又不依法作出不予受理裁定的;(2) 对已经受理的执行案件不依法作出执行裁定或者未在法定的期限内采取执行措施的;(3) 违法不受理执行异议、复议或者受理后逾期未作出裁定、决定的;(4) 被执行人确有财产可供执行,法院无正当理由自收到申请执行书之日起超过 6 个月未执行的;(5) 有其他不履行或者怠于履行职责行为的。

(二) 执行行为的纠正与责任

执行法院如果认为执行人员实施的执行行为确有错误,或者执行行为作出后出现新的事实,根据新的事实需要撤销或者变更原来的执行行为的,应当及时撤销、变更该行为。上级法院发现下级法院错误的执行裁定以及违法、失

---

① 参见 2023 年 2 月 1 日起施行的《最高人民法院关于办理申请执行监督案件若干问题的意见》(法〔2023〕4 号)第 2 条规定。

② 参见《最高人民法院关于进一步完善执行权制约机制加强执行监督的意见》(法〔2021〕322 号)第 28 条规定。

当、失范执行行为的,应函告下级法院自行纠正,或者直接下达裁定、决定予以纠正。

除了法院内部自行纠正错误外,经当事人、利害关系人申请,检察院认为同级或者下级法院的执行行为违反法律规定、应当实施执行行为而未实施或者在执行中作出的其他生效裁定、决定确有错误,需要纠正的,应当提出检察建议。但是,当事人、利害关系人可以提出异议、申请复议、提起诉讼或者法院正在进行异议、复议审查或者诉讼审理的除外。换言之,只有在当事人、利害关系人穷尽法律规定的提出异议、申请复议、提起诉讼等救济途径之后,法院没有支持当事人、利害关系人的纠正请求的情况下,当事人、利害关系人才可以申请检察监督。

执行法院违反《民事强制执行法(草案)》的规定,给自然人、法人或者非法人组织造成损失的,应当依法给予赔偿。执行错误认定后,执行法院应立即启动国家赔偿程序,及时挽回因执行错误给自然人、法人或者非法人组织造成的损失,维护执行当事人及利害关系人的合法权益。执行人员因滥用职权或玩忽职守涉嫌构成犯罪的,执行法院应及时向相关部门移送犯罪线索,按照法定程序依法追究相关人员的刑事责任。

第二节 执 行 调 查

一、执行调查的启动与方式

导入案例 4-1

某法院在民间借贷案件执行过程中,向被执行人梁某送达报告财产令。梁某在明知法院生效判决未履行完毕的情况下,未及时、如实向法院报告个人收入、银行账户变动及合理生活支出情况,还将个人银行卡内收入用于偿还个人其他债务。2019 年 6 月 3 日,梁某因虚假报告被法院司法拘留 15 日。后梁某仍未履行报告及还款义务,继续将个人银行卡内收入用于偿还个人其他债务及消费等。

经查,2018年2月至2019年10月期间,梁某将个人银行卡内收入22万元用于偿还银行抵押贷款、6万元用于偿还个人其他债务、8万余元用于生活消费。鉴于上述情形,法院以梁某涉嫌构成拒不执行判决、裁定罪移送当地公安机关立案侦查。2020年6月23日,梁某被刑事拘留,同年7月29日被执行逮捕。

2020年10月26日,检察机关向法院提起公诉,指控被告人梁某犯拒不执行判决、裁定罪。同年11月13日,法院经开庭审理后认为,被告人梁某对法院的判决、裁定有能力执行而拒不执行,情节严重,其行为已构成拒不执行判决、裁定罪。鉴于被告人梁某自审查起诉阶段如实供述犯罪事实,自愿认罪认罚,有坦白的情节,故予以从宽处罚,最终判处梁某有期徒刑8个月。

《民事强制执行法(草案)》规定,执行中,申请执行人应当提供执行所需要的财产、身份等信息;确因客观原因无法提供的,可以申请法院调查。法院认为有必要的,也可以依职权调查。法院进行调查,可以单独或者合并适用本法规定的调查措施。2017年5月1日,《最高人民法院关于民事执行中财产调查若干问题的规定》(法释〔2017〕8号,2020年12月修正,以下简称《调查规定》)施行。其第1条规定,执行过程中,申请执行人应当提供被执行人的财产线索;被执行人应当如实报告财产;法院应当通过网络执行查控系统进行调查,根据案件需要应当通过其他方式进行调查的,同时采取其他调查方式。被执行人财产的查明方式分为以下三种:

1. 申请执行人提供

申请执行人与被执行人往往有某种特定联系,申请执行人对被执行人的财产通常有一定程度的了解,因此,申请执行人应当主动向法院提供其所了解的被执行人的财产状况或线索。申请执行人提供被执行人财产线索时,应当填写财产调查表。财产线索明确、具体的,法院应当在7日内调查核实;情况紧急的,应当在3日内调查核实。此前,《最高人民法院关于进一步完善执行权制约机制加强执行监督的意见》(法〔2021〕322号)第13条曾规定,申请执行人或者案外人提供财产线索明确、具体,情况紧急的,应在24小时内启动调查核实。财产线索确实的,法院应当及时采取相应的执行措施。申请执行人确因客观原因无法自行查明财产的,可以申请法院调查。

2. 被执行人申报

被执行人未按执行通知履行法律文书确定的义务的,应当报告财产情况。被执行人拒绝报告或者虚假报告的,法院可以根据情节轻重对被执行人或者其法定代理人、有关单位的主要负责人或者直接责任人员予以罚款、拘留。被执行人报告财产制度详见本节"被执行人报告财产"中的介绍。

3. 法院主动调查

导入案例 4-2

2020年8月13日,某法院派出执行人员前往调查被执行人某化工公司、李某明(某化工公司法定代表人)的财产,发现某化工公司人去楼空。情况紧急,执行人员立即驱车前往同省某市李某明住所地调查。经调查仅发现李某明在某村拥有集体土地使用权和该土地上建造有一栋七层的商住两用房屋,李某明已将一到五楼出租给他人,租赁合同都是以李某明妻子王某双的名义与他人签订,租金都是支付到他人账户上。执行人员当机立断,立即到银行对未注明收款人的三个收款账户查询,发现该三账号都是李某明儿子李某文(研究生刚毕业)的账户,账户资金来源于李某明妻子王某双,资金交往频繁、数额巨大。执行人员顺藤摸瓜,发现王某双银行账户资金大部分来自中信证券公司证券账户,经王某双确认,该证券账户持有人为被执行人李某明,该账户截至2020年8月21日的证券市值为120万元。

《民事强制执行法(草案)》第51条第1款、第2款规定:"为获知执行所需要的财产、身份等信息,人民法院有权通过传输数据电文、发送函件、口头询问等方式向被执行人、持有相关信息的组织和个人进行查询,受查询者应当如实提供,不得拒绝。人民法院对查询结果可以复制、打印、抄录、拍照或者以其他方式进行提取、存储。"根据上述规定,法院调查财产的方式分为线上调查、发函调查与现场调查三种方式。法院主动调查主要进行"四查",包括查存款、查房产、查车辆、查工商登记,也可以调查税务记录、海关报税情况、证券交易所持有证券情况,还可以传唤被执行人或法定代表人、负责人到庭接受询问。此外也可以向有关机关、社会团体、企事业单位或自然人调查了解被执行人的财产情况。除了调查被执行人的财产之外,法院还可调查被执行人的相关身份信息。

根据《调查规定》,为查明被执行人的财产情况和履行义务的能力,可以传唤被执行人或被执行人的法定代表人、负责人、实际控制人、直接责任人员到法院接受调查询问。对必须接受调查询问的被执行人、被执行人的法定代表人、负责人或者实际控制人,经依法传唤无正当理由拒不到场的,法院可以拘传其到场;上述人员下落不明的,法院可以依照相关规定通知有关单位协助查找。

法院对已经办理查封登记手续的被执行人机动车、船舶、航空器等特定动产未能实际扣押的,可以依照相关规定通知有关单位协助查找。

全国法院已建成全国统一、内外联动的执行信息化体系,实现财产网络查控、跨部门联合信用惩戒以及远程执行指挥等,改变以往执行法官"登门临柜"的办案方式,实现了执行方式的根本性变革。网络执行查控实现与中国人民银行、公安部等10多家单位、3900多家银行联网,对当事人各类财产形式"一网打尽",执行法官办案过程中即可一键发起网络查控,财产调查效率呈几何倍数提升。2020年,全国法院通过总对总网络执行查控系统查询16.7亿次,划扣冻结3392万次。如果采用线下方式查询被执行人存款、证券、车辆等信息,需要两名执行法官携带法院文书前往当地银行、证监会、车管所等机构,耗时费力,无法达到信息化条件下"一网打尽"的效果。截至2020年12月底,全国法院通过网络查控系统累计冻结资金13219.58亿元,查询房屋、土地等不动产信息18950.07万条①。

目前,网络查控平台已成为各级法院执行机构常用的财产调查手段。为了规范执行网络调查程序,明确网络调查的法律效力及相关单位和个人的协助义务,《民事强制执行法(草案)》第51条第3款规定:"人民法院应当与持有

---

① 参见最高人民法院于2021年8月24日发布的《建设智慧法院 促进绿色发展 成效分析报告》。

主要财产、身份信息的组织建立信息网络平台,通过在线方式进行财产调查。有关组织反馈的电子查询结果与纸质反馈结果具有同等法律效力。"根据该款规定,执行机构在进行网络线上调查时应注意以下三个方面:

(1)被执行人未按执行通知履行生效法律文书确定的义务,法院有权通过网络执行查控系统以在线调查方式向有关单位或个人调查被执行人的身份信息和财产信息,有关单位和个人应当依法协助办理。法院对调查所需资料可以复制、打印、抄录、拍照或以其他方式进行提取、留存。

(2)申请执行人申请查询法院调查的财产信息的,法院可以根据案件需要决定是否准许。申请执行人及其代理人对查询过程中知悉的信息应当保密。

(3)法院通过网络执行查控系统进行调查,与现场调查具有同等法律效力。法院调查过程中作出的电子法律文书与纸质法律文书具有同等法律效力;协助执行单位反馈的电子查询结果与纸质反馈结果具有同等法律效力。

《最高人民法院关于进一步完善执行权制约机制加强执行监督的意见》第13条对网络查询的时限及范围进一步明确:执行部门收到立案部门移送的案件材料后,必须在5个工作日内通过"总对总""点对点"网络查控系统对被执行人财产发起查询,查询范围应覆盖系统已开通查询功能的全部财产类型。经线上查询反馈被执行人名下有财产可供执行的,应当立即采取控制措施,无法线上采取控制措施的,应当在收到反馈结果后3个工作日内采取控制措施。第14条对调查到的财产同时录入财产信息提出了要求:执行法院必须将全部已查控财产统一纳入节点管控范围,对于通过网络查控系统线上控制到的财产,财产信息同步自动录入执行案件流程管理系统;对于线下查控到的财产,执行人员应当及时将财产信息手动录入执行案件流程管理系统。财产查控信息应及时向当事人推送,彻底消除查控财产情况不公开不透明、规避监管和"体外循环"现象。

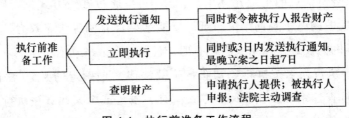

图 4-4 执行前准备工作流程

二、财产报告制度

世界上多数国家都规定了被执行人有申报财产的义务。如德国《民事诉讼法》第 807 条规定债务人有义务提出财产目录并且提出代宣誓的保证，第 901 条规定对于不到场接受询问者，拒绝作出代宣誓保证者可以作长达 2 年的拘留。刑法典还规定了虚假保证的法律责任。美国的债务人在这方面的义务实际更重，因为几乎所有的州都规定债权人可以迫使债务人披露与强制执行相关的资料，债务人有义务接受对方律师的盘问，若作虚假宣誓将按照藐视法庭处理。

财产报告制度，是指法院对不履行生效法律文书确定义务的被执行人，强制其如实向法院报告财产状况的制度。《民事强制执行法（草案）》第 47 条规定："金钱债权执行中，被执行人应当报告其当前的财产情况和有关信息。被执行人在收到报告财产令之日前五年内，有下列行为之一的，应当一并报告：（一）以放弃其债权、放弃债权担保、无偿转让财产等方式无偿处分财产权益；（二）延长其到期债权的履行期限；（三）可能以明显不合理的低价转让财产、以明显不合理的高价受让他人财产；（四）为他人的债务提供担保。非金钱债权执行中，被执行人应当报告执行需要的财产情况和有关信息。"被执行人拒绝报告或者虚假报告的，法院可以根据情节轻重对被执行人或者其法定代理人、有关组织的主要负责人或者直接责任人员予以罚款、拘留。最高人民法院《调查规定》进一步对财产报告制度作出了具体规定。

（一）报告财产令

报告财产令，是指法院责令被执行人报告财产的命令。法院责令被执行人报告财产的,应当向其发出报告财产令。金钱债权执行中,报告财产令应当与执行通知同时发出。法院根据案件需要再次责令被执行人报告财产情况的,应当重新向其发出报告财产令。

报告财产令应当载明下列事项:(1)提交财产报告的期限;(2)报告财产的范围、期间;(3)补充报告财产的条件及期间;(4)违反报告财产义务应承担的法律责任;(5)法院认为有必要载明的其他事项。报告财产令应附财产调查表,被执行人必须按照要求逐项填写。

(二)报告财产的范围

金钱债权执行中,被执行人应当报告其当前的财产情况和有关信息。非金钱债权执行中,被执行人应当报告执行需要的财产情况和有关信息。

被执行人应当在报告财产令载明的期限内向法院书面报告下列财产情况:(1)收入、银行存款、现金、理财产品、有价证券;(2)土地使用权、房屋等不动产;(3)交通运输工具、机器设备、产品、原材料等动产;(4)债权、股权、投资权益、基金份额、信托受益权、知识产权等财产性权利;(5)其他应当报告的财产。被执行人的财产已出租、已设立担保物权等权利负担,或者存在共有、权属争议等情形的,应当一并报告;被执行人的动产由第三人占有,被执行人的不动产、特定动产、其他财产权等登记在第三人名下的,也应当一并报告。

金钱债权执行中,被执行人在收到报告财产令之日前5年内有下列行为之一的,不仅应当在报告财产令载明的期限内向法院书面报告当前的财产情况,还应当报告在收到报告财产令之日前5年内的财产变动情况:(1)以放弃其债权、放弃债权担保、无偿转让财产等方式无偿处分财产权益;(2)延长其到期债权的履行期限;(3)可能以明显不合理的低价转让财产、以明显不合理的高价受让他人财产;(4)为他人的债务提供担保。

被执行人在报告财产令载明的期限内提交书面报告确有困难的,可以向法院书面申请延长期限;申请有正当理由的,法院可以适当延长。

(三)报告财产的豁免期间与存储及查询

法院可以根据案件需要再次责令被执行人报告财产情况,并且法律没有限制报告次数。由于间隔时间较短的频繁报告财产对案件执行并没有实际意义,因此,法律规定了报告财产的豁免期间:被执行人报告全部财产后6个月内,法院不得再次责令其报告财产,但是有证据证明其报告不实的除外。

为了方便执行同一被执行人案件的不同法院随时查询被执行人的财产变动情况,同时也为了督促被执行人诚信报告,法院设立被执行人报告财产数据库,登记存储报告内容。申请执行人经法院许可,可以通过数据库查询被执行人的财产情况和有关信息。通过对申请执行人开放查询被执行人报告财产数据库,申请执行人可以随时查询被执行人的财产查询、控制与处分情况,以此倒逼执行人员及时、高效、持续地采取财产查控措施,也有利于申请执行人理解法院对确实无财产可供执行案件的结案处理。

（四）补充报告

被执行人报告财产后,其财产情况发生变动,影响申请执行人债权实现的,应当自财产变动之日起 10 日内向法院补充报告。由于被执行人财产发生变动,被执行人的补充报告实质上是一次重新报告,而不是重复报告,因此,即使补充报告时间与上一次报告财产时间间隔短于 6 个月,也并不违反报告财产的豁免期间的规定。

表 4-4　金钱债权执行中被执行人须报告财产项目一览

财产分类	报告项目
报告财产时当前财产情况	收入、银行存款、现金、理财产品、有价证券
	土地使用权、房屋等不动产
	交通运输工具、机器设备、产品、原材料等动产
	债权、股权、投资权益、基金份额、信托受益权、知识产权等财产性权利
	财产已出租、已设立担保物权等权利负担,或者存在共有、权属争议等情形的,应当一并报告
	动产由第三人占有,被执行人的不动产、特定动产、其他财产权等登记在第三人名下的,也应当一并报告
收到报告财产令前 5 年至报告财产之日变动财产情况	以放弃其债权、放弃债权担保、无偿转让财产等方式无偿处分财产权益
	延长其到期债权的履行期限
	可能以明显不合理的低价转让财产、以明显不合理的高价受让他人财产
	为他人的债务提供担保
报告财产后变动财产情况	报告财产后,其财产情况发生变动,影响申请执行人债权实现的,应当自财产变动之日起 10 日内向法院补充报告

（五）报告财产的主体及被执行人到场报告财产

财产申报的主体是被执行人，鉴于自然人被执行人可能是限制民事行为能力人或者无民事行为能力人，因此还应将报告主体由被执行人拓展至上述被执行人的法定代理人。

被执行人是法人或其他组织的，其法定代表人或主要负责人、直接责任人员是报告财产义务人。被执行人是私营企业、个体工商户或合伙经营组织的，其经营者、合伙人是报告义务人，所报告的组织财产不足以清偿本案债务的，报告义务人必须同时报告其个人财产。此外，在代管人所代管的财产是被执行人拒不报告的企图隐藏或者转移的财产部分时，在知悉被执行人未能履行生效法律文书的情况下，报告财产的主体也可及于被执行人财产的代管人，代管人应当代替被执行人履行报告的义务。

《民事强制执行法（草案）》公布前，司法解释规定的被执行人报告财产的方式为书面报告。实务中，被执行人往往不亲自到法院提交财产报告，而是通过委托代理人转交，导致财产报告令的威慑力大打折扣。《民事强制执行法（草案）》首次规定了被执行人到场报告制度：被执行人收到报告财产令后，应当于法院指定的日期亲自到场报告。法院执行机构可以通过被执行人亲临现场报告财产这样的"仪式感"，增强报告财产令对被执行人的威慑力，同时督促被执行人诚信报告。甚至还可以借鉴审判程序中"当场签署保证书，必要时当场宣读保证书"的规定，由被执行人当场签署并宣读保证书后再现场报告财产。报告财产的地点，既可以是法院，也可以是执行现场或其他场所。当日报告确有困难的，被执行人可以向法院申请变更日期。

（六）报告财产的查询与核实

责令被执行人报告财产只是手段，目的在于法院掌握被执行人的财产情况，以及及时对可供执行的财产进行处分。如果不对被执行人报告的财产进行调查核实，报告财产制度将形同虚设，因此，法院对报告的财产进行调查核实非常重要。

对被执行人报告的财产情况，法院应当及时调查核实，必要时可以组织当事人进行听证。申请执行人与被执行人发生债的关系，对其财产状况应有所了解。为实现自己的权利，申请执行人必会尽力调查被执行人的财产。申请执行人通过对被执行人财产申报进行质询,监督被执行人如实申报财产,以便执行法院有针对性地采取执行措施,确保执行目的的实现。所以,法院调查核实被执行人报告的财产时应当注意发挥申请执行人的作用,充分调动其积极性。通过公开听证对被执行人报告财产的"虚实真伪"进行判断,同时还可能发现新的财产线索。

法院通过听证会当场确认被执行人财产的,应当场宣布决定哪些财产为执行标的物,被执行人不得任意处分。申请执行人申请查询被执行人报告的财产情况的,法院应当准许。申请执行人及其代理人对查询过程中知悉的信息应当保密。

(七)违反财产报告制度的责任

被执行人违反报告义务的责任追究是被执行人报告财产制度的一个重要组成部分。许多国家的经验表明,对违反报告义务者给予严厉的制裁,是确保报告财产制度有效运行的关键。被执行人收到报告财产令后,有下列行为之一的,法院可以根据情节轻重对该被执行人或者其法定代理人、主要负责人员予以罚款、拘留或者将该被执行人纳入失信被执行人名单:(1)未于指定日期到场;(2)到场后拒绝报告;(3)虚假报告;(4)无正当理由逾期报告;(5)其他未履行报告财产义务行为。

《民事强制执行法(草案)》规定,拘留期限届满后,被执行人仍未履行报告财产义务的,法院可以再次予以拘留,但是累计拘留期限不得超过6个月。我国法律理念上不允许对同一违法事实采取重复司法拘留措施,所以有可能被执行人拘留期满释放却仍然执行不到财产,客观上造成被执行人轻视法律的权威。在对违反报告义务者的处罚中,在一定条件下多次采取拘留措施并不违反这一原则。具体而言,在被执行人因拒不报告受到处罚后,仍然不如实报告财产的,实质上构成新的违法事实,法院可以再次处罚;在被执行人因虚假报告受到处罚后,法院再次责令其报告,而新的报告经查证不实,则又构成一个新的违法事实,在此基础上,法院亦可以再次作出处罚。

(八)财产报告程序的终结

有下列情形之一的,财产报告程序终结:(1)被执行人履行完毕生效法律文书确定义务的;(2)法院裁定终结执行的;(3)法院裁定不予执行的;(4)法院认为财产报告程序应当终结的其他情形。

需注意,法院裁定终结执行的,财产报告程序终结。但如果是法院裁定终结本次执行程序的,被执行人仍然负有报告财产的义务。终结本次执行程序后,如果被执行人财产情况发生变动,影响申请执行人债权实现的,仍应当自财产变动之日起 10 日内向法院补充报告。当然,如果被执行人财产情况没有发生变动,则可以不再报告,但法院为调查财产责令被执行人再次报告的除外。①

三、悬赏查找财产

导入案例 4-3

2019 年 12 月初,某中级法院在执行仲裁裁决申请执行案件过程中,发布悬赏公告,公告承诺的悬赏金高达 1300 万元,引起了广泛关注。

该案执行标的额为 1.3 亿元,申请执行人承诺支付 10% 的悬赏比例。有效执行线索包括法院未掌握的存款、房产、股票、到期债务等,悬赏公告至案件执行终结前一直有效。有关人员提供法院尚未掌握的财产线索的,法院核实无误并根据线索执行到案款后,将按照公告承诺的悬赏比例奖励线索提供者。

《民事强制执行法(草案)》第 55 条规定:"申请执行人申请悬赏查找财产的,是否准许,由人民法院决定。悬赏查找财产,应当制作悬赏公告。悬赏公告应当载明悬赏金的数额或者计算方法、领取条件等内容。悬赏公告可以通过网络发布,也可以在人民法院公告栏或者被执行人住所、经常居所等处张贴。申请执行人申请通过其他途径发布,并自愿承担相关费用的,人民法院审查后,可以准许。"俗话说,"重赏之下,必有勇夫",被执行人不履行生效法律文书确定的义务的,申请执行人可以向法院书面申请发布悬赏公告查找可供执行的财产。

---

① 《民事强制执行法(草案)》规定,终结本次执行程序后,法院应当定期通过在线等适当方式调查被执行人的财产,因此,并不排除法院再次让被执行人报告财产。

（一）申请

悬赏查找财产申请书应当载明下列事项：(1) 悬赏金的数额或计算方法；(2) 有关人员提供法院尚未掌握的财产线索，使该申请执行人的债权得以全部或部分实现时，自愿支付悬赏金的承诺；(3) 悬赏公告的发布方式；(4) 其他需要载明的事项。

（二）发布悬赏公告

悬赏公告的发布者仅设定为法院，包括申请执行人在内的其他人员无权自行发布，法院应当自收到书面申请之日起10日内决定是否准许发布悬赏公告。

法院决定悬赏查找财产的，应当制作悬赏公告。悬赏公告应当载明悬赏金的数额或计算方法、领取条件等内容，具体包括双方当事人名称、案件标的额、被执行人详细信息，包括住所地、证件号（被执行人为自然人的可附照片）、奖励金额等。悬赏公告应当在全国法院执行悬赏公告平台、法院微博或微信等媒体平台发布，也可以在执行法院公告栏或被执行人住所地、经常居住地等处张贴。具体发布形式可以多种多样，由法院在不违反法律规定的范围内自行决定，包括可在电视、广播、报纸等传统媒体发布，也可在城市街道、商城等场所安装的公共电子屏平台，以及车站、码头等人口密集地段张贴公告，还可以在法院门户网站开辟悬赏执行专栏，或专门建立悬赏执行网站，登载悬赏执行信息。申请执行人申请在其他媒体平台发布，并自愿承担发布费用的，法院应当准许。

需注意，悬赏人在法院发布悬赏公告后不得随意撤回或改变悬赏申请的内容。悬赏公告一旦发出，即发生法律效力，也开始对悬赏人产生法律拘束力，悬赏人不得随意撤回其意思表示。

（三）知情人提供财产线索

悬赏公告发布后，有关人员向法院提供财产线索的，法院应当对有关人员的身份信息和财产线索进行登记；两人以上提供相同财产线索的，应当按照提供线索的先后顺序登记。

法院对有关人员的身份信息和财产线索应当保密，但为发放悬赏金需要告知申请执行人的除外。

（四）悬赏金的发放

有关人员提供法院尚未掌握的财产线索，使申请发布悬赏公告的申请执行人的债权得以全部或部分实现的，法院应当按照悬赏公告发放悬赏金。

悬赏金从有关人员提供法院尚未掌握的财产线索执行后，申请执行人应得的执行款中予以扣减。特定物交付执行或者存在其他无法扣减情形的，悬赏金由该申请执行人另行支付。

有关人员为申请执行人的代理人、有义务向法院提供财产线索的人员或者存在其他不应发放悬赏金情形的，悬赏金不予发放。换言之，包括法院工作人员、申请执行人的诉讼代理人、向法院提供财产线索的义务人在内的人员不得作为领取悬赏金的主体。

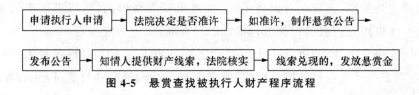

图 4-5　悬赏查找被执行人财产程序流程

四、审计调查财产

导入案例 4-4

A 大学与 B 公司供用热力合同纠纷一案，某法院判决 B 公司给付 A 大学供暖费 2913715.7 元及利息，二审法院维持原判。

由于 B 公司未履行判决确定义务，A 大学向法院申请强制执行。执行法院要求 B 公司申报财产情况。B 公司申报了中国工商银行和兴业银行两个银行账户，执行法院从两个账户仅划拨到 9800 元。执行法院进一步调查发现 B 公司在中国建设银行还开立有一个账户，但该账户仅有存款 13289.02 元。执行法院要求 B 公司提供三个银行账号的对账单和会计凭证供调查，但 B 公司未提供。鉴于此，法院对 B 公司的办公场所进行了搜查。通过查阅搜查获取的会计账簿，发现 B 公司以工资、药费、差旅费等名义向 C 招待所支付了大笔费用，累计近百万元。法院到 C 招待所的经营场所进行调查，发现招待所条件十分简陋，仅有 6 名员工，月经营收入为 2 万元至 3 万元。法院怀疑 B 公司将经营收入等大笔资金转入 C 招待所的银行账户，以达到转移财产、规避执行的目的，但未找到相关证据。A 大学申请对 B 公司的账目进行审计，并预付了审计费用 5 万元。审计结果表明，B 公司转款近百万元到 C 招待所后，大部分款项以现金方式返回到 B 公司的"小金库"。迫于压力，B 公司向法院全额支付了执行款，并承担了审计费 5 万元，本案执行终结。

《民事强制执行法（草案）》规定了申请执行人对法人或非法人组织被执行人的财产申请审计的制度，具体程序为：

作为被执行人的法人或非法人组织不履行生效法律文书确定的义务，申请执行人认为其有拒绝报告、虚假报告财产情况、隐匿、转移财产等逃避债务情形或者其股东、出资人有出资不实、抽逃出资等情形的，可以书面申请法院委托审计机构对该被执行人进行审计。是否准许，由法院决定。

法院决定审计的，审计决定由执行机构负责人签发。对被执行人进行审计，应当委托具备资格的审计机构，并责令被执行人提交会计凭证、会计账簿、财务会计报告等与审计事项有关的资料。被执行人隐匿审计资料的，法院可以依法采取搜查措施。被执行人拒不提供、转移、隐匿、伪造、篡改、毁弃审计资料，阻挠审计人员查看业务现场或者有其他妨碍审计调查行为的，法院可以根据情节轻重对被执行人或其主要负责人、直接责任人员予以罚款、拘留；构成犯罪的，依法追究刑事责任。

审计费用由提出审计申请的申请执行人预交。被执行人存在拒绝报告或虚假报告财产情况、隐匿、转移财产或者其他逃避债务情形的，审计费用由被执行人承担；未发现被执行人存在上述情形的，审计费用由申请执行人承担。

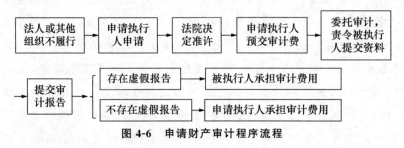

图 4-6　申请财产审计程序流程

五、搜查

> **导入案例 4-5**
>
> 某汽车销售服务有限公司拖欠周某、谢某、李某等人工资,某市劳动仲裁机构作出裁决,汽车销售服务有限公司须一次性付清周某、李某、谢某的拖欠工资和赔偿金共 130399 元。因汽车销售服务有限公司未主动履行,周某、李某、谢某向法院申请执行。执行立案后,法院经调查未发现该公司有财产可供执行。发出财产报告令后,该公司也置若罔闻。法院执行干警携带执法记录仪,对该公司的办公场所进行了搜查。被执行人工作人员对法院打开保险柜的命令拒不配合,法院现场请专业开锁公司打开财务室保险柜,从保险柜中搜出现金 39000 元,法院当场予以查封。现场还查封该公司的一辆"昂科拉"小轿车。在法院搜查、查封强制措施的压力和震慑下,汽车销售服务有限公司当天就支付了申请执行人的部分工资。次日,汽车销售服务有限公司与申请执行人达成和解协议,公司分期支付剩余工资,该案执行终结。

搜查,是指被执行人逾期不履行义务,法院为查找被执行人及其财产、执行所需要的信息资料,对被执行人的隐匿地、被执行人身体以及可能存放财产、信息资料的场所进行搜寻、检查的措施。由于搜查可能涉及公民的人身权、住宅权等权利,因此,必须严格依照法定条件及程序进行。

搜查的条件为:(1)生效法律文书确定的履行期限已经届满;(2)被执行人不履行法律文书确定的义务;(3)被执行人下落不明,或法院认为被执行人有隐匿财产、隐匿执行所需要的信息资料的行为。法院决定采取搜查措施的,由院长签发搜查令。

实务中,搜查的目的通常为了搜寻、检查被执行人隐匿的财产,有时也为了搜寻、检查执行所需要的信息资料。被执行人隐匿财产、会计账簿等资料的,法院首先可以依照《民事诉讼法》"拒不履行人民法院已经发生法律效力的判决、裁定"的规定对其进行处罚,并责令被执行人交出隐匿的财产、会计账簿等资料。被执行人拒不交出的,法院可以采取搜查措施。导入案例 4-5 中,法院通过搜查获取了被执行人的现金及车辆。导入案例 4-4 中,法院通过搜查获取了 B 公司的会计账簿,通过查阅会计账簿发现 B 公司以工资、药费、差旅费等名义向 C 招待所支付了大笔费用,为继续采取执行措施提供了线索。

搜查人员必须按规定着装并出示搜查令和工作证件。法院搜查时禁止无关人员进入搜查现场。搜查对象是自然人的,应通知被执行人或者他的成年家属以及基层组织派员到场。搜查对象是法人或者其他组织的,应通知法定代表人或者主负责人到场,拒不到场的,不影响搜查进行。搜查妇女身体,应当由女执行人员进行。

有关场所、物品有密码、门锁或者其他安全措施的,可以责令被执行人或者相关组织、人员开启;拒不配合或者无法通知的,可以强制开启。搜查中发现应当依法采取查封、扣押措施的财产,执行人员必须造具清单,由在场人签名或者盖章后,交被执行人一份。被执行人是自然人的,也可以交他的成年家属一份。

搜查应当制作搜查笔录,由搜查人员、被搜查人及其他在场人签名、捺印或者盖章。拒绝签名、捺印或者盖章的,应当记入搜查笔录。

六、律师调查令

律师调查令,是指在案件审判与执行程序中,当事人及其代理律师因客观原因不能自行收集证据时,经代理律师申请,并经受理案件的法院批准,由指定代理律师向接受调查的组织或个人调查收集相关证据的法律文件。简单地讲,律师调查令就是代理律师持法院出具的调查令向被调查人调取证据。

在《民事强制执行法(草案)》公布之前,律师调查令制度通常是由各省、市、自治区高级人民法院、司法行政部门等单独或联合下发文件或通知予以推行。由于有些协助调查人经常以律师调查令没有法律依据为由拒不配合,导致"有令不行"现象时有发生。《民事强制执行法(草案)》首次以法律形式对律师调查令制度作出规定,即:"人民法院通过网络信息平台无法查询的某项财产信息,申请执行人通过委托律师客观上无法自行调取的,可以委托律师向人民法院申请调查令。人民法院经审查,认为确有必要的,可以向其授予调查令。调查令由执行机构负责人签发。调查令应当载明律师姓名、执业证号、执业机构、当事人的姓名或者名称、案号、具体调查事项以及有效期等内容。律师持调查令进行调查的,有关组织和个人应当协助。拒不协助的,依据本法第七十五条规定承担相应责任。律师存在超出调查令范围进行调查、以违背公序良俗的方式使用调查令或者调取的证据等滥用调查令情形的,人民法院应当责令其交回,并可以参照本法第六十二条规定予以处罚。"(第52条)该条规定对拒不协助律师持令调查设置了比较严重的后果:有关组织或个人违反协助调查义务的,法院可以视情节轻重对协助义务人予以罚款、拘留,构成犯罪的,依法追究刑事责任。协助义务人是组织的,法院除可以对组织进行处罚外,还可以同时对其主要负责人员或者直接责任人员予以罚款、拘留,构成犯罪的,追究刑事责任。对被罚款人、被拘留人,法院还可以向监察机关或者其他有关机关提出予以纪律处分的司法建议。更加严重的后果是,协助义务人拒不协助的行为造成申请执行人损失的,申请执行人可以依法提起诉讼,要求协助义务人赔偿其损失。

由于执行程序中的律师调查令尚未有实施细则,本书以广东省律师调查令为例,介绍律师调查令制度的相关内容。①

(一) 律师调查令的申请

依据广东省律师调查令的规定,律师调查令的申请可在起诉、审理、执行阶段提出。执行阶段,律师调查令的申请应于执行完毕前提出,申请调查的证据应限于与被执行人的财产状况和实际履行能力有关的证据。

持律师调查令调查收集的证据应为由接受调查单位或个人保管并与案件事实直接相关的书证、电子数据、视听资料、鉴定意见和勘验笔录等,但不包括证人证言、物证。

代理律师向法院申请律师调查令,应当提供下列材料:(1)申请书;(2)当事人的授权委托书;(3)代理律师所在律师事务所出具的指派律师函或法律援助机构出具的法律援助公函;(4)代理律师有效的执业证书;(5)律师调查令使用承诺书。律师调查令申请书应当载明下列内容:(1)案号或收件编号;(2)申请方当事人的姓名、身份证号码或名称、统一社会信用代码;(3)申请人

---

① 2020年4月16日,《广东省高级人民法院、广东省司法厅关于在民事诉讼中实行律师调查令的规定》公布,标志着律师调查令正式在广东省全省范围内推行。

的姓名、律师执业证号和律师事务所名称;(4)接受调查组织或个人的名称或者姓名;(5)调查取证的目的与理由;(6)需要调查收集的证据、财产线索;(7)其他需要说明的事项。申请书需详细列明调查事项,由代理律师签字或盖章,并加盖律师事务所印章。

(二)律师调查令的审查与签发

法院应当自申请之日起7个工作日决定是否签发律师调查令。不予签发的,应告知申请人并说明理由。口头告知的,应记入笔录。

属于下列情形之一的,不予签发律师调查令:(1)涉及国家秘密、个人隐私、商业秘密;(2)与待证事实不具有关联性或必要性;(3)证据不为接受调查组织或个人保管;(4)申请调查的证据不明确、不具体;(5)其他不宜以律师调查令形式调查取证的情形。涉及上述情形的证据,当事人可以提交证据线索,申请法院依法调查收集。

律师调查令应当载明下列内容:(1)案号或收件编号和律师调查令的编号;(2)申请方当事人的姓名或者名称;(3)代理律师的姓名、性别、执业证号、所在律师事务所名称;(4)接受调查组织或个人的名称或者姓名;(5)需要调查收集的证据、财产线索以及提供证据、财产线索的相关要求;(6)律师调查令的有效期限;(7)签发单位名称、签发日期和院印;(8)法院的联系人及联系方式;(9)拒绝或者妨害调查的法律后果。

为防止持令律师怠于开展调查工作,影响诉讼进程,法院可根据案件具体情况确定律师调查令的有效期限,最长不得超过15日。律师调查令在期限届满后自动失效。代理律师因正当理由不能在有效期限之内完成调查的,可申请延长调查令期限一次。

(三)律师持令调查

代理律师持调查令向接受调查人调查收集相关证据时,应主动出示调查令和执业证等证件并说明有关情况。接受调查人应当根据调查令指定的调查内容及时提供有关证据。当场提供证据确有困难的,应当在收到律师调查令之日起7个工作日内提供。提供的证据如为复印件或复制品的,应当在提供的证据材料上注明与原件核对无异并签名或盖章。调取的证据可以由代理律师转交签发法院,也可由接受调查人密封另行送至签发法院。律师调查令可由接受调查人存档。代理律师持调查令调查获得的证据及信息，仅限于本案诉讼，不得泄露或作其他使用。

接受调查人因故不能提供、无证据提供或者拒绝提供指定证据的，应当在律师调查令回执中注明原因。接受调查人未在回执中注明原因的，代理律师应书面说明。代理律师调取证据后，应于5个工作日内将调查收集的全部证据及调查回执提交法院。持律师调查令调查收集的证据需经法定程序质证或核实后，才能作为认定案件事实或者采取执行措施的依据。律师调查令因故未使用的，应当在有效期限届满后5个工作日内归还法院入卷。

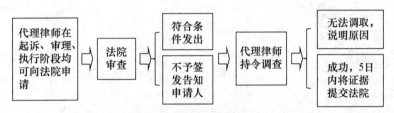

图 4-7　律师调查令的申请、审查及使用流程

为防止律师滥用律师调查令，《民事强制执行法（草案）》还规定，律师存在超出调查令范围进行调查、以违背公序良俗的方式使用调查令或者调取的证据等滥用调查令情形的，法院应当责令其交回，并可以视情节轻重对滥用律师调查令的律师予以罚款、拘留，构成犯罪的，依法追究刑事责任。法院还可以向律师主管部门及律师协会提出予以纪律处分的司法建议。

思考题

1. 简述债权人申请执行的执行时效及起算时间。
2. 执行程序与审判程序公告送达方式有什么不同？
3. 被执行人在金钱债权执行中须报告哪些当前财产项目和前5年财产变动项目？
4. 具备什么情形之一的，法院可以根据情节轻重对违反财产报告制度的被执行人或者其法定代理人、主要负责人员予以罚款、拘留或者将该被执行人纳入失信被执行人名单？
5. 申请执行人申请对被执行人财产进行审计的，什么情形下审计费用由被执行人承担？

6. 申请执行人老张委托小王律师代理他的执行案件，由于法院没有查询到被执行人大李的某项财产，经申请法院向小王律师签发了律师调查令，由小王律师持调查令向某行政机关调取大李的财产信息。行政机关认为小王律师无权调查，拒绝了小王律师的调查请求，行政机关有可能承担什么法律责任？

第五章 委托执行与协助执行

第一节 委托执行

虽然《民事强制执行法(草案)》规定,发生法律效力的民事判决、调解书,除了可以由第一审法院执行外,也可以由与其同级的被执行财产所在地法院执行;发生法律效力的裁定、决定、支付令,同样既可以由作出裁定、决定、支付令的法院执行,也可以由与其同级的被执行财产所在地法院执行[①],但是在实务中,被执行财产所在地对生效裁判文书、调解书及支付令的权利人而言往往在外地,权利人出于省时间、省费用以及与执行人员便于沟通等因素考虑,通常选择第一审法院作为执行法院。同理,审判庭法官在移送保全裁定、先予执行裁定及罚款决定等生效法律文书执行时也会选择本法院作为执行法院。因此,执行法官经常需要出差到外地执行,频繁的外地执行严重制约了执行效率。委托执行是法院之间一项重要的司法协作制度,其目的在于克服有执行管辖权的法院开展异地执行活动的困难,节省有限的司法资源,是对执行管辖制度的一项重要的功能性补充。

导入案例 5-1

某机械设备有限公司依据公证债权文书申请执行李某买卖合同纠纷一案,济南市 A 区人民法院立案执行。申请执行人某机械设备有限公司称:济南

[①] 可以作为执行根据的裁定主要包括:(1)保全裁定;(2)先予执行裁定;(3)确认调解协议裁定;(4)实现担保物权裁定。

市公证处作出的执行证书已经发生法律效力,但被执行人李某至今仍拒不履行义务。某机械设备有限公司向法院提出以下申请:(1)由被执行人向申请执行人支付欠款604200元及协议约定的违约金;(2)由被执行人承担申请执行费及实现债权所需的一切其他费用。经调查,济南市A区人民法院发现被执行人李某现居住在四川省成都市,且被执行人的挖掘机也在其身边施工。济南市A区人民法院向成都市B区人民法院出具委托执行函,委托该法院代为执行。成都市B区人民法院立案后,向济南市A区人民法院邮寄立案通知书,济南市A区人民法院将立案通知书送达给申请执行人,并对此案作委托结案处理。成都市B区人民法院查封了李某所有的挖掘机拟采取拍卖措施,李某与申请执行人某机械设备有限公司达成执行和解协议,并按约支付欠款604200元,该执行案圆满解决。

一、委托执行概述

委托执行,是指被执行人或被执行财产在外地的,执行法院委托当地法院代为执行的制度。我国法院系统通常按行政区划设置,执行工作一般是在本辖区内进行。但如果被执行人或被执行财产在外地,负责执行的法院执行人员出差到外地执行成本较高,且可能影响执行效果。受托法院是被执行人所在的当地法院,更了解当地的实际情况和风土人情,有利于对被执行人展开调查取证和采取强制措施,尤其是控制人身自由的拘留措施。同时,在案件执行过程中作为当地法院更方便和被执行人沟通,促进案件的执行。尤其是当地法院在执行中极少发生激烈的抗拒执法的事件,即使存在抗拒执法行为,受托法院也能在最短的时间内请求公安等部门的充分协助来化解危险,可以更好地保障执行人员的人身安全。此外,由受托的当地法院来执行,本身对被执行人来说就有一种无形的压力,使被执行人感到自己应履行的债务是无法逃避的,只有积极履行才是唯一的途径。为了节省司法资源,更好地完成执行任务,当被执行人、被执行的财产在外地时,执行法院应当委托当地法院代为执行。

《民事强制执行法(草案)》第23条第1款规定:"人民法院实施执行行为,

可以将特定事项委托其他人民法院办理。"委托执行分为执行全案委托与特定执行事项委托。如无特指,委托执行通常指执行全案委托。2011年5月16日,《最高人民法院关于委托执行若干问题的规定》(法释〔2011〕11号,2020年12月23日修正,以下简称《委托规定》)施行,该司法解释对法院之间的全案委托执行的主要内容作出明确:不仅对受委托后的执行期间予以规定,而且规定受托法院不得拒绝委托,还规定不论是否执行,受托法院都要函复委托的法院。对于在法定期间内不执行的,委托法院还可以通过受托法院的上级法院指令执行的办法使判决得以执行。

在网络司法拍卖中,除必须由执行法院承担的工作以及网络服务提供者提供网络平台技术支持以外,还存在各种拍卖辅助工作,包括拍卖财产的展示、接受咨询以及鉴定、检验、评估、审计、仓储、保管、运输,等等。以往拍卖会现场拍卖均是委托拍卖机构进行,拍卖辅助工作基本上由拍卖机构承担,而网络司法拍卖中,网络服务提供者往往仅提供网络技术支持,如果拍卖财产展示、推介等拍卖辅助工作都由执行法院承担,法院从事拍卖的人力、物力成本将大为增加,且客观上法院也不适宜承担某些专业化较强的辅助工作。因此,"专业的事交给专业的人来做",一些专业性较强且不是必须由法院完成的工作可以委托第三方机构来完成。这样做带来的好处,一是可以适当平衡当事人与法院的成本负担,二是可以方便网络司法拍卖工作顺利进行,提高拍卖工作效率及专业化水平。[①] 当然,第三方机构承担网络司法拍卖辅助工作所支出的必要费用应由被执行人承担。除了网络司法拍卖外,执行工作中的送达、立案引导、便民服务、热线接听等辅助性工作,也可以通过向第三方机构购买服务的方式开展。《民事强制执行法(草案)》特此对委托及购买服务办理执行辅助性工作予以明确:法院可以将送达、辅助拍卖等辅助性事务,通过购买服务、授权委托等方式交由有关组织或者个人办理。需注意,新法拓展了第三方的范围,除第三方机构外,法院也可以将辅助性事务委托给个人或通过向个人购

[①] 根据《最高人民法院关于人民法院网络司法拍卖若干问题的规定》第7条,可以委托社会机构或组织承担的拍卖辅助工作包括:"(一)制作拍卖财产的文字说明及视频或者照片等资料;(二)展示拍卖财产,接受咨询,引领查看,封存样品等;(三)拍卖财产的鉴定、检验、评估、审计、仓储、保管、运输等;(四)其他可以委托的拍卖辅助工作。社会机构或者组织承担网络司法拍卖辅助工作所支出的必要费用由被执行人承担。"

买服务的方式办理。目前多地法院已就此工作进行尝试，节省了有限的司法资源，显著提高了执行效率，取得了非常不错的效果。

二、委托执行的条件

1. 执行人或被执行财产在异地

执行法院经调查发现被执行人在本辖区内已无财产可供执行，且在其他省、自治区、直辖市内有可供执行财产的，可以将案件委托异地的同级法院执行。需注意，被执行人或被执行财产在外地的，委托执行是原则，异地执行是例外。为控制异地执行案件的数量，执行法院确需赴异地执行案件的，应当经执行法院所在辖区高级法院批准。

2. 受委托法院是被执行人住所地或被执行人财产所在地法院

委托执行应当以执行标的物所在地或者执行行为实施地的同级法院为受托执行法院。有两处以上财产在异地的，可以委托主要财产所在地的法院执行。

被执行人是现役军人或者军事单位的，可以委托对其有管辖权的军事法院执行。执行标的物是船舶的，可以委托有管辖权的海事法院执行。

3. 委托法院应当向受委托法院出具书面委托文件，并附送据以执行的生效法律文书副本、立案审批表复印件及有关情况或说明

案件委托执行时，委托法院应当提供下列材料：(1)委托执行函；(2)申请执行书和委托执行案件审批表；(3)据以执行的生效法律文书副本；(4)有关案件情况的材料或者说明，包括本辖区无财产的调查材料、财产保全情况、被执行人财产状况、生效法律文书的履行情况等；(5)申请执行人地址、联系电话；(6)被执行人身份证件或者营业执照复印件、地址、联系电话；(7)委托法院执行员和联系电话；(8)其他必要的案件材料等。

委托执行时，委托法院应当将已经查封的被执行人的异地财产，一并移交受托法院处理，并在委托执行函中说明。委托执行后，委托法院对被执行人财产已经采取查封措施的，视为受托法院的查封措施。受托法院需要继续查封，持委托执行函和立案通知书办理相关手续。如查封的有效期限届满继续查封的，查封的顺位不改变，仍以原委托法院的查封顺序为准。查封措施的有效期

限在移交受托法院时不足 1 个月的,委托法院应当先行办理继续查封,再移交受托法院。

导入案例 5-1 中,济南市 A 区人民法院发现被执行人李某现居住在四川省成都市,李某居住地非其辖区范围,且经调查发现被执行人可供执行的挖掘机也在其身边施工。被执行人李某在本辖区无财产可供执行,同时在四川省有可供执行的财产,故济南市 A 区人民法院依法将该案委托给同级法院成都市 B 区人民法院代为执行,并在收到成都市 B 区人民法院的立案通知书后对执行案件作委托结案处理。该案的委托执行不仅节省了人力、物力、财力和有限的司法资源,同时有利于对被执行人采取执行措施,可以更好地保护申请执行人的合法权益。

三、委托执行的立案、实施与退回委托

(一)委托执行的立案

委托执行案件应当由委托法院直接向受托法院办理委托手续,并层报各自所在的高级法院备案。特定执行事项的委托应当通过法院执行指挥中心综合管理平台办理委托事项的相关手续。案件委托执行后,受托法院应当依法立案,委托法院应当在收到受托法院的立案通知书后作结案处理。

受托法院收到委托执行函后,应当在 7 日内予以立案,并及时将立案通知书通过委托法院送达申请执行人,同时将指定的承办人、联系电话等书面告知委托法院。委托法院收到上述通知书后,应当在 7 日内书面通知申请执行人案件已经委托执行,并告知申请执行人可以直接与受托法院联系执行相关事宜。

(二)委托执行的实施

委托法院在案件委托执行后又发现有可供执行财产的,应当及时告知受托法院。受托法院发现被执行人在受托法院辖区外另有可供执行财产的,可以直接异地执行,一般不再行委托执行。根据情况确需再行委托的,应当按照委托执行案件的程序办理,并通知案件当事人。

受托法院未能在 6 个月内将受托案件执结的,申请执行人有权请求受托法院的上一级法院提级执行或者指定执行,上一级法院应当立案审查,发现受

托法院无正当理由不予执行的,应当限期执行或者作出裁定提级执行或者指定执行。

(三) 委托执行的退回

受托法院如发现委托执行的手续、材料不全,可以要求委托法院补办。委托法院应当在 30 日内完成补办事项,在上述期限内未完成的,应当作出书面说明。委托法院既不补办又不说明原因的,视为撤回委托,受托法院可以将委托材料退回委托法院。

和委托法院与受托法院直接办理委托执行手续,委托执行只需向各自的高级法院备案不同的是,受托法院退回委托的,应当层报所在辖区高级法院审批。高级法院同意退回后,受托法院应当在 15 日内将有关委托手续和案卷材料退回委托法院,并作出书面说明。委托执行案件退回后,受托法院已立案的,应当作销案处理。委托法院在案件退回原因消除之后可以再行委托。确因委托不当被退回的,委托法院应当决定撤销委托并恢复案件执行,报所在的高级人民法院备案。

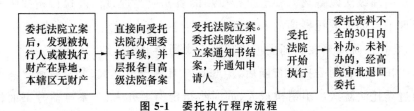

图 5-1 委托执行程序流程

四、异地执行

虽然执行法院经调查发现被执行人在本辖区内无财产可供执行,在其他省级辖区有可供执行财产的,可以将案件委托异地同级法院执行,但异地执行仍然客观存在,也难以避免。究其原因,一方面是被执行人在执行法院辖区内有部分财产,但不足以满足申请执行人的全部债权,对被执行人的外地财产仍需异地执行;另一方面是受托法院执行时,发现被执行人在受托法院辖区外另有可供执行财产,受托法院一般不再委托执行,应当直接异地执行。

异地执行,是指被执行人或被执行财产在执行法院辖区之外时,执行法院直接派执行人员到当地执行的一种执行制度。此处的异地，是指本省、自治区、直辖市以外的区域。执行法院辖区之外的其他同一省级辖区不属于异地，执行法院可在所在地省级辖区范围内直接执行。

异地执行应当注意以下三个方面的问题：一是跨省、自治区、直辖市去异地执行应当持有其所在辖区高级法院的批准函件。即使是邻近省份，也属于跨省、自治区、直辖市的异地执行，必须严格办理批准手续。二是异地执行时，可以根据案件具体情况，请求当地法院协助执行。目前，在有些地区，不排除地方保护主义依然存在，如要求异地执行必须主动请求当地法院协助执行，有时不利于案件的顺利执行，因此，司法解释规定异地执行时可以根据案件的具体情况请求当地法院协助执行，也可以自行采取执行措施。具体是否需要请求当地法院协助由执行法院决定。三是执行法院提出协助请求时当地法院应当积极协助配合。目前，在协助执行的问题上，有的法院能够坚持"全国法院执行工作一盘棋"的思想，积极协助配合外地法院执行，有的法院则出于地方因素，仍然不愿意、不积极协助配合。因此，司法解释明确了当地法院的配合协助义务，同时要保证外地法院执行人员的人身安全和执行装备、执行标的物不受侵害。

五、委托执行的管理和协调

尽管法律及司法解释对委托执行的条件、程序有着明确的规定，但在实务中，委托执行还是存在这样那样的问题。比如，一些委托法院为了"甩包袱""给申请执行人一个交代"，将一些不符合条件的执行案件随意委托；受托法院发现有委托事项缺少材料甚至不符合条件，不与委托法院沟通解决，而是"一退了之"；更为严重的是，有的受托法院对委托执行事项办理不积极、不认真、不到位，使得委托案件长期搁置。究其原因，主要是因为委托法院和受托法院不存在隶属关系，在委托执行工作中难以形成相互监督制约，而当事人对委托执行案件缺乏知情权，亦无法监督委托执行案件的程序进展。因此，对委托执行进行归口管理，由一定层级的上级法院对委托执行与受托执行进行监督、统筹，同时通过与外地同级法院的联系，顺畅委托法院与受托法院的沟通协调途径非常重要。

根据《委托规定》，各地高级法院负责对辖区内委托执行和异地执行工作实行统一管理和协调，履行以下职责：(1)统一管理跨省、自治区、直辖市辖区的委托和受托执行案件；(2)指导、检查、监督本辖区内的受托案件的执行情况；(3)协调本辖区内跨省、自治区、直辖市辖区的委托和受托执行争议案件；(4)承办需异地执行的有关案件的审批事项；(5)对下级法院报送的有关委托和受托执行案件中的相关问题提出指导性处理意见；(6)办理其他涉及委托执行工作的事项。

第二节 协助执行

汉语中"协助"一词的意思是从旁帮助、辅助，可以是别人协助自己，也可以是自己协助别人，语义中含有协助人帮助被协助人、被协助人恳求协助人辅助之义。《民事强制执行法（草案）》中，"协助"一词强调的是一种义务，一种由法律事先规定，以国家强制力作为保障，当义务人不履行或怠于履行义务时须承担一定法律后果的义务，且是协助义务人辅助法院的单向义务。[①] 协助执行是保障执行工作顺利进行的一项重要制度。执行法院查询、控制与处分财产，每一步都离不开有关组织和个人的协助。如果协助义务人不履行或消极履行协助义务，执行工作将寸步难行。

导入案例 5-2

某市中级法院在执行申请执行人赵某与被执行人刘某、某置业公司借款合同纠纷一案中，裁定查封某置业公司已缴纳至某县国土资源局的土地出让价款 2200 万元。之后，法院送达执行裁定书和协助执行通知书，要求某县国土资源局协助提取某置业公司已缴纳至该局的土地出让价款 2200 万元至法

[①] 法律语境下的"协助"并非全部都是单向义务。比如《民事诉讼法》语境下，"涉外司法协助"是指不同国家法院之间，根据本国缔结或参加的国际公约，或根据互惠原则，相互代为实施一定诉讼行为或与诉讼有关行为的制度。"区际司法协助"是指同一主权国家内部不同法域之间在民事领域所进行的司法协助。从协助主体双方互为协助义务人角度而言，无论是"涉外司法协助"还是"区际司法协助"都是一种双向协助。

院银行账户。因某县国土资源局未履行协助执行义务,法院再次发出协助执行通知书,要求某县国土资源局将上述款额在指定期限内汇至法院银行账户,但某县国土资源局仍未履行协助义务。某市中级法院作出罚款决定:对某县国土资源局处以 60 万元罚款,限 7 日内交至法院银行账户。某县国土资源局不服罚款决定,向某省高级法院申请复议,请求撤销罚款决定书。某省高级法院审查认为某县国土资源局未履行协助执行义务,某市中级法院作出罚款决定具有事实和法律依据,复议决定驳回某县国土资源局的复议申请,维持某市中级法院作出的罚款决定书。

一、协助执行的类型

协助执行,是指法院在执行中要求有关组织、个人协助执行生效法律文书所确定义务的一种制度。狭义的协助执行仅指有关组织或个人对法院的协助;广义的协助执行还包括法院之间的协助。

《民事强制执行法(草案)》第 72 条规定:"执行中,有关组织和个人应当根据人民法院的通知,协助实施下列事项:(一)调查被执行人及有关人员的财产、身份信息;(二)查找被执行人、被拘传人、被拘留人;(三)查找和控制被查封的机动车、船舶、航空器等财产;(四)查封、划拨、限制消费、限制出境;(五)解除查封、控制、限制消费、限制出境;(六)有暴力阻碍执行或者其他必要情形时,制止违法行为、维持现场秩序;(七)其他应当依法协助执行的事项。"上述协助事项主要包括:

1. 协助调查财产及身份信息

执行财产难寻是困扰法院执行工作的难点之一,能否查明被执行人可供执行的财产是绝大多数案件能否得到执行的关键。执行财产调查的途径主要有三种:法院依职权调查;被执行人申报;申请执行人自行调查提供财产线索。目前执行财产调查还是以执行法院依职权调查方式为主。法院依职权调查是法院行使执行调查权的具体表现,包括对被执行人的财产情况进行查询和确认,向有关单位和个人进行调查、询问,查找被执行人可能藏匿的财产等。

由于直接调查到被执行人可供执行的财产并非易事,所以需要了解被执行人的个人信息及家庭成员信息，以此来确定被执行人的履行能力，为采取其他执行措施做好准备。此外，随着社会经济发展，新型财产类型不断涌现，由于法律规定具有一定的滞后性，部分新类型财产的调查可能因为缺乏明确的法律规定而遭遇困难，此时调查了解被执行人的户籍资料、工商登记资料等身份信息，可以为调查确定被执行人新类型财产提供帮助。

执行法院在调查被执行人及其他人员的财产、身份信息时，法院与相关组织已建立信息化网络协助执行机制的，可以在线查询。未建立信息化网络协助执行机制的，法院可以通过发出调查函、现场调查等方式调查，有关组织和个人必须办理。

2. 协助查找被执行人、被拘传人、被拘留人

民事执行实质上是针对财产的执行，但能否查找到被执行人也对执行进程有重大影响。这不仅是因为现阶段财产登记制度尚不健全，找到被执行人并责令其如实申报财产是调查财产的一种重要途径，也是因为执行工作中许多程序环节需要被执行人配合。实务中，部分被执行人与法院执行人员"躲猫猫"，故意躲避法院传唤，拒绝接收执行通知，甚至举家迁移失联，长期下落不明，给执行工作造成严重困难。所以，能否找到被执行人也是执行案件能否顺利执结的重要因素。对下落不明或故意躲避执行人员的被执行人、被拘传人、被拘留人，法院可要求公安机关在内的组织和个人协助查找，有关组织和个人必须协助。

3. 协助查找和控制被查封的机动车、船舶、航空器等财产

强制执行的顺利实现一方面取决于被执行人的履行债务能力，另一方面也取决于执行法院对被执行人可供执行财产所掌握的充分准确的信息。被执行人未按执行通知履行法律文书确定义务的，法院可要求公安机关协助查找和控制被执行人的机动车，要求海事部门协助查找和控制被执行人的船舶，要求民用航空管理部门协助查找和控制被执行人的航空器。此外，对于知晓相关财产下落的其他组织和个人，尤其是实务中经常遇到的"借名"登记所有权人（被执行人实际所有的财产，借名登记在其他组织或个人名下），法院亦可要求他们予以协助查找和控制财产。

4. 协助办理财产权证照转移手续

财产权证照,是指记载财产所有权人、具体财产信息的各项证明文书和执照,如房产证、土地证、山林所有权证、车辆所有权证书、专利证书、商标证书等。办理财产权证照转移手续,是指对执行中需要在转移标的物的同时转移财产权证照的,执行法院强制办理财产权证照的转移手续。

民事执行的标的主要是财产和行为,其中执行财产是将被执行的财产权利从被执行人一方强制转移到申请执行人一方。对于绝大多数的动产而言,一般以占有为财产权利的取得和享有的标志,因此,强制执行该财产以实际交付为准,无须履行特定的所有权转移手续。但是,对于土地、房屋等不动产,以及车辆、船舶等特殊动产,执行终结不仅取决于是否将执行标的物转移,还取决于是否将该标的物的财产权证照转移,因此就需要在强制转移标的物的同时强制办理财产权证照的转移手续,比如,强制执行机动车辆,除车辆实际交付至申请执行人外,还需要将车辆产权证照转移登记至申请执行人名下,申请执行人才能取得所有权。

法院对有登记的动产或不动产采取控制性措施时,有权办理财产权证照转移手续的登记机关必须协助办理。在执行中,需要办理有关财产权证照转移手续的,法院可以向登记机关发出协助执行通知书,有关登记机关必须办理。

5. 有关金融机构的协助执行

由于被执行人将其资金存入银行、信用社或其他有储蓄业务的单位,或购买债券、股票、基金等金融产品,因而执行法院在采取查询、查封、划拨、变价等执行措施时,需要得到相关金融机构的协助。被执行人未按执行通知履行法律文书确定的义务的,法院有权向有关金融机构查询被执行人的存款、债券、股票、基金份额等财产情况。对执行法院依法向金融机构查询或查阅有关资料,包括被执行人开户、存款情况、购买金融产品情况以及会计凭证、账簿、有关对账单等资料(含电脑储存资料),金融机构应当及时如实提供并加盖印章,执行法院根据需要可抄录、复制、照相,但应当依法保守秘密。法院决定查封、划拨、变价财产,应当作出裁定,并发出协助执行通知书,有关金融机构必须办理。①

6. 被执行人所在单位和其他负有协助义务组织的协助执行

被执行人未按执行通知履行法律文书确定的义务的,法院有权扣留、提取被执行人应当履行义务部分的收入,但应当保留被执行人及其所扶养家属的生活必需费用。民事强制执行应遵循公平、比例原则,既要依法保护申请执行人的权利得以实现,又要防止因强制执行使被执行人及其家属生活陷入困境。劳动收入是被执行人的生活来源,关系到他和他所供养家属的切身利益,所以在扣留、提取时,必须为被执行人和其所扶养家属保留维持生活的基本费用。

扣留、提取被执行人的收入主要是针对自然人采取的执行措施。扣留、提取是针对被执行人收入的两种执行措施,扣留和提取既有区别,又有联系。区别表现为,扣留是指执行法院依法强制查封被执行人的收入,禁止其支取和处分,提取是指执行法院依法支取、划拨被执行人的收入,并转交给申请执行人。二者的联系表现为,扣留属于临时的控制性措施,其适用目的在于促使被执行人主动履行义务,同时也为提取做好准备,即扣留被执行人的收入后,被执行人履行义务的,应当及时解除扣留;仍拒不履行的,可以实施提取。提取属于最终的处分性措施,其适用目的为实现生效法律文书,它可以在扣留的基础上进行,也可以直接进行,由法院视具体情况而定。被执行人的收入主要指金钱收入,收入的形式包括工资、奖金、劳务报酬、稿酬、咨询费、房屋租金等。法院扣留、提取收入时,应当作出裁定,并发出协助执行通知书,被执行人所在单位和其他负有协助义务的组织必须办理。

7. 有暴力阻碍执行或者其他必要情形时,制止违法行为、维持现场秩序

此处的"暴力",是指对法院执行人员的身体或执行车辆、装备等实行打击或者强制,主要表现为哄闹、冲击执行现场,毁损、抢夺执行案件材料、执行公务车辆、其他执行器械、执行人员服装和执行公务证件。被执行人、被执行人亲属或工作人员以及其他社会人员暴力阻碍执行,可能威胁到执行财产的安

---

① 执行法院可以直接要求银行及其营业所、储蓄所、信用合作社以及其他金融机构协助执行,外地法院可以直接到被执行人住所地、被执行财产所在地金融机构要求协助执行,无须由当地法院出具手续。

全或执行人员的人身安全时,执行法院可要求公安机关或其他组织和个人协助制止违法行为、维持现场秩序。

8. 其他应当依法协助执行的事项

被执行人不履行法律文书确定的义务的,法院可以对其采取或者通知移民管理机构协助采取限制自然人被执行人或组织被执行人的主要负责人员、直接责任人员出境的措施。还可在征信系统记录被执行人不履行义务的信息。征信系统既包括法院的执行案件信息管理系统,也包括法院外的相关的信息系统,如金融机构的信息系统、工商管理机关的信息系统等,当需要把被执行人不履行义务的信息记入法院外的信息系统时,就产生了协助执行的问题。执行法院还可以通过报刊、电台、电视台等媒体协助公布被执行人的不履行义务信息。

公安机关具有查找人员下落的便利条件和必要手段,因此加强与公安机关的协作查找被执行人,应当成为查找被执行人下落的重要途径。但是,由于目前体制不顺,在查找与控制被执行人下落的问题上,公安机关与法院的配合不够,导致公安机关的作用没有得到有效发挥。公安机关的具体可协助内容包括:(1)协助查询被执行人的基本信息。通过公安机关的"打防管控"信息主干应用系统以及户籍、旅馆业登记信息系统等渠道调查被执行人户籍、住所、出入境等基本情况,提取被执行人的电子照片。(2)协助查找被执行人的下落。对于长期下落不明及因躲债、赖债"避而不见"的被执行人,法院可请求公安机关协助查找其下落。(3)协助限制被执行人出境。对有出境可能的被执行人,法院可请求公安机关通过不批准出国(境)申请、宣布护照作废、实施边控等方式,限制被执行人出境。(4)协助控制被执行人。对涉嫌犯罪并潜逃的被执行人,法院可移送公安机关立案侦查,由公安机关将犯罪嫌疑人信息录入在逃人员信息库,进行通缉。在日常巡逻检查中发现法院要求协助查找对象的,公安机关应将犯罪嫌疑人控制起来,并立即通知执行法院。(5)协助对被执行人实施司法拘留。对法院决定予以司法拘留的被执行人,公安拘留所应及时予以收押。实务中有些地方公安拘留所对被拘留人设定过高的身体条件要求,经常以被拘留人血压过高等理由不办理收押手续。

可借鉴的成功案例是，上海浦东新区在区政法委的统一组织下建立了"浦东新区司法协助执行网络"，在与公安机关的协作方面，其内容涵盖了"110"协助出警、边检限制出境、公安道口检查协助扣押车辆、涉嫌拒执罪案件移送、看守所体检绿色通道等多个方面。其中，与公安"110"的联网机制具有代表性。法院执行局与公安局开通24小时联络电话，社会公众凡发现被执行人行踪或执行受阻的，都可以通过拨打"110"，公安局或派出所第一时间出警，由警方借助联络电话随时通知执行局派员到场处置。

二、协助执行的程序和救济

民事强制执行是一项和时间赛跑的工作。被执行人可供执行的财产瞬息万变，随时有可能被转移、被处分，如果将协助执行的程序设定得过于繁琐，有可能贻误时机，无法查询控制到被执行人可供执行的财产。《民事强制执行法（草案）》对协助执行的程序进行了优化与简化。法院要求有关组织和个人协助执行的，应当通过数据电文、纸质文书等书面形式通知有关组织和个人。情况紧急的，可以要求有关组织和个人先予协助后再行书面通知。协助执行事项简单且能够即时办理的，执行人员还可以口头通知并制作笔录。有关组织和个人接到法院协助执行通知后，应当按照要求及时办理。协助执行需要回复的，应当及时书面回复办理结果。

为了防止有关组织和个人以审查协助执行事项的合法性为由推诿扯皮影响执行效率，《民事强制执行法（草案）》还规定有关组织和个人在协助执行过程中，无权对协助执行通知的内容进行实质审查。有关组织和个人认为协助执行内容错误的，可以向法院提出书面异议，但是不得停止协助。换言之，有关组织和个人可以对法院执行人员是否持有执行公务证、协助执行公文材料是否齐备等进行形式审查，无权以对协助执行的实体内容进行实质审查为由停止协助。为了解决有关组织和个人对协助事项合法性的质疑，及时纠正协助执行事项有可能存在的错误，新法引入了执行异议程序。有关组织和个人提出书面异议的，由法院按照执行行为异议的程序进行审查，理由成立的，裁定撤销、变更要求协助的执行行为；理由不成立的，裁定驳回。有关组织和个人对法院作出的裁定不服的，还可以在裁定等文书送达之日起10日内向上一级法院申请复议。

为了提高协助执行的效率，《民事强制执行法（草案）》第 74 条还规定："负有协助执行义务的有关国家机关或者其他承担社会管理职能、提供社会公共服务的组织与人民法院之间应当建立信息化网络协助执行机制。"目前各地已经普及的是法院执行机构与金融机构的系统通过专线等安全网络予以连接，有专门电脑终端，由专人负责，设置匹配密钥或者用户名、密码等技术手段，通过这些手段已经核实了执行人员的身份，并确保查询及控制权限不被滥用。此种模式下，事前统一向金融机构报备有权通过网络采取执行查控措施的特定执行人员的相关公务证件，办理具体业务时，不再另行提供执行人员的相关公务证件，简化了手续，提高了效率。法院与金融机构之间已经建立和运行的信息化网络协助执行机制提供了成熟的经验，法院与负有协助执行义务的有关国家机关或者其他承担社会管理职能、提供社会公共服务的组织之间的信息化网络协助执行机制也在积极探索之中。

三、协助执行的责任豁免

实务中，有些接到法院协助通知的组织和个人心存顾虑，如果按法院要求协助执行，事后发现协助执行事项出现错误或不当，被执行人或利害关系人会不会要求其承担法律责任？为了打消协助义务人的顾虑，让协助义务人可以放心、大胆地履行协助义务，《民事强制执行法（草案）》特别明确了协助义务人的责任豁免，即有关组织和个人按照法院协助执行通知的要求协助执行的，不承担法律责任。换言之，协助执行的后果与责任由法院来承担，与协助义务人无关。设置该制度的法理基础为，法院通知协助义务人履行协助义务，产生的是法院与利害关系人之间在公法上的强制执行关系，而不是协助义务人与利害关系人之间在私法上的侵权关系，两者属于不同的法律关系，相关后果与责任应由法院承担。

当事人、利害关系人认为协助执行的执行行为违反法律规定的，可以向执行法院提出书面异议，请求撤销或者变更执行行为。由法院按照执行行为异议的程序进行审查，理由成立的，裁定撤销、变更执行行为；理由不成立的，裁定驳回。

当事人、利害关系人对法院作出的裁定不服的,还可以在裁定等文书送达之日起10日内向上一级法院申请复议。

四、违反协助义务的法律责任

协助义务人是否按法院要求协助执行是执行工作能否顺利进行的关键所在,因此,法律必须对拒不履行协助义务的人规定较重的法律后果。

有义务协助调查、执行的组织和个人有下列行为之一的,法院除责令其履行协助义务外,并可以根据情节轻重予以罚款、拘留;构成犯罪的,依法追究刑事责任:(1)有关组织拒绝或者妨碍法院调查取证的;(2)有关组织接到法院协助执行通知书后,拒不协助查询、查封、划拨、变价财产的;(3)有关组织接到法院协助执行通知书后,拒不协助扣留被执行人的收入、办理有关财产权证照转移手续、转交有关票证、证照或者其他财产的;(4)有关组织接到法院协助执行通知书后,允许被执行人高消费及非生活或者经营必需的有关消费的;(5)有关组织接到法院协助执行通知书后,允许被执行人出境的;(6)有关组织接到法院协助执行通知书后,拒不停止办理有关财产权证照转移手续、权属变更登记、规划审批等手续的;(7)有关组织接到法院协助执行通知书后,以需要内部请示、内部审批、有内部规定等为由拖延办理的;(8)有关组织持有法律文书指定交付的财物或者票证,法院发出协助执行通知后,拒不转交的;(9)其他拒绝协助执行的。

法院对具有上述行为之一的组织,可以同时对其主要负责人员或者直接责任人员予以罚款、拘留;构成犯罪的,依法追究刑事责任。对被罚款人或被拘留人,法院还可以向监察机关或者有关机关提出予以纪律处分的司法建议。

实务中,国家机关不履行协助执行义务的情况时有发生。解决此类问题,需要充分发挥检察机关的法律监督职能。《中共中央关于加强新时代检察机关法律监督工作的意见》指出,人民检察院全面深化行政检察监督。在履行法律监督职责中发现行政机关违法行使职权或者不行使职权的,可以依照法律规定制发检察建议等督促其纠正。意见还强调深入推进全国执行与监督信息法检共享,推动依法解决执行难问题。对于国家机关不依法履行协助执行义务的,法院应当积极寻求检察机关的支持与配合,及时请求检察院依法履行法律监督职责提出检察建议。

检察院根据法院的请求向有关国家机关提出检察建议后,有关国家机关应及时对是否存在上述情形进行审查,并在收到检察建议书3个月内将审查情况书面回复检察院。检察院依法向有关单位提出纠正意见或者检察建议的,有关单位应当及时整改落实并回复,有不同意见的,可以在规定时间内书面说明情况或者提出复议。对于无正当理由拒绝接受监督的单位和个人,检察院可以建议监察机关或者该单位的上级主管机关依法依规处理。

导入案例5-2中,某县国土资源局在接到法院的协助执行通知书后,不协助提取某置业公司已缴纳至该局的土地出让价款2200万元至法院银行账户,某市中级法院作出对某县国土资源局处以60万元罚款的处罚措施完全符合法律规定。法院还可以对某县国土资源局主要负责人员或者直接责任人员予以罚款、拘留,并对被罚款人或被拘留人向监察机关或者有关机关提出予以纪律处分的司法建议。法院也可以请求检察院依法履行法律监督职责,向某县国土资源局提出检察建议。

《民事强制执行法(草案)》对违反协助义务的法律责任还增设了一项申请执行人"自力救济"制度,即有关组织和个人违反协助执行义务,造成申请执行人损失的,申请执行人可以依法提起诉讼,要求相关协助义务人承担侵权责任,赔偿基于不协助行为给申请执行人造成的损失。申请执行人"自力救济"与法院对违反协助义务人进行处罚相比,前者的威慑力丝毫不亚于后者。相信申请执行人"自力救济"会成为悬挂在协助义务人头上的"达摩克利斯之剑",促使协助义务人严格履行协助义务。

五、法院之间的协助执行

法院之间的协助执行是指其他法院在收到执行法院的请求后,协助执行法院采取执行措施。法院之间的协助执行主要发生在法院在异地执行案件的场合。法院异地执行案件,视案件情况可以请求当地法院协助执行,同时应出具协助执行公函、介绍信,出示执行公务证,并可以主动介绍案情和准备采取的执行方案,同时说明要求协助的内容。

法院之间的协助执行与委托执行不同。法院之间的协助执行虽然也有外地法院参与，但外地法院只起辅助作用，执行法院以自己法院的名义采取执行措施，起主要作用。委托执行则是受理执行法院将整个案件委托外地法院执行，受理执行法院在收到受托法院的立案通知书后作委托结案处理。

法院之间协助执行时，执行法院负责采取执行措施，协助法院只是根据请求，帮助、配合执行工作顺利完成。遇有执行法院人员受围攻等紧急情况，当地法院应积极协调解围，在报告当地党委、政法委的同时妥善处理。

思考题

1. 既然有执行管辖制度，为什么还要规定异地案件的委托执行？
2. 简述委托执行的条件。
3. 受托法院对委托执行案件立案受理后，委托法院的执行案件如何处理？
4. 协助义务人不履行协助义务需要承担哪些法律责任？
5. 某银行按照法院协助执行通知的要求协助执行后造成被执行人权益受损，某银行是否应承担侵权责任？法律依据是什么？

第六章 执行担保、执行承担与执行和解

第一节 执行担保

导入案例 6-1

原告某商贸公司诉被告某化纤公司借款合同纠纷一案,法院作出民事判决,某化纤公司未提起上诉。因某化纤公司未履行生效判决,某商贸公司向法院申请强制执行。执行过程中,法院查封了某化纤公司的办公楼、厂房准备拍卖,某化纤公司向法院提交暂缓拍卖申请书,某医药公司同意用其持有的某房地产公司的20%股权提供执行担保,并提交担保书及全体股东一致同意担保的股东会决议。某医药公司承诺暂缓期限届满后,如某化纤公司仍不履行执行依据确定义务,自愿接受法院直接强制执行。申请执行人某商贸公司觉得某房地产公司为当地知名企业,名下持有大面积未开发的土地使用权,故向法院表示同意暂缓拍卖某化纤公司的办公楼、厂房。法院认定执行担保成立,裁定查封某医药公司的股权后,决定暂缓拍卖,暂缓执行期为5个月。暂缓期限届满后,某化纤公司由于市场因素,仍然没有向某商贸公司返还借款。法院遂裁定拍卖某医药公司持有的某房地产公司的20%股权,某医药公司筹款代某化纤公司返还了全部借款并支付了利息,本案执行终结。

一、执行担保概述

执行担保,是指在执行程序中,被执行人或他人向法院提供担保,承诺被

执行人仍不履行义务时自愿接受法院直接强制执行,法院决定暂缓执行的一种制度。《民事强制执行法(草案)》第 25 条规定:"执行中,被执行人或者他人可以向人民法院提供担保,申请暂缓实施调查措施和执行措施,并承诺暂缓期限届满后被执行人仍不履行执行依据确定义务的,自愿接受人民法院直接强制执行。被执行人或者他人提供的担保明显更有利于执行的,人民法院可以认定执行担保成立,决定暂缓实施调查措施和执行措施。但是暂缓查封或者变价的,应当取得申请执行人的同意。暂缓实施的期限,为六个月以下。暂缓期限届满后,被执行人仍不履行执行依据确定义务的,人民法院可以裁定执行担保财产或者该他人的财产。"执行担保属于民事执行程序中的担保,其性质是被执行人或案外他人向法院提供担保,承诺如果被执行人不履行义务时自愿接受法院的强制执行。执行担保体现的是公法上的强制执行法律关系,不同于《民法典》合同编规定的平等主体之间的民事担保合同。

执行担保与民事担保的区别主要表现在:(1) 民事担保是担保人向合同债权人提供担保,执行担保是被执行人或案外他人向执行法院提供担保。(2) 民事担保属于私法范畴,当事人的法律地位平等,债权人、债务人与担保人应当签订担保合同;执行担保为公法范畴,担保人与法院的法律地位不平等,担保人虽向法院提供担保,但不与法院签订担保合同,而是向法院作出附条件的接受法院直接强制执行的承诺,法院也不是合同一方当事人。(3) 民事担保各方当事人就担保合同的主要条款协商一致,合同即告成立,不需要有关机关审查认定;执行担保成立与否需要经过执行法院审查认定,并以法院的确认为成立标志。决定暂缓查封或者变价的,法院确认执行担保还需要取得申请执行人的同意。(4) 民事担保合同未经审判,法院不得直接执行担保人的财产;执行担保则只要被执行人在暂缓执行期限内未履行债务,法院就可直接裁定执行担保财产,或者裁定执行担保人的财产,但执行担保人的财产以担保人应当履行义务部分的财产为限。

最高人民法院于 2018 年 3 月 1 日施行《执行担保规定》[法释(2018)4 号,2020 年 12 月 23 日修正],对执行担保相关程序进一步予以明确。

二、执行担保的条件

1. 被执行人向法院提出申请

执行担保应当由被执行人向法院提出申请。被执行人申请变更、解除全部或者部分执行措施,并担保履行生效法律文书确定义务的,与案外他人提供担保程序一致。

2. 被执行人或案外他人向法院提供担保

（1）担保人范围。

执行担保既可以由被执行人或者他人提供财产担保,也可以由他人提供信用保证。担保人应当具有代为履行或者代为承担赔偿责任的能力。

（2）担保提交资料。

被执行人或他人提供执行担保的,应当向执行法院提交担保书,并将担保书副本送交申请执行人。担保书中应当载明担保人的基本信息、暂缓执行期限、担保期间、被担保的债权种类及数额、担保范围、担保方式、被执行人于暂缓执行期限届满后仍不履行义务时担保人自愿接受直接强制执行的承诺等内容。提供财产担保的,担保书中还应当载明担保财产的名称、数量、质量、状况、所在地、所有权或者使用权归属等内容。

公司为被执行人提供执行担保的,不仅应当向执行法院提交担保书,还应当提交符合《公司法》规定的公司章程、董事会或者股东会、股东大会决议。具体要求为:① 公司向其他企业投资或者为他人提供担保,依照公司章程的规定,由董事会或者股东会、股东大会决议;公司章程对投资或者担保的总额及单项投资或者担保的数额有限额规定的,不得超过规定的限额。② 公司为公司股东或者实际控制人提供担保的,必须经股东会或者股东大会决议。③ 被担保的股东或实际控制人支配的股东,不得参加上述事项的表决。该项表决由出席会议的其他股东所持表决权的过半数通过。

（3）担保需要办理相应的担保手续。

被执行人或者他人提供财产担保,应当参照《民法典》的规定办理相应手续。其中,被执行人或者他人提供不动产担保的,应当参照《民法典》规定办理登记等担保物权公示手续;已经办理公示手续的,申请执行人可以依法主张优先受偿权。申请执行人申请法院查封担保财产的,法院应当准许,但担保书另有约定的除外。

3. 法院审查决定

《民事强制执行法（草案）》公布前,司法解释规定执行担保需要征得申请执行人的同意。实务中,有些申请执行人不懂法律,担心上当受骗,即使执行担保更有利于案件执行也一味地不同意执行担保,导致案件执行陷入僵局。《民事强制执行法(草案)》对此作出明确规定:被执行人或者他人提供的担保明显更有利于执行的,法院可以认定执行担保成立,决定暂缓实施调查措施和执行措施。但是暂缓查封或者变价的,应当取得申请执行人的同意。换言之,法院对于暂缓查封或者暂缓变价之外的执行担保也可以不经申请执行人同意依职权认定担保成立。申请执行人同意的,应当向法院出具书面同意意见,也可以由执行人员将其同意的内容记入笔录,并由申请执行人签名或者盖章。暂缓实施调查措施和执行措施的期限,为6个月以下。

三、执行担保的效力

执行担保成立后,执行法院应当暂时停止对被执行人采取执行措施。法院决定暂缓执行的,可以暂缓全部执行措施的实施。

(一)担保期限

担保期间自暂缓执行期限届满之日起计算。担保书记载担保期限的从约定;担保书没有记载担保期间或者记载不明的,担保期间为1年。

(二)担保期限内的执行

被执行人或者担保人对担保的财产在暂缓执行期间有转移、隐藏、变卖、毁损等行为的,法院可以恢复强制执行。担保书内容与事实不符,且对申请执行人合法权益产生实质影响的,法院亦可以依申请执行人的申请恢复执行。

(三)担保期限届满后的执行

暂缓执行期限届满后,被执行人仍不履行执行依据确定的义务的,法院可以直接裁定执行担保财产或者担保人的财产,无须也不得将担保人变更、追加为被执行人。执行担保财产或者担保人的财产,以担保人应当履行义务部分的财产为限。被执行人有便于执行的现金、银行存款的,应当优先执行该现金、银行存款。担保人承担担保责任后,提起诉讼向被执行人追偿的,法院应予受理。

担保期间届满后,申请执行人申请执行担保财产或者保证人财产的,法院不予支持。他人提供财产担保的,法院可以依其申请解除对担保财产的查封。换言之,暂缓执行期限届满后,被执行人仍不履行义务的,申请执行人应尽快申请恢复执行。超过担保期限恢复执行的,法院将不再执行担保财产或者担保人的财产。

(四)诉讼保全执行担保的效力

根据《最高人民法院关于人民法院办理财产保全案件若干问题的规定》,财产纠纷案件,被保全人或第三人提供充分有效担保请求解除保全的,法院应当裁定准许。法院在审理案件期间,案外他人为被告提供财产担保,或经原告同意仅提供信用保证,法院据此未对被告的财产采取保全措施,或者采取保全措施后又解除保全措施的,案件审结进入执行程序后,如果被执行人无财产可供执行或其财产不足以清偿债务时,即使生效法律文书中未确定担保人(保证人)承担责任,法院亦有权裁定执行担保人的担保财产,或执行保证人在保证责任范围内的财产。

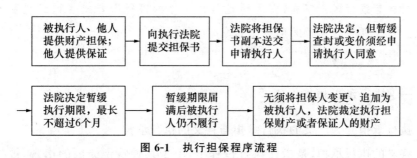

图 6-1　执行担保程序流程

第二节　执行承担

■ 导入案例 6-2

某实业公司是一人有限责任公司,其唯一股东为黄某。2017 年,该实业公司与某建材配送公司发生合同纠纷,法院判决实业公司向建材配送公司承担付款义务。判决生效后,实业公司未履行付款义务,建材配送公司向法院申请强制执行。执行过程中,因被执行人实业公司名下无可供执行财产,经申请执行人申请和法院初步审查后,法院作出执行裁定书,裁定追加黄某为被执行人,要求黄某对法院判决确定的付款义务承担连带清偿责任。

黄某认为,其对实业公司的出资已全部履行到位,自被执行人实业公司设立起,公司财产与其股东个人财产未发现存在混同使用的情况。因此,其个人财产应当独立于被执行人实业公司,不应对实业公司的债务承担责任,故向执行法院提起执行异议之诉,请求判令不得追加其为实业公司与建材配送公司执行案件的被执行人,其不应当对实业公司向建材配送公司履行的付款义务承担连带责任。法院经审理查明,实业公司自 2015 年 7 月成立至 2016 年 6 月期间未设立财务账册。黄某于 2018 年 5 月(即作为上述执行依据的民事判决书生效后次月)补做了 2016 年 6 月至 2018 年 5 月的财务账册,但该期间公司实际上并没有财务人员,也没有设立财务账册。另外,被执行人实业公司与案外人签订的多份业务合同均未纳入财务账册,其许多业务往来并非通过实业公司自身银行账户完成,而是通过其他主体的银行账户或者通过现金形式完成。法院判决驳回黄某的诉讼请求。

一、执行承担概述

执行承担分为广义的执行承担与狭义的执行承担。

狭义的执行承担,是指在执行过程中,由于某种特定原因的出现,被执行人的义务转移给与被执行人有一定法律关系的案外人,并由该案外人履行义务的制度。简言之,狭义的执行承担仅指被执行人的执行承担。比如,作为被执行人的自然人死亡的,以其遗产偿还债务;作为被执行人的法人或者其他组织终止的,由其权利义务承受人履行义务。

广义的执行承担,包括了申请执行人的执行承担与被执行人的执行承担。关于申请执行人的执行承担,《民事强制执行法(草案)》第 18 条第 2 款规定:"执行依据确定的权利的继承人、承受人等主体可以变更、追加为申请执行人。执行依据确定的权利人是遗产管理人、破产管理人等主体的,继承人或者破产债务人等主体可以变更、追加为申请执行人。"《最高人民法院关于民事执行中变更、追加当事人若干问题的规定》(法释〔2016〕21号,2020年12月23日修正)(以下简称《变更、追加规定》),对申请执行人变更、追加的具体情形予以明确。

执行过程中,申请执行人或其继承人、权利承受人可以向法院申请变更、追加当事人。申请符合法定条件的,法院应予支持。执行当事人的姓名或名称发生变更的,法院可以直接将姓名或名称变更后的主体作为执行当事人,并在法律文书中注明变更前的姓名或名称。换言之,无论是自然人还是法人或非法人组织,也无论他们是作为申请执行人还是被执行人,执行过程中姓名或名称变更的,法院都可以直接变更执行当事人。

二、申请执行人执行承担的情形及处理

(一)自然人作为申请执行人时的承担

(1)作为申请执行人的自然人死亡或被宣告死亡,该自然人的遗产管理人、继承人、受遗赠人或其他因该自然人死亡或被宣告死亡依法承受生效法律文书确定权利的主体,申请变更、追加其为申请执行人的,法院应予支持。

(2)作为申请执行人的自然人被宣告失踪,该自然人的财产代管人申请变更、追加其为申请执行人的,法院应予支持。

(3)作为申请执行人的自然人离婚时,生效法律文书确定的权利全部或部分分割给其配偶,该配偶申请变更、追加其为申请执行人的,法院应予支持。

(4)申请执行人将生效法律文书确定的债权依法转让给案外他人,且书面认可他人取得该债权,他人申请变更、追加其为申请执行人的,法院应予支持。

(5)执行依据确定的权利人是遗产管理人、破产管理人等主体的,继承人或者破产债务人等主体可以变更、追加为申请执行人。

(二)法人或非法人组织作为申请执行人时的承担

(1)作为申请执行人的法人或非法人组织终止,因该法人或非法人组织终止依法承受生效法律文书确定权利的主体,申请变更、追加其为申请执行人的,法院应予支持。

(2)作为申请执行人的法人或非法人组织因合并而终止,合并后存续或新设的法人、非法人组织申请变更其为申请执行人的,法院应予支持。

(3)作为申请执行人的法人或非法人组织分立,依分立协议约定承受生

效法律文书确定权利的新设法人或非法人组织，申请变更、追加其为申请执行人的，法院应予支持。

（4）作为申请执行人的法人或非法人组织清算或破产时，生效法律文书确定的权利依法分配给案外他人，他人申请变更、追加其为申请执行人的，法院应予支持。

（5）作为申请执行人的机关法人被撤销，继续履行其职能的主体申请变更、追加其为申请执行人的，法院应予支持，但生效法律文书确定的权利依法应由其他主体承受的除外；没有继续履行其职能的主体，且生效法律文书确定权利的承受主体不明确，作出撤销决定的主体申请变更、追加其为申请执行人的，法院应予支持。

（6）申请执行人将生效法律文书确定的债权依法转让给案外他人，且书面认可他人取得该债权，他人申请变更、追加其为申请执行人的，法院应予支持。①

生效法律文书确定的权利人转让其权利，从实质上看，是权利人对其权利的处分，只要该处分不违反法律的禁止性规定，不损害国家、集体或者他人的合法权益，就应当得到尊重。同时，只要债权具有可让与性，在不改变债权内容且不损害债务人利益的条件下，债权人可将其享有的债权转让给他人，且不需要征得债务人的同意。债权转让的，受让人成为债务人的新债权人，并取得与该债权有关的从权利。生效法律文书确定的权利人享有的可执行的权利，在本质上是权利人对义务人享有的债权，应当准许依法转让。因此，权利人应当有权转让经生效法律文书确定的权利，他人合法受让该权利后，可以申请执行而成为民事执行程序中的当事人。由此可见，生效法律文书确定的权利的转让，也应当成为申请执行人变更的一种事由。

（7）执行依据确定的权利人是法人或其他组织的破产管理人等主体的，

---

① 关于涉及金融不良债权转让执行案件中申请执行人的变更问题，自1999年国务院成立四大金融资产管理公司收购、处置金融不良资产以来，已累计处置资产价值8663.4亿元，这些资产大部分是通过债权转让方式处理的。按照《最高人民法院关于金融资产管理公司收购、处置银行不良资产有关问题的补充通知》第3条的规定，金融资产管理公司转让、处置已经涉及诉讼、执行或者破产等程序的不良债权时，法院应当根据债权转让协议和转让人或者受让人的申请，裁定变更诉讼或者执行主体。但对其他债权在债权转让的情形下，申请执行人能否随之变更，司法解释一直未明确规定，实务中存在争议。《变更、追加》规定对此予以肯定。

破产债务人等主体可以变更、追加为申请执行人。

三、被执行人执行承担的情形及处理

《民事强制执行法(草案)》第19条第2款规定:"下列主体可以被变更、追加为被执行人:(一)执行依据确定的义务的承受人等主体;(二)执行依据确定的义务人是遗产管理人等主体时的继承人等主体;(三)为执行依据确定的义务人或者前述两项规定主体的利益而占有执行依据确定交付的特定物的占有人;(四)非法人组织不能清偿债务时对该债务承担连带清偿责任的普通合伙人、个人独资企业投资人等主体;(五)法人财产不足以清偿债务时依法对该债务承担清偿责任的出资人;(六)有限合伙企业财产不足以清偿债务时未缴纳或者未足额缴纳出资的有限合伙人。"被执行人执行承担的情形可以细分为:

(一)自然人作为被执行人时的承担

(1)作为被执行人的自然人死亡或被宣告死亡,申请执行人申请变更、追加该自然人的遗产管理人、继承人、受遗赠人或其他因该自然人死亡或被宣告死亡取得遗产的主体为被执行人,在遗产范围内承担责任的,法院应予支持。

(2)作为被执行人的自然人被宣告失踪,申请执行人申请变更该自然人的财产代管人为被执行人,在代管的财产范围内承担责任的,法院应予支持。

(二)法人或其他组织作为被执行人时的承担

1. 企业法人和其他组织分立或合并

(1)作为被执行人的法人或非法人组织因合并而终止,申请执行人申请变更合并后存续或新设的法人、非法人组织为被执行人的,法院应予支持。

(2)作为被执行人的法人或非法人组织分立,申请执行人申请变更、追加分立后新设的法人或非法人组织为被执行人,对生效法律文书确定的债务承担连带责任的,法院应予支持。但被执行人在分立前与申请执行人就债务清偿达成的书面协议另有约定的除外。

2. 企业法人或其他组织终止

(1)作为被执行人的公司,未经清算即办理注销登记,导致公司无法进行清算,申请执行人申请变更、追加有限责任公司的股东、股份有限公司的董事和控股股东为被执行人,对公司债务承担连带清偿责任的,法院应予支持。

(2) 作为被执行人的法人或非法人组织,被注销或出现被吊销营业执照、被撤销、被责令关闭、歇业等解散事由后,其股东、出资人或主管部门无偿接受其财产,致使该被执行人无遗留财产或遗留财产不足以清偿债务,申请执行人申请变更、追加该股东、出资人或主管部门为被执行人,在接受的财产范围内承担责任的,法院应予支持。

(3) 作为被执行人的法人或非法人组织,未经依法清算即办理注销登记,在登记机关办理注销登记时,第三人书面承诺对被执行人的债务承担清偿责任,申请执行人申请变更、追加该第三人为被执行人,在承诺范围内承担清偿责任的,法院应予支持。

3. 企业法人或其他组织不足以清偿债务

(1) 作为被执行人的法人分支机构,不能清偿生效法律文书确定的债务,申请执行人申请变更、追加该法人为被执行人的,法院应予支持。法人直接管理的责任财产仍不能清偿债务的,法院可以直接执行该法人其他分支机构的财产。

(2) 作为被执行人的法人,直接管理的责任财产不能清偿生效法律文书确定债务的,法院可以直接执行该法人分支机构的财产。

(3) 作为被执行人的营利法人,财产不足以清偿生效法律文书确定的债务,申请执行人申请变更、追加未缴纳或未足额缴纳出资的股东、出资人或依公司法规定对该出资承担连带责任的发起人为被执行人,在尚未缴纳出资的范围内依法承担责任的,法院应予支持。

(4) 作为被执行人的营利法人,财产不足以清偿生效法律文书确定的债务,申请执行人申请变更、追加抽逃出资的股东、出资人为被执行人,在抽逃出资的范围内承担责任的,法院应予支持。

(5) 作为被执行人的公司,财产不足以清偿生效法律文书确定的债务,其股东未依法履行出资义务即转让股权,申请执行人申请变更、追加该原股东或依公司法规定对该出资承担连带责任的发起人为被执行人,在未依法出资的范围内承担责任的,法院应予支持。

(6) 作为被执行人的一人有限责任公司,财产不足以清偿生效法律文书确定的债务，股东不能证明公司财产独立于自己的财产，申请执行人申请变更、追加该股东为被执行人，对公司债务承担连带责任的，法院应予支持。

（7）作为被执行人的个人独资企业，不能清偿生效法律文书确定的债务，申请执行人申请变更、追加其出资人为被执行人的，法院应予支持。个人独资企业出资人作为被执行人的，法院可以直接执行该个人独资企业的财产。

（8）个体工商户的字号为被执行人的，法院可以直接执行该字号经营者的财产。

（9）作为被执行人的合伙企业，不能清偿生效法律文书确定的债务，申请执行人申请变更、追加普通合伙人为被执行人的，法院应予支持。

作为被执行人的有限合伙企业，财产不足以清偿生效法律文书确定的债务，申请执行人申请变更、追加未按期足额缴纳出资的有限合伙人为被执行人，在未足额缴纳出资的范围内承担责任的，法院应予支持。

（10）个人独资企业、合伙企业、法人分支机构以外的非法人组织作为被执行人，不能清偿生效法律文书确定的债务，申请执行人申请变更、追加依法对该非法人组织的债务承担责任的主体为被执行人的，法院应予支持。

导入案例 6-2 中，一人有限责任公司享有独立主体资格、其股东得以享受有限责任制的前提，是一人公司应当建立完备的财务制度。被执行人实业公司缺乏完备的公司财务制度，故缺乏享有法人独立制的前提。另外，被执行人实业公司补做的公司财务账册不完整，其银行流水账无法反映实业公司实际经营情况，明显不符合《公司法》的相关规定。根据《公司法》的规定，一人有限责任公司的股东不能证明公司财产独立于股东自己的财产的，应当对公司债务承担连带责任。因此，法院依法追加被执行人实业公司的股东黄某作为被执行人，对实业公司的债务承担连带责任并无不当。

4. 案外他人的执行承担

（1）执行过程中，案外他人向执行法院书面承诺自愿代被执行人履行生效法律文书确定的债务，申请执行人申请变更、追加该案外他人为被执行人，在承诺范围内承担责任的，法院应予支持。

（2）作为被执行人的法人或非法人组织，财产依行政命令被无偿调拨、划转给案外他人，致使该被执行人财产不足以清偿生效法律文书确定的债务，申请执行人申请变更、追加该案外他人为被执行人,在接受的财产范围内承担责任的,法院应予支持。被申请人在应承担责任范围内已承担相应责任的,法院不得责令其重复承担责任。

四、执行承担的申请与审查

(一)执行承担的申请

申请人申请变更、追加执行当事人,应当向执行法院提交书面申请及相关证据材料,法院应予受理。申请书应当写明申请拟变更、追加的申请执行人或被执行人,以及变更、追加的事实与理由。

(二)执行承担的审查与受理

申请变更、追加执行当事人,除事实清楚、权利义务关系明确、争议不大的案件外,执行法院应当组成合议庭审查并公开听证。经审查,理由成立的,裁定变更、追加;理由不成立的,裁定驳回。由于变更、追加执行当事人对当事人的民事权益影响较大,因此,执行法院对申请通常应当组成合议庭进行审查,并举行听证会公开听证,事实清楚、权利义务关系明确、争议不大的案件可书面审查。

执行法院应当自收到书面申请之日起 60 日内作出裁定。有特殊情况需要延长的,由本院院长批准。证据确实、充分,理由成立的,裁定变更、追加执行当事人;理由不成立的,裁定驳回。

(三)财产保全

执行法院审查变更、追加被执行人申请期间,申请人申请对被申请人的财产采取查封措施的,执行法院应当参照《民事诉讼法》诉讼保全的规定办理。申请执行人在申请变更、追加案外他人前,向执行法院申请查封该案外他人财产的,执行法院应当参照《民事诉讼法》诉前保全的规定办理。

实务中,为了防止拟申请变更、追加的被执行人转移财产,申请人在向法院提交变更、追加执行当事人申请书前,应按照《民事诉讼法》诉前保全的规定向执行法院申请财产保全,申请查封该案外他人财产,执行法院应当办理。

五、执行承担的救济

> **导入案例 6-3**
>
> 原告曾某与被告某石业公司买卖合同纠纷一案,法院判令某石业公司支付曾某货款 108 万元。因某石业公司未履行付款义务,曾某向法院申请强制执行。执行立案后,被执行人某石业公司一直拒不履行。法院执行人员在向工商部门调查时发现,某石业公司工商登记材料中没有开户银行关于注册资金到账及金额的回函。执行人员对此高度警觉,立即前往《验资报告》上载明的开户银行中国邮政储蓄银行某支行进行调查。经调查发现,某石业公司自 2011 年 1 月 1 日起至 2018 年 12 月 14 日止没有在该行开户,也没有任何交易信息,《验资报告》上载明的某石业公司在该行的开户信息和资金交易信息系虚假信息。执行人员还发现,某石业公司于 2011 年 3 月 6 日在农村信用合作联社和中国农业银行某支行开立了公司账户,但某石业公司账户进入资金后直接汇入某石业公司财会人员和法定代表人个人账户中,并有一部分资金实行体外循环。2019 年 1 月 10 日,法院依申请执行人申请,依法追加某石业公司股东王某旦、王某前、王某霄为被执行人,在未实际出资 2089 万元的范围内对曾某的执行款 108 万元及利息承担给付责任。
>
> 2019 年 1 月 30 日,王某前向执行法院提起执行异议之诉,认为他已经在 2011 年 2 月 28 日缴纳了出资 626.7 万元,并向法庭提交了一份复制的银行缴款单,用以证明其已实际足额出资。该案审判人员通过与银行核实,王某前提供的"银行缴款单"确系伪造。2019 年 3 月 18 日庭审时,经质证,王某前承认该"银行缴款单"系洪某旦等人伪造,当庭撤回了执行异议之诉。

《民事强制执行法(草案)》对变更、追加执行当事人规定了两种救济途径:申请人、被申请人对追加、变更裁定不服的,可向作出裁定的法院提起诉讼;亦可向作出裁定法院的上一级法院申请复议。通常情况下申请人、被申请人可选择提起诉讼或申请复议,特殊情形下申请人或被申请人只能提起执行异议之诉,通过诉讼来解决异议。需注意,两种救济途径只能选择其一。

（一）选择复议或诉讼

申请人、被申请人对执行法院作出的变更、追加裁定或驳回申请裁定不服的，可以选择在裁定送达之日起 15 日内，向作出裁定的法院提起诉讼，也可以选择在裁定书送达之日起 10 日内向上一级法院申请复议，但变更、追加"法人财产不足以清偿债务时依法对该债务承担清偿责任的出资人"及"有限合伙企业财产不足以清偿债务时未缴纳或者未足额缴纳出资的有限合伙人"为被执行人的除外。上述两种情形申请人或被申请人提起诉讼是唯一的救济途径，不能申请复议。具体情形细分为：(1) 作为被执行人的有限合伙企业，财产不足以清偿生效法律文书确定的债务，申请执行人申请变更、追加未按期足额缴纳出资的有限合伙人为被执行人，在未足额缴纳出资的范围内承担责任，法院裁定变更、追加或驳回申请的。(2) 作为被执行人的营利法人，财产不足以清偿生效法律文书确定的债务，申请执行人申请变更、追加未缴纳或未足额缴纳出资的股东、出资人或依公司法规定对该出资承担连带责任的发起人为被执行人，在尚未缴纳出资的范围内依法承担责任，法院裁定变更、追加或驳回申请。(3) 作为被执行人的营利法人，财产不足以清偿生效法律文书确定的债务，申请执行人申请变更、追加抽逃出资的股东、出资人为被执行人，在抽逃出资的范围内承担责任，法院裁定变更、追加或驳回申请的。(4) 作为被执行人的公司，财产不足以清偿生效法律文书确定的债务，其股东未依法履行出资义务即转让股权，申请执行人申请变更、追加该原股东或依公司法规定对该出资承担连带责任的发起人为被执行人，在未依法出资的范围内承担责任，法院裁定变更、追加或驳回申请的。(5) 作为被执行人的一人有限责任公司，财产不足以清偿生效法律文书确定的债务，股东不能证明公司财产独立于自己的财产，申请执行人申请变更、追加该股东为被执行人，对公司债务承担连带责任，法院裁定变更、追加或驳回申请的。(6) 作为被执行人的公司，未经清算即办理注销登记，导致公司无法进行清算，申请执行人申请变更、追加有限责任公司的股东、股份有限公司的董事和控股股东为被执行人，对公司债务承担连带清偿责任，法院裁定变更、追加或驳回申请的。[①] 案例 6-3 中，被申请人王

[①] 上述六项具体情形，均是涉及被执行人的出资义务人未足额或抽逃出资、财产混同等事实认定较为复杂，不宜以复议程序解决的事项。

某前系"法人财产不足以清偿债务时依法对该债务承担清偿责任的出资人"身份,符合上述第三项情形,其只能向执行法院提起执行异议之诉。

此外,由于变更、追加裁定可能损害申请人和被申请人之外的其他执行当事人的合法权益,其他执行当事人亦可以在裁定书送达之日起 10 日内向上一级法院申请复议,但只能申请复议,不能提起诉讼。

上一级法院对复议申请应当组成合议庭审查,并自收到申请之日起 60 日内作出复议裁定。有特殊情况需要延长的,由本院院长批准。

被裁定变更、追加的被申请人申请复议的,复议期间,法院不得对其争议范围内的财产进行处分。申请人请求法院继续执行并提供相应担保的,法院可以准许。

(二)执行承担异议之诉的提起及审理

1. 执行承担异议之诉的提起

申请人与被申请人对变更、追加裁定或驳回申请裁定不服的,可以自裁定书送达之日起 15 日内,向执行法院提起执行异议之诉。被申请人提起执行异议之诉的,以申请人为被告。申请人提起执行异议之诉的,以被申请人为被告。

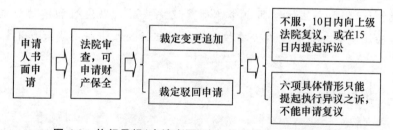

图 6-2　执行承担(申请变更、追加执行当事人)程序流程

2. 执行承担异议之诉的审理

被申请人提起的执行异议之诉,法院经审理,按照下列情形分别处理:(1)理由成立的,判决不得变更、追加被申请人为被执行人或者判决变更责任范围;(2)理由不成立的,判决驳回诉讼请求。

诉讼期间,法院不得对被申请人争议范围内的财产进行处分。申请人请求法院继续执行并提供相应担保的,法院可以准许。

申请人提起的执行异议之诉,法院经审理,按照下列情形分别处理:(1)理由成立的,判决变更、追加被申请人为被执行人并承担相应责任或者判决变更责任范围;(2)理由不成立的,判决驳回诉讼请求。

第三节 执行和解

导入案例 6-4

某法院判决被告某照明电气公司支付原告虎头公司货款90万元及赔偿逾期付款利息损失。判决生效后,某照明电气公司未向原告支付任何款项,虎头公司申请法院强制执行。经虎头公司与某照明电气公司、案外人王某协商一致,双方共同签署还款计划书,确认某照明电气公司尚欠虎头货款90万元,某照明电气公司在半年内分三期付清本金及利息100万元,如有任何一期未按时足额付款,某照明电气公司需向虎头公司再支付违约金15万元。执行和解协议提交法院后,法院裁定执行终结。半年过后,某照明电气公司只支付第一期货款及利息合计33万元。虎头公司法定代表人老张急于向法院再次申请强制执行,但公司法律顾问小李律师建议虎头公司以履行和解协议向法院提起诉讼。虎头公司究竟有没有权利再次提起诉讼?老张有点疑惑不解。

一、执行和解概述

执行和解,是指在执行过程中,双方当事人就履行生效文书确定的权利义务关系达成一致意见,从而结束执行程序的制度。执行和解是执行当事人行使处分权的行为,是《民事诉讼法》处分原则在执行程序中的具体体现。执行和解不仅能够缓和双方当事人之间的矛盾,也能节约司法资源,提高执行效率,对于解决执行难具有特殊的价值。①

《民事强制执行法(草案)》第 24 条规定:"当事人可以自愿达成和解协议,依法变更执行依据确定的权利义务主体和给付内容。执行中,和解协议提交人民法院并经双方当事人认可,或者执行人员将协议内容记入笔录并由双方当事人签名或者盖章的,人民法院可以裁定终结执行。但是未经申请执行人同意,不得解除已经采取的执行措施。被执行人不履行执行和解协议的,申请执行人可以就原执行依据再次申请执行,也可以就履行执行和解协议向执行法院提起诉讼。"根据该条规定,执行过程中,申请执行人与被执行人达成执行和解协议后,法院可以裁定终结执行。但与通常终结执行案件不同的是,由于执行和解"案已结但事未了",因此未经申请执行人同意,法院不得解除已经采取的执行措施。

《最高人民法院关于执行和解若干问题的规定》(法释〔2018〕3 号,2020 年 12 月 23 日修正,以下简称《和解规定》),对执行和解作出了具体规定。

二、执行和解与诉讼调解的区别

诉讼调解,也称法院调解,是指在法院审判人员或法院委托的人员主持下,双方当事人通过协商达成调解协议,从而解决民事争议的活动。诉讼调解适用于民事诉讼的全过程,包括一审程序、二审程序和审判监督程序。

虽然执行和解与诉讼调解都是当事人在平等、自愿的条件下,对自己民事权利的处分,但民事案件进入执行程序之后当事人达成的和解,不同于当事人在诉讼程序中达成的诉讼调解。执行和解与诉讼调解的区别表现在:

(1) 存在的程序阶段不同。诉讼中调解发生于诉讼系属中,存在于审判程序;执行和解是在执行程序中达成,发生在诉讼系属终结之后的执行程序中。

(2) 目的不同。诉讼中调解以终止争执为目的,即在当事人之间对于权利义务或法律关系主张存在不一致的情况下达成;执行和解中,不存在当事人

---

① 调解与和解的区别在于,调解是当事人在审判人员或法院委托的人员主持下达成协议,和解则是当事人自愿协商一致达成协议,和解的全过程没有其他人员的参与。执行程序由于法院执行的是生效法律文书,为了不影响生效法律文书的稳定性与权威性,执行程序不适用调解,但当事人可自行和解。

对权利义务的争议，执行和解以终结强制执行为目的。

（3）对象不同。诉讼中的调解指向的对象是当事人的诉讼标的，即双方诉讼争议的民事法律关系，是对尚未依法确认的民事权利的处分；执行和解协议所解决的对象是法律文书确定的执行标的，是对已经依法确认的民事权利的处分。

（4）性质不同。诉讼中的调解既是法院依法行使审判权的一种职能活动，也是当事人合意处分自己诉讼权利和实体权利的行为；执行和解纯粹是当事人对自己的执行程序权利和实体权利依法处分的行为。

三、执行和解的条件

执行和解必须具备一定的条件才能够成立并产生法律上的后果。执行和解应满足以下条件：

（1）执行和解须是当事人双方自愿达成和解协议，且和解协议内容不得违反法律的基本原则和禁止性规定，不得损害社会公共利益和他人的合法权益。

执行和解协议作为对生效法律文书确定的权利义务主体和给付内容的一种变更，本质上形成了对司法审判权的"良性干预"。作为执行机构，自然需要对这种"良性干预"尽到一定的屏蔽和筛选职责，所以执行机构对于执行和解协议不仅仅局限于形式审查，特殊情况下还应进行实质审查。实务中存在双方当事人通过简单诉讼甚至是非讼程序，执行过程中以执行和解的方式来达成另一种协议，从而实现某种通过诉讼无法完成的目的的情形。比如，申请执行人与被执行人恶意串通，将被执行人名下财产抵债给申请执行人，从而影响其他债权人实现权益。

（2）执行和解应当在执行程序中进行。执行和解协议是当事人在执行程序中所达成的和解协议，而非执行程序外所达成的和解协议。当事人在执行程序开始前的和解以及执行程序终结后的和解，均不属于执行和解，不能适用法律有关执行和解效力的规定。

（3）执行和解协议通常应采用书面形式，即当事人签订书面和解协议；当事人口头达成和解协议的，由执行员记入笔录，并经双方当事人签名或盖章。

(4)执行和解协议必须提交执行法院,或者以其他方式使协议内容为执行法院所知晓。如果双方当事人达成和解协议但未告知执行法院,将使执行法院依法负有的对和解协议进行审查的职责无法落实,当事人的和解行为不能产生执行和解的效力,执行法院只能继续推进对生效法律文书确定权利义务的执行程序。

四、执行和解的程序

(一)和解协议的签订与履行

当事人可以自愿协商达成和解协议,依法变更生效法律文书确定的权利义务主体、履行标的、期限、地点和方式等内容。和解协议一般采用书面形式,也可以达成口头和解协议,执行人员将和解协议内容记入笔录,由各方当事人签名或者盖章。委托代理人代为执行和解,应当有委托人的特别授权。

执行和解协议达成后,当事人协商一致,可以变更执行和解协议,并向法院提交变更后的协议,或者由执行人员将变更后的内容记入笔录,并由各方当事人签名或者盖章。

执行和解协议履行过程中,符合《民法典》第 570 条规定情形的,债务人可以依法向有关机构申请提存;执行和解协议约定给付金钱的,债务人也可以向执行法院申请提存。[1]

(二)和解协议的效力

和解协议达成后,有下列情形之一的,法院可以裁定终结执行:(1)各方当事人共同向法院提交书面和解协议的;(2)一方当事人向法院提交书面和解协议,其他当事人予以认可的;(3)当事人达成口头和解协议,执行人员将和解协议内容记入笔录,由各方当事人签名或者盖章的。但是未经申请执行人同意,不得解除已经采取的执行措施。

需注意,根据《和解规定》,当事人达成以物抵债执行和解协议的,法院不

---

[1] 《民法典》合同编第 570 条规定:"有下列情形之一,难以履行债务的,债务人可以将标的物提存:(一)债权人无正当理由拒绝受领;(二)债权人下落不明;(三)债权人死亡未确定继承人、遗产管理人,或者丧失民事行为能力未确定监护人;(四)法律规定的其他情形。标的物不适于提存或者提存费用过高的,债务人依法可以拍卖或者变卖标的物,提存所得的价款。"

得依据该协议作出以物抵债裁定。申请执行人享有就履行执行和解协议提起诉讼的权利,但这只是承认了执行和解协议的合同性质,并未赋予执行和解协议强制执行效力。如果允许法院依据和解协议出具以物抵债裁定,因以物抵债裁定具有物权变动的效力,无异于赋予执行和解协议强制执行效力,与现行法律规定的精神不符。

此外,执行程序中,法院也不宜裁定确认和解协议的效力,理由为:(1)裁定确认该协议内容,将在实质上限制当事人变更、终止和解协议的权利,侵犯了当事人的意思自治;(2)在当事人反悔和解协议或不履行时,将与现行法律关于恢复执行原生效法律文书的规定发生冲突;(3)如果协议内容违法,则该确认裁定也将相应违法,进而使法院处于非常被动和尴尬的境地。

(三)执行和解的恢复执行与提起诉讼

被执行人一方不履行执行和解协议的,申请执行人的救济途径有两种,但只能选择其一。申请执行人既可以申请恢复执行原生效法律文书,也可以就履行执行和解协议向执行法院提起诉讼。恢复执行后,对申请执行人就履行执行和解协议提起的诉讼,法院不予受理。[1]

1. 恢复执行

被执行人不履行和解协议时,申请人应及时向法院申请恢复执行,超过法定申请执行时效申请恢复执行的,法院将不予准许。《和解规定》规定,申请恢复执行原生效法律文书,适用法律申请执行期间的规定。当事人不履行执行和解协议的,申请恢复执行期间自执行和解协议约定履行期间的最后一日起计算。

申请执行人以被执行人一方不履行执行和解协议为由申请恢复执行,法院经审查,理由成立的,裁定恢复执行;有下列情形之一的,裁定不予恢复执行:(1)执行和解协议履行完毕后申请恢复执行的;(2)执行和解协议约定的履行期限尚未届至或者履行条件尚未成就的,但符合《民法典》第 578 条规定

---

[1] 申请执行人就执行和解协议提起诉讼为《和解规定》新设立制度,《民事强制执行法(草案)》将其上升为法律规定。其用意在于执行和解协议可能对作为执行依据的原裁判文书进行了变更或补充约定,如果只能恢复执行原执行依据,申请执行人无法对执行和解协议约定的原执行依据未涉及部分(如违约金)主张权利,不利于保护申请执行人的合法权益。

情形的除外[①];(3)被执行人一方正在按照执行和解协议约定履行义务的;(4)其他不符合恢复执行条件的情形。

恢复执行后,执行和解协议已经履行部分应当依法扣除。当事人、利害关系人认为法院的扣除行为违反法律规定的,可提出执行行为异议。

执行和解协议中约定担保条款,且担保人向法院承诺在被执行人不履行执行和解协议时自愿接受直接强制执行的,恢复执行原生效法律文书后,法院可以依申请执行人申请及担保条款的约定,直接裁定执行担保财产或者保证人的财产。

2. 提起诉讼

申请执行人就履行执行和解协议提起诉讼的,管辖法院为执行法院。法院受理后,执行中的查封措施,自动转为诉讼中的保全措施。案例6-4中,执行和解协议约定某照明电气公司在半年内分三期付清本金及利息100万元,如有任何一期未按时足额付款,某照明电气公司另需向申请执行人虎头公司支付违约金15万元。如果虎头公司申请恢复执行,15万元违约金将无法纳入执行标的。如果虎头公司选择提起诉讼,则可以就包括15万元违约金在内的全部债权一起主张权利。

当事人、利害关系人认为执行和解协议无效或者应予撤销的,亦可以向执行法院提起诉讼。执行和解协议被确认无效或者撤销后,申请执行人可以据此申请恢复执行。被执行人以执行和解协议无效或者应予撤销为由提起诉讼的,不影响申请执行人申请恢复执行。

(四)执行和解的救济

执行和解的性质属于法院作出的执行行为,因此,当事人、利害关系人认为恢复执行或者不予恢复执行违反法律规定的,可以提出执行行为异议。

执行和解协议履行完毕,申请执行人因被执行人迟延履行、瑕疵履行遭受损害的,可以向执行法院另行提起诉讼。

执行过程中,被执行人根据当事人自行达成但未提交法院的和解协议,或

---

① 《民法典》合同编第578条规定:"当事人一方明确表示或者以自己的行为表明不履行合同义务的,对方可以在履行期限届满前请求其承担违约责任。"

者一方当事人提交法院但其他当事人不予认可的和解协议提出执行行为异议的,法院按照下列情形,分别处理:(1)和解协议履行完毕的,裁定终结原生效法律文书的执行;(2)和解协议约定的履行期限尚未届至或者履行条件尚未成就的,裁定中止执行,但符合《民法典》第578条规定情形的除外;(3)被执行人一方正在按照和解协议约定履行义务的,裁定中止执行;(4)被执行人不履行和解协议的,裁定驳回异议;(5)和解协议不成立、未生效或者无效的,裁定驳回异议。

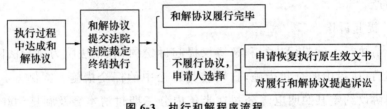

图 6-3　执行和解程序流程

思考题

1. 执行担保是否必须经申请执行人同意才可以成立?

2. 为什么民事担保合同未经法院审判,不得执行担保人的财产,而执行担保只要被执行人在暂缓执行期限内未履行债务,法院就可直接裁定执行担保人的财产?民事担保与执行担保有什么区别?

3. 简述自然人作为申请执行人时的执行承担的情形。

4.《民事强制执行法(草案)》对变更、追加执行当事人规定了哪两种救济途径?

5. 简述执行和解和诉讼调解的区别。

6. 为什么执行当事人达成和解协议后,被执行人不履行和解协议的,申请执行人既可以选择申请恢复执行原生效法律文书,也可以选择就履行执行和解协议向执行法院提起诉讼?

第七章 执行救济

执行救济,是指执行当事人或利害关系人的合法权益,因法院的执行行为违法或不当而受到侵害时,执行当事人或利害关系人请求法院采取保护和补救措施的制度。案件执行过程中,当事人或利害关系人可能因法院的违法或不当的执行行为遭受侵害,比如法院裁定拍卖案外人所有的财产。为了防止这种侵害发生,以及侵害发生后受害人的权益能够及时得到补救,《民事强制执行法(草案)》规定了若干执行救济方法,主要包括执行行为异议、案外人异议、执行异议之诉及执行回转等制度。

根据异议事由以及救济方法的不同,执行救济可分为程序上的执行救济和实体上的执行救济。当事人、利害关系人的合法权益因强制执行受到侵害包括两种情形:第一种是因执行方法、措施、程序等违法或不当侵害到当事人、利害关系人程序上的权益;第二种是因强制执行侵害到被执行人或案外人实体上的权益。这两种情形侵害的权益不同,救济的方法也存在差异。在第一种情形下,不当或错误执行行为并不侵害当事人、利害关系人的实体权益,救济方法应该是一种程序上的救济,即赋予当事人、利害关系人提出异议的权利,请求法院执行机构对违法或不当的执行行为予以变更或撤销。在第二种情形下,因存在实体上的争议,救济方法主要应该是一种实体上的救济,即赋予被执行人、案外人提出诉讼的权利,请求法院审判机构对有关实体争议进行审理,并作出裁判排除强制执行。

《民事强制执行法(草案)》公布之前,执行异议之诉主要包括案外人异议之诉、申请执行人许可执行之诉、执行承担异议之诉与执行分配方案异议之诉,草案新增规定了收取债权之诉、执行回转之诉、协助执行不作为赔偿之诉、履行和解协议之诉及被执行人异议之诉等五种诉讼类型。本章主要介绍案外人异议之诉、申请执行人许可执行之诉、被执行人异议之诉与执行回转之诉。由于执行承担异议之诉及执行分配方案异议之诉与对应执行程序关系较为紧密,为方便阅读,执行承担异议之诉安排在第六章第二节介绍,执行分配方案异议之诉安排在第九章第三节介绍。

第一节　执行异议与复议

导入案例 7-1

某区法院在张某与郑某离婚纠纷案件执行过程中作出搬迁通知书,通知被执行人郑某在 15 日内搬出某市某区××房,在该房屋内居住的其他人员亦应于同日前自行迁出。郑某向法院提出异议,请求撤销搬迁通知书,并解除对上述房屋的查封。法院经审查查明,郑某与张某登记结婚后,因双方感情不和,张某向法院起诉离婚。双方在二审程序中达成协议,约定:双方解除婚姻关系;××房归郑某所有,郑某于签收本调解协议之日起 10 日内向张某支付补偿款 14 万元,郑某在付清补偿款后,张某应协助郑某办理上述房产过户手续。二审法院作出民事调解书对上述协议予以确认。另查明,上述房屋登记的权属人为张某,共有人为郑某,房屋建筑面积为 62.3 平方米,目前由郑某一人居住。

法院认为,涉案房屋建筑面积为 62.3 平方米,居住人员只有郑某一人,该房屋面积超过了郑某个人生活必需。且郑某在二审调解时同意涉案房屋归其所有,作为补偿,郑某向张某支付 14 万元,但在调解书生效后,郑某无视张某无房居住、一人独自抚养两个小孩的现状,以经济困难为由不履行该调解书,法院拟拍卖涉案房屋的目的也正是为了执行房屋补偿款,以此来保障张某及其所抚养小孩之生活所需,因此,法院查封涉案房屋并拟拍卖该房屋的执行行为并无不当,郑某提出的异议请求理由不成立,应予驳回。拍卖款在清偿本案执行款后,郑某可用余款购买价款较低的房屋居住或租房居住。法院裁定驳回郑某提出的异议申请。裁定书尾部写明的救济途径为,如不服本裁定,郑某可自本裁定送达之日起 10 日内,向法院递交复议申请书,复议于某市中级法院。

一、执行异议概述

执行异议,是指在执行过程中,执行当事人或利害关系人认为法院执行机构的不当或违法执行行为,损害了自己的合法权益,要求执行机构排除违法执行行为,保护其程序利益的合法行为。简言之,执行异议就是当事人或利害关系人对法院的执行行为提出的异议。导入案例 7-1 中,被执行人郑某认为法院查封且拟拍卖其唯一住房的执行行为违法,提出异议请求撤销法院作出的搬迁通知书及查封裁定,就属于执行异议。

执行异议分为广义概念与狭义概念。广义的执行异议包括《民事强制执行法(草案)》第 84 条规定的对执行行为提出的异议以及第 89 条规定的案外人异议;狭义的执行异议仅指对执行行为提出的异议。为便于区分,本书将《民事强制执行法(草案)》第 84 条规定的对执行行为提出的异议称为执行行为异议,将第 89 条规定的执行异议称为案外人异议。

《民事强制执行法(草案)》第 84 条第 1 款、第 2 款规定:"当事人、利害关系人认为已实施的执行行为违反法律规定的,可以在相应的执行程序终结前,向执行法院提出书面异议,请求撤销或者变更执行行为。但是依照本法规定可以直接申请复议的除外。当事人、利害关系人对终结执行不服的,可以在知道或者应当知道终结执行之日起三十日内提出异议。"第 85 条规定:"人民法院受理执行行为异议后,应当在立案之日起三十日内审查完毕并作出裁定。经审查,理由成立的,裁定撤销、变更执行行为;理由不成立的,裁定驳回。"导入案例 7-1 中,某区法院经过审查认为异议申请人郑某提出的异议理由不成立,对其提出的异议申请裁定予以驳回,郑某如对裁定不服,可向某市中级法院申请复议。

2015 年 5 月 5 日,最高人民法院发布并施行《执行异议规定》(法释〔2015〕10 号,2020 年 12 月 23 日修正),该司法解释对执行行为异议、案外人异议以及执行复议作出了比较详细的规定,最高人民法院之前发布的司法解释与该规定相冲突的,要以该司法解释为准。

二、执行行为异议的条件

1. 执行行为异议通常情况下应在相应的执行程序终结前提出

执行行为异议通常情况下应在相应的执行程序终结前提出。而对执行终结不服的(实质是对终结执行的执行行为提出异议),如申请执行人认为执行法院未执行完毕就匆匆结案,可以在知道或者应当知道终结执行之日起30日内提出异议。

2. 提出异议的主体是当事人或利害关系人

提出执行异议的通常是执行当事人,即执行案件的申请执行人和被执行人。案外他人被依法变更为申请执行人或者被依法变更、追加为被执行人的,也属于执行案件当事人。利害关系人是指执行案件当事人以外,与法院执行行为存在利害关系的自然人、法人和其他组织。某些情形下,执行当事人以外的利害关系人也可提出执行异议。

实务中,利害关系人与案外人异议中的案外人不易区分,利害关系人首先是案外人,但又是特殊的案外人,具体应以异议申请人提出的异议请求性质来确定。《执行异议规定》列举了包括他案债权人、拍卖程序中的竞买人、优先购买权人和协助义务人及其他认为其合法权益受到法院执行行为违法侵害的主体等四类利害关系人。具体条文为:有下列情形之一的,当事人以外的自然人、法人和非法人组织,可以作为利害关系人提出执行行为异议:(1)认为法院的执行行为违法,妨碍其轮候查封、扣押、冻结的债权受偿的;(2)认为法院的拍卖措施违法,妨碍其参与公平竞价的;(3)认为法院的拍卖、变卖或者以物抵债措施违法,侵害其对执行标的的优先购买权的;(4)认为法院要求协助执行的事项超出其协助范围或者违反法律规定的;(5)认为其他合法权益受到法院违法执行行为侵害的。

3. 提出执行异议的理由须针对违法或不当的执行行为

执行异议的客体是执行法院违法或不当的执行行为。理解执行行为时需注意,执行行为是指执行法院实施的具体执行措施,实务中绝大部分执行行为均以书面通知或执行裁定书的形式作出,因此,一个执行行为通常表现为一份法律文书。

当事人、利害关系人认为执行过程中或者执行保全、先予执行裁定过程中的下列行为违法提出异议的,法院应当对执行行为异议进行审查:(1)查封、拍卖、变卖、以物抵债、暂缓执行、中止执行、终结执行等执行措施;(2)执行的期间、顺序等应当遵守的法定程序;(3)法院作出的侵害当事人、利害关系人合法权益的其他行为。需注意,保全分为诉前保全和诉讼保全两种,先予执行裁定是在诉讼中作出,由于保全裁定与先予执行裁定是由执行机构负责具体实施,因此,当事人、利害关系人以这些裁定实施过程中的执行行为违法提出异议的,法院应当对执行行为异议进行审查。

实务中,当事人和利害关系人提起执行行为异议的事由主要包括:(1)不予受理执行申请或受理不当的执行申请。如果法院不予受理执行申请,债权人无法通过强制执行实现债权,债权人有权提起执行异议,要求法院依法受理其执行申请并开始执行。反之,如果法院受理了依法不应受理的执行申请,就直接侵害了债务人免于被强制执行的程序权利,并可能给债务人的实体权益造成侵害,导致债务人承担其依法不应当承担的债务。为了保护债务人的合法权益,债务人有权提出执行异议,要求执行法院撤销已受理的执行案件。(2)执行行为拖延。法院受理债权人的执行申请后,未及时采取执行措施致使债权无法及时实现,或者贻误执行时机导致债权得不到充分实现的,直接侵害了债权人的申请执行权,也间接侵害了申请执行人的债权。为了保护债权人的申请执行权以及债权本身,在执行机构怠于作出民事执行行为的情况下,作为申请执行人的债权人有权提起执行异议,要求执行机构及时采取执行措施。(3)执行措施违法。执行措施的采取和实施必须符合法定的条件、程序和方式。实务中,执行措施违法的表现形式多种多样。执行措施违法直接侵害被执行人、协助执行人以及其他利害关系人的程序保障权,同时也可能给他们的实体权益造成损害。因此,如果执行措施违法,被执行人及其他利害关系人有权提出异议,要求停止或纠正违法的执行措施。(4)执行处分不当。比如,违反法律规定的情形裁定中止执行、终结执行或终结本次执行,等等。

4. 须以书面形式提出异议

根据《民事强制执行法(草案)》的规定,执行异议须以书面形式提出。《执行异议规定》亦明确,异议人提出执行异议或者复议申请人申请复议,应当向法院提交申请书。申请书应当载明具体的异议或者复议请求、事实、理由等内容,并附下列材料:(1)异议人或者复议申请人的身份证明;(2)相关证据材料;(3)送达地址和联系方式。

三、执行行为异议的审查与处理

（一）立案与受理

执行行为异议符合法定条件的,法院应当在3日内立案,并在立案后3日内通知异议人和相关当事人。不符合受理条件的,裁定不予受理;立案后发现不符合受理条件的,裁定驳回申请。执行异议申请材料不齐备的,法院应当一次性告知异议人在3日内补足,逾期未补足的,不予受理。

执行法院收到执行行为异议后3日内既不立案又不作出不予受理裁定,或者受理后无正当理由超过法定期限不作出异议裁定的,异议人可以向上一级法院提出异议。上一级法院审查后认为理由成立的,应当指令执行法院在3日内立案或者在15日内作出异议裁定。

执行案件被指定执行、提级执行、委托执行后,当事人、利害关系人对原执行法院的执行行为提出异议的,由提出异议时负责该案件执行的法院审查处理;受指定或者受委托的法院是原执行法院的下级法院的,仍由原执行法院审查处理。

（二）审查

当事人、利害关系人提出书面异议的,法院应当自立案之日起30日内审查完毕并作出裁定,按照下列情形,分别处理:(1)异议不成立的,裁定驳回异议;(2)异议成立的,裁定撤销相关执行行为;(3)异议部分成立的,裁定变更相关执行行为;(4)异议成立或者部分成立,但执行行为无撤销、变更内容的,裁定异议成立或者相应部分异议成立。

1. 审查程序

法院审查执行行为异议案件,应当依法组成合议庭。指令重新审查的执行异议案件,应当另行组成合议庭。办理执行实施案件的人员不得参与相关执行异议和复议案件的审查。法院对执行异议案件原则上实行书面审查。案情复杂、争议较大的,应当进行听证。申言之,法院审查执行行为异议案件,应当依法组成合议庭审查,不能由审判员一人独任审查。审查方式通常为书面审查,特殊情形下召开听证会听证审查。

听证不是一个法律概念,法律及司法解释对听证程序并未有明确的规定,但执行听证在全国各级法院均有推行,其发挥的积极作用得到了各界的广泛认同。执行听证的实质是听取利害关系人意见,具有程序性、公开性、直接言辞性、质辩性及准司法性等特点。执行听证的程序性和公开性表现为:首先,应当公开召开听证会,听证前法院将听证时间、地点及听证会的组成人员通知执行当事人及其他参与人,并允许公众旁听。其次,听证资料包括听证笔录允许听证参与人查询、复制。最后,听证结果应当公开。执行听证的直接言辞性、质辩性及准司法性表现在:借鉴审判程序,听证过程中贯彻"谁主张,谁举证"的原则,申请人或当事人在提出申请的同时应提交能证明其主张的相关证明材料。申请人与当事人可以进行举证、质证,并可以就事实认定与法律适用进行辩论。当然,与开庭审理程序相比,听证会程序可以视情况更为灵活、简便一些。

2. 对必需居住房屋的异议审查

根据《执行异议规定》,金钱债权执行中,符合下列情形之一,被执行人以执行标的系本人及所扶养家属维持生活必需的居住房屋为由提出异议的,法院不予支持:(1) 对被执行人有扶养义务的人名下有其他能够维持生活必需的居住房屋的;(2) 执行依据生效后,被执行人为逃避债务转让其名下其他房屋的;(3) 申请执行人按照当地廉租住房保障面积标准为被执行人及所扶养家属提供居住房屋,或者同意参照当地房屋租赁市场平均租金标准从该房屋的变价款中扣除5至8年租金的。执行依据确定被执行人交付居住的房屋,自执行通知送达之日起,已经给予3个月的宽限期,被执行人以该房屋系本人及所扶养家属维持生活的必需品为由提出异议的,法院不予支持。①

上述第一项情形中,"对被执行人有扶养义务的人"中的"扶养"一词为广义的概念,包括对被执行人负有扶养、赡养、抚养等义务的人。在被执行人因承受强制执行而导致其所有的居住房屋被法院处置时,对被执行人负有扶养、

---

① 2015年5月5日《执行异议规定》施行前,被执行人经常以被执行房屋是唯一住房不能拍卖为由提出执行行为异议,《执行异议规定》第20条对不能拍卖的情形作出了较为严格的规定。

赡养、抚养等义务的人对被执行人的基本生活应尽相关义务。如果这些义务人名下有其他能够维持生活必需的居住房屋,应提供给被执行人居住。在义务人能够提供维持生活必需住房的情况下,被执行人基本的居住权仍能得以保障,并未违反执行公平、比例原则。即使被执行人名下的住房属于生活所必需,但由于其扶养义务人名下有其他可以维持生活必需的居住房屋,法院仍可对被执行人所有的房屋强制执行。申请执行人可以提出证据,证明相关民事主体对被执行人负有扶养、赡养、抚养等义务,以及该民事主体有其他能够维持生活必需的居住房屋,也可以申请法院对上述财产情况进行必要调查。经调查,能够认定上述义务人名下有其他维持生活必需的居住房屋,足以保障被执行人及其所扶养家属基本居住权利的,对被执行人、利害关系人要求停止执行涉案房产的异议请求,法院不予支持。

需注意,上述第一项情形,应在被执行人及其所扶养家属基本居住权能够得到保障的情况下适用,如果对被执行人具有扶养、赡养、抚养等义务的人名下虽有能够安置的住房,但扶养义务人不履行相关义务,拒不提供住房给被执行人居住的,则不符合该规定中"能够维持生活必需"的要求,此时如果强制执行被执行人名下房屋会损害被执行人权益。因此,被执行人及其所扶养家属的居住权确实得到保障,是第一项情形适用的前提。

3. 对请求撤销拍卖的异议审查

当事人、利害关系人提出异议请求撤销拍卖,符合下列情形之一的,法院应予支持:(1)竞买人之间、竞买人与拍卖机构之间恶意串通,损害当事人或者其他竞买人利益的;(2)买受人不具备法律规定的竞买资格的;(3)违法限制竞买人参加竞买或者对不同的竞买人规定不同竞买条件的;(4)未按照法律、司法解释的规定对拍卖标的物进行公告的;(5)其他严重违反拍卖程序且损害当事人或者竞买人利益的情形。当事人、利害关系人请求撤销变卖的,参照前述规定处理。

4. 对债务承担人的异议审查

执行过程中,他人因书面承诺自愿代被执行人偿还债务的,构成债的加入。法院追加债务承担人为被执行人后,债务承担人无正当理由反悔并提出异议的,法院不予支持。需注意,他人承担责任的范围,应当以其承诺履行的债务范围为限,法院只能在他人承诺承担的债务之内强制执行。如果超越他人承诺的范围,责令他人承担其承诺履行范围之外的债务,就构成对他人合法权益的侵犯。他人就此提出执行异议的,法院应予支持。

5. 异议的撤回与按撤回处理

执行异议、复议案件审查期间,异议人、复议申请人申请撤回异议、复议申请的,是否准许,由法院裁定。异议人或者复议申请人经合法传唤,无正当理由拒不参加听证,或者未经法庭许可中途退出听证,致使法院无法查清相关事实的,由其自行承担不利后果。当事人、利害关系人对同一执行行为有多个异议事由,但未在异议审查过程中一并提出,撤回异议或者被裁定驳回异议后,再次就该执行行为提出异议的,法院不予受理。

实务中,被执行人为拖延执行,往往就同一执行行为,先后以不同的异议理由提出多个异议,甚至怂恿、利用利害关系人提出异议。为遏制这种不诚信诉讼行为,《执行异议规定》特别明确,当事人及利害关系人就同一执行行为有多个异议理由的,只能一次性提出一个异议。但需注意,在同一执行案件中,当事人及利害关系人对多个不同的执行行为,有权多次提出异议。

(三)复议

1. 复议的申请

当事人、利害关系人对执行法院作出的异议审查裁定不服的,可以自裁定送达之日起10日内向上一级法院申请复议,复议申请书应当采取书面形式。申请复议的书面材料,可以通过执行法院转交,也可以直接向执行法院的上一级法院提交。由于复议审查执行法院需要向上级法院移送案卷,所以最有效率的做法还是通过执行法院转交复议申请书。

2. 审查程序与结果

上一级法院对当事人、利害关系人的复议申请,原则上实行书面审查,案情复杂、争议较大的,应当进行听证。审查应当组成合议庭进行,并且应当自收到复议申请之日起30日内审查完毕,并作出裁定。有特殊情况需要延长的,经本院院长批准,可以延长,延长的期限不得超过30日。

上一级法院对不服异议裁定的复议申请审查后,应当按照下列情形,分别处理:(1)异议裁定认定事实清楚,适用法律正确,结果应予维持的,裁定驳回复议申请,维持异议裁定;(2)异议裁定认定事实错误,或者适用法律错误,结果应予纠正的,裁定撤销或者变更异议裁定;(3)异议裁定认定基本事实不清、证据不足的,裁定撤销异议裁定,发回作出裁定的法院重新审查,或者查清事实后作出相应裁定;(4)异议裁定遗漏异议请求或者存在其他严重违反法定程序的情形的,裁定撤销异议裁定,发回作出裁定的法院重新审查;(5)异议裁定对应当适用案外人异议审查处理的异议,错误适用执行行为异议规定审查处理的,裁定撤销异议裁定,发回作出裁定的法院重新作出裁定。除依照上述第3—5项发回重新审查或者重新作出裁定的情形外,裁定撤销或者变更异议裁定且执行行为可撤销、变更的,应当同时撤销或者变更该裁定维持的执行行为。法院对发回重新审查的案件作出裁定后,当事人、利害关系人申请复议的,上一级法院复议后不得再次发回重新审查。

（四）异议和复议审查的效力

执行救济程序设立的目的,在于及时维护当事人、利害关系人、案外人的合法权益。为了防止被执行人或利害关系人恶意提出执行异议拖延执行,损害申请执行人的合法权益,《民事强制执行法（草案）》规定,执行异议审查和复议期间,执行法院不停止实施该执行行为。换言之,执行异议和复议期间通常不停止执行。但是有一个例外情形,当执行法院经过审查,认为执行行为不当或错误,裁定撤销、变更执行行为,当事人不服异议裁定申请复议的,如果继续执行可能损害被执行人、利害关系人的合法权益,造成他们难以弥补的损失,在此情形下,复议期间应当撤销、变更该执行行为,即复议期间停止执行原有的执行行为。

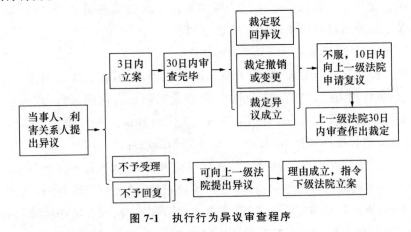

图 7-1　执行行为异议审查程序

第二节　案外人异议

> **导入案例 7-2**
>
> 某区法院在 J 省某建设公司 Z 市分公司申请执行 Z 市某投资有限公司建设工程施工合同案件执行过程中,裁定查封登记在被执行人名下的 Z 市粤海中路××号××房。案外人刘某向法院提出异议,请求法院中止对该房的执行。法院依法组成合议庭,对异议申请人刘某提出的异议进行审查查明:3 年前,刘某与被执行人 Z 市某投资有限公司签订商品房买卖合同,约定刘某向 Z 市某投资有限公司购买案涉房屋,价款为 982072 元。合同还约定 Z 市某投资有限公司应当在商品房交付使用后 180 天后办理房地产权属证书。合同签订次日,刘某付清了房款。Z 市某投资有限公司向刘某出具了购房发票。该房屋交付使用后,刘某一直在居住。房屋具备办证条件后,刘某缴纳了相关契税准备办理房产证时,发现房屋被查封。
>
> 法院认为,抵押权与一般债权的行使不能对抗消费者的购房权。本案中,案涉房屋虽然登记在被执行人 Z 市某投资有限公司名下,但刘某已付清全部购房款并实际占有该房屋,且刘某对未办理房屋过户登记亦没有过错,因此,本院应中止对该房屋的执行。裁定书尾部写明的救济途径为,如不服本裁定,当事人可自本裁定送达之日起 15 日内向本院提起诉讼。

一、案外人异议概述

案外人异议,是指在执行过程中,案外人对执行标的主张全部或部分权利的一种法律制度。执行行为异议是指在执行过程中,执行当事人或利害关系人对执行机构的不当或违法执行行为提出的异议,执行行为异议的主体主要是执行当事人,特殊情形下也有作为案外人的利害关系人;而案外人异议是案外人对执行标的主张实体权利提出的异议,案外人异议的主体只能是案外人。

由于执行行为异议与案外人异议的救济途径截然不同,而许多案外人在提出异议时并不清楚自己应该提出执行行为异议还是案外人异议[①],他们在异议申请书中往往无法准确确定异议请求的性质及内容,导致本应提出执行行为异议却提出案外人异议,应该提出案外人异议却提出执行行为异议,因此,在异议立案审查阶段对异议申请人的法律释明及引导尤为重要。

在异议申请人同为案外人的情形下,区分执行行为异议与案外人异议的关键点在于异议申请人主张权利的性质——对执行标的主张实体权利的是案外人异议;对执行行为主张程序权利的是执行行为异议。导入案例7-2中,异议申请人刘某从表面上看是对法院查封其房屋的裁定有异议,似乎因对执行行为有异议而提出执行异议,但刘某实质是对法院查封的房屋主张所有权,请求中止对该房屋的执行,刘某提出的异议属于案外人异议。

对于异议申请人坚持同时提出案外人异议与执行行为异议的处理,依照《执行异议规定》的规定,案外人基于实体权利既对执行标的提出排除执行异议又作为利害关系人提出执行行为异议的,法院应当以案外人异议进行审查。案外人既基于实体权利对执行标的提出排除执行异议又作为利害关系人提出与实体权利无关的执行行为异议的,法院应当分别进行案外人异议与执行行为异议审查。

《民事强制执行法(草案)》第89条第1款规定:"案外人认为其对执行标的享有足以排除强制执行的民事权益的,可以在该执行标的的执行程序终结前,向执行法院提出书面异议。执行法院应当在收到书面异议之日起三十日内审查,理由成立的,裁定中止对该标的的执行;理由不成立的,裁定驳回。案外人、当事人对裁定不服,认为原判决、裁定错误的,依照审判监督程序办理;认为与原判决、裁定无关或者执行依据为仲裁裁决、公证债权文书等的,可以自裁定送达之日起十五日内向执行法院提起诉讼。"该条规定在《民事诉讼法》关于案外人异议规定的基础上,增加规定了执行依据为仲裁裁决、公证债权文书等法律文书的,可以向执行法院提起诉讼。究其原因,由于这类法律文书不是法院制作的法律文书,不存在依照审判监督程序办理的问题,所以,案外人、当事人对案外人异议裁定不服的,只能通过向法院提起诉讼解决。

---

① 实务中许多案外人异议由当事人本人参与异议审查,一般没有律师代理。

二、案外人异议的条件

（1）案外人异议应当在异议指向的执行标的执行程序终结之前提出；执行标的由当事人受让的，应当在执行程序终结之前提出。

（2）有权提出案外人异议的主体是案外人，即执行当事人以外的自然人、法人或其他组织。

（3）提出异议的理由须是案外人对执行标的主张所有权或者有其他足以阻止执行标的转让、交付的实体权利。

案外人对执行标的物主张享有所有权，是实务中案外人异议最为常见的情形，也是足以阻止执行标的转让、交付的最有力的理由。但是并非案外人主张所有权就一定能够阻止法院执行，因为案外人享有所有权的标的物可能存在权利负担或其他情形：一是案外人以自己所有的标的物，为债权人的债权设定担保权；二是案外人受让已为债权人设定担保权的动产或不动产所有权；三是案外人已经将不动产转让给债务人，债务人已实际占有，案外人已取得对价，只是还没有办理转移登记；等等。

案外人对执行标的主张其他足以阻止执行标的转让、交付的实体权利，这些实体权利主要包括：第一，用益物权。依据我国现行法律，用益物权具体包括国有土地使用权、土地承包经营权、采矿权、宅基地使用权、全民所有制企业经营权、国有自然资源的使用经营权等。案外人作为执行标的物的用益物权人，需占有标的物才能使用收益，如因强制执行而受到妨碍时，可提起案外人异议。第二，担保物权。这类担保物权具体包括质权、留置权、抵押权。对案外人享有担保物权的情形，法院应当从执行实益上进行考量，避免采取无益的执行措施。比如，担保物变价在实现案外人债权之后，是否有可供执行的剩余部分。当然，在法院保障案外人的担保权益后，案外人不应提出异议阻碍法院对该标的的执行。第三，特殊情况下的债权。债权原则上本不属于足以阻止标的物的让与的权利，比如，通常情况下标的物为债务人所有时，案外人基于买卖、赠与、租赁等关系对债务人有交付或转移登记的请求权的，不能排除强制执行。但作为例外，如果法律有特殊保护规定，则属于"足以阻止执行标的让与的权利"，比如虽未办理产权登记但是办理了房屋买卖合同预告登记的房屋债权。再如,租赁人与出租人签订房屋租赁合同并占有房屋,法院认为租赁合同无效,租赁人应腾出房屋,法院查封租赁房屋拟拍卖。根据"买卖不破租赁"原则,租赁人有阻止房屋交付的实体权利,由于涉及租赁合同是否有效的实体认定问题,租赁人亦可提出案外人异议。①

(4)案外人异议应当以书面形式提出,并提供相应的证据。

异议人提出执行异议,应当向法院提交申请书。申请书应当载明具体的异议请求、事实、理由等内容,并附下列材料:其一,异议人的身份证明;其二,相关证据材料;其三,送达地址和联系方式。

三、案外人异议的审查与处理

(一)审查

(1)案外人异议符合法律规定条件的,法院应当在 3 日内立案,并在立案后 3 日内通知异议人和相关当事人。不符合受理条件的,裁定不予受理;立案后发现不符合受理条件的,裁定驳回申请。执行异议申请材料不齐备的,法院应当一次性告知异议人在 3 日内补足,逾期未补足的,不予受理。

执行法院收到案外人异议后 3 日内既不立案又不作出不予受理裁定,或者受理后无正当理由超过法定期限不作出异议裁定的,异议人可以向上一级法院提出异议。上一级法院审查后认为理由成立的,应当指令执行法院在 3 日内立案或者在 15 日内作出异议裁定。

执行案件被指定执行、提级执行、委托执行后,案外人对原执行法院的执行标的提出异议的,由提出异议时负责该案件执行的法院审查处理;受指定或者受委托的法院是原执行法院的下级法院的,仍由原执行法院审查处理。

(2)执行法院对案外人异议是否成立进行审查,期限为 30 日。审查期间应对相关财产采取查封等控制措施,但不得进行处分,正在实施的处分措施应当停止。申请执行人提供担保请求继续执行的,可以继续执行,但是继续执行可能对案外人权益造成不可逆转重大损害的除外。

---

① 《民法典》第 221 条规定:"当事人签订买卖房屋的协议或者签订其他不动产物权的协议,为保障将来实现物权,按照约定可以向登记机构申请预告登记。预告登记后,未经预告登记的权利人同意,处分该不动产的,不发生物权效力。预告登记后,债权消灭或者自能够进行不动产登记之日起九十日内未申请登记的,预告登记失效。"

其一,审查内容。

根据《执行异议规定》,对案外人提出的排除执行异议,法院应当审查下列内容:① 案外人是否系权利人;② 该权利的合法性与真实性;③ 该权利能否排除执行。

法院应当按照下列标准判断案外人是否为权利人:① 已登记的不动产,按照不动产登记簿判断;未登记的建筑物、构筑物及其附属设施,按照土地使用权登记簿、建设工程规划许可、施工许可等相关证据判断;② 已登记的机动车、船舶、航空器等特定动产,按照相关管理部门的登记判断;未登记的特定动产和其他动产,按照实际占有情况判断;③ 银行存款和存管在金融机构的有价证券,按照金融机构和登记结算机构登记的账户名称判断;有价证券由具备合法经营资质的托管机构名义持有的,按照该机构登记的实际出资人账户名称判断;④ 股权按照市场监督管理机关的登记和企业信用信息公示系统公示的信息判断;⑤ 其他财产和权利,有登记的,按照登记机构的登记判断;无登记的,按照合同等证明财产权属或者权利人的证据判断。案外人依据另案生效法律文书提出排除执行异议,该法律文书认定的执行标的权利人与依照上述规定得出的判断不一致的,依照《执行异议规定》处理。

金钱债权执行中,案外人依据执行标的被查封前作出的另案生效法律文书提出排除执行异议,法院审查方法为根据另案生效法律文书作出的时间是在执行标的被查封之前还是之后区别情况对待。① 另案生效法律文书作出的时间在执行标的被查封之后。案外人主张对执行标的享有实体权利,应当通过案外人异议之诉制度实现,而不是另行诉讼,因此,无论案外人所持有的生效法律文书的基础权利是什么,法院对其诉讼请求都不予支持。② 另案生效法律文书作出的时间是在执行标的被查封之前。此情形下要区别对待:第一,标的物的所有权属于案外人的法律文书。主要有三种情形:A. 就案外人与被执行人之间的权属纠纷作出的法律文书;B. 保管、租赁、借用等基于债权纠纷作出的返还标的物的法律文书;C. 案外人受让执行标的的拍卖、变卖成交或者以物抵债且该权利能够排除执行的裁定。上述三种情形下,法院应当支持案外人的主张。理由为,权属纠纷属物权上的纠纷,如果确定权属,自然应予支持。而法律文书确定保管、租赁、借用等基于债权纠纷作出的返还标的物,案外人对返还的标的物享有的仍是物权,对其异议仍应支持。法院确认拍卖、变卖成交或以物抵债的裁定已送达案外人,且案外人享有的权利能够排除执行,标的物所有权属于案外人的,当然也可以排除本案的执行。第二,案外人与被执行人之间除前项所列合同之外的债权纠纷,判决、裁决执行标的归属于案外人或者向其交付、返还执行标的的法律文书。这类法律文书确定的交付、返还是基于债权请求权,其权利基础为债权,此时执行标的所有权仍属于被执行人,这种确权不能排除执行。①

非金钱债权执行中,案外人依据另案生效法律文书提出排除执行异议,该法律文书对执行标的权属作出不同认定的,案外人的异议实质上是对执行依据本身的异议,法院应当告知案外人依法申请再审或者通过其他程序解决。申请执行人或者案外人不服法院裁定的,可以提起执行异议之诉。

申请执行人对执行标的依法享有对抗案外人的担保物权等优先受偿权的,法院对案外人提出的排除执行异议不予支持,但法律、司法解释另有规定的除外。

其二,对不动产的审查。

金钱债权执行中,买受人对登记在被执行人名下的不动产提出异议,符合下列情形且其权利能够排除执行的,法院应予支持:① 在法院查封之前已签订合法有效的书面买卖合同;② 在法院查封之前已合法占有该不动产;③ 已支付全部价款,或者已按照合同约定支付部分价款且将剩余价款按照法院的要求交付执行;④ 非因买受人自身原因未办理过户登记。

金钱债权执行中,买受人对登记在被执行的房地产开发企业名下的商品房提出异议,符合下列情形且其权利能够排除执行的,法院应予支持:① 在法院查封之前已签订合法有效的书面买卖合同;② 所购商品房系用于居住且买

---

① 根据《执行异议规定》,金钱债权执行中,案外人依据执行标的被查封、扣押、冻结前作出的另案生效法律文书提出排除执行异议的,法院应当按照下列情形,分别处理:① 该法律文书系就案外人与被执行人之间的权属纠纷以及租赁、借用、保管等不以转移财产权属为目的的合同纠纷,判决、裁决执行标的归属于案外人或者向其返还执行标的且其权利能够排除执行的,应予支持;② 该法律文书系就案外人与被执行人之间除前项所列合同之外的债权纠纷,判决、裁决执行标的归属于案外人或者向其交付、返还执行标的的,不予支持;③ 该法律文书系案外人受让执行标的的拍卖、变卖成交裁定或者以物抵债裁定且其权利能够排除执行的,应予支持。金钱债权执行中,案外人依据执行标的被查封、扣押、冻结后作出的另案生效法律文书提出排除执行异议的,法院不予支持。

受人名下无其他用于居住的房屋;③ 已支付的价款超过合同约定总价款的50%。需注意,买受人对登记在房地产开发企业名下的不动产和登记在非房地产开发企业名下的不动产提出异议时,法院支持异议的条件有所不同。

表7-1 金钱债权执行中买受人对不动产异议成立条件

登记权属人	成立条件(须同时满足其权利能够排除执行)
对登记在被执行人名下的不动产提出异议	查封之前已签订书面买卖合同
	查封之前已合法占有该不动产
	已付全款,或按约付部分款且将余款按法院要求交付执行
	非因买受人自身原因未办理过户登记
对登记在被执行的房地产开发企业名下的商品房提出异议	查封之前已签订书面买卖合同
	所购房屋系用于居住且买受人名下无其他用于居住的房屋
	已支付的价款超过合同约定总价款的50%

金钱债权执行中,对被查封的办理了受让物权预告登记的不动产,受让人提出停止处分异议的,法院应予支持;符合物权登记条件,受让人提出排除执行异议的,应予支持。

承租人请求在租赁期内阻止向受让人移交占有被执行的不动产,在法院查封之前已签订合法有效的书面租赁合同并占有使用该不动产的,法院应予支持。承租人与被执行人恶意串通,以明显不合理的低价承租被执行的不动产或者伪造交付租金证据的,对其提出的阻止移交占有的请求,法院不予支持。

其三,异议的撤回和按撤回处理。

案外人异议案件审查期间,案外人申请撤回异议的,是否准许由法院裁定。案外人经合法传唤,无正当理由拒不参加听证,或者未经法庭许可中途退出听证,致使法院无法查清相关事实的,由其自行承担不利后果。案外人撤回异议或者被裁定驳回异议后,再次就同一执行标的提出异议的,法院不予受理。

表7-2 执行行为异议与案外人异议区别

	执行行为异议	案外人异议
申请主体	当事人、利害关系人	案外人

(续表)

	执行行为异议	案外人异议
申请理由	执行行为违法或不当	对执行标的主张所有权或其他足以阻止执行标的转让、交付的实体权利
请求事项	撤销或变更执行行为	中止对执行标的的执行
救济途径	向上一级法院申请复议	案外人对执行依据申请再审；与执行依据无关或执行依据为仲裁裁决、公证债权文书的，案外人、当事人提起诉讼
法律后果	不停止实施该执行行为。申请复议的，复议期间应当撤销、变更该执行行为	停止处分措施

（二）审查结果及救济途径

法院经审查，理由成立的，裁定中止对该标的的执行；理由不成立的，裁定驳回。案外人对裁定不服，认为原判决、裁定错误的，依照审判监督程序办理。案外人对驳回其执行异议的裁定不服，认为原判决、裁定、调解书内容错误损害其民事权益的，可以自执行异议裁定送达之日起6个月内，向作出原判决、裁定、调解书的法院申请再审。

案外人、当事人认为异议与原判决、裁定无关或执行依据为仲裁裁决、公证债权文书的，可以自裁定送达之日起15日内向法院提起诉讼。

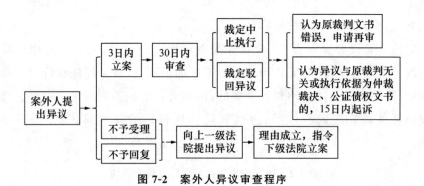

图 7-2 案外人异议审查程序

第三节 案外人异议之诉与被执行人异议之诉

一、案外人异议之诉

导入案例 7-3

某区法院在覃某申请执行黄某买卖合同纠纷案件执行过程中，裁定拍卖被执行人黄某所有的位于某市凤凰别墅区 E1 栋房产。案外人谭某向法院提出异议，认为黄某已将房屋出卖给他，他对案涉房屋享有足以中止执行的实体权利，请求终止对该房屋的执行。法院依法组成合议庭，对谭某提出的异议进行审查后，裁定驳回异议申请人谭某提出的异议请求。裁定书尾部写明的救济途径为，如不服本裁定，案外人、当事人可在本裁定送达之日起 15 日内，向本院提出诉讼。

案外人认为其对执行标的享有足以排除强制执行的民事权益的，可以在该执行标的的执行程序终结前，向执行法院提出书面异议。案外人提出的异议性质上属于执行标的异议，法院对异议审查后有两种裁判结果：一是裁定中止对该执行标的的执行，案外人异议的目的已经实现，案外人不再持有异议，不服该裁判结果的是申请执行人；二是裁定驳回案外人的异议，对此结果申请执行人没有异议，不服该裁判结果的是案外人。法律规定第一种裁判结果的救济途径是申请执行人可提起异议诉讼，本书将其称为申请执行人许可执行之诉。第二种裁判结果的救济途径是案外人提起异议之诉，本书将其称为案外人异议之诉。

（一）案外人异议之诉概述

根据《民事强制执行法（草案）》的规定，案外人、当事人对执行法院驳回异议的裁定不服，认为与原判决、裁定无关或者执行依据为仲裁裁决、公证债权文书等的，可以自裁定送达之日起 15 日内向法院提起诉讼。导入案例 7-3 中，案外人谭某的异议请求被驳回,但谭某并非对作为执行依据的原判决有异议,而是对执行异议审查中未认定谭某享有足以中止案涉房屋执行的实体权利有异议,因此,异议申请人谭某的救济途径是在裁定送达之日起15日内向法院提起诉讼。

（二）案外人异议之诉的起诉条件

案外人提起执行异议之诉,除符合《民事诉讼法》规定的起诉条件外,还应当具备下列条件:(1) 案外人的执行异议申请已经被法院裁定驳回;(2) 有明确的排除对执行标的执行的诉讼请求,且诉讼请求与原判决、裁定无关,或者执行依据为仲裁裁决、公证债权文书等,包括执行依据为行政处罚决定和行政处理决定;(3) 自执行异议裁定送达之日起15日内提起。法院应当在收到起诉状之日起15日内决定是否立案。①

（三）案外人异议之诉的被告

案外人对执行标的主张实体权利,并请求对执行标的停止执行的,应当以申请执行人为被告;被执行人反对案外人对执行标的所主张的实体权利的,应当以申请执行人和被执行人为共同被告。被执行人不反对案外人异议的,可以列被执行人为第三人。简言之,谁反对案外人要求停止执行的主张,谁就是被告。导入案例7-3中,谭某提起案外人异议之诉,如被执行人黄某认为案涉房屋应归其所有,那么,案外人异议之诉的原告是谭某,被告则是申请执行人覃某与被执行人黄某;如黄某主张案涉房屋已卖给谭某,谭某是房屋的实际所有权人,那么,被告应是申请执行人覃某一人。为查明案件事实,法院可以将被执行人黄某列为第三人。

（四）案外人异议之诉的管辖

案外人异议之诉由执行法院管辖,案外人只能向执行法院提起诉讼。如案外人在执行法院驳回其异议以后,向其他法院提起诉讼,请求确认其对执行标的享有所有权的,根据《最高人民法院关于执行权合理配置和科学运行的若

---

① 《民事诉讼法》第122条规定:"起诉必须符合下列条件:(一)原告是与本案有直接利害关系的公民、法人和其他组织;(二)有明确的被告;(三)有具体的诉讼请求和事实、理由;(四)属于人民法院受理民事诉讼的范围和受诉人民法院管辖。"

干意见》的规定,其他法院应当中止确认所有权案件的审理。①

(五) 案外人异议之诉的效力

案外人异议之诉审理期间,停止相应的处分措施。申请执行人提供担保请求继续执行的,可以继续执行,但是继续执行可能对案外人权益造成不可逆重大损害的除外。

被执行人与案外人恶意串通,通过执行异议、执行异议之诉妨害执行的,法院应当依照《民事诉讼法》第116条的规定处理,即"被执行人与他人恶意串通,通过诉讼、仲裁、调解等方式逃避履行法律文书确定的义务的,人民法院应当根据情节轻重予以罚款、拘留;构成犯罪的,依法追究刑事责任"。《民诉法解释》第313条第2款也有相应规定。申请执行人因此受到损害的,可以提起诉讼要求被执行人、案外人赔偿。

(六) 案外人异议之诉的审理与裁判

案外人异议之诉由执行法院的相关审判庭适用普通程序审理。② 案外人应当就其对执行标的享有足以排除强制执行的民事权益承担举证证明责任。案外人异议之诉中,案外人主张其对执行标的享有足以排除强制执行的实体权利的,按照举证证明责任规则,主张法律关系存在的当事人,应当对产生该法律关系的基本事实承担举证证明责任,故应由案外人对其主张事实承担举证证明责任。

对案外人提起的执行异议之诉,法院经审理,按照下列情形分别处理:(1) 案外人就执行标的享有足以排除强制执行的民事权益的,判决不得执行该执行标的;(2) 案外人就执行标的不享有足以排除强制执行的民事权益的,判决驳回诉讼请求。案外人同时提出确认其权利的诉讼请求的,法院可以在判决中一并作出裁判。

案外人之诉往往为复合诉讼请求,比如,请求判令案外人对执行标的享有所有权,并请求对执行标的停止执行,因此,案外人异议之诉的判决主文往往

---

① 该意见规定:"审判机构在审理确权诉讼时,应当查询所要确权的财产权属状况,发现已经被执行局查封、扣押、冻结的,应当中止审理;当事人诉请确权的财产被执行局处置的,应当撤销确权案件;在执行局查封、扣押、冻结后确权的,应当撤销确权判决或者调解书。"

② 案外人异议之诉与普通民事诉讼并无不同,由审判庭法官适用普通程序审理,两审终审。

也是复合判项,法院应根据案外人的诉讼请求作出相应的裁判结果。

2019年《全国法院民商事审判工作会议纪要》第123条、第124条对两种案外人异议之诉作出了具体规定:

(1) 案外人依据另案生效裁判对非金钱债权的执行提起执行异议之诉。

实务中,案外人有时依据另案生效裁判所认定的与执行标的物有关的权利提起执行异议之诉,请求排除对标的物的执行。此时,鉴于作为执行依据的生效裁判与作为案外人提出执行异议依据的生效裁判,均涉及对同一标的物权属或给付的认定,性质上属于两个生效裁判所认定的权利之间可能产生的冲突,法院在审理执行异议之诉时,需区别不同情况作出判断:如果作为执行依据的生效裁判是确权裁判,不论作为执行异议依据的裁判是确权裁判还是给付裁判,一般不应据此排除执行,但法院应当告知案外人对作为执行依据的确权裁判申请再审;如果作为执行依据的生效裁判是给付标的物的裁判,而作为提出异议之诉依据的裁判是确权裁判,一般应据此排除执行,此时法院应告知其对该确权裁判申请再审;如果两个裁判均属给付标的物的裁判,法院需依法判断哪个裁判所认定的给付权利具有优先性,进而判断是否可以排除执行。

(2) 案外人依据另案生效裁判对金钱债权的执行提起执行异议之诉。

作为执行依据的生效裁判并未涉及执行标的物,只是执行中为实现金钱债权对特定标的物采取了执行措施。对此种情形,《执行异议规定》规定了解决案外人执行异议的规则,在审理执行异议之诉时可以参考适用。依据该条规定,作为案外人提起执行异议之诉依据的裁判将执行标的物确权给案外人,可以排除执行;作为案外人提起执行异议之诉依据的裁判,未将执行标的物确权给案外人,而是基于不以转移所有权为目的的有效合同(如租赁、借用、保管合同),判令向案外人返还执行标的物的,其性质属于物权请求权,亦可以排除执行;基于以转移所有权为目的有效合同(如买卖合同),判令向案外人交付标的物的,其性质属于债权请求权,不能排除执行。

需注意,在金钱债权执行中,如果案外人提出执行异议之诉依据的生效裁判认定以转移所有权为目的的合同(如买卖合同)无效或应当解除,进而判令向案外人返还执行标的物的,此时案外人享有的是物权性质的返还请求权,本可排除金钱债权的执行,但在双务合同无效的情况下,双方互负返还义务,在案外人未返还价款的情况下,如果允许其排除金钱债权的执行,将会使申请执行人既执行不到被执行人名下的财产,又执行不到本应返还给被执行人的价款,显然有失公允。为平衡各方当事人的利益,只有在案外人已经返还价款的情况下,才能排除普通债权人的执行。反之,案外人未返还价款的,不能排除执行。

对案外人执行异议之诉,法院判决不得对执行标的执行的,执行异议裁定失效。既然案外人提起案外人异议之诉,执行异议裁定一定是驳回案外人的异议,其结果是继续对执行标的予以执行。法院判决不得对执行标的执行的,法院判决与执行异议裁定相冲突,当然应该以经过法院实体审理作出的判决内容为准。

二、申请执行人许可执行之诉

(一) 申请执行人许可执行之诉概述

本章第二节导入案例 7-2 中,刘某提出异议后,法院裁定中止对房屋的执行,申请执行人 J 省某建设公司 Z 市分公司应如何救济?

申请执行人许可执行之诉是指案外人异议经审查异议成立的,法院裁定中止对执行标的的执行,申请执行人提起诉讼,请求法院对执行标的继续执行。

法院对执行标的裁定中止执行后,申请执行人在裁定送达之日起 15 日内未提起执行异议之诉的,视为申请执行人认可法院中止对执行标的的执行的裁定结果,法院应当自起诉期限届满之日起 7 日内解除对该执行标的采取的执行措施。导入案例 7-2 中,刘某提出异议,法院裁定中止对房屋的执行,如申请执行人 J 省某建设公司 Z 市分公司在裁定送达之日起 15 日内未提起执行异议之诉,法院应解除对该房屋的查封。

申请执行人对中止执行裁定未提起执行异议之诉,被执行人提起执行异议之诉的,法院告知其另行起诉。

(二) 申请执行人许可执行之诉的起诉条件

申请执行人提起执行异议之诉,除符合《民事诉讼法》规定的起诉条件外,还应当具备下列条件:(1) 依案外人执行异议申请,法院裁定中止执行;(2) 有明确的对执行标的继续执行的诉讼请求,且诉讼请求与原判决、裁定无关,或者执行依据为仲裁裁决、公证债权文书等法律文书;(3)自执行异议裁定送达之日起15日内提起。法院应当在收到起诉状之日起15日内决定是否立案。

(三)申请执行人许可执行之诉的被告

申请执行人提起执行异议之诉的,以案外人为被告。被执行人反对申请执行人主张的,以案外人和被执行人为共同被告;被执行人不反对申请执行人主张的,可以列被执行人为第三人。简言之,谁反对申请执行人要求继续执行的主张,谁就是申请执行人许可执行之诉的被告。

(四)申请执行人许可执行之诉的管辖

申请执行人许可执行之诉由执行法院管辖,其他法院无权管辖。

(五)申请执行人许可执行之诉的审理

申请执行人许可执行之诉与案外人异议之诉一样,由执行法院的相关审判庭法官适用普通程序审理。需注意,申请执行人许可执行之诉并非由申请执行人承担举证证明责任,而是由案外人就其对执行标的享有足以排除强制执行的民事权益承担举证证明责任。究其原因,申请执行人许可执行之诉中,仍然是案外人主张其对执行标的享有足以排除强制执行的实体权利,根据举证证明责任规则,主张法律关系存在的当事人,应当对产生该法律关系的基本事实承担举证证明责任,故仍应由案外人对其主张事实承担举证证明责任。

对申请执行人提起的执行异议之诉,法院经审理,按照下列情形分别处理:(1)案外人就执行标的不享有足以排除强制执行的民事权益的,判决准许执行该执行标的;(2)案外人就执行标的享有足以排除强制执行的民事权益的,判决驳回诉讼请求。

对申请执行人执行异议之诉,法院判决准许对该执行标的的执行的,执行异议裁定失效,执行法院可以根据申请执行人的申请或者依职权恢复执行。既然申请执行人提起许可执行之诉,执行异议的裁定结果一定是中止对执行标的的执行,法院判决准许对该执行标的的执行的,法院判决结果与执行异议裁定结果相冲突,当然应当以经过法院实体审理的判决内容为准。

表 7-3 案外人异议之诉与申请执行人许可执行之诉的区别

	案外人异议之诉	申请执行人许可执行之诉
可诉裁定结果	驳回案外人异议申请	中止对执行标的的执行
提起主体	案外人	申请执行人
被告	申请执行人(被执行人反对的,包括被执行人)	案外人(被执行人反对的,包括被执行人)
法律后果	停止相应的处分措施。申请执行人提供担保请求继续执行的,可以继续执行,但是继续执行可能对案外人权益造成不可逆重大损害的除外	不存在此问题
审理结果	理由不成立,判决驳回诉讼请求;理由成立,根据具体诉讼请求作出判决	案外人就执行标的不享有足以排除强制执行的权益的,判决准许执行该执行标的;反之,判决驳回诉讼请求

三、被执行人异议之诉

(一)被执行人异议之诉概述

《民事强制执行法(草案)》规定,执行依据生效后,发生消灭或者妨碍申请执行人请求的抗辩事由的,被执行人可以在执行程序终结前,以申请执行人为被告,向执行法院提起诉讼,请求不予执行。被执行人知道或者应当知道存在多个异议事由的,应当在异议之诉中一并主张。被执行人异议之诉是《民事强制执行法(草案)》新设立的异议诉讼类型,其用意在于解决执行依据生效后,发生了消灭或妨碍执行请求的抗辩事由,法院在被执行人提出抗辩后,决定是否需要继续执行的问题。消灭或妨碍执行请求的抗辩事由主要包括两个方面:一是被执行人主张执行申请已超过法定执行时效,请求法院判决不予执行申请执行人提出的执行请求;二是执行依据确定的权利义务发生了根本改变或部分改变,但申请执行人仍然按照执行依据请求执行全部债权。无论哪种情形,法院强制执行生效法律文书确定的义务都会侵害到被执行人的实体法上的权益,因此,应当赋予被执行人提出异议的权利。

申请执行人超过执行时效申请执行的,法院在立案时不主动进行审查。进入执行程序后,被执行人提出时效抗辩的,法院需对时效抗辩是否成立进行审查判断。时效抗辩成立,即执行申请超过法定执行时效的,法院判决不予执行。由于时效抗辩的审查通常会涉及较为复杂的事实认定和法律适用等实体问题,需要经过庭审程序中的举证、质证、辩论等环节才能作出认定,故将时效抗辩引入被执行人异议之诉可以更好地保护执行当事人的合法权益。

同理,被执行人提出债权改变抗辩的,由于债权改变的复杂性,执行机构仅从程序上难以对债权改变的范围及效力作出判断,并且这种抗辩性质上属于实体法上的抗辩,也不应由执行机构通过程序法上的异议审查程序处理。被执行人通过提起诉讼的方式将相关争议引入到审判程序,由法院审判庭对有关实体争议进行审理,并作出裁判确定是否排除强制执行。

(二)被执行人异议之诉的审理

被执行人请求对执行标的停止执行,应当以申请执行人为被告,并且在执行程序终结前提起诉讼。需特别注意,其他异议之诉均是将异议人提出异议、法院执行机构对异议进行审查作为诉讼的前置程序,但被执行人异议之诉比较独特,《民事强制执行法(草案)》没有规定前置的异议审查程序,而是由被执行人直接提起诉讼。

被执行人异议之诉由执行法院的相关审判庭适用普通程序审理。[①] 按照举证证明责任规则,主张法律关系存在的当事人,应当对产生该法律关系的基本事实承担举证证明责任,故被执行人应当就其对发生消灭或者妨碍申请执行人请求的抗辩事由承担举证证明责任。

为了防止被执行人借被执行人异议之诉拖延执行,《民事强制执行法(草案)》规定,执行人异议之诉审理期间,一般不停止执行。被执行人提供书面证据的,停止对争议部分的处分措施,对无争议部分继续执行;申请执行人提供担保请求继续执行的,应当继续执行。

对被执行人异议之诉,法院经审理,按照下列情形分别处理:(1)发生消灭或者妨碍申请执行人请求的抗辩事由的,判决不得执行该执行标的;(2)未发生消灭或者妨碍申请执行人请求的抗辩事由,或该抗辩事由不足以阻却申请执行人申请强制执行的,判决驳回被执行人的诉讼请求,执行程序继续进行。

---

① 被执行人异议之诉与普通民事诉讼并无不同,由执行法院审判庭负责审理,同样适用两审终审。

第四节 执行回转

导入案例 7-4

原告某集团公司诉被告某工贸公司财产权属纠纷一案，某市中级法院判决某工贸公司给付某集团公司 1100 万元。原、被告均对判决不服提出上诉，某高级法院判决驳回上诉、维持原判。某集团公司申请执行后，某工贸公司主动履行判决确定的义务，将 1100 万元通过法院支付给了某集团公司。之后，某工贸公司向最高人民法院申请再审。最高人民法院确定本案案由为用益物权纠纷后，判决撤销本案一、二审民事判决，驳回某集团公司的诉讼请求。

某工贸公司向某市中级法院申请执行回转，请求某集团公司返还 1100 万元及利息。某市中级法院向某集团公司发出执行回转裁定书，某集团公司提出执行异议。某市中级法院认为，在执行中或执行完毕后，据以执行的法律文书被法院或其他有关机关撤销或变更的，原执行机构应当依当事人申请或依职权，按照新的生效法律文书，作出执行回转的裁定，责令原申请执行人返还已取得的财产及其孳息。拒不返还的，强制执行。某集团公司与某工贸公司用益物权确认纠纷一案，最高人民法院判决撤销一审、二审判决，且驳回某集团公司的诉讼请求。该案符合法律关于执行回转的直接规定，法院应予以立案执行。某市中级法院裁定驳回某集团公司的执行异议，执行回转强制执行。

一、执行回转概述

《民事强制执行法（草案）》第 91 条规定："执行依据被依法撤销、变更的，原被执行人可以向原执行法院提出执行回转申请，请求原申请执行人返还因强制执行所受的清偿，也可以向原执行法院提起诉讼。原申请执行人所受清偿为金钱的，原被执行人可以要求原申请执行人按照同期贷款利率支付利息。"执行回转，是指生效法律文书全部或部分执行终结，因生效法律文书被依法撤销,执行丧失了执行依据,由法院采取执行措施,强制申请执行人将依原执行依据所得的财产及其孳息交还给被执行人,从而恢复到原执行程序开始前状态的法律制度。简言之,执行回转就是将申请执行人取得的财产返还给被执行人。需注意,执行回转不是因为法院执行存在错误,而是作为执行依据的法律文书被依法撤销,申请执行人取得执行财产失去了法律依据,因而需通过执行回转恢复到执行开始前的状态。

执行回转是执行程序中的一种特殊现象。在一般情况下,执行终结后,申请执行人的权利得以实现,执行程序即告结束,不会产生执行回转问题。但在某些法定的特殊情况下,因执行依据生效并被开始执行后,执行依据按照法定程序被变更或被撤销,法院原来的执行损害了债务人的合法权益,此时就会发生执行回转。执行回转发生的原因主要有下列情形:

(1) 法院制作的判决书、调解书、支付令、裁定书等法律文书在全部或部分执行终结后,被本院或上级法院依审判监督程序撤销或变更。

(2) 法院制作的先予执行裁定书在全部或部分执行终结后,被本院的生效判决或上级法院的终审判决所撤销或变更。

(3) 其他机构制作的法律文书在全部或部分执行终结后,被有权机关依法撤销或变更。

二、执行回转的条件

(1) 执行依据被依法撤销或变更。这是产生执行回转的实质要件。执行原本是强制实现执行依据中所确定的当事人之间权利义务的程序,执行程序的发生要以执行依据为前提。如果执行依据有错误,依法定程序被撤销或变更,执行依据所确定的权利义务即失去了其合法根据,错误的执行依据全部或部分执行终结后,就必须予以执行回转。

(2) 执行程序正在进行或已经终结。需注意,并非只有执行程序终结后才存在执行回转,有可能执行程序尚未终结,但执行依据已经被撤销,此时应及时执行回转。因此,执行过程中也可发生执行回转。"执行过程中"发生执行回转是指法律文书确定的义务已经执行了一部分,其他部分仍在执行中。

(3) 申请执行人已全部取得或部分取得被执行的财产。据以执行的法律文书被撤销或变更后，申请执行人据此取得的财产失去合法依据，成为不当得利，因不当得利取得的财产依法应当返还原权利人。

（4）法院依职权或依权利人申请，按照撤销执行依据后新作出的生效法律文书，作出执行回转的裁定。实务中，凡因法院作出的据以执行的生效法律文书被撤销或变更，需要执行回转的，无须权利人提出申请，法院都应依职权主动提起执行回转程序。因仲裁机构或公证机构作出的据以执行的仲裁裁决或公证债权文书被依法撤销或变更而引起的执行回转，则应由权利人向法院申请提起执行回转程序。

三、执行回转的程序

《民事强制执行法（草案）》为执行回转设定了两种救济途径：第一种是原被执行人向原执行法院申请执行回转，请求原申请执行人返还因强制执行所受的清偿；第二种是原被执行人向原执行法院提起诉讼。由于原被执行人因法院强制执行所遭受的损失可能不仅仅是被执行的财产，还有可能存在其他损失，比如因强制执行导致原被执行人对他人存在重大违约，向他人支付了违约金，这些损失有可能应由原申请执行人赔偿。单纯的执行回转不能弥补这种间接损失，原被执行人可选择提起诉讼，请求原申请执行人返还被执行财产及其孳息的同时，赔偿因强制执行导致的其他损失。

《民事强制执行法（草案）》第 92 条规定："人民法院受理执行回转申请的，应当在立案之日起三十日内审查完毕并作出裁定。理由成立的，根据人民法院新作出的生效法律文书裁定执行回转；理由不成立的，裁定驳回。当事人对前款裁定不服的，可以在裁定送达之日起十日内向上一级人民法院申请复议。上一级人民法院应当在立案之日起三十日内审查完毕并作出裁定。"法院对执行回转案件应当重新立案，并适用执行程序的有关规定执行。执行回转的实质是再次执行，是在原来的执行程序之外又再次提起一个执行程序，是一个新的执行案件，所以应当重新立案。

执行回转裁定生效后，执行法院应当责令申请执行人返还已取得的财产及其孳息，拒不返还的，强制执行。执行回转时，已执行标的物系特定物的，应当退还原物。不能退还原物的，应当折价赔偿。

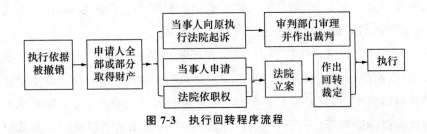

图 7-3　执行回转程序流程

四、先予执行的执行回转

先予执行,顾名思义,就是先于判决的执行。具体讲,先予执行是指法院在案件受理之后、终审判决作出之前,根据一方当事人的申请,裁定对方当事人向其支付一定数额的金钱或其他财产、实施或停止某种行为,并立即付诸执行的制度。先予执行的申请人包括:第一审程序中的原告;第二审程序中的上诉人、被上诉人或原审原告;再审程序中的再审申请人、被申请人或原审原告。

先予执行是相对于终审判决生效之后的强制执行而言的。通常来讲,债务人的义务应当由终审判决确定并在终审判决生效之后履行。但现实生活中,多数案件审理周期较长,而一方当事人生活或者生产又存在急迫困难,如果只能在终审判决生效以后履行义务,可能会对生活或生产急迫困难方当事人造成无法挽回的严重影响,甚至影响诉讼的顺利进行。先予执行的意义就在于解决这部分当事人在生活或者生产方面的紧迫需求,保障诉讼的顺利进行。

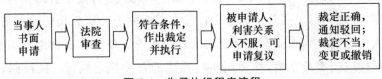

图 7-4　先予执行程序流程

由于先予执行是为了"救急"在法院判决之前作出的,可能最终判决原告全部败诉或部分败诉,从而使原告因先予执行所受的清偿失去了依据。因此,《民事强制执行法(草案)》第 94 条规定:"先予执行后,人民法院就权利义务争议作出生效裁判,原被执行人根据该裁判向人民法院请求原申请执行人返还其因先予执行所受清偿的,适用本节的规定。"

思考题

1. 简述提出执行行为异议应当具备的条件。
2. 具有哪些情形,被执行人以执行标的系本人及所扶养家属维持生活必需的居住房屋为由提出异议的,法院不予支持?
3. 案外人对执行标的主张其他足以阻止执行标的转让、交付的实体权利的,可以提出案外人异议,这些实体权利主要包括哪些情形?
4. 金钱债权执行中,买受人对登记在被执行人名下的不动产提出异议,符合哪些情形且其权利能够排除执行的,法院应予支持?
5. 简述申请执行人许可之诉与案外人异议之诉提起事由的差异。
6. 为什么要设立执行回转制度?执行回转需具备哪些条件?

第八章　金钱债权的终局执行

第一节　迟延履行利息

迟延履行,是指被执行人在生效法律文书确定的履行期限内没有履行义务,包括全部没有履行及没有足额履行。对被执行人迟延履行义务的行为,法院既要强制其履行义务,也要责令被执行人支付迟延履行利息或迟延履行金,迟延履行利息或迟延履行金的性质为惩罚性与补偿性兼而有之。

一、迟延履行利息概述

支付迟延履行利息,适用于金钱给付义务的执行。被执行人未按判决、裁定和其他法律文书指定的期间履行给付金钱义务的,应当加倍支付迟延履行期间的债务利息。需注意,"加倍支付"并非将"迟延履行期间的债务利息"直接"×2"计算,而是以固定利率计算加倍部分的迟延履行利息。《最高人民法院关于执行程序中计算迟延履行期间的债务利息适用法律若干问题的解释》(法释〔2014〕8号)已于2014年8月1日起施行,计算迟延履行利息应适用该司法解释规定[①]。

(一) 计算起止时间及计算方法

迟延履行期间的债务利息,包括迟延履行期间的一般债务利息和加倍部分债务利息。迟延履行期间的一般债务利息,根据生效法律文书确定的方法

[①] 2009年5月11日《最高人民法院关于在执行工作中如何计算迟延履行期间的债务利息等问题的批复》与该解释冲突部分不再适用。

计算。生效法律文书未确定给付该利息的,不予计算。加倍部分债务利息的计算方法为:加倍部分债务利息＝债务人尚未清偿的生效法律文书确定的除一般债务利息之外的金钱债务×日万分之一点七五×迟延履行期间的天数。①

加倍部分债务利息自生效法律文书确定的履行期间届满之日起计算;生效法律文书确定分期履行的,自每次履行期间届满之日起计算;生效法律文书未确定履行期间的,自法律文书生效之日起计算。

加倍部分债务利息计算至被执行人履行完毕之日;被执行人分次履行的,相应部分的加倍部分债务利息计算至每次履行完毕之日。法院划拨、提取被执行人的存款、收入、股息、红利等财产的,相应部分的加倍部分债务利息计算至划拨、提取之日;法院对被执行人财产拍卖、变卖或者以物抵债的,计算至成交裁定或者抵债裁定生效之日;法院对被执行人财产通过其他方式变价的,计算至财产变价完成之日。非因被执行人的申请,对生效法律文书审查而中止或者暂缓执行的期间及再审中止执行的期间,不计算加倍部分债务利息。

[案例 8-1] 生效法律文书确定债务利息的迟延履行利息计算。

2015 年 6 月 30 日生效的判决书判项为:债务人应在 3 日内支付债权人借款本金 1 万元;支付自 2015 年 1 月 1 日始至借款付清之日止以日万分之五计算的利息;债务人迟延履行的,应当根据《民事诉讼法》第 253 条的规定加倍支付迟延履行期间的债务利息。债务人于 2015 年 9 月 1 日清偿所有债务。

迟延履行期间开始前的一般债务利息计算公式为:借款本金×生效法律文书确定的一般债务利息率×迟延履行期间开始前的实际天数(915 元＝10000×0.05％×183)。迟延履行期间的债务利息计算公式为:借款本金×生效法律文书确定的一般债务利息率×迟延履行期间的实际天数＋借款本金×日万分之一点七五×迟延履行期间的实际天数(405 元＝10000×0.05％×60＋10000×0.0175％×60)。债务人应当支付的金钱债务为 11320 元(11320元＝10000 元＋405 元＋915 元)。

[案例 8-2] 生效法律文书未确定债务利息的迟延履行利息计算。

2015 年 6 月 30 日生效的判决书判项为:债务人应在 3 日内支付债权人侵

---

① 日万分之一点七五,是计算迟延履行利息的日利率。该利率是以 2014 年以前近 10 年金融机构人民币贷款基准利率的平均值换算成日利率得出。

权损害赔偿1万元;债务人迟延履行的,应当根据《民事诉讼法》第253条的规定加倍支付迟延履行期间的债务利息。债务人在2015年9月1日清偿所有债务。

迟延履行期间的债务利息计算方法为:损害赔偿数额×日万分之一点七五×迟延履行期间的实际天数(105元＝10000×0.0175‰×60)。债务人应当支付的金钱债务为10105元(10105元＝10000元＋105元)。

(二)确定给付外币的迟延履行金的计算

生效法律文书确定给付外币的,执行时以该种外币按日万分之一点七五计算加倍部分债务利息,但申请执行人主张以人民币计算的,法院应予准许。以人民币计算加倍部分债务利息的,应当先将生效法律文书确定的外币折算或者套算为人民币后再进行计算。外币折算或者套算为人民币的,按照加倍部分债务利息起算之日的中国外汇交易中心或者中国人民银行授权机构公布的人民币对该外币的中间价折合成人民币计算;中国外汇交易中心或者中国人民银行授权机构未公布汇率中间价的外币,按照该日境内银行人民币对该外币的中间价折算成人民币,或者该外币在境内银行、国际外汇市场对美元汇率,与人民币对美元汇率中间价进行套算。

(三)执行回转中迟延履行利息的计算

执行回转程序中,原申请执行人迟延履行金钱给付义务的,应当按照《最高人民法院关于执行程序中计算迟延履行期间的债务利息适用法律若干问题的解释》(以下简称《迟延履行利息解释》)的规定承担加倍部分债务利息,具体计算起止时间及计算方法同上。

二、迟延履行利息与其他金钱债务的清偿顺序

被执行人的财产不足以清偿全部债务的,应当先清偿生效法律文书确定的金钱债务,再清偿加倍部分债务利息,但当事人对清偿顺序另有约定的除外。

《迟延履行利息解释》规定的被执行人财产不能清偿债务,既指被执行人分次履行的情形,也指被执行人的财产在参与分配程序中不能清偿多份债务时的情形。对于被执行人分次履行的情形,采取先本后息原则。这是因为,迟

延履行利息与一般债务利息不同,计算迟延履行利息只是一项执行措施,相比生效法律文书所确定的债权较为次要,所以,迟延履行利息应当后于生效法律文书所确定的债权受偿。

参与分配程序中被执行人财产不足以清偿所有债务的,迟延履行利息的清偿顺序也应当适用《迟延履行利息解释》的规定。

需注意,《迟延履行利息解释》规定的清偿顺序,仅是迟延履行利息与其他金钱债务的清偿顺序。比如,一件借款合同纠纷案件,法院执行的金钱债务有本金、一般债务利息、实现债权的费用和迟延履行利息四部分。根据《迟延履行利息解释》的规定,迟延履行利息应当最后清偿,而本金、一般债务利息和实现债权的费用三部分则可以参照《民法典》第561条的规定确定顺序清偿。①当然,当事人对清偿顺序另有约定的,应当根据约定的顺序清偿。

第二节　执行财产的范围

导入案例 8-1

2014年,柴犬"登登"被主人王某寄养在北京的宠物学校,王某于次年"失联",拖欠寄养费6万余元。宠物学校于2017年将王某起诉至法院,法院判决王某接走"登登"并支付上述寄养费。执行过程中,法院多方联系王某未果,于2018年启动拍卖程序拟拍卖"登登",王某从美国联系宠物学校将6万余元寄养费结清,并承诺年底回国接走"登登",双方达成执行和解协议,"登登"的首次拍卖被取消,法院中止该案执行。之后,王某再次失联并继续拖欠寄养费用,宠物学校向法院申请恢复执行。2021年,"登登"再次被拍卖,最终被来自深圳的竞买者以160010元的价格拍下,该案件执行终结。"登登"成为中国司法史上的首只被拍卖的宠物犬。"登登"被拍卖引发了网民的好奇心,民事执

---

① 《民法典》第561条规定:"债务人在履行主债务外还应当支付利息和实现债权的有关费用,其给付不足以清偿全部债务的,除当事人另有约定外,应当按照下列顺序履行:(一)实现债权的有关费用;(二)利息;(三)主债务。"

行中宠物犬能否成为执行标的物？可供执行的财产有哪些？一时成了网民热议的话题。

金钱债权的终局执行，首先需要调查被执行人名下有哪些财产，其次需要识别这些财产中哪些是可供执行的财产，哪些是不能执行的财产。由于财产种类繁多，法律难以一一列举，因此，《民事强制执行法（草案）》采用了从正、反两面列举的方法，既规定了可供执行的责任财产范围，也规定了豁免执行的财产及例外。

一、被执行人的责任财产范围

在被执行人的财产中，通常为可供执行的财产。这些财产既有不动产，也有动产；既有现金性资产，也有非现金资产；既包括有形财产，也包括无形财产；既包括实体财产，也包括网络虚拟财产。金钱债权执行中，可以执行下列财产：

（1）被执行人名下的不动产、机动车、船舶、航空器。

（2）被执行人占有的动产。

（3）被执行人名下的存款等资金。

（4）被执行人对案外他人享有的一般债权。

（5）被执行人名下的股权、基金份额、资产管理产品份额、信托受益权、知识产权、网络虚拟财产以及其他财产权利和利益。

（6）生效法律文书或者其他书面证据充分证明属于被执行人的财产。

经过执行法院调查财产，如果被执行人名下可供执行的财产价值超过了申请执行标的额，按照执行经济原则，执行法院应当首先选取那些容易变价的财产强制执行。比如被执行人名下的存款，被执行人在另案中作为申请执行人待领取的执行款等现金性资产，以及被执行人名下的基金、股票等。如果被执行人现金性资产不足时，执行法院应当顺位选取那些容易变价，且对被执行人及其家庭成员生活及生产经营影响相对较小的财产。比如，被执行人名下的非居住用房屋，被执行人对他人享有的一般债权等。对于共有财产，尤其是共同共有财产，由于变价周期较长，变价程序相对复杂，且可能影响共有人的生活或生产经营,应尽可能安排在后序执行。

二、豁免执行的财产及例外

规定被执行人可供执行的责任财产范围,是为了保障债权人的债权及时、充分地得到实现和满足。但对被执行人及其所扶养的家庭成员而言,强制执行必然会触及他们的财产、住宅、人格尊严等基本权利,对他们的基本权利尤其是生存权和人格尊严给予充分尊重和保护是《宪法》和《民事强制执行法(草案)》的要求。因此,强制执行应当公平、合理、适当,兼顾各方当事人和利害关系人的合法权益,不得超过实现执行目的所需的必要限度。基于此种考量,《民事强制执行法(草案)》规定了豁免执行的财产,其具体列举的金钱债权执行中不得执行的财产包括:

(1) 被执行人及其所扶养的家庭成员必需的生活、医疗、学习物品和相关费用。

(2) 从事职业所必需的物品。

(3) 未公开的发明或者未发表的作品。

(4) 勋章或者其他表彰被执行人荣誉的物品。

(5) 不以营利为目的饲养,并与被执行人共同生活的宠物。[①]

(6) 为履行行政管理职能或者公共服务职能所必需的财产。

(7) 依照法律、行政法规规定或者基于公序良俗不得执行的其他财产。

上述豁免财产中,除保障被执行人及其所扶养的家庭成员生存权所必需的生活、医疗、学习物品和相关费用外,其他财产并非是绝对不可执行。豁免财产具有下列情形之一的,仍然可以执行上述不得执行财产中的第 2 项至第 5 项规定的财产:

(1) 被执行人同意执行。

(2) 不执行影响申请执行人基本生活。

(3) 申请执行人对该财产享有担保物权。

---

① 导入案例 8-1 中的"登登"被执行的原因是未与被执行人共同生活。

三、机关法人的执行财产

机关法人主要有两类：一类是有独立经费的国家机关，比如各级行政机关。另一类是承担行政职能的法定机构，比如卫生质量监督所。为了更好地开展公共管理活动，机关法人购置办公用品、租赁房屋、租用交通工具时或者它们的工作人员在从事公务活动中伤害了他人或者损害了他人的财产的，机关法人就与相应的出卖方、出租方、受损失方形成了民事法律关系，因此，机关法人亦可成为被执行人。

机关法人作为被执行人的案件如果不能得到及时执行，则不仅损害申请执行人的合法权益，也有损于国家机关的形象和公信力。因此，《民事强制执行法（草案）》规定，执行依据确定机关法人履行债务的，机关法人必须履行。债务已经列入预算的，可以执行财政部门依照预算列支划拨的资金；尚未纳入预算的，可以通知被执行人和财政部门将该债务纳入当年或者下一年度预算。

对于机关法人作为被执行人案件的执行，《民事强制执行法（草案）》特别规定了检察院的检察监督权。检察院发现有关国家机关不依法履行执行依据确定的义务的，可以向有关国家机关提出检察建议，督促有关国家机关及时履行生效法律文书确定的义务。法院发现有关国家机关不依法履行执行依据确定的义务的，可以请求检察院依法履行法律监督职责，向有关国家机关发出检察建议。

第三节 对不动产的执行

一、查封

查封，是指法院对被执行人可以执行的财产进行封存，禁止其处分或转移的执行措施。可以查封财产的范围非常广泛，既可以是不动产，也可以是动产，还可以是存款、资金、有价证券及被执行人对他人的债权等。采取查封措施时,法院应当作出裁定。①

(一) 不动产的查封及保管

1. 不动产的查封方法

查封不动产,法院应当通知不动产登记机构办理查封登记。不动产未登记的,法院应当采用在不动产的显著位置喷涂标识或者张贴公告、封条等适当方式。为了增强公示效果,方便社会公众查询相关财产的查封情况,法院采取查封措施后,应当通过网络等方式将查封情况对外公示。执行法院既未向不动产登记机构办理查封登记,也未采取在不动产的显著位置喷涂标识或者张贴公告、封条等适当方式的,不得对抗其他法院对该财产的查封。

为了保护被执行人的合法权益,法院不应明显超过执行标的查封财产。查封不动产的价额,应当以足以清偿执行债务和执行费用为限。但是,查封的不动产不便于实物分割或者实物分割可能严重减损其价额,且被执行人其他财产不足以清偿债务或者不便执行的除外。"减损其价额"中的价额是指通过执行程序处置不动产可能获得的价款金额。换言之,查封的不动产不便于分割或者虽然能分割但分割后变价时价值严重减损,并且被执行人只有该不动产可供执行的,法院可以明显超过执行标的对不动产整体进行查封。不动产整体的价额明显超出执行债务和执行费用的金额,可以办理分割登记的,应当通知不动产登记机构依法办理分割登记。分割后,解除对超标部分的查封。

2. 不动产查封后的保管

对于法院查封的不动产,一般由被执行人保管。保管期间,被执行人可以继续使用,但是继续使用可能严重减损不动产价值或者妨碍后续执行的除外。查封的不动产不宜由被执行人保管的,法院可以委托他人或者申请执行人保管。保管期间,保管人不得使用;因保管不善造成不动产毁损或者灭失的,保管人应当依法承担赔偿责任。

根据《善意执行理念》的规定,对能"活封"的财产,尽量不进行"死封",使查封财产能够物尽其用,避免社会资源浪费。查封被执行企业厂房等生产资料,被执行人继续使用对该财产价值无重大影响的,可以允许其使用。"活封"

---

① 《民事强制执行法(草案)》未沿用《民事诉讼法》及司法解释中的"扣押"和"冻结"概念,将"查封、扣押、冻结"财产统一称谓为"查封"财产。

期间,因被执行人使用或保管的过错造成的损失由被执行人承担。法院查封财产后,被保全人或被执行人申请用查封财产融资的,按下列情形分别处理:(1) 保全查封财产后,被保全人申请用查封财产融资替换查封财产的,在确保能够控制相应融资款的前提下,可以监督被保全人按照合理价格进行融资。(2) 执行过程中,被执行人申请用查封财产融资清偿债务,经执行债权人同意或者融资款足以清偿所有执行债权的,可以准许。出借人要求先办理财产抵押或质押登记再放款的,法院应积极协调有关部门做好财产解封、抵押或质押登记等事宜,并严格控制融资款。

(二) 查封效力的范围

查封不动产的效力及于不动产的从物和天然孳息。查封建筑物的效力及于该建筑物占用范围内的建设土地使用权。查封建设用地使用权的效力及于该土地上的建筑物,但是建设用地使用权与建筑物的所有权分别属于被执行人和他人的除外。查封期间,不动产毁损、灭失或者被征收的,查封的效力及于被执行人获得的替代物、保险金、赔偿金或者补偿金。

实务中,存在不动产被查封后,被执行人出租该不动产、用该不动产向他人抵押借款等情形,给执行法院后续处分该不动产制造了障碍。《民事强制执行法(草案)》明确规定,被执行人就已经查封的财产所作的移转、设定权利负担或者其他有碍执行的行为,不得对抗申请执行人。他人未经法院许可占有查封的不动产或者实施其他妨碍执行行为的,法院可以依据申请执行人的申请或者依职权解除其占有或者排除其妨碍。

根据《民法典》的规定,住宅建设用地使用权期限届满的,自动续期。续期费用的缴纳或者减免,依照法律、行政法规的规定办理。非住宅建设用地使用权期限届满后的续期,依照法律规定办理。住宅建设用地使用权期限届满自动续期,但非住宅建设用地使用权期限届满后可能需要权利人向主管部门申请续期。《民事强制执行法(草案)》规定,查封期间,被执行人可以为不动产权利续期。被执行人未在不动产权利存续期间届满前的合理期间内申请续期,影响执行债权实现的,申请执行人可以向法院请求以自己的名义代替被执行人向主管部门申请续期。

（三）已查封财产的再次查封

《民事诉讼法》第 106 条规定，财产已被查封、冻结的，不得重复查封、冻结。《查封、扣押规定》又规定，对已被法院查封、扣押、冻结的财产，其他法院可以进行轮候查封、扣押、冻结。查封、扣押、冻结解除的，登记在先的轮候查封、扣押、冻结即自动生效。轮候查封、扣押、冻结实际上是"排队"查封、扣押、冻结，在轮候时并未实际发生查封、扣押、冻结的效果，只有在登记在先的查封、扣押、冻结解除后轮候查封才自动生效，因此，轮候查封、扣押、冻结与《民事诉讼法》"不得重复查封、冻结被保全财产"的规定并不矛盾，轮候查封、扣押、冻结只是对被保全财产的保全轮候，并不是重复查封、扣押、冻结。

《民事强制执行法（草案）》第 110 条第 1 款对上述"不能重复查封财产"的规定予以修改，即："已经查封的不动产，可以再次查封。"也就是说，对已经查封财产无须再办理轮候查封手续，而是可以直接再次查封。关于再次查封不动产的处置程序，参见本书第九章第二节"分配的程序"中的介绍。

（四）对住房的执行

根据《执行异议规定》，金钱债权执行中，符合下列情形之一，被执行人以执行标的系本人及所扶养家属维持生活必需的居住房屋为由提出异议的，法院不予支持：(1) 对被执行人有扶养义务的人名下有其他能够维持生活必需的居住房屋的；(2) 执行依据生效后，被执行人为逃避债务转让其名下其他房屋的；(3) 申请执行人按照当地廉租住房保障面积标准为被执行人及所扶养家属提供居住房屋，或者同意参照当地房屋租赁市场平均租金标准从该房屋的变价款中扣除 5 至 8 年租金的。执行依据确定被执行人交付居住的房屋，自执行通知送达之日起，已经给予 3 个月的宽限期，被执行人以该房屋系本人及所扶养家属维持生活的必需品为由提出异议的，法院不予支持。该条规定的具体适用参照本书第七章第一节之"三、执行行为异议的审查与处理"中的介绍。

二、变价

变价执行措施虽然规定在《民事强制执行法（草案）》第九章"对不动产的执行"中，但其适用范围不仅包括对不动产的执行，也包括对动产、债权和其他财产权的执行。为方便读者更好地理解变价措施,以下将变价标的(包括不动产、动产、债权和其他财产权)统称为财产。①

执行过程中,查封措施只是限制被执行人处分财产的控制性措施。如果在控制财产后被执行人不主动履行义务,法院还需要通过变价方式对查封财产进行处分。《民事强制执行法(草案)》规定,拍卖不动产,应当在查封之日起30内实施,并且同时启动确定参考价程序。法院对被执行财产的变价方式主要有拍卖、变卖和以物抵债三种。

(一) 财产处置价格的确定

法院在采取变价方式处分财产时首先需要确定处置财产的参考价。对于财产价值较低或者价格依照通常方法容易确定的,确定保留价时可以不进行评估。当事人双方及其他执行债权人申请不进行评估的,法院应当准许。

确定参考价,应当首先对不动产权利负担、占有使用、性质等影响参考价确定的因素情况进行必要的调查。为查明上述事项,法院可以采取下列方式:(1) 不动产有门锁或者其他封闭措施的,可以责令被执行人打开;被执行人拒不配合或者无法通知的,可以强制开启;(2) 询问被执行人或者其他占有不动产的人,并可通知其提交相关资料;(3) 向不动产登记机构、公安机关、基层社会组织等调查。被执行人等无正当理由拒绝陈述或者拒不提供相关资料的,法院可以根据情节轻重予以罚款、拘留。

《最高人民法院关于人民法院确定财产处置参考价若干问题的规定》(法释〔2018〕15号)已于2018年9月1日起施行。根据该司法解释的规定,法院确定财产处置参考价,可以采取当事人议价、定向询价、网络询价、委托评估等方式。

1. 当事人议价

除一方当事人拒绝议价或者下落不明外,法院应当通知或者组织当事人进行协商,双方当事人提交的议价结果一致,且不损害他人合法权益的,议价

---

① 《民事强制执行法(草案)》第147条规定:"对动产的执行,本章没有规定的,适用本法第九章的规定。"第160条规定:"对债权的执行,本章没有规定的,参照适用本法第九章的规定。"此外,根据《民事强制执行法(草案)》第167条的规定,对股权等其他财产权的执行,该章没有规定的,参照适用对不动产的执行等规定。

结果为参考价。

2. 定向询价

当事人议价不能或者不成，且财产有计税基准价、政府定价或者政府指导价的，法院应当向有关机构询价。双方当事人一致要求直接进行定向询价，且有上述价格的，法院应当准许。

3. 网络询价

最高人民法院建立了全国性司法网络询价平台名单库。

定向询价不能或者不成，双方当事人一致要求或者同意直接进行网络询价，财产无须由专业人员现场勘验或者鉴定，且具备网络询价条件的，法院应当准许通过司法网络询价平台进行网络询价。法院应当同时向名单库中的全部司法网络询价平台发出网络询价委托书，网络询价平台应当于3日内出具网络询价报告。全部或部分司法网络询价平台在期限内出具询价结果或者补正结果的，法院应当以该部分司法网络询价平台出具结果的平均值为参考价。

当事人、利害关系人对全部网络询价报告均提出异议，且所提异议被驳回或者司法网络询价平台已作出补正的，法院应当以异议被驳回或者已作出补正的各司法网络询价平台出具结果的平均值为参考价；对部分网络询价报告提出异议的，法院应当以网络询价报告未被提出异议的各司法网络询价平台出具结果的平均值为参考价。

网络询价费用应当按次计付给出具网络询价结果与财产处置成交价最接近的司法网络询价平台；多家司法网络询价平台出具的网络询价结果相同或者与财产处置成交价差距相同的，网络询价费用平均分配。网络询价费及委托评估费由申请执行人先行垫付，最后再由被执行人负担。

4. 委托评估

法律、行政法规规定必须委托评估、双方当事人要求委托评估或者网络询价不能或不成的，法院应当委托评估机构进行评估。

双方当事人在指定期限内从名单分库中协商确定3家评估机构以及顺序；协商不成的，采取摇号方式确定；双方当事人也可一致要求在同一名单子库中随机确定。法院应当向顺序在先的评估机构出具评估委托书，评估机构应当在30日内出具评估报告。评估机构未在期限内出具评估报告、补正说明,且未按照规定申请延长期限的,法院另行委托下一顺序的评估机构重新进行评估。

5. 价格确定救济程序

法院收到定向询价、网络询价、委托评估、说明补正等报告后,应当在3日内发送给当事人及利害关系人。当事人、利害关系人下落不明的,法院在中国执行信息公开网上予以公示,公示满15日即视为收到。

当事人、利害关系人收到评估报告后5日内对评估报告的参照标准、计算方法或者评估结果等提出书面异议的,法院应当在3日内交评估机构予以书面说明。评估机构在5日内未作说明或者当事人、利害关系人对作出的说明仍有异议的,法院应当以相关行业专业技术评审出具的结论认定评估结果或者责令原评估机构予以补正。

法院查封、扣押、冻结财产后,对需要拍卖、变卖的财产,应当在30日内启动确定财产处置参考价程序,参考价确定后10日内启动财产变价程序。双方当事人议价一致的,优先采取议价方式确定财产处置参考价,当事人议价不成的,可以网络询价或者定向询价。无法采取上述方式确定参考价的,应当委托评估机构进行评估。①

（二）拍卖会现场拍卖②

拍卖,是指法院对查封的财产,以公开竞价的方式卖给出价最高的买受人的执行措施。法院对查封财产进行变价处理时,应当首先采取拍卖的方式。拍卖分为拍卖会现场拍卖和网络拍卖。

拍卖应当作出裁定。法院拍卖被执行人财产,应当委托具有相应资质的拍卖机构进行,并对拍卖机构的拍卖进行监督,但法律、司法解释另有规定的除外。

竞价程序启动前或者变卖成交、抵债裁定作出前,被执行人向法院提交的金钱或者已变价的财产足以清偿执行债务和执行费用的,停止变价。换言之,

---

① 参见《最高人民法院关于进一步完善执行权制约机制加强执行监督的意见》(法〔2021〕322号)第16条的规定。

② 拍卖会现场拍卖并非《民事强制执行法(草案)》及执行程序司法解释所采用概念,是本书为将其与网络司法拍卖有所区别而采用的概念。

拍卖程序启动前，被执行人向法院提交的金钱或者被执行人其他已变价财产足以清偿执行债务和执行费用的，继续拍卖已没有必要，停止拍卖程序。

1. 拍卖保留价的确定

法院应当参照参考价确定拍卖保留价。首次拍卖的保留价不得低于参考价的 70%。但是，被执行人认为评估结果严重偏离财产市场价值，申请以其认为的合理价格确定首次拍卖的保留价的，法院可以准许。如果出现流拍，第二次拍卖的保留价不得低于首次拍卖保留价的 60%。比如，执行财产参考价为 100 万元，第一次拍卖保留价不得低于 70 万元，流拍后第二次拍卖保留价不得低于 42 万元。以被执行人申请的合理价格确定首次拍卖保留价的，第二次拍卖的保留价不得低于首次拍卖时评估结果的 42%。

实务中，可能存在拍卖保留价低于优先债权和执行费用总额的情形，如果继续拍卖，对普通债权人可能没有任何利益，这种拍卖属于无益拍卖。对于无益拍卖，《民事强制执行法（草案）》规定，保留价不超过优先债权和该执行费用总额的，法院应当停止拍卖，并通知申请执行人。申请执行人自收到通知之日起 5 日内申请继续拍卖的，法院重新确定保留价后拍卖。重新确定的保留价应当超过优先债权和该财产执行费用的总额；经优先债权人同意的，不受总额限制，但是不得低于原保留价。继续拍卖变价不成的，拍卖费用由申请执行人负担。申请执行人逾期未申请继续拍卖或者继续拍卖变价不成的，法院应当解除查封，但是申请执行人愿意承担相关费用或者可以采取强制管理等执行措施的除外。

2. 拍卖公告

拍卖应当先期公告。法院应当在参考价确定之日起 15 日内发布拍卖公告，公告期不少于 30 日。拍卖公告应当载明拍卖时间、地点及拍卖标的物的坐落、现状、保留价、拍卖保证金等信息。拍卖公告的范围及媒体由当事人双方协商确定；协商不成的，由法院确定。拍卖财产具有专业属性的，应当同时在专业性报纸上进行公告。当事人申请在其他新闻媒体上公告或者要求扩大公告范围的，应当准许，但该部分的公告费用由申请方自行承担。

3. 交纳保证金

拍卖不动产、其他财产权或者价值较高的动产的，竞买人应当于拍卖前向法院预交保证金。申请执行人参加竞买的,可以不预交保证金。保证金的数额由法院确定,但不得低于评估价或者市价的 5%。应当预交保证金而未交纳的,不得参加竞买。拍卖成交后,买受人预交的保证金充抵价款,其他竞买人预交的保证金应当在 3 日内退还;拍卖未成交的,保证金应当于 3 日内退还竞买人。

4. 拍卖通知及优先购买权的行使

法院应当在首次拍卖公告发布前以书面或者其他能够确认收悉的适当方式,通知当事人和已知的优先购买权人。无法通知的,自拍卖公告发布后经过 15 日即视为已经通知。优先购买权人经通知未参加竞买的,视为放弃行使优先购买权。

竞价过程中,优先购买权人可以与其他竞买人以相同的价格出价,没有更高出价的,拍卖的不动产由优先购买权人竞得。顺位不同的优先购买权人以相同价格出价的,拍卖的不动产由顺位在先的优先购买权人竞得。顺位相同的优先购买权人以相同价格出价的,拍卖的不动产由出价在先的优先购买权人竞得。

民法当中的财产优先购买权种类繁多,比较常见的有房屋共有人的优先购买权,房屋承租人的优先购买权,房屋转让中近亲属的优先购买权,公司股东对其他股东转让股权的优先购买权,合伙企业中合伙人转让财产份额时其他合伙人的优先购买权等。不同的优先购买权人行使优先购买权有时会发生冲突或者竞合,在拍卖程序中也有体现,比如房屋共有人和房屋承租人同时主张优先购买权,两个以上的股东同时主张对其他股东股权的优先购买权等。不同优先购买权人主张优先购买权产生冲突时,一般通过协商的方式解决,协商不成的则以诉讼方式解决,由法院对当事人是否享有优先购买权以及优先购买权的顺位作出判定。但是在拍卖程序中,竞买人未必会选择以诉讼程序解决优先购买权冲突。出于拍卖正常有序实施和效率的考虑,法院必须对竞买人是否享有优先购买权以及优先购买权的顺位及时作出判定。《最高人民法院关于人民法院网络司法拍卖若干问题的规定》第 27 条对此予以明确,即起拍价及其降价幅度、竞价增价幅度、保证金数额和优先购买权人竞买资格及其顺序等事项,应当由人民法院依法组成合议庭评议确定。现场会拍卖可以参照适用该规定,优先购买权发生冲突或者竞合时,优先购买权人竞买资格及其顺序是由法院组成合议庭在执行程序中直接予以确认。

5. 拍卖成交裁定及拍卖款的交纳

拍卖过程中,有最高应价时,优先购买权人可以表示以该最高价买受,如无更高应价,则拍归优先购买权人;如有更高应价,而优先购买权人不作表示的,则拍归该应价最高的竞买人。买受人应当在拍卖公告要求的交纳期限届满前将价款交至法院或者汇入法院指定的账户。买受人已缴纳保证金的,买受人应缴纳价款为拍卖款扣除保证金后的余额。

法院应当在拍卖价款全额交纳之日起 15 日内作出拍卖成交裁定并送达当事人、买受人;有下列情形之一的,法院作出不成交裁定并送达当事人、买受人:

(1) 买受人与其他竞买人、拍卖机构、网络拍卖服务提供者或者网络拍卖辅助机构之间恶意串通,损害当事人、其他竞买人利益;(2) 买受人不具备法律、行政法规规定的竞买资格或者条件;(3) 拍卖不动产公告内容严重失实,致使买受人产生重大误解,购买目的无法实现,但是已就相关瑕疵及责任承担公示说明的除外;(4) 严重违反变价程序且对当事人、利害关系人造成严重损失。

拍卖财产拍卖成交、变卖或者抵债后,财产所有权自拍卖、变卖成交或者抵债裁定送达买受人或者承受人时起转移。拍卖财产上原有的担保物权及其他优先受偿权,因变价而消灭,但是当事人另有约定的除外。拍卖所得价款,应当优先清偿担保物权人及其他优先受偿权人的债权。

实务中,时有发生其他竞买人或执行当事人对拍卖程序及成交裁定持有异议的情形。法院裁定拍卖不成交的,买受人也会提出异议。《民事强制执行法(草案)》规定了拍卖成交裁定与不成交裁定异议的审查程序:当事人、利害关系人对拍卖成交裁定或者不成交裁定不服的,可以在该裁定送达之日起 10 日内,向执行法院提出书面异议,申请撤销或者变更成交裁定或不成交裁定。法院受理该执行行为异议后,应当在 30 日内审查完毕并作出裁定,理由成立的,裁定撤销成交裁定或不成交裁定;理由不成立的,裁定驳回异议。当事人、利害关系人不服的,可以在裁定书送达之日起 10 日内向上一级法院申请复议。上一级法院应当在立案之日起 30 日内审查完毕并作出裁定。

拍卖成交或者以流拍的财产抵债后，买受人逾期未支付价款或者承受人逾期未补交差价而使拍卖、抵债的目的难以实现的，法院可以裁定重新拍卖。重新拍卖时，原买受人不得参加竞买。

6. 流拍处理原则

所谓流拍，是指没有人竞买拍卖标的物。《民事强制执行法(草案)》规定，从不动产流拍之日起 5 日内，申请执行人申请以保留价承受不动产抵偿债务，或者他人申请以保留价购买不动产并支付全部价款的，法院可以准许。申请执行人申请承受不动产抵偿债务，其应受清偿债权数额低于保留价的，应当在前述规定期间内补交差额。法院应当在收到差额或者全部价款之日起 15 日内作出抵债裁定或者变卖成交裁定并送达当事人、买受人。

不动产流拍后没有申请执行人申请承受或者无人购买的，法院应当在流拍之日起 15 日内通过网络平台发布第二次拍卖公告，公告期不得少于 15 日。第二次拍卖流拍后 60 日内，申请执行人可以申请以第二次拍卖的保留价承受不动产，他人也可以申请以该保留价购买不动产。

第二次拍卖流拍后，申请执行人以市场行情发生变化等事由，申请重新启动变价程序，法院认为确有必要的，可以准许。

7. 不动产的交付及权利负担处理

法院裁定拍卖、变卖成交或者抵债的，应当将不动产交付买受人或者承受人。承租人、居住权人等有权继续占有的，法院应当通知承租人、居住权人在其权利期限届满后向买受人或者承受人交付。法院交付不动产的，可以在不动产显著位置张贴公告，责令被执行人在指定期限内交付。被执行人逾期未交付的，法院应当强制迁出并将不动产交付申请执行人；必要时，公安机关、基层组织等应当到场协助。交付的不动产中有不属于执行标的物的动产的，法院应当强制除去后交付，但是双方当事人同意不除去的除外。关于不动产毁损、灭失的风险，交付前由被执行人承担，交付后由买受人或者承受人承担。

不动产查封前设立的用益物权及租赁权，不因变价而消灭；但是该权利继续存在于不动产上，对在先的担保物权或者其他优先受偿权的实现有影响的，法院应当依法将其除去后进行变价。不动产上的查封措施，因变价而消灭。

买受人或者承受人可以持前述规定的裁定向不动产登记机构申请办理权属转移和查封、担保物权等注销登记。不动产为被执行人租赁他人土地所建房屋,房屋所有权转移后,土地租赁合同在出租人和买受人或者承受人之间继续有效。

8. 拍卖、变卖成交或者抵债裁定被撤销后的处理

拍卖、变卖成交或者抵债裁定被撤销的,法院应当裁定买受人或者承受人返还不动产。买受人或者承受人拒绝返还的,由法院强制执行。不动产因毁损、灭失或者已经由他人合法取得无法返还的,当事人可以另行提起民事诉讼。

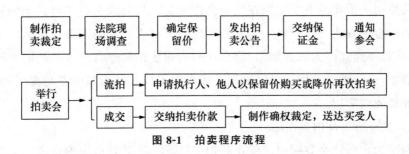

图 8-1 拍卖程序流程

(三) 网络司法拍卖

网络司法拍卖,是指法院通过互联网拍卖平台,以网络电子竞价方式公开处置财产的行为。《民事强制执行法(草案)》规定,变价不动产,应当通过网络司法拍卖、变卖平台进行,但是不宜采用此种方式的除外。

《最高人民法院关于人民法院网络司法拍卖若干问题的规定》规定,法院以拍卖方式处置财产的,应当采取网络司法拍卖方式,但法律、行政法规和司法解释规定必须通过其他途径处置,或者不宜采用网络拍卖方式处置的除外。由于《最高人民法院关于人民法院网络司法拍卖若干问题的规定》的施行时间在《拍卖、变卖规定》之后,网络拍卖现已取代拍卖会现场拍卖成为法院拍卖的首选方式。

网络司法拍卖流程与拍卖会拍卖流程基本一致,区别主要在于拍卖平台不同,另外网络司法拍卖亦有一些特殊规定。以下着重介绍网络司法拍卖的不同之处。

1. 参考价确定

网络司法拍卖应当确定保留价,拍卖保留价即为起拍价。

起拍价由法院参照评估价确定①;未作评估的,参照市价确定,并征询当事人意见。起拍价不得低于评估价或者市价的70%。

2. 拍卖公告

网络司法拍卖应当先期公告,拍卖公告除通过法定途径发布外,还应同时在网络司法拍卖平台发布。拍卖动产的,应当在拍卖15日前公告;拍卖不动产或者其他财产权的,应当在拍卖30日前公告。

3. 通知

网络司法拍卖的事项应当在拍卖公告发布3日前以书面或者其他能够确认收悉的合理方式,通知当事人、已知优先购买权人。权利人书面明确放弃权利的,可以不通知。无法通知的,应当在网络司法拍卖平台公示并说明无法通知的理由,公示满5日视为已经通知。优先购买权人经通知未参与竞买的,视为放弃优先购买权。

4. 参与拍卖及拍卖程序

网络拍卖保证金数额由法院在起拍价的5%至20%范围内确定。竞买人应当在参加拍卖前以实名交纳保证金,未交纳的,不得参加竞买。申请执行人参加竞买的,可以不交保证金;但债权数额小于保证金数额的按差额部分交纳。

网络司法拍卖不限制竞买人数量。一人参与竞拍,出价不低于起拍价的,拍卖成交。优先权人、竞买人以竞买代码、参拍密码参与竞买。

网络拍卖从起拍价开始以递增出价方式竞价,增价幅度由法院确定。竞价时间不少于24小时。竞价程序结束前5分钟内无人出价的,最后出价即为成交价。

5. 成交及交纳拍卖物价款

网络拍卖成交的,由网络司法拍卖平台以买受人的真实身份自动生成确

---

① 《最高人民法院关于人民法院确定财产处置参考价若干问题的规定》在《最高人民法院关于人民法院网络司法拍卖若干问题的规定》之后发布,因此,网络拍卖保留价应当以《最高人民法院关于人民法院确定财产处置参考价若干问题的规定》规定的当事人议价、定向询价、网络询价、委托评估等方式确定。

认书并公示。买受人在拍卖公告确定的期限内将剩余价款交付法院指定账户。拍卖成交后，买受人交纳的保证金可以充抵价款；其他竞买人保证金在竞价程序结束后24小时内退还或者解冻。拍卖财产所有权自拍卖成交裁定送达买受人时转移。

成交后买受人悔拍的，交纳的保证金不予退还，依次用于支付拍卖产生的费用损失、弥补重新拍卖价款低于原拍卖价款的差价、冲抵本案被执行人的债务以及与拍卖财产相关的被执行人的债务。悔拍后重新拍卖的，原买受人不得参加竞买。

6. 流拍处理

网络司法拍卖竞价期间无人出价流拍的，在30日内在同一网络司法平台再次拍卖，拍卖动产的应当在拍卖7日前公告；拍卖不动产或者其他财产权的应当在拍卖15日前公告。再次拍卖的起拍价降价幅度不得超过前次起拍价的20%。再次拍卖流拍的，可以依法在同一网络司法拍卖平台变卖。

《最高人民法院关于进一步完善执行权制约机制加强执行监督的意见》（法〔2021〕322号）倡导法院探索建立被执行人自行处置机制。对不动产等标的额较大或者情况复杂的财产，被执行人认为委托评估确定的参考价过低、申请自行处置的，在可控制其拍卖款的情况下，法院可以允许其通过网络平台自行公开拍卖；有确定的交易对象的，在征得申请执行人同意或者能够满足执行债权额度的情况下，法院可以允许其直接交易。自行处置期限由法院根据财产实际情况、市场行情等因素确定，但最长不得超过90日。此外，针对部分法院在拍卖房产时声明"按现状拍卖""不负责清退"，导致买受人长期不能占有、使用拍卖房产的情形，该意见特别明确，拍卖财产为不动产且被执行人或者他人无权占用的，法院应当依法负责腾退，不得在公示信息中载明"不负责腾退交付"等信息。

（四）变卖

变卖，是指法院对于被执行人的财产，不经拍卖程序直接以合理的价格出卖，并将所得价款交给申请人的执行措施。法院采取变卖措施的，应当作出裁定。

1. 适用变卖的情形

财产无法委托拍卖，不适于拍卖或当事人双方同意不需要拍卖的，可以采用变卖方式。

(1) 对不易保存或保管困难、保管费用过高动产的变卖。

变卖执行措施通常适用于不易保存或保管困难、保管费用过高的动产。《民事强制执行法（草案）》第143条规定："对具有下列情形之一的动产，人民法院可以按照合理的价格直接变卖：（一）季节性、鲜活、易腐烂变质以及其他不宜长期保存；（二）不及时变价会导致价值严重贬损；（三）保管困难或者保管费用过高。前款规定的动产，申请执行人同意抵债的，人民法院可以按照合理的价格交其抵债。在当地市场有公开交易价格的动产，人民法院可以以该价格直接变卖或者交申请执行人抵债。"

(2) 被执行人申请对拟拍卖不动产的变卖。

《民事强制执行法（草案）》对不动产的变卖亦作出了规定：被执行人向执行法院申请以高于执行债务和执行费用总额的价格，或者经有权在执行程序中就该财产受偿的全部申请执行人同意的价格变卖，且购买人在拍卖公告期限届满前向法院支付全部价款的，法院可以停止拍卖并作出变卖成交裁定，但是变卖损害其他利害关系人利益的除外。变卖成交裁定，应当送达当事人和买受人。

2. 变卖的机构

法院在执行中需要变卖被执行人财产的，可以交有关单位变卖，也可以由法院直接变卖。对变卖的财产，法院或者其工作人员不得买受。

3. 变卖的价格

当事人双方及有关权利人对变卖财产的价格有约定的，按照其约定价格变卖；无约定价格但有市价的，变卖价格不得低于市价；无市价但价值较大、价格不易确定的，应当委托评估机构进行评估，并按照评估价格进行变卖。[①] 按照评估价格变卖不成的，可以降低价格变卖，但最低的变卖价不得低于评估价的1/2。

[①] 变卖价格同样应当以《最高人民法院关于人民法院确定财产处置参考价若干问题的规定》规定的当事人议价、定向询价、网络询价、委托评估等方式确定。

（五）以物抵债

导入案例 8-2

某商贸公司与某建材公司借款合同纠纷一案，法院判决某建材公司返还某商贸公司借款本金及利息共 180 万元，因某建材公司未履行生效法律文书确定的义务，某商贸公司向法院申请强制执行。

案件执行过程中，因被执行人某建材公司没有现金性资产可供执行，法院对其所有的工程用车进行评估，经评估机构确认，五辆不同种类的工程用车价值为 429 万余元。因本案标的为 180 万元，故法院裁定拍卖建材公司名下一辆泵车，其余四辆退还给某建材公司。拍卖过程中，因价格过高无人竞买导致两次流拍，流拍价为 201 万元。同时申请执行人某商贸公司在本案执行过程中支出车辆保管费、评估费及扣押车辆时过路费、油费等 14 万元。在此情况下，申请执行人向法院书面申请将流拍工程用车以物抵债，法院裁定将某建材公司的该辆工程用车以流拍价 201 万元价格抵偿给申请执行人，本案执行终结。

1. 以物抵债的概念及成立要件

以物抵债，是指法院将被执行人的财产或权利作价后直接交给申请执行人折抵债务的执行措施。在民商事活动中，债权人与债务人之间存在金钱债务，双方之间另行达成协议，由债权人受领他种给付以替代原金钱债务的清偿，进而使原债权债务关系归于消灭，即构成以物抵债。执行程序中的以物抵债与此含义大致相同。不同的是执行程序中的以物抵债不以申请执行人与被执行人签订协议为要件，也有可能是法院拍卖的被执行人的财产流拍后，申请执行人向法院申请以拍卖保留价抵偿被执行人所欠申请执行人的全部或部分债务，法院予以准许以物抵债即告成立，无须征得被执行人同意。对于以物抵债的"物"应作扩大解释，既包括动产，也包括不动产；既可以是物，也可以是权利或行为。只要具备金钱对价，能够实现清偿债务之目的，且不违反法律、法规的强制性规定即可。

执行程序中的以物抵债的构成要件包括：(1) 双方当事人之间权利义务

关系明确,该权利义务关系尚未履行完毕;(2) 双方当事人之间约定,或申请执行人在被执行人财产拍卖流拍后向法院提出申请,法院予以准许,以另外一种给付替代原来的给付;(3) 另外一种给付标的不同于原权利义务关系的给付标的,可以是物,也可以是一种权利或行为等。

2. 以物抵债的类型

实务中,以物抵债分为两种情形,一种是未经拍卖程序,由申请执行人与被执行人直接达成以物抵债协议,法院制作以物抵债裁定书予以确认。司法解释对此予以规定:经申请执行人和被执行人同意,可以不经拍卖、变卖,直接将被执行人的财产作价交申请执行人抵偿债务,对剩余债务,被执行人应当继续清偿。被执行人的财产无法拍卖或变卖的,经申请执行人同意,法院可以将该项财产作价后交付申请执行人抵偿债务,或者交付申请执行人管理;申请执行人拒绝接收或管理的,退回被执行人。为防止申请执行人与被执行人假借以物抵债损害其他债权人合法权益,直接以物抵债的财产一般应满足以下条件:一是被抵债财产的总价值依照通常的方法容易确定;二是被抵债的财产一般以动产或价值小的财产权利为宜,涉及不动产的以房抵债在司法实践中争议较大;三是被抵债的财产必须没有其他担保物权、用益物权等,如有,则必须征得相关权益人对相关权利的书面同意或放弃。此外,以下几种财产亦不能经双方当事人同意自愿直接以物抵债:一是稀缺性财产。比如限购城市的车牌等,这类物因其比较稀缺,导致市场价值上涨较快。二是限制流通物品。比如珍贵文物等,这类物的市场流通受法律和政策的影响较大,且应缴纳的税费等也较高。三是规避国家的政策,损害他人权利的特定物,不能直接以物抵债。另外,需要特别注意,当事人之间直接达成以物抵债协议不直接导致物权变动,仍应以物权法定、物权公示为原则。对于已经登记或交付的以物抵债,因其已经完成了交付行为,满足了公示要求,物权随之发生变化。对于未登记或交付的以物抵债,即便合同有效,也并不直接导致物权的变动。

第二种是经法院拍卖程序流拍后的以物抵债。《民事强制执行法(草案)》规定,对第一次流拍后 5 日内的被执行人财产,申请执行人申请以保留价抵偿债务的,法院应予准许;对第二次流拍后 60 日内的被执行人财产,申请执行人申请以保留价抵偿债务的,法院应予准许。对于法院拍卖后流拍的以物抵债,法院应当制作抵债裁定书并送达双方当事人,标的物所有权自抵债裁定送达申请执行人时转移。

表 8-1 执行变价方式比较

执行措施	适用条件	适用文书
拍卖	变价处理时,应当首先采取拍卖的方式	裁定书
变卖	无法委托拍卖或不适于拍卖	
	当事人双方同意不需要拍卖	
	季节性商品、鲜活、易腐烂变质以及其他不宜长期保存物品;不及时变价会导致价值严重贬损及保管困难或者保管费用过高的物品	
以物抵债	经申请执行人和被执行人同意	
	被执行人的财产无法拍卖或变卖,经申请执行人同意	

三、强制管理

导入案例 8-3

A 县某村民委员会与旅游公司签订借款协议,旅游公司向村委会借款 50 万元。借款到期后,旅游公司未返还借款,村委会向法院起诉,双方达成调解协议,旅游公司返还村委会借款并支付违约金等共 55 万元,法院出具调解书。履行期届满后,旅游公司未履行义务,村委会向法院申请强制执行。执行中查明,旅游公司除了一处房屋外无其他可供执行的财产,而房屋是一家海鲜大酒店,其土地是经批准使用的临时用地,没有产权登记,无法进行拍卖或变卖。在法院的协调下,申请执行人某村委会同意接收管理被执行人所有的海鲜大酒店,在临时用地的使用期限内以房屋出租所得的租金抵偿债务。据此,法院作出执行裁定书,裁定将该海鲜大酒店交申请执行人某村委会强制管理。案件得到妥善处理。

(一)强制管理的概念

强制管理制度在德国、日本及我国台湾地区法律中均有明确规定。相比拍卖、变卖而言,强制管理方式灵活,程序简便,见效较快,优点明显。比如,对于农村土地房屋、权利证照有瑕疵的财产,通过强制管理分离财产的使用权与所有权,以获取收益的方式履行债务,既执行了案件,又避免了财产所有权转移的法律障碍。

强制管理,又称为收益的执行,是指法院选任管理人,对已查封被执行人的财产实施管理,在扣留必要的管理费用后,以管理所得收益清偿申请执行人债权的执行措施。强制管理的对象是动产或不动产的收益。

法院决定采取强制管理措施的,应当制作裁定书。裁定书需载明:管理的标的物情况;管理人的姓名、名称、住址等情况;管理人的权利义务等。收益为第三人支付的,还应注明由第三人将收益交管理人。

(二)强制管理的条件

采取强制管理措施应当符合以下条件:

(1)由于强制管理周期一般较长,因而只有采取其他处分性执行措施不能有效实现执行标的时,比如依法不能采取拍卖、变卖措施,或者标的物不适宜进行拍卖、变卖,以及采取拍卖、变卖措施对被执行人显失公平时,才能考虑适用强制管理措施。

(2)采取强制管理措施应当取得申请执行人的同意。申请执行人可以书面或口头提出强制管理申请。确有必要的,执行法院可以依职权进行,但应当取得申请执行人的同意。

(3)强制管理的财产可以是不动产或动产,且必须属于被执行人所有或者被执行人对此项财产有收益权,包括用益物权、孳息等。

(4)采取强制管理措施要避免无益管理。财产收益扣除管理费用和管理人报酬后,无余款可供清偿债务的,不得进行强制管理。

此外,对于被执行人及其所扶养的家庭成员生活必需的财产,基于保护被执行人及其家庭成员生存权的需要,也不能进行强制管理。

导入案例 8-3 中,涉案房屋归被执行人所有,被执行人享有收益权,但由于房屋之下的土地无法拍卖、变卖,因此,执行法院在双方当事人同意的情况下,采取强制管理的措施,以房屋租金抵偿债务,符合相关规定。

(三)强制管理的管理人

采取强制管理措施须选定管理人。强制管理的管理人是指受执行法院的选任,对被执行财产进行管理收益,使执行标的得以清偿的组织或自然人。管理人可以是一人或数人,也可以是案外人或申请执行人。管理人享有的主要权利包括接受管理财产,独立行使管理权并取得收益,禁止债务人在管理期间处分该财产或者干涉管理事务,以及获得报酬等。管理人承担的义务为制作财务账目、定期向执行法院提交报告,并及时交付收益。管理人在管理过程中存在违法行为,侵害当事人合法权益的,应当承担损害赔偿责任。

强制管理所得收益足以清偿执行债务时,执行法院应当裁定终结强制管理,并将财产返还给被执行人。此外,申请执行人撤回执行申请、被执行人采取其他方式履行债务、被管理财产灭失等情形发生时,强制管理程序也应当终结。

第四节　对动产的执行

《民事强制执行法(草案)》第147条规定:"对动产的执行,本章没有规定的,适用本法第九章的规定。"本节介绍的是对动产执行的特殊程序。对动产执行的其他程序,本节没有介绍的,参见本章第三节"对不动产的执行"的介绍。

一、动产的查封方法

(一)对动产查封并实施占有的方法

法院在查封动产时,应当实施占有。《民事强制执行法(草案)》没有沿用"扣押"概念,将对不动产与动产的封存措施统称为"查封"。封存动产并实施占有相当于扣押,即法院将被执行人财产运送至有关场所,使被执行人不能占有、使用和处分该财产。该执行措施一般用于价值较高、可移动的物品,也可用于船舶、航空器等不便于移动和停放的物品。

法院为对动产实施占有,可以责令被执行人或者已知的实际占有人限期交出动产,也可以通知有关组织协助查找或者控制。

法院对动产实施占有,被执行人是自然人的,应当通知被执行人或者其成年家庭成员;被执行人是法人或者非法人组织的,应当通知其法定代表人或者主要负责人到场。拒不到场的,不影响执行。被执行人是自然人的,可以通知财产所在地的基层组织派人参加。对实施占有的动产,执行人员应当造具清单,详细记载动产的名称、数量等事项。查封清单由在场人签名或者盖章后,交被执行人一份。被执行人是自然人的,也可以交其成年家庭成员一份。

查封的动产,由法院保管。不宜由法院保管的,可以委托他人或者申请执行人保管。查封机器设备等生产经营性财产或者存在其他必要情形的,法院可以指定被执行人保管。被执行人继续使用对该动产的价值无重大影响的,可以准许继续使用。

（二）有登记动产的查封及查找

查封有登记的动产时,法院也可以通知登记机关办理查封登记。间接占有动产的,应当在该动产上张贴公告、封条或者采取其他足以公示查封的适当措施,但是已办理查封登记的除外。

实务中,法院查封的大量动产为被执行人所有的机动车辆。查封机动车辆时,法院通常向公安车辆管理部门发出协助执行通知书并送达裁定书,通知车管部门不得办理被查封财产的转移过户及设定担保等手续。虽然被查封车辆登记在被执行人名下无法过户,但如果法院无法查找到车辆下落,亦不能及时对车辆采取变价措施。《民事强制执行法（草案）》特别规定,法院可以通知有关组织协助查找或者控制机动车。有关组织在实施道路交通安全管理等行为时发现机动车的,应当及时通知法院,并以适当方式协助法院控制。显然,此处的有关组织主要指公安机关。

（三）无益查封、再次查封及对有担保物权财产的查封

动产的价额明显低于该财产执行费用的,不得查封。但是,申请执行人承诺变价不成时该执行费用由其负担的,法院可以对该动产进行查封。

参照《民事强制执行法（草案）》"已经查封的不动产,可以再次查封"的规定,法院对其他法院已经查封的动产可以再次查封。同一动产存在多个查封的,在先实施占有的为在先查封。均未实施占有的,在先办理查封登记的为在先查封。

法院对被执行人所有的其他人享有抵押权、质押权或留置权的财产,可以

采取查封措施。财产拍卖、变卖后,所得价款应在抵押权人、质押权人或留置权人优先受偿后,余额部分用于清偿申请执行人的债权。

查封质物或者留置物的,一般应当指定质权人或者留置权人为保管人。法院自行保管或者委托他人、申请执行人保管的,质权、留置权不因转移占有而消灭。

二、动产拍卖、变卖和抵债的特别规定

动产的变价措施(拍卖、变卖、以物抵债)和强制管理措施,适用《民事强制执行法(草案)》对不动产执行的规定。对不动产的变价和强制管理措施,本书在本章第三节已作详细介绍,在此不再赘述。

拍卖动产价值较低的,不设保留价;但是执行该动产产生必要费用的,应当以超过必要费用的价额确定保留价。

在当地市场有公开交易价格的动产,法院可以以该价格直接变卖或者交申请执行人抵债。

对于禁止自由买卖的动产,法院应当交有关组织按照合理价格收购。无收购组织的,法院应当解除查封。

价值较低的动产第一次拍卖流拍后,法院应当解除查封,并退还被执行人。价值较高的动产第二次拍卖流拍后60日内,申请执行人可以申请以第二次拍卖的保留价承受,他人也可以申请以该保留价购买。逾期未申请的,法院应当解除查封,并退还被执行人,但是可以采取强制管理等执行措施的除外。

三、对有价证券执行的特别规定

有价证券包括汇票、支票、本票、仓单、提单等,是设立并证明持券人有权取得一定财产权利的书面凭证。股票本来也是有价证券的一种,但因其有更为便捷的执行方法,《民事强制执行法(草案)》对其执行方法单独予以规定,故此处的有价证券不包括股票,有关股票的执行方法参见本章第七节的介绍。

《民事强制执行法(草案)》规定的对有价证券的执行方法分为以下两种:

(一)法院直接代替被执行人行使权利

法院查封汇票、支票、本票、仓单、提单,没有权利凭证的,应当通知相关部门办理查封登记。查封的有价证券有权利行使期间的,法院应当在该期间内代替被执行人行使权利。

汇票、支票、本票、仓单、提单转让时需要背书的,法院可以背书。该背书与被执行人的背书具有相同的法律效力。

法院对上述有价证券可以直接代替被执行人行使有价证券的权利,兑现的价款可以直接交付申请执行人,提取的货物可以通过拍卖、变卖和以物抵债的方式进行变价。

(二) 代位执行

《民事强制执行法(草案)》规定,对汇票、支票、本票、仓单、提单的执行,法院认为必要时,也可以参照适用《民事强制执行法(草案)》"对债权的执行"的规定执行。可参照的执行方法主要指代位执行。

代位执行,也称为对案外他人财产的执行,是指被执行人不能清偿到期债务,但被执行人对案外他人享有到期债权的,法院依据申请执行人或被执行人的申请,对该他人财产进行强制执行。汇票、支票、本票、仓单、提单,性质上属于持券人对债务人的一种债权,因此,可参照代位执行的方法予以执行。

汇票、支票、本票、仓单、提单未到期的,法院向他人送达查封令,禁止他人在查封额度内向被执行人清偿债权。债权履行期限届满的,法院向他人送达履行令,责令他人直接或者通过法院向申请执行人履行。有关代位执行的具体程序参见本章第六节的介绍。

第五节 对存款、收入等资金的执行

一、对被执行人存款的执行

导入案例 8-4

罗某与某实业公司、陈某琴、陈某华借款合同纠纷一案,法院判决某实业公司偿还罗某借款 476414.74 元;陈某琴、陈某华对上述债务承担连带清偿责任。判决生效后,三债务人未在指定期间履行债务。罗某向法院申请强制执行。法院随即对三被执行人的财产进行调查,查明陈某琴、陈某华系某实业公司股东,某实业公司已将其所有的房屋及土地使用权、加油设备全部抵押给银行,该抵押财产不足以清偿优先债权,某实业公司已资不抵债。被执行人陈某琴、陈某华仅有部分家用电器可供本案执行。双方当事人在法院主持下达成以物抵债协议,以家用电器清偿债务30800元。此后,被执行人陈某琴、陈某华因公司经营失败离开某市,具体去向不明。法院终结本次执行。

三年后,罗某向法院申请恢复执行,法院提请公安机关协助查控被执行人下落。最终查实:被执行人陈某华现居住于广东省深圳市,其在深圳、重庆均有住房,银行存款余额44万余元。法院随即委托重庆当地法院对陈某华位于重庆市的住宅予以查封,并提请采取网络查封措施予以查封存款。财产查控到位后,法院及时与陈某华取得联系,告知其案件执行的相关情况及拒不执行的法律后果,督促其限期主动履行义务。陈某华主动到法院,一次性履行借款本息79万元,本案执行终结。

《民事强制执行法(草案)》第148条规定:"查封存款的,人民法院应当通知金融机构在查封的额度内停止支付。划拨存款的,人民法院应当通知金融机构将存款划拨至指定账户。划拨金额不足查封额度的,不足部分的查封效力不受影响。人民法院可以不经查封,直接划拨存款。"

查询,是指法院向银行、信用社等单位调查了解被执行人的存款情况。法院执行人员在查询时向上述单位出具附有回执的查询存款通知书,上述单位应在查询并填写回执注明被查询人截至查询时间的存款情况后交还给执行人员。必要时,执行人员还可查询被执行人在该单位某一时间段的存取款明细,上述单位应打印被查询人的银行账户交易明细并加盖印章交还给执行人员。

对存款的查封,相当于"冻结"。所谓冻结,是指法院向银行、信用社等单位发出冻结存款通知书,禁止被执行人在一定期限内提取或转移其被冻结的存款。被执行人的银行账户被查封后,该账户可以存款或汇进款项,未超过查封限额的,不能提取或汇出款项。换言之,被执行人账户已经实际足额查封的,超过查封限额部分的款项可以自由提取或转出。比如,法院查封被执行人存款 100 万元,被执行人账户余额 150 万元,已查封的 100 万元不能提取或转出,剩余的 50 万元可以自由提取或转出。再如,法院查封被执行人存款 100 万元,被执行人账户余额 20 万元,已查封的 20 万元不能提取或转出,账户查封后转入该账户的 80 万元款项也不能提取或转出。法院冻结被执行人的银行存款的期限不得超过 1 年,申请执行人申请延长期限的,法院应当在冻结期限届满前办理续行冻结手续,续行期限不得超过 1 年。

划拨,是指法院通过银行、信用社等单位将被执行人账户存款划拨至法院执行款账户或直接划拨至申请执行人的账户。划拨存款时需要出具划拨存款通知书,划拨通知书上具明收款人及收款账户,上述单位在填写回执后将回执交还给执行人员,并及时办理划拨款项的转账手续。

法院在查封、解除查封及划拨存款时,应当制作裁定书,并将裁定书与协助通知书一起送达给银行、信用社等单位。在查封、划拨措施办理完毕后,法院还应当将裁定书送达给被执行人。

法院可以直接向银行、信用社等单位查询、查封、划拨被执行人存款。异地执行时,外地法院无须当地法院协助可直接采取上述执行措施。

法院查询、查封、划拨被执行人存款时,金融机构必须给予协助。金融机构接到查封通知后,擅自支付的,不得对抗申请执行人,法院可以裁定在擅自支付的范围内对金融机构进行强制执行。金融机构收到划拨通知后,拒不执行的,法院可以裁定在拒不执行范围内对金融机构进行强制执行。

根据《执行问题规定》,被执行人为金融机构的,对其交存在人民银行的存款准备金和备付金不得查封和划拨,但对其在本机构、其他金融机构的存款,及其在人民银行的其他存款可以查封、划拨,并可对被执行人的其他财产采取执行措施,但不得查封其营业场所。

关于信托财产的执行,《善意执行理念》规定,信托财产在信托存续期间独立于委托人、受托人各自的固有财产,且受益人对信托财产享有的权利表现为信托受益权,信托财产并非受益人的责任财产。因此,当事人因其与委托人、受托人或者受益人之间的纠纷申请对存管银行或信托公司专门账户中的信托资金采取保全或执行措施的,除符合《信托法》第 17 条规定的情形外,法院不应准许。①

表 8-2　对存款执行措施及须出具法律文书

措施	具体执行行为	法院出具文书
查询	仅调查了解被执行人的存款情况	查询存款通知书
查封	不允许被执行人在一定期限内提取或转移其被冻结的存款。 （未足额查封只能进不能出）	查封裁定书 查封存款通知书
划拨	将被执行人账户存款划拨至法院执行款账户或直接划拨至申请执行人的账户	划拨存款裁定书 划拨存款通知书

二、对被执行人收入的执行

《民事强制执行法（草案）》第 150 条规定，执行被执行人在非银行支付机构资金的，参照适用对存款的执行规定。由于多数作为被执行人的自然人有固定工作，定期领取工资收入，或虽然工作性质不固定，但也不定期领取酬金，以及定期或不定期有股息、红利收入，因此，对被执行人收入的执行在实务中亦较为普遍。

对被执行人收入的执行方法为扣留、提取（与查封、划拨内涵基本相同）等。扣留，是指法院强制留存被执行人的收入，不允许其支取或处分。提取，是指法院提取被执行人的收入，并将其转交给申请执行人。被执行人未按执行通知履行法律文书确定的义务的，法院有权扣留、提取被执行人应当履行义务部分的收入，但应当保留被执行人及其所扶养家属的生活必需费用。被执行人的收入主要指工资、奖金、稿酬、农副业收入、股息、红利收益等。

法院扣留、提取收入时，应当作出裁定书。裁定书与扣留、提取通知书应一起送达给协助义务的组织（包括被执行人所在组织、股份合作公司等），上述组织必须办理。裁定书还应送达给被执行人。

法院扣留、提取收入可逐月、逐季度或逐年进行。逐月、逐季度或逐年扣

---

① 《信托法》第 17 条规定："除因下列情形之一外，对信托财产不得强制执行：（一）设立信托前债权人已对该信托财产享有优先受偿的权利，并依法行使该权利的；（二）受托人处理信托事务所产生债务，债权人要求清偿该债务的；（三）信托财产本身应担负的税款；（四）法律规定的其他情形。对于违反前款规定而强制执行信托财产，委托人、受托人或者受益人有权向人民法院提出异议。"

留、提取的,需要在扣留、提取通知书中注明应提取总额及分次提取金额。协助组织需按通知分次将被执行人收入等汇至法院指定账户。

有关组织收到法院协助执行被执行人收入的通知后,擅自向被执行人或其他人支付的,法院有权责令其限期追回;逾期未追回的,应当裁定其在支付的数额内向申请执行人承担责任。法院还可依据《民事强制执行法(草案)》的规定以违反协助执行义务对协助义务组织主要负责人员或者直接责任人员予以罚款、拘留;构成犯罪的,依法追究刑事责任。法院也可以向监察机关或者其他有关机关提出对被罚款人、被拘留人予以纪律处分的司法建议。

第六节 对一般债权的执行

对被执行人一般债权的执行主要包括代位执行与人身保险合同现金价值的执行。代位执行,也称为对案外他人财产的执行,是指被执行人不能清偿到期债务,但被执行人对案外他人享有到期债权的,法院依据申请执行人或被执行人的申请,对该他人财产进行强制执行。人身保险的现金价值,又称为人身保险的解约退还金或退保价值,是指带有储蓄性质的人身保险合同解除时,保险公司应当退还给投保人的资金。人身保险合同现金价值的执行,是指被执行人的其他财产不足以清偿执行债务的,法院通知保险公司解除被执行人作为投保人的人身保险合同,进而执行保险单的现金价值部分。

一、代位执行

导入案例 8-5

某房地产公司向某商贸公司借款 300 万元,借款到期一再拖延还款,经多次追索仅还 48 万元,尚欠 252 万元。某商贸公司向法院申请支付令,要求被申请人支付剩余借款。法院审查认为申请人的申请符合法律规定,发出支付令如下:被申请人某房地产公司自收到本支付令之日起 15 日内,返还申请人某商贸公司借款本金 252 万元。因某房地产公司未在指定期限内向法院提出异议,该支付令即发生法律效力,某商贸公司向法院申请强制执行。

执行立案后,法院向被执行人某房地产公司发出执行通知书,某房地产公司称无力还款,但某旅游公司曾向其借款250万元,期限届满后经多次催索,对方至今仍分文未付。某房地产公司向法院提交了对方借款的证据材料。依申请执行人某商贸公司的申请,法院决定执行某房地产公司对某旅游公司所享有的到期债权。法院向某旅游公司发出履行令,限其15日内履行义务,直接向申请执行人某商贸公司给付250万元,某旅游公司于次日向法院提出书面异议,认为其已于借款到期后向某房地产公司的法定代表人还款20万元,至今仅欠230万元,而不是250万元。鉴于某旅游公司对部分债务没有提出异议但未主动履行,法院从某旅游公司的银行账户内划拨存款230万元。法院将该款支付给某商贸公司后,尚有本金22万元及利息未执行到位。法院通知某商贸公司,如其认为某旅游公司已还款20万元的异议不成立,可以在收到通知之日起15日内以某旅游公司为被告向法院提起收取债权之诉。

被执行人对他人享有债权的,法院可以查封该债权。查封被执行人对他人享有的金钱债权的,应当向他人送达查封令,禁止其在查封额度内清偿该金钱债权。查封被执行人对他人享有的交付物或者转移权属的债权的,应当向他人送达查封令,禁止其交付或者转移权属。

查封的金钱债权履行期限届满的,法院可以作出履行令,责令他人直接或者通过法院向申请执行人履行。查封的交付物或者转移权属的债权履行期限届满的,法院可以作出履行令,责令他人向法院交付标的物;需要办理权属移转登记的,登记至被执行人名下。

法院查封被执行人对他人享有的工资、薪金、劳务报酬、租金等继续性给付金钱债权的,查封效力在查封额度内及于查封后他人应付的金额。

代位执行具体程序包括:

1. 申请人提出申请

被执行人不能清偿到期债务,但对案外他人享有未到期债权的,申请执行人或被执行人可向法院提交申请书,申请查封该债权,禁止他人在查封额度内清偿该金钱债权。

被执行人不能清偿到期债务，但对案外他人享有到期债权的，申请执行人可向法院提交申请书，申请代位执行。申请执行人需书面提出申请，同时还需提交借据、欠条、生效法律文书等证明被执行人对他人享有债权的证明材料。被执行人对他人的债权性质为交付物或者转移权属的，申请事项为禁止他人向被执行人交付或者转移权属。查封的交付物或者转移权属的债权履行期限届满的，申请事项为责令他人向法院交付标的物；需要办理权属移转登记的，申请将权属登记至被执行人名下。

特殊情况下，被执行人亦可提出代为执行申请，申请法院按照代位执行程序执行被执行人对他人享有的到期债权。此外，法院在申请执行人或被执行人未申请的情况下，亦可依职权启动代位执行程序，向他人发出查封令或履行令。

2. 法院审查及发出命令

法院对申请人的申请进行形式审查后，认为债权属实，债权未到期的，法院作出并向他人送达查封令，禁止他人在查封额度内向被执行人清偿该金钱债权。债权履行期限届满的，法院作出并向他人送达履行令，责令他人直接或者通过法院向申请执行人履行。

履行令应当包含下列内容：(1) 他人直接或通过法院向申请执行人履行其对被执行人所负的债务，不得向被执行人清偿；(2) 他人应当在收到履行令后的 15 日内向申请执行人履行债务；(3) 他人对履行到期债权有异议的，应当在收到履行令后的 15 日内向执行法院提出，并说明事实与理由；(4) 他人违背上述义务的法律后果。

3. 他人提出异议

他人在履行令指定的期间内提出异议的，法院不得对他人强制执行。法院应当通知申请执行人。申请执行人认为异议不成立的，可以在收到通知之日起 15 日内以他人为被告向执行法院提起诉讼（收取债权之诉），请求确认被执行人对他人享有到期债权，以及他人应向申请执行人履行。起诉经法院受理的，申请执行人应当向执行机构提交已受理的证明文件，并将受理的事实告知被执行人。

被执行人对他人的到期债权已经生效法律文书确定的，他人不得提出异议。

他人提出异议时作虚假陈述的，法院可以根据情节轻重对他人予以罚款、拘留；构成犯罪的，依法追究刑事责任。法院对虚假陈述的组织，可以同时对其主要负责人员或者直接责任人员予以罚款、拘留；构成犯罪的，依法追究刑事责任。法院还可以向监察机关或者其他有关机关提出对被罚款人、被拘留人予以纪律处分的司法建议。

他人的虚假陈述给申请执行人造成损害的，他人应当承担赔偿责任，申请执行人可以提起诉讼请求他人赔偿其损失。

4. 他人未提出异议

他人在履行令指定的期限内没有提出异议，而又不履行履行令确定的义务的，执行法院可以裁定对他人强制执行，该裁定应同时送达他人和被执行人。

他人收到法院强制执行裁定后，认为被执行人的债权不存在、已消灭或者存在其他妨碍被执行人请求事由的，可以在执行程序终结前，以申请执行人为被告，向执行法院提起诉讼①，请求不予执行。他人知道或者应当知道存在多个异议事由的，应当在异议之诉中一并主张。被执行人异议之诉审理期间，一般不停止执行。被执行人提供书面证据的，停止对争议部分的处分措施，对无争议部分继续执行；申请执行人提供担保请求继续执行的，应当继续执行。

5. 被执行人放弃债权或延缓履行期限的行为不得对抗申请执行人

被执行人收到法院查封债权的查封令后，放弃其对他人的债权或延缓他人履行期限等不利于债权实现的处分行为不得对抗申请执行人，法院仍可在他人无异议又不履行的情况下予以强制执行。

6. 他人的责任

他人收到法院查封债权的查封令后，擅自向被执行人清偿债务，或者以查封后取得的债权主张抵销的，上述行为不得对抗申请执行人，法院仍可在他人无异议又不履行的情况下予以强制执行。

---

① 他人虽未被执行法院追加为被执行人，但法院裁定执行其财产，他人的地位与被执行人并无不同，故提起诉讼的类型为被执行人异议之诉。

7. 执行他人财产的范围

在对他人作出强制执行裁定后,他人确无财产可供执行的,不得就他人对其他人享有的到期债权强制执行,即法院不得强制执行他人的债务人的财产。换言之,代位执行以执行被执行人的债务人为限。

8. 法院出具证明

他人按照法院履行通知向申请执行人履行了债务或已被强制执行后,法院应当出具有关证明。换言之,代位执行以执行一次为限,防止他人财产被再次执行。

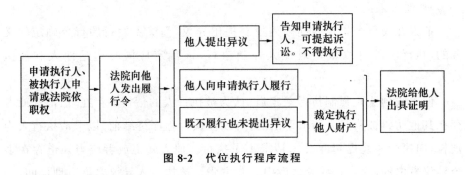

图 8-2 代位执行程序流程

二、人身保险合同现金价值的执行

导入案例 8-6

钱某与杨某买卖合同纠纷一案,法院作出的民事调解书已经发生法律效力,杨某未履行义务。钱某向法院申请强制执行,要求杨某支付货款 4 万元及逾期付款利息。执行立案后,杨某下落不明。法院调查发现杨某无车辆、房产、工商信息,仅在银行有存款 2032.43 元,法院查封了杨某的该银行账户存款 40900 元(实际查封 2032.43 元,未查封 38867.57 元)。

钱某提供财产线索,称杨某在平安人寿保险公司买有相关人身保险。法院向平安人寿某分公司调查得知:杨某为投保人,以儿子小宝为被保险人及受益人,向某分公司购买"吉星送宝"少儿两全保险(分红型)25 份(每份年缴 1000 元,该险种为分红型人寿保险,是集保障与投资分红、重大疾病保险为一体的多功能险种)。杨某合计已缴纳保费 50000 元,现保单现金价值为 19800

元。该险种为缴费10年,每年缴纳25000元,累计缴纳保费25万元,保险公司每隔一年返受益人7500元,一直到受益人73岁,在受益人75岁时一次性返25万元。法院向某分公司发出执行裁定书及协助执行通知书,将该保单将于1个月后到期的生存金7500元予以查封。某分公司告知杨某查封情况后,杨某现身,并在法院释明法律后果后,与钱某达成和解协议并履行完毕。

近年来,带有储蓄、分红性质的人身保险业务蓬勃发展。执行过程中,法院经调查发现许多被执行人名下没有可供执行的其他财产,但投保了人身保险合同。如果对被执行人这部分保险合同的现金价值[①]不予执行,显然不符合强制执行的目的与宗旨。但执行人身保险合同的现金价值存在一个不可回避的障碍,即人身保险合同成立并生效,是基于投保人与保险人的意思自治,属于民事合同法律关系调整的范围。如果合同双方当事人同意解除合同并退保,法院可以执行保单的现金价值。但如果保险合同不解除,法院无法强制执行保单的现金价值,而法院直接裁定解除保险合同又没有法律依据。有鉴于此,《民事强制执行法(草案)》规定,被执行人的其他财产不足以清偿执行债务的,法院可以通知保险公司解除被执行人作为投保人的人身保险合同,依据对一般债权的规定执行被执行人享有的现金价值债权。换言之,法院有权通知保险公司解除被执行人投保的人身保险合同。具体来讲,法院虽不能直接裁定解除保险合同,但可以让保险公司作为协助义务人协助解除保险合同。合同解除后,被执行人对保险公司享有解约退还现金价值的到期债权,法院可以强制执行被执行人对保险公司享有的该保险合同现金价值。

保单的现金价值可以执行的原因在于:一方面,保单本身具有储蓄性和有价性,体现在投保人可通过解除保险合同提取保单现金价值。保单现金价值不同于保险费也不同于保险金,系基于投保人缴纳的保险费所形成,是投保人依法享有的财产权益,并构成投保人的责任财产。该财产权益在法律性质上并不具有人身依附性和专属性,不属于不得执行的财产。另一方面,如果认可保单的现金价值不能执行,则投保人身保险有可能成为债务人逃避债务的有

[①] 现金价值即保险合同解除后,保险公司应退还投保人的现金金额。

效途径。所以,保单现金价值依法可以作为强制执行的标的。导入案例 8-6 中,被执行人杨某投保的"吉星送宝"少儿两全保险,是集保障与投资分红、重大疾病保险为一体的多功能险种,投保人如出现重大疾病,可提前给付,还可以办理保险权益的转换。保险公司每隔一年返受益人 7500 元,该 7500 元属于一种财产期待权利,是被执行人所有的一种合法投资收益,应当作为被执行人的可供执行的财产。

保险合同投保人与受益人不一致的,法院应当告知受益人可以在指定期限内向法院支付相当于保单现金价值的价款,由保险公司变更受益人为投保人。受益人拒绝支付或者逾期未支付的,法院可以依法通知保险公司解除人身保险合同,进而执行被执行人对保险公司享有的解约退还金。导入案例 8-6 中,杨某为投保人,儿子小宝为被保险人及受益人。假如法院需要继续执行保险合同,由于小宝未成年,法院应当告知小宝的监护人(杨某或其妻子)向法院支付相当于保单现金价值的价款 19800 元。该款交齐后,法院不再执行该保险合同,投保人杨某可向保险公司申请变更小宝为投保人。杨某或其妻子拒绝支付或逾期支付保险合同现金价值的,法院仍然可以通知保险公司解除保险合同,继续强制执行保险合同的现金价值。

对存款、收入及人身保险合同现金价值的执行,本节没有介绍的,参见本章第三节"对不动产的执行"的介绍。

第七节 对股权等其他财产权的执行

一、对股权的执行

执行程序中,有些被执行人没有动产、不动产、债权等可供执行的财产,或对这些财产变价后仍然不能实现申请执行人的债权,但被执行人持有案外公司的股权,因此,对公司股权的执行也是较常见的执行方式。

公司按财产责任分为有限公司、无限公司和两合公司三大类:有限公司的股东以其出资额为限对公司或公司债务承担有限责任;无限公司的股东对公司债务承担无限责任；两合公司的部分股东承担有限责任，部分股东承担无限责任。我国《公司法》对公司的定义是：公司是企业法人，有独立的法人财产，享有法人财产权。公司以其全部财产对公司的债务承担责任。可见，我国《公司法》只规定了有限公司，没有规定无限公司和两合公司。有限公司又进一步分为有限责任公司和股份有限公司。有限责任公司的股东以其认缴的出资额为限对公司承担责任，股份有限公司的股东以其认购的股份为限对公司承担责任。

股权是公司股东因出资而取得的，依照法律规定或公司章程约定的规则和程序参与公司日常事务并在公司中享有财产权益的权利。股权是可以流通的财产性权利，同被执行人的其他可供执行的财产在本质上并无区别，因此，股权可以强制执行。对股权的变价，与对动产、不动产的变价措施基本一致，主要包括拍卖、变卖及以物抵债等，但基于股权自身的属性，在执行条件及执行方法上又有其特殊性。

（一）对未挂牌股权、股份的执行

《最高人民法院关于人民法院强制执行股权若干问题的规定》（法释〔2021〕20号，以下简称《执行股权规定》）于2022年1月1日起施行。根据该规定，对股权所在公司的章程和股东名册等资料、公司登记机关的登记及备案信息、国家企业信用信息公示系统的公示信息等资料或者信息之一载明属于被执行人的股权，法院均可以进行查封。[①] 换言之，对于股权的权利外观的判断，只要上述四种资料或信息之一对被执行人的股权有记载或登记，法院就可以对该股权进行查封。同时，案外人对查封的股权主张排除执行的实体权利的，法院应当依照《民事诉讼法》第238条的规定以案外人异议进行审查。

1. 对未挂牌股权、股份的查封

查封被执行人名下的有限公司股权、非上市未挂牌股份公司股份的，应当向公司登记机关送达裁定书和协助执行通知书，由公司登记机关在国家企业信用信息公示系统进行公示，股权冻结自在公示系统公示时发生法律效力。多个法院冻结同一股权的，以在公示系统先办理公示的为在先冻结。查封被

[①] 《最高人民法院关于人民法院强制执行股权若干问题的规定》全文采用了"冻结"的概念。为与《民事强制执行法（草案）》表述一致，本书采用"查封"的概念，二者在此含义完全相同。

执行人股权后，法院要及时向被执行人、申请执行人送达裁定书，并将查封股权的情况及时书面通知股权所在公司。申言之，公司在为其股东办理股权变更手续时，应当提前到国家企业信用信息公示系统查询该股东的股权是否已被法院查封，如已经查封则不得为其办理。民事主体在购买股权时，不仅需要到公示系统查询该股权是否已被质押，还需要查询该股权是否已被法院查封，否则可能出现"钱财两空"的不利风险。

《查封、扣押规定》第 24 条第 1 款规定，被执行人就已经查封、扣押的财产所作的移转、设定权利负担或者其他有碍执行的行为，不得对抗申请执行人。该规定首次明确了我国查封、扣押措施采用相对效力规则，即法院查封、扣押的财产，被执行人并未丧失处分权，依然可以转让该财产或者用该财产设定权利负担进行融资。《执行股权规定》第 7 条亦规定，被执行人就被查封股权所作的转让、出质或者其他有碍执行的行为，不得对抗申请执行人。如果转让款或者融资款清偿了执行债权，则法院应当解除查封、扣押措施；如果未能清偿执行债权，由于查封、扣押措施之前已经进行了公示，受让人知道或者应当知道该财产上存在执行措施，故即使该财产已经转让到受让人名下，对于申请执行人而言依然属于被执行人的财产，法院依然可以进行处置变价。

为避免因股权权属纠纷查封争议股权后，股权所在公司因增资、减资对法院强制执行带来障碍，《民事强制执行法（草案）》对被查封股权的表决权进行限制：法院因股权权属纠纷查封争议股权时，可以根据申请执行人的申请，裁定禁止被执行人在股权所在公司股东会或者股东大会就增资、减资等引起股权变动的事项进行表决时，在被查封股权范围内表示同意。申请执行人应当提供担保，不提供担保的，驳回申请。该法限制的是被执行人的表决权，并未限制股权所在公司实施增资、减资、合并、分立等行为。《执行股权规定》进一步阐明：第一，查封股权并不当然限制股权所在公司实施增资、减资、合并、分立等行为。第二，法院可以根据案件具体情况，决定是否向股权所在公司送达协助执行通知书，要求其在实施增资、减资、合并、分立等行为前向法院报告有关情况。第三，法院收到股权所在公司的报告后，并不进行审查，但除涉及国家秘密或者商业秘密外应当及时通知申请执行人，以便申请执行人根据具体情况，决定是否要提起损害赔偿之诉或者代位提起确认决议无效、撤销决议等诉讼。换言之，法院对此采取"事先报告"加"事后救济"的模式，既满足了股权所在公司的正常运转需求，也为申请执行人寻求救济提供了保障。最后，股权所在公司接到协助执行通知书后，不履行报告义务的，法院可以依照《民事诉讼法》第114条的规定依法追究其法律责任。

目前多数意见认为，未挂牌公司股权产生的股息、红利等收益属于股东对股权所在公司享有的债权，冻结股权并不当然及于收益。[①] 对收益的执行，应当按照债权执行的规则处理。因此，《执行股权规定》第9条明确规定，法院查封被执行人基于股权享有的股息、红利等收益的，应当向股权所在公司送达冻结裁定；股息、红利等收益到期的，可以书面通知股权所在公司向申请执行人或者法院履行。

2. 未挂牌股权、股份的股东自行转让

有限公司股权转让可分为两种，一种情况是股东自行转让，另一种是法院主导下的强制转让。关于股东自行转让股份，《执行股权规定》第10条明确了被执行人自行变价股权的两种情形：一是申请执行人以及其他已知的执行债权人同意；二是变价款足以清偿执行债务。所谓"已知的执行债权人"，包括已经向执行法院申请参与分配股权变价款和轮候冻结该股权的债权人。符合上述情形的，被执行人可以向法院提出申请，由法院根据案件情况决定是否准许。为防止被执行人通过自行变价程序拖延执行或者转移变价款，法院准许被执行人自行变价的，应当严格控制变价款并要求其在指定期限内完成。具体期限由法院根据具体情况酌定，但最长不得超过3个月。在该期限内未能自行变价的，法院要及时强制变价。

《公司法》规定，有限责任公司的股东之间可以相互转让其全部或者部分股权。但对向非股东转让股权进行了严格限制：股东向本公司股东以外的人转让股权时，应当经其他股东过半数同意；不同意转让的股东应当购买该转让的股权，不购买的，视为同意转让；此外，经股东同意转让的股权，在同等条件下，其他股东享有优先购买权。公司章程对股权转让问题另有规定的，从其规定。法律赋予股东事前自由决定股权转让规则的权利，但全体股东制定公司

[①] 上市公司例外。《最高人民法院关于冻结、拍卖上市公司国有股和社会法人股若干问题的规定》第7条第2款规定，股权冻结的效力及于股权产生的股息以及红利、红股等孳息。

章程时通常全部选择维持股东的优先购买权,故实务中几乎没有例外情形。

法院查封未挂牌股权、股份,应当书面通知被查封股权、股份的有限公司。被执行人如果能够和公司其他股东协商一致自行在公司内部转让股权、股份,法院执行股权、股份的转让款,是最简便的执行方法。当然,转让价格需合理,最好能对股份、股权进行评估后再协商转让事项。

3. 未挂牌股权、股份的强制转让

未挂牌股权、股份转让的另一种方式是法院主导下的强制转让,即由法院拍卖被执行人持有的股权。法院拍卖被执行人持有的股权,应当采取网络司法拍卖方式。强制拍卖股权必须满足以下两点:

(1) 必须保证其他股东的优先购买权。根据《公司法》的规定,法院依照法律规定的强制执行程序转让股东的股权时,应当通知公司及全体股东,其他股东在同等条件下有优先购买权。其他股东自法院通知之日起满20日不行使优先购买权的,视为放弃优先购买权。

(2) 强制执行股权不能破坏资本维持原则。根据《公司法》的规定,公司成立后,股东不得抽逃出资。资本维持原则是公司制度的基本原则之一,要求公司维持与资本总额相当的财产,在公司存续期间不允许公司股东把已缴付的出资资本收回。公司登记成立后,公司的财产即独立于股东个人的财产而存在,股东的个人债务不等于公司的债务。所以,对有限公司自有财产的执行或要求公司交出被执行人的出资的做法,明显违背了公司法的基本原则,应予禁止。

对股权变价首选拍卖方式。由于有限责任公司股权的实际价值始终处于动态变化之中,随公司盈利状况的改变而变动,在执行此类财产时其实际价值与股东的初始投入资本额相比,一般都存在一定差额,所以拍卖前应确定股权的参考价。根据《执行股权规定》的规定,第一,法院应当依照《最高人民法院关于人民法院确定财产处置参考价若干问题的规定》的有关规定确定股权处置参考价,即可以采取当事人议价、定向询价、网络询价、委托评估等方式确定处置参考价,并参照参考价确定起拍价。[①] 第二,确定处置参考价时,需要相关

---

① 股权估价有其特殊性,通常不宜通过询价、议价方式确定处置参考价,实务中多数法院通过委托具有相应资质的评估机构进行评估确定参考价。

材料的,法院可以向公司登记机关、税务机关等部门调取,也可以责令被执行人、股权所在公司以及控制相关材料的主体提供。相关主体拒不提供的,不仅可以强制提取,而且还可以依照《民事诉讼法》第114条的规定追究其法律责任。第三,为确保评估机构准确评估公司价值进而准确评估股权价值,经当事人书面申请,法院可以委托审计机构对股权所在公司进行审计。第四,通过委托评估方式确定股权处置参考价的,如果评估机构因为缺少相关材料无法进行评估或者认为影响评估结果,被执行人未能提供且法院也无法调取补充材料的,法院应当通知评估机构根据现有材料进行评估,同时告知当事人因缺少材料可能产生的处置参考价偏离股权真实价值乃至适用"无底价拍卖"的不利后果。最后,评估机构根据现有材料出具了评估报告的,则参照该评估价确定起拍价;评估机构根据现有材料无法出具评估报告的,经申请执行人书面申请,法院可以结合案件具体情况和股权实际情况进行"无底价拍卖",但确定的起拍价要适当高于执行费用,以避免发生"无益拍卖"的情形。

关于前置审批类股权的拍卖。根据《证券法》《保险法》《商业银行法》《企业国有资产法》等法律规定,证券公司、保险公司、商业银行、国有企业等转让一定比例的股权前需经相关部门审批。法院对这类股权进行拍卖的,竞买人也应当符合相应的资格或条件。《执行股权规定》规定,股权变更应当由相关部门批准的,法院应当在拍卖公告中载明法律、行政法规或者国务院决定规定的竞买人应当具备的资格或者条件。必要时,法院可以就竞买资格或者条件征询相关部门意见。拍卖成交后,法院应当通知买受人持成交确认书向相关部门申请办理股权变更批准手续。买受人取得批准手续的,法院作出拍卖成交裁定书;买受人未在合理期限内取得批准手续的,应当重新对股权进行拍卖。重新拍卖的,原买受人不得参加竞买。对于买受人明知不符合竞买资格或者条件依然参加竞买,且在成交后未能在合理期限内取得相关部门股权变更批准手续的,要参照悔拍处理,交纳的保证金不予退还。保证金不足以支付的,可以裁定原买受人补交;拒不补交的,强制执行。

对于被执行人在其他营利法人(包括有限责任公司、股份有限公司和其他企业法人)享有的投资权益强制执行的,亦可以参照《执行股权规定》执行。

对未挂牌股份的执行,可以强制被执行人按照《公司法》的有关规定转让,也可以直接采取拍卖、变卖的方式进行处分。

股权、股份的拍卖、变卖程序适用《民事强制执行法(草案)》对不动产的拍卖、变卖程序,在此不再赘述。

(二)对挂牌股权、股份的执行

导入案例 8-7

原告某证券公司与被告王某在诉讼中达成和解协议,约定王某于 2019 年 5 月 15 日之前向证券公司偿还本金 2.6 亿元及相应利息、违约金等。某法院出具民事调解书予以确认。后王某未按调解协议履行,某证券公司申请法院强制执行。

执行中,法院向被执行人王某发出执行通知书,责令其履行民事调解书确定的义务,但王某逾期并未履行。经调查发现,王某名下的不动产已被其他法院查封,可执行财产为 9384 万股某上市公司股份。法院裁定对上述股票及证券账户、资金账户进行查封。经询问,王某表示无力履行。法院于 2019 年 11 月 26 日发出司法处置股票公告,公布将于 2019 年 12 月 12 日在上海证券交易所大宗股票司法协助执行平台公开处置王某持有的某上市公司股票 9384 万股。处置起始单价为 2019 年 12 月 12 日前 20 个交易日该股票收盘平均价的 90%,未超过处置起始单价的竞买出价无效。2019 年 12 月 12 日,竞买账号 A130707＊＊＊以每股单价 2.92 元申报竞买 9384 万股,以总价 274012800 元的最高价竞买成交。2019 年 12 月 17 日,法院裁定将上述股票所有权人变更至竞买人名下。随后,法院将上述处置款在扣除执行费后,发还申请执行人。至此,申请执行人的债权基本得到清偿。

1. 对挂牌股权、股份的查封与拍卖、变卖

查封上市公司股票、在全国股份转让系统挂牌公司股票的,法院应当通知托管该股票的证券公司或者证券登记结算机构办理查封登记。

《民事强制执行法(草案)》第 164 条规定:"查封上市公司股票后,人民法院可以通知被执行人或者证券公司在指定期限内以市价依法变卖。逾期没有变卖或者无法变卖的,可以进行拍卖。"《最高人民法院关于冻结、扣划证券交

易结算资金有关问题的通知》（法〔2004〕239号）规定，人民法院执行流通证券，可以指令被执行人所在的证券公司营业部在30个交易日内通过证券交易将该证券卖出，并将变卖所得价款直接划付到人民法院指定的账户。对上市公司的流通股而言，因其在证券交易所公开上市交易，市场机制本身足以确保形成合理的价格，因此，通常无须经过拍卖程序，法院通知相关的证券公司协助执行，通过证券交易所直接予以变卖即可。实务中，为防止大宗流通股的变卖引发恐慌性抛盘，引发股市剧烈波动，影响股市稳定，法院可以采取分次拆细变卖或请求证券交易所协助采取对敲买卖方式进行变卖。

需注意，2019年修正的《证券法》第63条规定，通过证券交易所的证券交易，投资者持有或者通过协议、其他安排与他人共同持有一个上市公司已发行的有表决权股份达到5%时，应当在该事实发生之日起3日内，向国务院证券监督管理机构、证券交易所作出书面报告，通知该上市公司，并予公告，在上述期限内不得再行买卖该上市公司的股票，但国务院证券监督管理机构规定的情形除外。投资者持有或者通过协议、其他安排与他人共同持有一个上市公司已发行的有表决权股份达到5%后，其所持该上市公司已发行的有表决权股份比例每增加或者减少5%，应当依照前款规定进行报告和公告，在该事实发生之日起至公告后3日内，不得再行买卖该上市公司的股票，但国务院证券监督管理机构规定的情形除外。投资者持有或者通过协议、其他安排与他人共同持有一个上市公司已发行的有表决权股份达到5%后，其所持该上市公司已发行的有表决权股份比例每增加或者减少1%，应当在该事实发生的次日通知该上市公司，并予公告。据此，法院在对大宗股票进行变卖时，应要求有关当事人按照《证券法》的有关规定进行报告和公告。

对非上市公司股票，因其没有公开的交易价格，因此，其变价应遵循拍卖优先原则，拍卖之前，法院应当委托具有证券从业资格的资产评估机构对股票价值进行评估。具体拍卖程序适用不动产的拍卖程序规定，详见本章第三节对"变价"的介绍。

2. 对上市公司国有股、社会法人股的变价

对上市公司国有股、社会法人股的变价，《最高人民法院关于冻结、拍卖上市公司国有股和社会法人股若干问题的规定》作出了较为明确、具体的规定。

被执行人在限期内提供了方便执行的其他财产的,应当首先执行其他财产。其他财产不足以清偿债务的,方可执行其持有的国有股或社会法人股。

对国有股和社会法人股的变价,必须进行拍卖。执行法院裁定拍卖的,应当于委托拍卖之前将法律文书送达股权持有人或者所有权人并书面通知上市公司,并告知该国有股份持有人5日内报主管财政部门备案。上市公司国有股、社会法人股,因其没有公开的交易价格,拍卖之前,法院应当委托具有证券从业资格的资产评估机构对股权价值进行评估。

拍卖保留价应当按照评估值确定,第一次拍卖最高应价未达到保留价时,应当继续进行拍卖,每次拍卖的保留价应当不低于前次保留价的90%。经三次拍卖仍不能成交时,法院应当将所拍卖的股权按第三次拍卖的保留价折价抵偿给债权人。法院可以在每次拍卖未成交后主持调解,将所拍卖的股权参照该次拍卖保留价折价抵偿给债权人。拍卖过程中,竞买人已经持有的该上市公司股份数额和其竞买的股份数额累计不得超过该上市公司已经发行股份数额的30%。如竞买人累计持有该上市公司股份数额已达到30%仍参与竞买的,须依照《证券法》的相关规定办理,在此期间应当中止拍卖程序。

拍卖成交后,法院应当向证券交易市场和证券登记结算公司出具协助执行通知书,由买受人持拍卖机构出具的成交证明和财政主管部门对股权性质的界定等有关文件,向证券交易市场和证券登记结算公司办理股权变更登记。

二、对知识产权的执行

知识产权,也叫智慧财产所有权,是指民事主体基于其创造性智力成果和工商业标记依法产生的专有的民事权利的统称。知识产权是一种无形财产权,属于广义的财产权利范畴,其客体是智慧劳动成果或者是知识产品,是一种无形财产,或者是一种没有形体的精神财富,也是创造性的智力劳动所产生的劳动成果。知识产权类型包括:(1)狭义著作权是制作者及相关主体对各类作品的创作依法享有的权利;广义的著作权,除了狭义著作权以外,还包括表演者、录音录像制品作者就自己创造的劳动成果所享有的民事权利。(2)专利权,是发明创造人或其他权利受让人对特定的发明创造在一定期限内,依法享有的独占实施的知识产权。(3)商标权,是指商标权利人在自己的商品或服务上使用商标,并排除他人未经许可在类似的商品或者服务上使用相同或者近似标志的权利。(4)其他知识产权,例如地理标志权、商业秘密权、植物新品种权以及集成电路布图设计专有权等。

被执行人不履行生效法律文书确定的义务时,法院应注意调查被执行人有无专利权、注册商标使用权、著作权等知识产权。一般情况下,这些权利都是公开的。专利权、注册商标使用权分别由国家知识产权局专利局、商标局统一管理,核发权利证书并予以公告。著作权人的作品可以是发表的,也可以是未发表的,但绝大多数作品都有公开发表,因此,查找亦相对容易,可以直接询问被执行人,或向国家知识产权局专利局、商标局查询,也可向有关组织或知情人调查询问。需注意的是,根据《民事强制执行法(草案)》的规定,未公开的发明或者未发表的作品属于豁免执行的财产,法院不得对其予以强制执行。

查找到被执行人的相关知识产权后,法院有权禁止被执行人转让其知识产权。知识产权有登记的,法院应当向知识产权登记机关发出协助执行通知书,要求协助办理知识产权查封登记,相关部门不得办理财产权转移手续。查封没有登记的知识产权,法院应当以适当方式公示。必要时,法院可以责令被执行人将专利证书、注册商标证等产权或使用权证照交给法院保管存放。

采取上述控制性措施后,被执行人仍不履行义务的,法院有权对被执行人所有的知识产权采取拍卖、变卖等变价措施,出卖其财产权,换取价款清偿债务。由于知识产权中的财产权的特殊性,有时拍卖成交比较困难,故以知识产权本身抵债也是实务中常见的一种执行方法。此外,知识产权中使用权的许可也是常见的交易形式,凡是权利主体可以自行行使的权利,执行中都可以强制行使。因此,对知识产权的执行,除可以对权利本身进行转让或以物抵债之外,还可以对其具体权能采取措施,比如有期限地转让使用权或以使用权抵债。具体采取何种处分措施,执行法院应根据知识产权的种类、性质及变价难易程度等因素确定。

《民事强制执行法(草案)》对执行注册商标专用权作出了特殊规定:对法院查封、变价注册商标专用权的,应当对被执行人在同一种商品上注册的近似的商标,或者在类似商品上注册的相同或者近似的商标一并查封、变价。

三、对其他财产权的执行

导入案例8-8

张某因与某贸易有限公司合同纠纷争议诉至某市中级人民法院,法院经审理判决某贸易有限公司向张某归还成色为99.99%的黄金6万克或支付相对应的折价款1624.14万元。被告不服判决提起上诉,某省高级人民法院审理后判决驳回上诉,维持原判。

判决生效后,张某向某市中级人民法院申请强制执行。法院向被执行人某贸易有限公司发出执行通知书,责令其履行生效法律文书确定的义务。因某贸易有限公司未履行,法院裁定查封某贸易有限公司在上海黄金交易所的会员资格和其在上海黄金交易所的全部交易席位及相关权利。随后,法院对该会员资格和全部交易席位及相关权利委托评估,评估报告确定上述执行标的物在评估基准日所表现的市场价值为3610.6万元。法院发布公告,对上述财产权利进行网络拍卖。某金融控股集团有限公司作为买受人在京东拍卖平台举行的拍卖中通过公开竞价,以2888.48万元竞得上述在上海黄金交易所的会员资格和在上海黄金交易所的全部交易席位及相关权利。法院裁定上述拍卖标的物及相关权利归买受人某金融控股集团有限公司所有,上述标的物所有权自裁定送达买受人金融控股公司时转移,某金融控股集团有限公司可持该裁定到有关机构办理相关财产权变更登记手续。之后,上海黄金交易所向金融控股公司颁发了会员资格证书。某市中级人民法院遂作出结案通知书,该案执行完毕。

随着我国市场经济向纵深发展,各种新兴财产权类型不断地涌现,比如高尔夫俱乐部会籍问题、合作社的社员权益问题,等等。这些新型财产权利很难被纳入传统的财产类型中,也难以用传统的执行方法进行强制执行,从而给执行标的的确认及变价造成了新的挑战。如果不能对被执行人的新型财产采取有效执行措施,将使财产类型创新成为逃避执行的法外之地,既有损于申请执行人的合法权益,更将严重损害已初见成效的社会诚信体系,因此,必须将新型财产权利纳入可供执行标的,积极探索一些新的执行措施和执行方法,以方便将其成功变价。

对于一项财产是否可以成为适格的执行标的物,法院一般应从两个方面判定:一是判断被执行人对拟执行标的物是否享有所有权或依法处分的权利;二是判断执行标的物是否具有处分变价的可能性,以及是否具有法律禁止流转及执行的情形。新型财产权利只要不为法律禁止转让,其他属性均符合可供执行财产的特征。

案例8-8中,在被执行人某贸易有限公司名下无其他有效可供执行财产的情况下,其持有上海黄金交易所的黄金交易席位是否可以成为适格的执行标的物,将决定本案是否能执行到位。黄金交易席位,究其本质与证券交易席位、期货交易席位类似,属于一种无形资产,是被执行人享有处分权,且具有一定经济价值并可予以转让的财产性权利,可以成为法院民事执行程序中适格的强制执行标的物。且在执行中,执行法院认为交易席位与会员资格具有紧密的相关性,二者必须共同构成一项完整的执行标的物。若割裂二者的关系,将导致执行措施出现瑕疵,执行效果也会大打折扣。因此,执行法院在对该财产采取保全及处分措施时,不应割裂二者的关系,应当一并保全或处分被执行人名下的会员资格、全部交易席位及相关权利。

导入案例8-9

某市市政道路工程建设指挥部与李某夫妇签订了一份拆迁安置协议,约定李某夫妇同意将其所有的房屋交市政道路工程建设指挥部收购拆除,李某夫妇向指挥部认购使用面积为 $70 m^2$ 的一套安置房,购房款分三期支付。第一期在签订协议时支付,以旧房折价;第二期在楼房封顶时支付总数的70%;第三期在新房交付前付清。协议签订后,李某夫妇的旧房被拆除,并折价作为首期购房款。之后,某区法院在审理原告苏某与李某夫妇民间借贷纠纷一案中,裁定查封了被告李某夫妇该套安置房的认购权。该案进入执行程序后,法院裁定拍卖该套安置房的认购权,拍卖成交价格43.5万元,法院将拍卖款交付给苏某,该案执行终结。

城市房屋拆迁改造中,被拆迁人可以选择货币补偿方式或房屋产权调换补偿方式同拆迁人签订补偿安置协议。选择产权调换的,拆迁人须以其易地或者原地再建、购买的房屋与被拆迁人的被拆除房屋产权进行调换,而被拆迁人则要付清被拆迁房屋和所调换房屋之间的差价。导入案例 8-9 中,市政道路工程建设指挥部与李某夫妇签订的拆迁安置协议就属于产权调换补偿安置协议。被拆迁人签订产权调换补偿安置协议后,旧房屋被拆除,所有权灭失,而拆迁安置房往往没有交付甚至还在建造之中,所有权并未实现。但是,由于被拆迁人享有拆迁安置房认购权,且有优先权作保障,这就使得被拆迁人对尚未交付甚至是建造中的安置房所有权享有一种期待权。这种期待权同样可以成为强制执行的标的。

财产权包罗万象,难以一一列举。对本节没有介绍的其他财产权和利益的执行,可以根据其种类、性质,分别参照适用对不动产的执行、对动产的执行以及对债权的执行的相关规定。

第八节　对共有财产的执行

法院在执行程序中应当执行被执行人个人名下的财产。被执行人个人名下无财产,或虽有财产但不足以清偿执行依据确定的个人债务,抑或该财产难以处置,法院可以执行被执行人与他人共有的财产。共有包括按份共有与共同共有,按份共有人对共有的不动产或者动产按照其份额享有所有权,共同共有人对共有的不动产或者动产共同享有所有权。共有人对共有的不动产或者动产没有约定为按份共有或者共同共有,或者约定不明确的,除共有人具有家庭关系等外,视为按份共有。

一、对按份共有财产的执行

导入案例 8-10

某银行与某农机公司签订总额为 5000 万元的借款合同,某商贸公司对上述借款承担连带清偿责任担保。因农机公司到期未能履行清偿义务,某银行以农机公司、商贸公司为被告向法院提起诉讼。经审理,法院判决农机公司返还借款本金5000万元及利息,商贸公司承担连带清偿责任。判决发生法律效力后,农机公司、商贸公司均未主动履行义务,某银行向法院申请执行。

法院在执行中查明,被执行人商贸公司与案外人湖南某房地产开发公司、金牛集团签订了《合作北京金牛房地产开发有限公司合同书》,约定商贸公司提供位于北京市某区的部分土地,其他两方提供资金合作开发"金牛广场"项目,商贸公司可分得项目总面积25%的物业面积,商贸公司需将相应土地使用权变更到北京金牛房地产开发有限公司名下。因"金牛广场"项目属在建工程,协议三方尚未对物业面积进行具体分割。执行法院认为,商贸公司在未分割的共有财产中享有确定的份额,该份额应属本案的执行标的。鉴于北京金牛房地产开发有限公司在执行过程中已经办理商品房预售许可证,执行法院裁定查封了"金牛广场"项目的土地使用权及地上建筑物。执行法院将查封情况通知商贸公司及案外共有人湖南某房地产开发有限公司、金牛集团后,三方经数十次的磋商,直至项目竣工,仍未能达成具体明确的房产分割协议。法院遂对被执行人商贸公司在该房产项目中享有的份额进行了评估,并依法对该份额予以执行。

法院对按份共有财产的执行程序通常包括:首先,对共有财产采取查封措施。按份共有的财产有登记的,法院应当通知登记机关查封被执行人所享有的份额;对于份额难以确定的,法院有权整体办理查封登记。法院应当将查封情况以书面或者其他确认知悉的方式告知其他共有人。其次,确定份额难以确定的被执行人在共有财产中所占的份额。最后,符合条件的对共有财产整体进行变价。不符合条件的,在全体按份共有人协商分割方式后,法院分情况进行处理;全体按份共有人不能协商一致的,法院确定分割和变价方案,对共有份额进行强制分割变价。

(一)共有份额的确定与查封

被执行人与他人按份共有财产的,法院应当执行被执行人所享有的份额。确定被执行人在共有财产中所占的份额,有登记公示的,以登记记载为准;未登记但有书面约定的,依其约定;没有约定或约定不明的,按照出资额确定;不能确定出资额的,视为等额享有。[1] 共有财产便于实物分割,且实物分割不减损其价值的,法院可以直接执行分割后属于被执行人的财产。按份共有的财产有登记的,法院应当通知登记机关对被执行人所享有的份额办理查封登记;没有登记的,应当通知被执行人和其他按份共有人。按份共有财产按照约定或者实际由被执行人占有的,法院可以实施占有。

查封按份共有财产中被执行人份额的目的是为了固定共有财产的份额现状,防止被执行人转让共有财产或与其他按份共有人协议改变份额,因此,被执行人的份额查封后,其他按份共有人向被执行人交付按份共有的财产或者被执行人应得的孳息、收益以及转让价款,以及被执行人同意转让共有财产的行为均不得对抗申请执行人。

(二) 按份共有财产的分割与变价

1. 直接对共有财产进行变价

《民法典》规定,处分共有的不动产或者动产以及对共有的不动产或者动产作重大修缮、变更性质或者用途的,应当经占份额 2/3 以上的按份共有人或者全体共同共有人同意,但是共有人之间另有约定的除外。根据本条规定,法院对共有财产直接进行变价分为三种情形:

(1) 按份共有人约定不得分割共有的不动产或者动产,以维持共有关系的,法院应当按照约定,直接变价按份共有财产。

(2) 按份共有人对处分共有的不动产或动产应当同意的份额另有约定,经约定份额的按份共有人同意的,法院可以直接变价按份共有财产。

(3) 按份共有人对处分共有的不动产或动产应当同意的份额没有约定,经占份额 2/3 以上的按份共有人同意的,法院可以直接变价按份共有财产。

符合上述情形,法院对按份共有财产整体变价后,按照被执行人在共有财产中所占的份额,提取相应的变价款予以执行。剩余变价款交还给其他按份共有人。

---

[1] 按份共有人共有份额的认定规则参见《民法典》第 309 条的规定。

2. 对共有财产进行分割与变价

法院在分割执行按份共有财产时,需注意按份共有人对共有物分割的约定优先适用。如果按份共有人约定不得分割共有的不动产或者动产,应当按照约定。但是该约定并非绝对不能改变,对于按份共有人有重大理由需要分割的,可以请求分割。对于重大理由的理解,一定要把握"重大"二字。比如,按份共有人请求分割共有财产是为了生活中的急需,如支付教育、医疗费用等,甚至生产经营出现重大困难,为了解难纾困请求分割共有财产,均应视为构成重大理由,允许按份共有人请求分割共有物。如果请求分割共有物是为了奢侈消费,则不能构成分割共有物的重大理由。

按份共有人对分割共有的不动产或者动产没有约定或者约定不明确的,按份共有人可以随时请求分割。与共同共有比较,按份共有的基础关系相对不具有紧密性和人身属性,按份共有基础关系的财产性较强而人身性较弱,因此在没有约定或者约定不明确时,按份共有人可以随时请求分割。

当事人和其他按份共有人可以协商确定分割方式。协商一致的,法院按照协议内容,分别处理:(1) 实物分割的,变价被执行人所得财产;(2) 被执行人承受共有财产的,变价共有财产,折价款从变价款中优先支付;(3) 其他按份共有人承受共有财产的,责令承受人按期支付折价款,但是其未按期支付折价款的,申请执行人可以请求执行法院变价该共有财产,折价款从变价款中优先支付;(4) 变价分割的,变价共有财产。法院在共有财产的处置过程中,要注意保障其他共有人在同等条件下依法享有优先购买的权利。

当事人和其他按份共有人就共有物分割方式不能协商一致的,被执行人和其他按份共有人可以申请法院分割。法院收到申请后,应当根据案件情况,裁定以实物、折价或者变价方式分割。分割后,执行被执行人分得的财产。被执行人怠于申请分割,影响执行债权实现的,申请执行人可以向法院请求以自己的名义代位被执行人申请分割。导入案例 8-10 中,被执行人商贸公司与案外共有人在协议中就项目建成后物业分割虽有约定,但商贸公司享有的具体房产不能确定,故在商贸公司具体房产确定前法院可以整体查封共有房产。查封后,如共有人协议分割共有财产,并经申请执行人认可,法院可以执行协议分割后被执行人享有份额内的财产。但本案三方共有人难以达成财产分割协议,导致法院无法直接处置被执行人享有份额内的具体房产,法院依据共有人之间的分配协议,在可以确认被执行人在共有财产中享有份额的价值的情况下,执行该份额来清偿债务,是确保申请执行人的合法权益得以实现的有效途径。

二、对共同共有财产的执行

导入案例 8-11

吴某以王某侵占其股权收益为由向法院提起侵权诉讼,请求判令王某返还侵占的款项及利息,法院经审理后判令王某向吴某返还侵占的款项及利息3600余万元。判决生效后,因王某未按期履行付款义务,吴某向法院申请强制执行。法院经查询发现,被执行人王某于2016年购买了位于厦门市某小区的一套房产及地下车位并办理了产权登记。法院遂依法对上述房产和车位予以查封,并委托进行评估拍卖。其间,王某配偶李某以其为被执行财产的权利人为由向法院提出执行异议。法院经审查裁定驳回异议。李某遂提起了案外人异议之诉,要求停止执行并解除查封涉案住宅及车位,确认其为该住宅及车位的权利人。法院经审理认为,涉案的住宅及车位虽登记在王某个人名下,但均系在夫妻婚姻关系存续期间取得,且二人对婚姻关系存续期间取得的财产归属及所有权未作约定,故该住宅和车位应属王某与李某共同所有。法院在执行中有权就王某名下的房产及车位采取强制措施,但基于李某的共有权人身份,且住宅及车位均为不可分割之物,故李某可就涉案房产及车位的变现价值享有50%的份额,法院在执行中应保留李某50%的变现份额。李某要求停止执行并解除查封涉案房屋及车位的请求不能成立,法院未予支持。最终,该房产以1200万元拍卖成交,法院执行其中的600万元后,将剩余的600万元退还给李某。

共同共有是基于共有人之间的特殊关系(夫妻关系及其他家庭成员关系)而产生的共有关系。对共同共有财产的执行,实务中以夫妻共同财产的执行最为常见,也最具争议。

夫妻一方所负的个人债务当然首先应执行负债人（被执行人）名下的个人财产，但当被执行人名下的个人财产不足以清偿个人债务时，就会涉及执行被执行人在夫妻共同财产中的份额问题。夫妻一方为被执行人的，可供执行的财产一般呈现三种形态：(1) 由被执行人占有，登记在被执行人名下；(2) 由被执行人与其配偶共同占有，登记为被执行人及其配偶共同共有；(3) 属于被执行人夫妻共同财产，但被执行人配偶单独占有，单独登记在被执行人配偶名下。《民事强制执行法（草案）》公布之前，执行被执行人在夫妻共同财产中的份额时，应根据《查封、扣押规定》，由夫妻双方达成债权人认可的财产分割协议或提起析产诉讼确定被执行人财产份额后，法院才可以继续执行。实务中，被执行人下落不明或逃避执行的情况较为普遍，被执行人配偶往往也不配合法院执行工作，夫妻双方鲜有能达成财产分割协议，更别说提起析产诉讼。而申请执行人从执行期限、执行成本考虑也不愿意费时费力提起代位析产诉讼，所以该规定虽然出发点很理想，但可操作性并不强。《民事强制执行法（草案）》从防范被执行人逃避执行、保护申请执行人及时实现债权出发，提出了更为有效的执行路径。

（一）夫妻共同财产与夫妻个人财产

夫妻财产制也称婚姻财产制，是规定夫妻财产关系的法律制度。其内容包括夫妻婚前财产和婚后所得财产的归属、管理、使用、收益、处分以及与此密切相关的财产责任等问题。我国实行夫妻法定财产制（婚后所得共同制和特定财产的夫妻个人所有制）与约定财产制相结合的夫妻财产制。

夫妻约定财产制，是指婚姻当事人通过协议方式，对他们的婚前、婚后财产权利加以约定的一种法律制度。约定财产制是民法最基本的意思自治原则在婚姻财产制度中的体现。根据《民法典》的规定，男女双方可以约定婚姻关系存续期间所得的财产以及婚前财产归各自所有、共同所有或者部分各自所有、部分共同所有。约定应当采用书面形式。[①] 没有约定或者约定不明确的，

[①] 《民法典》规定约定应当采用书面形式，但并未规定口头约定无效。如果夫妻以口头形式作出约定，事后双方对约定没有争议的，口头约定亦有效。此外，该法对约定时间未作规定。换言之，约定可以在婚前进行，也可以在婚后进行。约定生效后，因夫妻一方或双方的情况发生变化，只要双方协商一致，也可以变更或撤销原协议。

适用《民法典》关于夫妻共同财产及夫妻个人财产的规定。关于夫妻约定财产制的效力，首先，约定财产制的效力优先于法定财产制。其次，在夫妻关系内部，夫妻对婚姻关系存续期间所得的财产以及婚前财产的约定，对双方具有法律约束力，双方应当按照约定享有财产所有权及管理权等权利，并承担相应的义务。最后，对夫妻关系以外的相对人的效力，以"相对人是否知晓该约定"作区别对待，即夫妻对婚姻关系存续期间所得的财产约定归各自所有，夫或者妻一方对外所负的债务，相对人知道该约定的，以夫或者妻一方的个人财产清偿。换言之，相对人不知道该约定的，该约定对相对人不发生效力，夫妻一方对相对人所负债务，按照在夫妻共同财产制下的清偿原则进行偿还。

夫妻法定财产制，是指夫妻在无约定的情况下，除夫妻特有财产外，婚姻存续期间双方所得的财产，为夫妻共同共有。一般认为，夫妻共同财产包括双方无约定时，于婚后的劳动所得和其他合法收入。夫妻共同所有财产的认定主要包括以下几点：(1) 夫妻共同所有财产须是在婚姻关系存续期间所取得的财产。即从登记结婚之日算起，到一方死亡或双方离婚之日为止的期间。只要双方已登记结婚，即使尚未共同生活，即使双方分居两地分别管理、使用的婚后所得财产，也应认定为夫妻共同财产。(2) 夫妻共同所有财产是夫妻所得的财产。所得是财产权利的取得，而非对财产的实际占有。根据《民法典》的规定，夫妻共同财产包括：(1) 工资、奖金、劳务报酬；(2) 生产、经营、投资的收益；(3) 知识产权的收益；(4) 继承或者受赠的财产，但是遗嘱或者赠与合同中确定只归一方的财产除外；(5) 其他应当归共同所有的财产。①

夫妻个人财产是夫妻一方在婚姻关系存续前或存续期间分别保留的独立于夫妻共同财产之外的财产。夫妻一方对于个人财产享有独立的管理、使用、收益和处分权利。《民法典》规定的夫妻个人财产包括：(1) 一方的婚前财产；(2) 一方因受到人身损害获得的赔偿或者补偿；(3) 遗嘱或者赠与合同中确定只归一方的财产；(4) 一方专用的生活用品；(5) 其他应当归一方的财产。

（二）共同共有财产的分割

共同共有人在共有的基础丧失或者有重大理由需要分割时可以请求分

---

① 已失效的《最高人民法院关于适用〈中华人民共和国婚姻法〉若干问题的解释（二）》曾将"其他应当归共同所有的财产"明确为：(1) 一方以个人财产投资取得的收益；(2) 男女双方实际取得或者应当取得的住房补贴、住房公积金；(3) 男女双方实际取得或者应当取得的养老保险金、破产安置补偿费。

割。在共同共有关系中，基于共同共有以特殊人身关系为基础，即使对共有物分割没有约定或者约定不明确，共有人也不得随意请求分割共有物。《民法典》规定，共同共有人在共有的基础丧失或者有重大理由需要分割时才可以请求分割。共有的基础丧失是指共有人之间的共有关系不复存在，即婚姻共同体、家庭共同体的解体等。有重大理由需要分割，比如在婚姻关系存续期间，夫妻双方约定由夫妻法定财产制改变为夫妻约定财产制，夫妻一方可以请求分割共有财产。此外，《民法典》还规定了夫妻关系存续期间共有财产的分割：婚姻关系存续期间，有下列情形之一的，夫妻一方可以向人民法院请求分割共同财产：(1)一方有隐藏、转移、变卖、毁损、挥霍夫妻共同财产或者伪造夫妻共同债务等严重损害夫妻共同财产利益的行为；(2)一方负有法定扶养义务的人患重大疾病需要医治，另一方不同意支付相关医疗费用。

(三)共同共有财产的执行

被执行人个人财产不足以清偿执行依据确定的个人债务的，法院可以执行被执行人与他人的共同共有财产。

法院对共同共有财产的执行程序通常包括：首先，对共同共有财产采取查封措施。查封后，法院应当将查封情况以书面或者其他确认知悉的方式告知其他共有人。其次，被执行人与共同共有人协商分割共有财产。最后，协议分割达成一致意见并经申请执行人认可的，法院分情况对共有财产进行变价；未达成一致意见的，法院处置共同共有财产。具体程序为：

(1)法院查封被执行人与他人的共同共有财产，应当及时通知被执行人和共有人。共有人在收到通知之日起15日内，与被执行人协议分割并经申请执行人认可的，法院可以按照协议内容，分别处理：

① 被执行人和共有人协议对共有物进行实物分割的，变价被执行人所得财产。

② 被执行人承受共有财产的，变价共有财产，被执行人应当支付给其他共有人的折价款从变价款中优先支付。

③ 其他共有人承受共有财产的，责令承受人按期支付应当支付给被执行人的折价款。承受人未按期支付折价款的，申请执行人可以请求执行法院变价该共有财产，应当支付给被执行人的折价款从变价款中优先支付。

④ 被执行人和共有人协议对共有物进行变价分割的,变价共有财产。

(2) 被执行人与共有人未在 15 日内协商一致的,法院可以处置共同共有财产。所得执行款按照被执行人和共有人出资额占比进行分配;不能确定出资额的,等额均分。

导入案例 8-11 中,法院拍卖的房产为王某与李某夫妻共同共有,二人没有达成分割房产的协议,法院可以拍卖该共有房产,将 50% 的拍卖款作为被执行人王某的个人财产予以执行,剩下的 50% 拍卖款退还给李某。

思考题

1. 金钱债权执行中,法院对哪些财产不得执行?
2. 法院通过变价方式对被执行人的财产进行处分通常需首先确定财产处置参考价,法院确定财产处置参考价的方式有哪些?
3. 简述拍卖会现场拍卖的流程。
4. 网络司法拍卖与拍卖会现场拍卖比较有什么优点?
5. 法院可以对哪些财产按照合理的价格直接变卖?
6. 执行程序中的以物抵债是否当然产生物权的变动?
7. 代位执行是实务中常见的执行方法,简述代位执行的具体程序。

第九章 清偿与分配

第一节 清 偿

执行的最终目的是实现生效法律文书确定的债权。金钱债务执行中,无论是被执行人主动履行或迫于强制执行压力将执行款交付法院,还是法院采取划拨、提取等措施执行被执行人的现金性资产,抑或是法院通过变价措施处置被执行人的财产,法院在收到特定执行标的的执行款后,都应当及时发放给申请执行人。"特定标的的执行款都应当及时发放"的含义是法院每收到一笔执行款就应及时发放给申请执行人,而不是等待被执行人的全部财产都执行完毕后,将所有款项集中一次性发放给申请执行人,这也是民事强制执行的"及时、高效、持续进行"原则的要求和体现。法院发放完执行款,清偿完申请执行人的全部债权后还有剩余的,应当及时将剩余的款项退还给被执行人。

对于执行款本金,生效法律文书主文通常确定得比较明确,不容易产生争议。但对于利息、违约金及迟延履行利息的计算,由于生效法律文书通常只确定起止时间及利率标准或违约金计算标准,而有些债务需要承担违约责任的周期很长,故法院与当事人或利害关系人计算的结果可能出现差异,当事人、利害关系人可能会持有异议。申请执行人、被执行人以及利害关系人如果认为执行款数额计算、发放等执行行为违反法律规定的,可以在发放之日起30日内,向执行法院提出书面异议,请求撤销或者变更该执行行为。对于上述异议申请,执行法院应当适用执行行为异议程序进行审查,在立案之日起30日内审查完毕并作出裁定。理由成立的,裁定撤销或变更执行款数额计算等执行行为。理由不成立的,裁定驳回异议。申请执行人、被执行人以及利害关系人对执行法院裁定不服的,可以在裁定书送达之日起10日内向执行法院的上一级法院申请复议。上一级法院应当在立案之日起30日内审查完毕并作出裁定。裁定撤销或者变更执行款数额计算等执行行为的,可以责令执行当事人返还案款。拒绝返还的,强制执行。执行款数额的计算、执行款的发放本质上属于法院的执行行为,当事人、利害关系人可以按照执行行为异议的处理程序提出异议与申请复议,法院审查异议的程序也与执行行为异议审查程序一致。

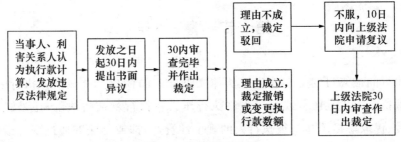

图 9-1 清偿程序流程

2017年5月1日,《最高人民法院关于执行款物管理工作的规定》施行,对执行款项与物品的清偿的具体程序作出了规定。

（一）执行款的管理

执行款的管理实行执行机构与有关管理部门分工负责、相互配合、相互监督的原则。财务部门应当对执行款的收付进行逐案登记,并建立明细账。执行机构应当指定专人对执行款的收发情况进行管理,设立台账、逐案登记,并与执行款管理部门对执行款的收发情况每月进行核对。

执行机构与执行款管理部门定期核对账目,只是解决了管理上的脱节问题。由于执行案款的收取方式有多种,被执行人通过转账交付或是委托他人交付,抑或是委托他人转账交付的,如果付款人未注明该款项是哪个案件的执行款,即便是执行机构与执行款物管理部门进行定期核对,也很难做到一一对应。实践表明,"一案一账号"作为执行案款的管理方式,具有账目清晰、程序透明、发放高效的特点,法律效果和社会效果都很好。即,法院开设执行款专户或在案款专户中设置执行款科目,对执行款实行专项管理、独立核算、专款专付。法院应当采取一案一账号的方式,对执行款进行归集管理,案号、款项、被执行人或交款人应当一一对应。

(二) 执行款的收取

被执行人可以将执行款直接支付给申请执行人,法院也可以将执行款从被执行人账户直接划至申请执行人账户。但有争议或需再分配的执行款,以及法院认为确有必要的,应当将执行款划至执行款专户或案款专户。法院通过网络执行查控系统扣划的执行款,全部应当划至执行款专户或案款专户。

(三) 执行款的发放

执行人员应当在收到财务部门执行款到账通知之日起 30 日内,完成执行款的核算、执行费用的结算、通知申请执行人领取和执行款发放等工作。有下列情形之一的,报经执行局局长或主管院领导批准后,可以延缓发放:(1) 需要进行案款分配的;(2) 因申请执行人另案诉讼、执行或涉嫌犯罪等原因导致执行款被保全或冻结的;(3) 申请执行人经通知未领取的;(4) 案件被依法中止或者暂缓执行的;(5) 有其他正当理由需要延缓发放执行款的。上述情形消失后,执行人员应当在 10 日内完成执行款的发放。[①]

法院发放执行款,一般应当采取转账方式。执行款应当发放给申请执行人,确需发放给申请执行人以外的单位或个人的,应当组成合议庭进行审查,但依法应当退还给交款人的除外。

发放执行款时,收款人应当出具合法有效的收款凭证。财务部门另有规定的,依照其规定。

(四) 不能及时发放的执行款的提存

对于实务中时有发生的执行款无人认领的情形,可借鉴《民法典》关于提存的规定,由法院将执行款交至提存部门保管。

出现下列情形之一,不能在规定期限内发放执行款的,法院可以将执行款

[①] 《最高人民法院关于进一步完善执行权制约机制加强执行监督的意见》(法〔2021〕322 号)对执行款发放期限提出了更高要求:具备发放条件的,执行部门应当在执行案款到账后 10 个工作日内向财务部门发出支付案款通知,财务部门在接到通知后 5 个工作日内向申请执行人发放案款。部分案款有争议的,应当先将无争议部分及时发放。有效解决执行案款发放不及时问题。执行案款发放要严格履行审批程序,层层把关,做到手续完备、线下和线上手续相互印证。对于有法定事由延缓发放或者提存的,应当在法定期限内提出申请,严格履行报批手续。

提存:(1)申请执行人无正当理由拒绝领取的;(2)申请执行人下落不明的;(3)申请执行人死亡未确定继承人或者丧失民事行为能力未确定监护人的;(4)按照申请执行人提供的联系方式无法通知其领取的;(5)其他不能发放的情形。已提存的执行款具备发放条件时,法院应及时向权利人发放。

由于法院执行机构与申请执行人的关系不是平等主体间的民事法律关系,亦非债权人与债务人的关系,因此,《民法典》"债权人领取提存物的权利,自提存之日起五年内不行使而消灭,提存物扣除提存费用后归国家所有"的规定不适用于法院提存执行款。当然,提存费用应当由申请执行人负担,申请执行人领取执行款时需要向提存部门交纳提存费用,提存费用可以从执行款中扣除。

实务中,有的法院在全国法院执行信息化系统——"人民法院执行案件流程信息管理系统"中新增案款提存模块,在每个执行案件子系统中设立提存案款账户,将客观上无法发放但符合提存条件的执行案款转入该账户,待具备发放条件时再重新向权利人发放。这种在执行案件信息化"一案一账号"中增设子账号专项办理执行案款提存的探索,既强化了提存案款的管理,又方便执行人员及时高效办理提存手续,值得在全国法院提倡与推广。

第二节 分配的程序

导入案例 9-1

案件执行过程中,被执行人赵某可供执行的财产不足以清偿全部债务,债权人某银行 XX 分行、债权人段某申请参与分配。某区法院依法组成合议庭对债权人的申请审查查明:法院拍卖被执行人名下两套房屋。其中 302 房所得款项为 93 万元,4B 房所得款项为 1042485.6 元。截至分配方案作出前一日,债权人某银行 XX 分行享有债权 14088793.15 元,执行费 71581.04 元;债权人段某享有债权 4825475.52 元,执行费 37800 元;债权人某融资担保有限公司享有债权 5468689.14 元,执行费 45947.82 元。上述债权中,某融资担保有限公司对 4B 房享有抵押债权,其余均为普通债权。

法院认为,执行费及执行过程中变价被执行人财产所需的评估费用是为保证案件顺利执行并最终变价的必要费用,应予优先支付。4B 房评估费用 14956 元由该房拍卖款支付,302 房产评估费用 7336 元由该房拍卖款支付。4B 房拍卖款在优先支付执行费、评估费后,仍不足以偿还抵押债权,故该房剩余款项 949865.17 元全部由债权人某融资担保有限公司优先受偿。302 房产拍卖款 93 万元,在优先支付执行费、评估费后,尚余 844999.57 元可供分配。债权人某融资担保有限公司在优先受偿上一笔抵押债权款项后,剩余债权为 4518823.97 元,该债权与段某、某银行 XX 分行享有的债权均属普通债权,应由各自享有的债权数额按比例受偿。经计算,债权人受偿比例为 3.606%,故某银行 XX 分行受偿数额为 508041.9 元,段某受偿数额为 174008.87 元,某融资担保有限公司受偿数额为 162948.8 元。

法院于 2017 年 9 月 28 日作出分配方案如下:债权人某银行 XX 分行受偿数额为 508041.9 元,债权人段某受偿数额为 174008.87 元,债权人某融资担保有限公司受偿数额为 1112813.97 元。债权人、被执行人对分配方案有异议的,应当自收到本分配方案之日起 15 日内向法院提交书面异议,并按照当事人的人数提交副本。

一、分配概述

分配,是指在执行过程中,申请执行人以外的其他债权人凭借有效的执行依据或对执行标的享有优先受偿权的证明文件向执行法院申请分享受偿被执行人的执行款项,或特定执行标的的执行款不足以清偿多个债权人的债权和执行费用时,申请执行人以外的其他债权人向执行法院申请分享受偿被执行人的执行款项的制度。简言之,分配就是取得执行依据或优先受偿权证明文件的债权人参与到执行程序中分享受偿被执行人的执行款项。

同为债务人财产分配的程序是破产清算程序。破产清算的目的在于剥夺不能清偿债务的债务人对其全部财产的管理处分权,一次性地执行债务人的全部财产,从而防止债务人的财产为个别的债权人受偿或被个别的法院执行,使全体债权人获得公平受偿的机会。相对于破产清算,民事强制执行具有个别性的特征,即以债务人的部分财产满足个别债权人的债权。换言之,破产清算是对全部债权人的债权作通盘考虑,争取让每一个债权人都得到公平受偿;执行分配则是立足于解决执行案件,力争让申请执行人的债权及时得到实现。

正常的执行程序原本为,多份生效法律文书确定金钱给付内容的多个债权人分别对同一被执行人申请执行,各债权人对执行标的物均无担保物权的,按照执行法院采取查封财产措施的先后顺序受偿,先查封先得。多个债权人的债权种类不同的,基于法定优先权和担保物权所享有的债权,优先于普通金钱债权受偿。有多个担保物权的,按照各担保物权成立的先后顺序清偿。

适用分配程序的前提是债务人的全部财产能够清偿到期的全部债权。如果在执行过程中,被执行人存在法律规定的"不能清偿到期债务,并且资产不足以清偿全部债务或者明显缺乏清偿能力"情形的,法院应当暂缓财产分配,及时询问申请执行人、被执行人是否申请或者同意将案件移送破产审查,避免影响各债权人的公平受偿权执行。[1] 经申请执行人之一或者被执行人同意,法院应当裁定中止对该被执行人的执行,将执行案件相关材料移送被执行人住所地法院,由该法院对被执行人是否应当破产清算进行审查。[2] 法院作出移送破产审查决定,并不意味着破产程序必然开始。被执行人是否具备破产原因、破产程序能否启动,应由受移送的破产管辖法院审查后裁定。[3]

申请执行人、被执行人均不同意移送破产清算审查,且其他尚未取得执行依据,或虽已取得执行依据,但尚未申请执行的债权人也没有向被执行人所在地法院提出申请,请求法院对被执行人进行破产清算的,执行法院应当继续对被执行人的财产进行分配。

分配有两种形态:一种是申请执行人以外的已取得执行依据或优先受偿权证明文件但尚未申请执行的债权人申请参与分配,即部分债权人已申请执

---

[1] 参见《最高人民法院关于进一步完善执行权制约机制加强执行监督的意见》第5条的规定。
[2] 破产案件由债务人住所地法院管辖。
[3] 执行案件移送破产审查,应同时符合下列条件:(1)被执行人或者有关被执行人的任何一个执行案件的申请执行人书面同意将执行案件移送破产审查;(2)被执行人不能清偿到期债务,并且资产不足以清偿全部债务或者明显缺乏清偿能力。

行,部分债权人尚未申请执行,已申请执行与尚未申请执行的债权人一起申请参与分配。另一种是全部债权人均已申请执行,由于特定执行标的的执行款不足以清偿全部债权而申请参与分配。导入案例 9-1 就是这种形态。①

二、《民事强制执行法(草案)》对分配制度的重大转变

对于金钱债权的执行,当多个债权人申请执行需要进行分配时,是各个申请执行人对被执行人财产变价后平等地受偿,还是先申请执行的人因"先人一步"获得优先受偿的地位,目前世界各国主要有三种做法:(1) 优先受偿主义。对于债务人的特定财产,除享有法定优先权和优先受偿权的债权人优先受偿外,其他普通债权人以申请查封顺序确定受偿顺序,"先到先得",分配完即止。(2) 平等受偿主义。对于债务人的特定财产,除享有法定优先权和优先受偿权的债权人优先受偿外,其他普通债权人不论申请查封的先后顺序,按照其债权额比例平等受偿,分配完即止。(3) 团体优先主义。按照申请查封的时间先后将多数债权人分为不同的团体,前一期间的债权人优先于后一期间的债权人受偿,同一期间的债权人之间平等受偿。团体优先主义是优先受偿主义和平等受偿主义的折中办法。

优先受偿主义是如今广为采用的一种做法,该原则的科学性与合理性以其他债权人能够有效地利用破产程序为前提。强制执行制度强调单个债权的清偿,破产制度则通过破产程序使得全部债权获得公平清偿。如果一个国家的破产法律制度不够完善,普通债权人很难利用破产程序使自己的债权获得公平清偿,采取优先受偿主义就会造成一种实质上的不公平。

《民事强制执行法(草案)》公布之前,由于我国的企业破产制度还不够完善,采用有限破产主义,只有企业法人可适用破产制度,其他组织和自然人不得适用破产制度,单纯采用优先受偿主义的条件还不具备,故根据执行主体的性质,区别采用优先受偿主义与平等受偿主义:(1) 自然人被执行人及作为被执行人的企业法人的财产足以清偿全部债务时,采用优先受偿主义;(2) 作为被执行人的企业法人的财产不足以清偿全部债务时,采用平等受偿主义,以破

---

① 由于通常情况下债权人取得执行依据后会尽快申请执行,因此,这种形态在实务中最为常见。这种形态又分为执行案件均在同一法院,或执行案件在不同法院两种情形。

产程序实现各债权人平等受偿,不进行执行分配;(3)被执行人是企业法人以外的其他组织或自然人,其财产不足以清偿全部债务的,采用平等受偿主义,进行执行分配。这一制度决定了参与分配的适用条件:(1)被执行人必须是自然人或非法人组织;(2)被执行人可供执行的财产不能清偿全部债权。

《民事强制执行法(草案)》公布后,《企业破产法》预计也会作出相应修正,自然人破产制度即将建立。为增强《民事强制执行法(草案)》与《企业破产法》的协调互补,突出执行效率理念,《民事强制执行法(草案)》将分配制度由"区别采用优先受偿主义与平等受偿主义"转变为优先受偿主义,规定分配程序适用于所有的民事主体,普通债权按照查封先后顺序受偿。导入案例9-1中,被执行人为自然人,法院于2017年作出分配方案,对普通债权按债权额比例平等受偿。如按照《民事强制执行法(草案)》规定作出分配方案,则应按各债权查封先后顺序受偿。①

三、分配和制作分配方案的条件

《民事强制执行法(草案)》第175条规定:"他人申请分配的,人民法院应当通过分配程序发放执行款;特定执行标的的执行款不足以清偿全部债务和执行费用的,应当制作分配方案,但是被执行人有其他便于执行的财产足以清偿分配申请人债权的除外。"根据该条规定,他人申请分配和制作分配方案应当具备以下条件:

(1)普通债权人已取得执行依据。申请参与分配的普通债权人必须已取得生效法律文书,即其债权已被生效法律文书所确定。对法院查封财产有优先权、担保物权的债权人,无须取得生效法律文书,可以凭借优先权、担保物权证明文件直接申请参与分配,主张优先受偿权。

对于尚未取得执行依据的债权人,如其申请进入执行程序参与分配财产,由于其不属于执行程序的当事人,法院应当在驳回申请的同时,告知其可以申请债务人破产清算。

(2)申请执行的债权与申请参与分配的债权须均为金钱债权。只有金钱

---

① 执行程序中按照查封顺序来确定普通债权的受偿顺序。与之相比,破产程序中的"普通债权按比例受偿规则"对后顺位查封的普通债权人更具吸引力。

债权才有按比例分配的可能,其他债权如返还原物等不适用分配制度。

(3) 他人申请分配的,执行法院应当通过分配程序发放执行款。特定执行标的的执行款不足以清偿全部债务和执行费用的,执行法院应当制作分配方案。

(4) 须在法定期间内提出分配申请。根据《民事强制执行法(草案)》的规定,申请分配的,应当在分配方案送达第一个当事人之日前提交申请。

四、分配的程序

(一) 主持分配的法院

强制执行,以查封物可否重复查封为标准,分为重复查封主义与禁止重复查封主义。重复查封主义,是指对于已查封的被执行人财产再次进行查封,对于分配顺序采用优先清偿主义的国家,必须允许对于已查封的被执行人财产重复进行查封,进而以此确定确定普通债权的分配顺序。《民事强制执行法(草案)》公布之前,我国《民事诉讼法》规定,财产已被查封、冻结的,不得重复查封、冻结。最突出的弊端就是,在前后两个案件分别由不同法院执行的情况下,在第一次查封因债权得到清偿甚至是查封效力到期后债权人没有及时申请续查封导致被解除,由于信息沟通不畅通、不及时,债务人借机转移财产,导致第二个案件查封落空,该债权人的权益遭受不应有的损害。为了解决这个问题,《查封、扣押规定》第 28 条规定,对已被法院查封、扣押、冻结的财产,其他法院可以进行轮候查封、扣押、冻结。查封、扣押、冻结解除的,登记在先的轮候查封、扣押、冻结即自动生效。轮候查封、扣押、冻结实际上是"排队"查封、扣押、冻结,在轮候时并未实际发生查封、扣押、冻结的效果,只有在登记在先的查封、扣押、冻结解除后轮候才自动生效,因此,轮候查封、扣押、冻结与《民事诉讼法》"不得重复查封、冻结被保全财产"的规定并不矛盾。但究其实质,轮候查封、扣押、冻结与重复查封、扣押、冻结法律效果基本一致,只是解释不同而已。

《民事强制执行法(草案)》第 110 条第 1 款、第 2 款规定:"已经查封的不动产,可以再次查封。首先查封的人民法院,可以依法对查封的不动产采取变价、强制管理等处置措施。在后查封的人民法院应当在查封后及时告知申请执行人可以向首先查封或者其他有处置权的人民法院申请分配。"我国已将分配制度由"区别采用优先受偿主义与平等受偿主义"转变为优先受偿主义，因此，查封制度也必须作出改变，由"不允许重复查封"转变为"允许再次查封"。再次是相对于前一次而言，实质含义就是多次。对参与被执行人财产的具体分配，应当由首先查封的法院主持进行。首先查封包括诉前财产保全与诉讼财产保全，诉讼前或诉讼中的查封措施在进入执行程序后自动转化为执行查封措施。① 此外，仲裁财产保全措施由于系法院作出裁定查封被申请人财产，进入执行阶段后也会转化为执行查封措施，因此，首先查封也包括申请人向仲裁机构申请后法院采取的查封。首先查封法院所采取的执行措施如只是执行财产保全裁定，分配应当在该院案件审理终结进入执行程序后进行。

实务中，有些首先查封的法院由于执行效率低下，导致迟迟不能启动对被查封不动产的拍卖程序；还有可能是采取诉讼保全措施查封不动产，但诉讼案件没有及时审结，案件无法进入执行程序；甚至还有案件早已审结，法律文书已生效，但申请执行人迟迟不申请执行。这些情形都严重制约了执行效率，影响后续查封法院的执行案件结案。为了解决这些问题，《民事强制执行法（草案）》第110条第3款规定："首先查封的人民法院在查封后三个月内未对不动产启动确定参考价程序的，在后查封的人民法院可以商请首先查封的人民法院移送处置权。"法律规定相对比较原则，许多细节问题无法提及，实务中具体实施应当按照司法解释的规定进行。

2016年4月12日，《最高人民法院关于首先查封法院与优先债权执行法院处分查封财产有关问题的批复》发布，自2016年4月14日起施行。批复主要内容为：（1）执行过程中，应当由首先查封法院负责处分查封财产。但已进入其他法院执行程序的债权对查封财产有顺位在先的担保物权、优先权（该债权以下简称优先债权），自首先查封之日起已超过60日，且首先查封法院就该查封财产尚未发布拍卖公告或者进入变卖程序的，优先债权执行法院可以要求将该查封财产移送执行。（2）优先债权执行法院要求首先查封法院将查封

---

① 诉前财产保全在提起诉讼后自动转化为诉讼保全措施，诉讼保全措施在执行立案后又自动转化为执行措施。但诉讼财产保全有可能在审判程序中因原告申请或符合法定情形被法院解除，也有可能因原告未及时申请续保全而导致保全措施过期失去效力。

财产移送执行的,应当出具商请移送执行函,并附确认优先债权的生效法律文书及案件情况说明。首先查封法院应当在收到优先债权执行法院商请移送执行函之日起 15 日内出具移送执行函,将查封财产移送优先债权执行法院执行,并告知当事人。移送执行函应当载明将查封财产移送执行及首先查封债权的相关情况等内容。(3)财产移送执行后,优先债权执行法院在处分或继续查封该财产时,可以持首先查封法院移送执行函办理相关手续。优先债权执行法院对移送的财产变价后,应当按照法律规定的清偿顺序分配,并将相关情况告知首先查封法院。首先查封债权尚未经生效法律文书确认的,应当按照首先查封债权的清偿顺位,预留相应份额。(4)首先查封法院与优先债权执行法院就移送查封财产发生争议的,可以逐级报请双方共同的上级法院指定该财产的执行法院。共同的上级法院根据首先查封债权所处的诉讼阶段、查封财产的种类及所在地、各债权数额与查封财产价值之间的关系等案件具体情况,认为由首先查封法院执行更为妥当的,也可以决定由首先查封法院继续执行,但应当督促其在指定期限内处分查封财产。

(二)申请人提交申请

执行程序开始后,被执行人的其他已经取得执行依据的债权人可以向法院申请分配。对法院查封的财产有优先权、担保物权的债权人,亦可以持优先受偿权证明文件直接申请参与分配,主张优先受偿权。

申请分配,申请人应当在分配方案送达第一个当事人之日前提交申请书。申请书应当写明申请分配的债权金额、债权性质、事实以及理由。执行依据确定的金钱债权人提交申请书,应当附执行依据。优先受偿权人提交申请书,应当附其对执行标的享有优先受偿权的证明文件。执行申请已经被其他法院受理的金钱债权人申请分配的,还应当说明原案件已执行金额、已查封被执行人财产等执行情况。申请分配时作虚假陈述的,法院可以根据情节轻重予以罚款、拘留,构成犯罪的,依法追究刑事责任。法院对虚假陈述的组织,可以同时对其主要负责人员或者直接责任人员予以罚款、拘留,构成犯罪的,依法追究刑事责任。法院还可以向监察机关或者其他有关机关提出对被罚款人、被拘留人予以纪律处分的司法建议。申请分配时作虚假陈述造成被执行人或者其他债权人损害的,应当承担赔偿责任。

《民事强制执行法(草案)》还规定了拟制的分配申请：有下列情形之一的，视为就执行法院查封的被执行人财产申请分配：(1) 其他金钱债权人向执行法院申请执行同一被执行人；(2) 其他金钱债权人向其他法院申请执行同一被执行人，其他法院对被执行人财产再次查封，且已经完成查封登记。符合上述第二项情形的，执行法院应当通知再次查封的法院提交金钱债权人的执行依据和优先受偿权人对执行标的享有优先受偿权的证明文件并说明案件执行情况。

(三) 制作分配方案并分配

分配方案分为两种：第一种是当事人合意确定分配方案，即分配方案作出前，各债权人和被执行人就其债权金额、分配顺序、应受分配金额达成一致意见的，法院可以按照一致意见制作分配方案。第二种是法院决定分配方案，即各债权人和被执行人不能达成一致意见时由执行法院制作的分配方案。

特定执行标的的执行款不足以清偿全部债务和执行费用的，执行法院应当制作财产分配方案，并送达各债权人和被执行人。被执行人有其他便于执行的财产足以清偿分配申请人债权的，执行法院无须再制作分配方案，直接分配即可。

《民事强制执行法(草案)》第179条规定："执行款在优先清偿执行费用和共益债务后，依照下列顺序进行分配：(一) 维持债权人基本生活、医疗所必需的工资、劳动报酬、医疗费用等执行债权；(二) 对执行标的享有优先受偿权的债权；(三) 其他民事债权。前款第三项规定的民事债权，按照查封财产的先后顺序受偿。刑事判决中确定被告承担赔偿责任的，按照民事债权顺位受偿。"根据该规定和其他法律、司法解释的规定，实务中，各债权人和被执行人不能达成一致意见时制作分配方案时的债权顺序通常如下[①]：

[①] 关于分配的债权顺位，法律并无明确统一规定，学界对此各有说法。有学者认为，其顺序应当为：(1)执行费、财产保全费以及诉讼执行实际发生的鉴定费、评估费、拍卖费等；(2)享有"特别优先权"的债权；(3) 公权；(4) 享有优先权的债权；(5) 刑事追赃；(6) 一般民事金钱债权；(7) 行政机关的罚款、司法罚金等。亦有学者认为，应当赋予其财产被参与分配的被执行企业的职工工资和劳动保险费用相对有限的受偿权，即让其在依法享有优先权和担保权的债权优先受偿后，优先于一般债权受偿。还有学者指出，分配的顺序应当是：(1) 执行费用；(2) 有优先权的债权(即被执行人所欠职工工资和劳动保险费用)；(3) 被执行人所欠税款；(4) 有财产担保的债权；(5) 申请执行人以及申请参与分配的他债权人的一般债权。本书观点为实践中通说观点。

1. 执行费用和共益债务

执行费用包括申请执行费及执行评估、执行拍卖等保障执行工作顺利进行所支出的费用。共益债务是指破产案件受理之后,为了全体债权人的共同利益而发生的债务,比如,情况紧急,他人为了破产企业存放在仓库内的原材料不被洪水冲走,在未通知破产管理人的情况下将原材料搬运至高处仓库所产生的搬运费用。公益债务包括合同之债、无因管理之债和侵权之债。

2. 劳动债权及医疗费用

劳动债权即被执行人基于劳动关系而应向员工支付的各项费用,主要包括:(1) 被执行人拖欠的员工工资;(2) 企业拖欠员工的养老保险金、失业保险金、工伤保险金、医疗保险金等社会保险费用;(3) 企业解除劳动合同的补偿金。尽管上述劳动债权在性质上仍然属于民法上的普通债权,但各国立法大都从保护劳动者权益出发,将其列为法定优先权予以保护。我国关于劳动债权优先受偿的规定,散见于各种法律中。比如,《企业破产法》规定,破产财产优先拨付破产费用和共益债务后,第一顺位清偿破产企业所欠职工工资和劳动保险费用,以及应当支付给职工的补偿金。《合伙企业法》规定,合伙企业财产在支付清算费用后,合伙企业所欠职工工资和劳动保险费用优先于税款、合伙企业债务清偿。法律之所以规定劳动债权和医疗费用优先于抵押权,是为了保护劳动者的基本生存权。

3. 法定优先权

法定优先权主要包括:

(1) 船舶优先权。根据《海商法》的规定,船舶优先权是指海事请求人向船舶所有人、光船承租人、船舶经营人提出海事请求,对产生该海事请求的船舶具有优先受偿的权利。船舶优先权优于船舶留置权、船舶抵押权受偿。

(2) 航空器优先权。根据《民用航空法》的规定,民用航空器优先权,是指债权人就援救该民用航空器的报酬、保管维护该民用航空器的必需费用等,向民用航空器所有人、承租人提出赔偿请求,对产生该赔偿请求的民用航空器具有优先受偿的权利。民用航空器优先权先于民用航空器抵押权受偿。

(3) 建设工程价款优先权。《民法典》第807条规定:"发包人未按照约定支付价款的,承包人可以催告发包人在合理期限内支付价款。发包人逾期不支付的,除根据建设工程的性质不宜折价、拍卖外,承包人可以与发包人协议将该工程折价,也可以请求人民法院将该工程依法拍卖。建设工程的价款就该工程折价或者拍卖的价款优先受偿。"建筑工程价款应包括承包人为建设工程应当支付的工作人员报酬、材料款等实际支出的费用,不应包括承包人因发包人违约所造成的损失。消费者交付购买商品房的全部或大部分款项后,承包人就该商品房享有的工程价款优先受偿权不得对抗买受人(即消费者)。

建设工程价款包含工人工资、材料款等实际支出的费用,涉及工人及其家属的基本生存问题,基于生存权优先于债权的基本理念,对建设工程价款予以特别保护有其合理性,建设工程的价款就该工程折价或者拍卖的价款优先受偿。但需注意,建设工程价款优先权的行使受期限和范围的限制。根据《最高人民法院关于审理建设工程施工合同纠纷案件适用法律问题的解释(一)》第40条、第41条的规定,承包人建设工程价款优先受偿的范围依照国务院有关行政主管部门关于建设工程价款范围的规定确定。承包人应当在合理期限内行使建设工程价款优先受偿权,但最长不得超过18个月,自发包人应当给付建设工程价款之日起算。换言之,承包人行使建设工程价款优先受偿权超过最长期限的,其主张优先权不受法律保护。实务中,对于建设工程价款优先权是否必须经诉讼或仲裁程序确定亦有争议。由于建设工程价款优先权涉及建设工程种类(如园林绿化是否包括在内)、行使期限、优先权范围等诸多问题的认定,所以比较切合实际的做法是,建设工程承包人在上述期限内向法院起诉或向仲裁机构申请仲裁,请求确认其依法享有相应的建设工程优先权。在获得法院生效判决或仲裁裁决后,向人民法院申请执行,或向支持分配法院申请参与分配。

(4)划拨土地出让金。《最高人民法院关于适用〈中华人民共和国民法典〉有关担保制度的解释》(法释〔2020〕28号)第50条规定:"抵押人以划拨建设用地上的建筑物抵押,当事人以该建设用地使用权不能抵押或者未办理批准手续为由主张抵押合同无效或者不生效的,人民法院不予支持。抵押权依法实现时,拍卖、变卖建筑物所得的价款,应当优先用于补缴建设用地使用权出让金。当事人以划拨方式取得的建设用地使用权抵押,抵押人以未办理批准手续为由主张抵押合同无效或者不生效的,人民法院不予支持。已经依法办理抵押登记,抵押权人主张行使抵押权的,人民法院应予支持。抵押权依法实现时所得的价款,参照前款有关规定处理。"以划拨方式取得土地使用权的房地产被依法拍卖后,应当先从拍卖所得价款中扣缴相当于应缴纳的土地使用权出让金,抵押权人方可优先受偿。

4. 被执行人所欠税款

税收是国家财政收入的主要来源,也是满足公众需要的最主要的手段,具有很强的公益性。《税收征收管理法》规定,税收优先于无担保债权,法律另有规定的除外。纳税人欠缴的税款发生在纳税人以其财产设定抵押、质押或者纳税人的财产被留置之前的,税收应当优先于抵押权、质押权、留置权执行。纳税人欠缴税款,同时又被行政机关决定处以罚款、没收违法所得的,税收优先于罚款、没收违法所得。

5. 有财产担保的债权

债权人在债务人财产上设定抵押权、质押权、留置权等担保物权的,就该财产行使优先受偿权。如对同一物设有数个担保物权时,先设置的担保物权优先于后设置的担保物权。就不动产而言,原则上依抵押权登记顺位确定其分配次序。就动产而言,其上设定的若干抵押权、质押权或留置权,原则上有登记的依登记时间先后,没有登记的依成立时间先后,确定其优先受偿顺位。

6. 普通债权

普通债权,即申请执行人以及申请分配的其他债权人的一般债权。被执行人财产在清偿了上述顺位的债权与费用后仍然有剩余的,各普通债权人按照查封财产的先后顺序受偿;没有剩余的,则普通债权人均不能受偿。按照查封财产的先后顺序受偿,突显了查封财产的重要性。此处的查封不仅指债权人申请执行后,法院依债权人申请或依职权对被执行人财产采取的查封措施,还包括债权人在诉前保全及诉讼保全阶段申请法院采取的查封措施。此外,仲裁财产保全措施由于系法院作出裁定查封被申请人财产,进入执行阶段后也会转化为执行查封措施,因此,此处查封也包括申请人向仲裁机构申请后法院采取的查封。申言之,债权人向法院或向仲裁机构提出财产保全申请很重要,生效法律文书确定后,尽快申请执行同样重要,财产保全的顺序可能会最终影响债权人的债权是否能够得到实现和满足。

另需注意，特定执行标的的执行款不足以清偿所有债务的，要按照先偿付生效法律文书确定的金钱债务，再支付迟延履行期间利息的原则进行分配。如果执行款项不足以支付所有生效法律文书确认的金钱债务时，迟延履行利息则不应当计入债权数额中参与分配。

执行费用 ▷ 共益债务 ▷ 劳动债权 ▷ 医疗费用 ▷ 法定优先权 ▷ 所欠税款 ▷ 有财产担保的债权 ▷ 普通债权

图 9-2　参与分配债权顺位

（四）分配程序结束后的继续清偿

他人申请分配，被执行人的财产不能清偿全部债务和执行费用的，执行法院应当制作分配方案，并依据分配方案分配执行款。由于分配方案只是对已经执行到的执行款的清偿进行了安排，对于清偿后的剩余债务，被执行人应当继续清偿。分配结束并不产生免除债务的效果。债权人发现被执行人有其他财产的，可以随时请求法院执行。

第三节　分配方案异议与异议之诉

导入案例 9-2

甲公司以某处房产作抵押，分别向闫某借款 1754 万元，向陆某借款 1300 万元，向李某借款 960 万元。后闫某、陆某、李某分别诉请法院要求甲公司偿还借款并支付违约金、利息等，诉请均获法院支持，债权可在房产拍卖所得中优先受偿。系争房产的抵押状况信息载明，闫某的债权数额为 800 万元，陆某的债权数额为 100 万元，李某的债权数额为 960 万元。登记核准日期前后顺序依次为闫某、陆某、李某。

某区法院作出《关于甲公司财产拍卖款分配方案》，载明系争房产由买受人以 1740 万元最高价竞得，扣除职工工资、看管工资、诉讼费、评估费、废渣废水处理费后，剩余拍卖款由三抵押权人按登记时间顺序优先受偿。第一顺序抵押权人闫某抵押权本金 800 万元，利息、违约金合计 3587801 元，故拍卖款分配得款 11587801 元。第二顺序抵押权人陆某分配得款 100 万元，第三顺序抵押权人李某分得剩余拍卖款 1174705.45 元。李某向法院提出分配方案异议，闫某表示反对。李某遂提起异议之诉，要求撤销分配方案，部分理由为：抵押登记信息中明确登记闫某的抵押债权为 800 万元，分配方案中确定利息和违约金也可优先受偿与抵押登记不符，故闫某仅可优先受偿债权本金最高额 800 万元。法院认为，抵押担保的范围包括主债权及利息、违约金、损害赔偿金和实现抵押权的费用，闫某与甲公司的借款合同进行了同样的约定。抵押权登记证明上的 800 万元系主债权，相应的利息、违约金合计 3587801 元也应优先受偿。一审法院判决驳回李某的诉讼请求。

李某不服提起上诉。二审法院认为，根据法律规定，担保物权的担保范围包括主债权及其利息、违约金、损害赔偿金、保管担保财产和实现担保物权的费用。抵押权人优先受偿的范围不以主债权为限，而应根据约定抵押担保范围或者法定范围来确定。一般抵押权设立登记时权利证书上记载的"债权数额"仅是设定抵押时担保的主债权数额，与抵押担保范围是两个不同的概念。债权人有权主张按照抵押合同约定或者法定的担保范围内的全部债权行使优先受偿权。抵押权登记证明中记载的债权数额 800 万元系指设定抵押时担保的主债权即借款本金数额而非抵押担保债权的最高限额，相应的利息、违约金同样应优先受偿。二审法院遂判决驳回上诉，维持原判。

一、对分配方案的异议

主持分配的法院作出分配方案后，应当将分配方案送达各债权人和被执行人。债权人或者被执行人对分配方案所载各债权人应受分配金额有异议的，应当在分配方案送达之日起 10 日内向主持分配的法院提出书面异议。没有异议的，主持分配的法院按照分配方案进行分配。

各债权人和被执行人就其债权金额、分配顺序、应受分配金额达成一致意见，法院按照一致意见制作分配方案的，债权人、被执行人不得提出分配方案异议。换言之，合意确定分配方案的，债权人、被执行人不得再提出分配方案异议。只有法院决定分配方案的，债权人、被执行人才可以提出分配方案异议。

债权人或者被执行人对分配方案提出书面异议的,主持分配的法院应当通知未提出异议的债权人、被执行人。未提出异议的债权人、被执行人自收到通知之日起 15 日内未提出反对意见的,主持分配的法院依异议人的意见对分配方案审查修正后进行分配;提出反对意见的,应当通知异议人。异议人可以自收到通知之日起 15 日内,以提出反对意见的债权人、被执行人为被告,向执行法院提起分配方案异议之诉,请求变更分配方案;异议人逾期未提起诉讼的,主持分配的法院按照原分配方案进行分配。分配方案异议之诉审理期间,没有争议的执行款应当及时发放,主持分配的法院应当提存与争议债权数额相应的款项。

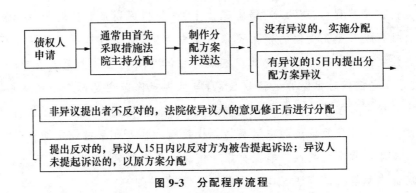

图 9-3　分配程序流程

二、分配方案异议之诉

执行分配方案异议之诉,是指在多个债权人对同一被执行人参与分配的案件中,执行法院作出分配方案后,如果债权人或者被执行人对分配方案提出书面异议,未提出异议的债权人、被执行人对异议人的意见提出反对意见的,异议人有权以提出反对意见的债权人、被执行人为被告,向执行法院提起的诉讼。

分配程序中的异议有程序异议和实体异议之分,对两种异议的处理程序也有所不同:

1. 程序异议

程序异议是指债权人或者债务人认为执行法院在分配程序中存在违法或

者不当行为，向执行法院请求救济的情形。比如，认为执行法院不应当适用分配程序而适用，债权人的债权应当列入分配方案而没有列入等程序违法情形。此类异议，异议人应当提出执行行为异议，由法院执行机构进行审查并作出裁定。对执行法院的裁定不服的，可以请求上一级法院复议。

2. 实体异议

实体异议是指债权人或者债务人对于分配方案所载各个债权人债权的真实性存在异议，或者对应当分配的债权数额、分配顺位不同意，而向执行法院声明的情形。

根据《民事强制执行法（草案）》的规定，执行财产分配方案的异议人可以以提出反对意见的债权人、被执行人为被告，向主持分配的法院提起分配方案异议之诉，请求变更分配方案。草案较《执行程序解释》条文增加了"请求变更分配方案"，明确了原告可提出请求变更分配方案的诉讼请求，但对于执行分配方案异议之诉应如何裁判未作出明确规定。①

对于执行分配方案异议之诉应如何裁判，实务中主要有两种观点。第一种观点认为，如法院认为债权人或被执行人对执行分配方案提出的异议有事实和法律依据，若原告的诉讼请求成立仅导致原被告之间的分配额变动，对其他债权人或被执行人没有影响，法院可以直接判决变更分配方案。若原告的诉讼请求成立会导致其他债权人的分配额发生变动，则需要判决由执行部门重新制作分配方案，但判项中应明确原、被告分配额的变化情况，即有关债权数额和分配顺位，或确认某债权不存在或实体上丧失分配资格，且当事人对案件已处理事项不得再提出异议。第二种观点认为，审理部门无权作出直接修改或制作执行分配方案的裁判结果，一方面制作执行分配方案是执行局行使执行实施权的部门职责，行使裁判权的部门不能越权；另一方面审判部门仅对有异议的执行分配方案部分予以审查，不能全面了解执行分配方案的整体情

---

① 2020年修正的《执行程序解释》第18条规定："债权人或者被执行人对分配方案提出书面异议的，执行法院应当通知未提出异议的债权人或被执行人。未提出异议的债权人、被执行人收到通知之日起十五日内未提出反对意见的，执行法院依异议人的意见对分配方案审查修正后进行分配；提出反对意见的，应当通知异议人。异议人可以自收到通知之日起十五日内，以提出反对意见的债权人、被执行人为被告，向执行法院提起诉讼；异议人逾期未提起诉讼的，执行法院依原分配方案进行分配。诉讼期间进行分配的，执行法院应当将与争议债权数额相应的款项予以提存。"

况，由其直接修改或重新制作执行分配方案可能导致一系列不必要的冲突，也不利于其他未参与诉讼债权人权益的保护。如法院经审查认为当事人提出的异议应予以支持，应撤销执行分配方案异议部分，并在判决中明确分配原则、顺位、数额等，由执行部门重新制作执行分配方案。实务中多数法院支持第二种观点，即分配方案异议之诉经过审判庭适用审判程序审理之后，如果最终判决原告败诉的，争议部分的财产应当按照原分配方案进行分配。如果认为原告提出的异议应予以支持的，判决撤销执行分配方案异议部分，并在判决中明确分配原则、顺位、数额等，由执行部门重新制作执行分配方案，然后根据新的分配方案进行财产分配。

标准的执行分配方案异议之诉的诉讼请求应当包含两个方面：第一，请求法院确认争议的债权数额、财产数额和分配比例，确认的根据主要是作为执行依据的生效法律文书和被执行人财产的实际状况；第二，请求法院按照原告主张的方案，变更执行部门制作的财产分配方案。但在实务中，执行分配方案异议之诉的原告通常只请求法院直接判决变更原执行分配方案，不请求法院撤销原执行分配方案。由于其异议的实现只能通过撤销原执行分配方案、重新制定新的执行分配方案才能实现，即使执行分配方案异议之诉原告没有提出撤销原执行分配方案的诉讼请求，法院经审查认为原执行分配方案全部或部分不合法的，亦应主动判决撤销或部分撤销执行分配方案，由执行部门重新制定执行分配方案。因"撤销原执行分配方案"是"变更原执行分配方案"诉讼请求的应有之义，故此判决结果并没有超越当事人的诉讼请求。对于执行分配方案异议之诉的原告不规范的诉讼请求，法院也可以通过释明，引导当事人提出符合法律规定的诉讼请求。

执行分配方案异议之诉的目的在于解决争议当事人之间关于分配方案的争议。由于分配方案的部分变动可能会导致其他债权的受偿比例发生变化，所以分配方案异议之诉的结果会影响到其他债权人，其他债权人也可能对变动的方案持有异议。目前法律只规定了异议人为原告，对异议提出反对意见的人为被告，未涉及其他人是否参与诉讼及参与诉讼后的诉讼地位问题，因此，异议人在民事诉状中坚持将非分配方案当事人列为共同被告的，法院应当裁定驳回异议人的起诉。此外，诉讼中是否应追加其他人为第三人也值得讨论。实务中有案例将除争议双方外的其他所有债权人、被执行人都追加为第三人,一揽子解决争议问题,取得了良好的社会效果。

此外,执行分配方案异议之诉只审查债权人之间的实体争议,对于执行部门的执行行为是否合法,比如是否应该适用分配程序等执行程序性事项,审判部门无权进行审查。

思考题

1. 申请执行人、被执行人或执行案件利害关系人如果认为执行款数额计算、发放等执行行为违反法律规定,应如何救济?

2. 《民事强制执行法(草案)》对分配制度采用优先受偿主义还是平等受偿主义?二者的内涵有什么不同?

3. 简述各债权人和被执行人不能达成一致意见时,法院制作分配方案通常遵循的债权顺序。

4. 分配方案异议之诉中的原告、被告如何确定?

第十章　非金钱债权的终局执行

被执行人在判决、裁定和其他法律文书确定的履行期限内没有履行或没有全部履行非金钱债权义务的,法院既要强制其履行义务,还要责令其支付迟延履行金。迟延履行金,顾名思义,就是被执行人迟延履行生效法律文书确定的义务时应当向申请执行人支付的金钱。迟延履行金兼具补偿性与惩罚性,适用于金钱给付义务之外的其他执行案件。被执行人未按生效法律文书指定的期间履行金钱给付以外的其他义务的,无论是否已给申请执行人造成损失,都应当支付迟延履行金。已经造成损失的,双倍补偿申请执行人已经受到的损失;没有造成损失的,迟延履行金的数额可以由法院根据具体案件情况决定。

第一节　物之请求权的执行

一、对交付不动产的执行

导入案例 10-1

黄某清、钟某娥向王某出售房屋,合同签订后,由于房价上涨,黄某清、钟某娥悔约而拒不腾房,法院判令二人应腾空涉案房屋后将房屋交付给王某。因黄某清、钟某娥未履行义务,王某向法院申请强制执行。

执行过程中,法院依法向被执行人黄某清、钟某娥送达执行通知书,并在涉案房屋张贴搬迁公告,责令两被执行人限期搬迁。但黄某清始终明确表示不履行生效判决,甚至在涉案房屋违法放置瓶装煤气、烟花爆竹等危险物品,试图暴力抗法。法院以黄某清涉嫌拒不执行判决、裁定罪移送公安机关处理,公安机关对此立案侦查,并依法对黄某清采取刑事拘留措施。黄某清、钟某娥终于意识到事态严重性,钟某娥迅速搬离涉案房屋。法院将房屋交付给申请执行人王某,本案最终得以圆满执结。后经法院审理,黄某清构成拒不执行人民法院判决、裁定罪,被判处有期徒刑六个月,缓刑八个月。

(一) 交付不动产执行案件的特点及难点

对交付不动产的执行,是指生效法律文书确定由被执行人向申请执行人交付土地使用权或房屋等不动产案件的执行。实务中常见的交付不动产的执行案件类型是强制迁出房屋和退出土地。这类案件由于被执行人不按生效法律文书腾退房屋和土地,获利较大,且拖延执行时间越长,其获利越多,因此,被执行人往往纠集亲朋好友抗拒强制执行。对这类案件的强制执行带有一定的群体对抗性,处置不当容易引发群体性事件甚至极端事件。《民事强制执行法(草案)》规定,执行依据确定被执行人交付不动产的,法院应当在不动产显著位置张贴公告,责令被执行人在指定期限内交付。被执行人逾期未交付的,法院应当强制迁出并将不动产交付申请执行人;必要时,公安机关、基层组织等应当到场协助。

交付不动产强制执行案件的另一个特点是,由于被执行人不配合执行甚至抗拒执行,有时甚至是被执行人为制造执行障碍故意放置,作为执行标的的土地或房屋等不动产中经常有不属于执行标的的其他动产。这些动产非执行标的,不能连同不动产一并交付给申请执行人,强制执行时必须从不动产中除去。除去动产原本是被执行人的附属履行义务,但由于被执行人不配合执行,因此除去动产必须与交付不动产同时执行甚至先于交付不动产执行。强制除去这些动产,被执行人往往不配合接收,因此,除去后的动产需较长时间保管。除去动产时及后续保管期间极易造成动产的遗失或损坏,容易引发被执行人的信访投诉。为了解决这些实务中的难点问题,《民事强制执行法(草案)》规定,执行依据确定交付的不动产中有不属于执行标的物的动产的,法院应当强制除去后交付,但是双方当事人同意不除去的除外。除去动产时,法院应当通知被执行人或者其成年家庭成员、法定代表人或者主要负责人等到场领取。无法通知或者无人到场领取的,法院可以对除去的动产进行变价,变价款扣除相关费用后退还被执行人或者予以提存等。

(二)强制迁出房屋和退出土地的执行程序

强制迁出房屋和退出土地,是指法院强制搬迁被执行人在房屋内或特定土地上的财物,腾出房屋或土地交给申请执行人的执行措施。主要程序为:

1. 法院发出执行公告

被执行人不主动迁出房屋和退出土地的,法院应及时采取强制执行措施。强制迁出的,由院长签发强制迁出房屋和退出土地公告。公告应写明强制迁出的原因,并再次指定债务人履行义务的期限,说明逾期不履行的后果。公告由院长署名,并加盖法院印章。公告张贴于法院公告栏以及应当迁出的房屋或土地显著位置。被执行人在指定的期限内自动迁出的,执行程序终结。被执行人逾期未迁出的,法院应当强制迁出并将不动产交付申请执行人。

2. 查明执行现场情况并做好强制执行预案

为防止发生群体性事件甚至极端事件,强制执行前需查明执行现场的结构布局、可能在场的人员及这些人员与被执行人的关系等情况,预判需要安排的执行力量,并对可能发生的不利情况做好预案。如预判可能存在暴力抗拒执行,需要公安机关现场协助维持执行秩序时,应提前与公安机关沟通联系,要求公安机关派员协助。

如被执行人抗拒执行情节严重可能构成犯罪,法院可在获取初步证据后,以被执行人涉嫌触犯拒不执行人民法院判决、裁定罪移送公安机关立案侦查。与导入案例 10-1 相似,实务中许多案件均是在强制执行清退前,法院将获取的证据移送公安机关,公安机关立案侦查后,被执行人及其家属迫于刑事处罚压力主动配合执行而结案。

3. 法院强制执行

法院强制执行时,不论不动产中是否有需要除去的动产,被执行人是自然人的,应当通知被执行人或者他的成年家庭成员到场,被执行人工作单位及房屋、土地所在地的基层组织也应当派人到场见证;被执行人是法人或者其他组织的,应当通知其法定代表人或者主要负责人到场,房屋、土地所在地的基层组织也应当派人当场见证。上述人员拒不到场的,不影响执行。执行员应当将强制执行情况记入笔录,由在场人签名或者盖章。

强制迁出房屋被搬出的财物,由法院造具清单后,现场或派人运送至指定场所交给被执行人。被执行人是自然人的,也可以交给他的成年家庭成员。法院无法通知被执行人或者虽经法院通知但无人到场领取的,法院应及时对搬出的财物进行变价,变价款扣除相关费用(包括先期存放财物租金、保管费用等)后退还被执行人或者予以提存。提存后告知被执行人领取提存款项的时间、地点。无法直接通知的,法院以公告方式发出通知。

强制执行完毕后,法院应现场将腾出的房屋或退出的土地交给权利人,并办理移交手续,执行程序终结。

(三) 被执行人再次占有不动产的处理

强制执行的房屋或土地转移给申请执行人占有后,被执行人或者原占有人立即又强行占有该标的物的,法院可以根据申请执行人的申请继续强制执行并应当对非法占有人予以罚款、拘留。构成犯罪的,依法追究刑事责任。

对于房屋所有权或土地使用权权属已办理转移登记过户至申请执行人后,被执行人或者原占有人又强行占有该标的物的,申请执行人可向公安机关报案,由公安机关以被执行人或者原占有人涉嫌寻衅滋事等犯罪立案侦查。

二、对交付动产的执行

对交付动产执行中的动产,是指生效法律文书确定由债务人向债权人交付的特定动产(原物)、不特定动产(种类物)或票据、证照等。执行程序中动产(包括票据、证照等)的占有分为两种情形,一种是被执行人占有,另一种是案外他人占有。法律规定的对交付种类物与交付特定物的执行措施有所不同,而交付特定物的执行方法也因占有人不同而有所差异。

(一) 对交付种类物的执行

交付种类物是一种可替代履行的行为,因此,法院既可以选择责令被执行人交付生效法律文书确定的种类物,也可以选择由法院选定他人或申请执行人代为履行。《民事强制执行法(草案)》规定,交付动产为种类物,被执行人未按执行通知履行义务的,法院可以责令被执行人在合理期限内支付购买费用,委托他人购买后交付申请执行人,或者由申请执行人自行购买。申请执行人申请垫付购买费用的,法院应当准许。申请人垫付费用购买种类物后,这类案件实际上由非金钱债务的执行转化为金钱债务的执行。被执行人未支付购买费用的,法院应当裁定强制执行被执行人的财产。

由于生效法律文书只确定被执行人交付种类物,并未确定种类物的购买价格,因此,实务中被执行人可能对法院执行机构确定的种类物购买价格持有异议。对于购买价格的确定,执行人员可参照拍卖参考价的确定方法,采用当事人议价、定向询价或网络询价等简便快捷的方式确定。确定种类物购买价格属于一种执行行为,被执行人或利害关系人对于购买价格持有异议的,可以提出执行行为异议,请求法院对购买价格予以调整;申请执行人申请垫付费用的,如申请执行人认为法院确定的购买费用过低,无法购买到质量较好的种类物,亦可以提出执行行为异议,请求法院对购买价格予以调整。

(二)对交付特定物的执行

导入案例 10-2

王某以其所有的一幅署名"吴某中"的油画作为担保,向李某借款 20 万元,借款合同约定王某应于同年 10 月 30 日归还借款。到期后王某未履行还款义务,李某起诉至法院,要求王某归还借款 20 万元及利息。庭审中,王某辩称,双方之间系居间关系而非借贷,钱是替别人借的,同意归还 20 万元本金,但不同意支付利息,并反诉要求李某归还担保物——署名"吴某中"的油画一幅。法院最终认定双方形成民间借贷法律关系,判决王某归还李某借款 20 万元及相应利息,而李某也应于判决生效后归还王某署名"吴某中"的油画一幅。判决生效后,王某以李某未按生效判决履行义务为由向法院申请执行。执行立案后,法院通知双方当事人到法院办理本案执行标的物——一幅署名为"吴某中"的油画的交接手续。双方当事人均按法院指定的时间到达法院,但申请执行人王某以自己无法确认被执行人李某交付的油画是否为原担保物为由拒绝受领,此后又经法院多次通知,王某依然拒绝受领。

法院认为,被执行人李某已依照生效判决向申请执行人履行了返还原物的义务,且经法院依法审查被执行人交付的标的物符合判决要求。申请执行人王某无法辨认被执行人交付的标的物是否为原担保物的抗辩理由,于法无据,不能成立。法院通知被执行人李某将该油画封存,并在封存的包装上留下可供日后辨别的标识,由法院予以确认并记录在案。法院向申请执行人王某告知了执行标的物的保存地点,及其应承担标的物的保管费用等事项,案件以被执行人自动履行而结案。

---

1. 被执行人占有动产

《民事强制执行法(草案)》规定,执行依据确定被执行人交付动产的,由法院传唤双方当事人当面交付;被执行人拒不交出的,法院实施占有后转交,并由被交付人签收。

(1) 当事人当面交付。

如果作为执行标的物的动产为被执行人占有,尤其标的物是原物时,由于申请执行人对原物的形状、外观、品质等特点最为熟悉,也最容易当场识别原物是否损坏,因此,当面交付动产是首选方式。执行时,法院可传唤双方当事人于指定时间到达指定场所,由被执行人当面将动产交付于申请执行人。当面交付时,应由法院制作执行笔录,双方当事人签字。当面交付的地点可以是在法院,也可以是在当事人一方所在地或执行标的物所在地。

交付特定动产应当交付原物。原物确已毁损或者灭失的,经双方当事人同意,可以折价赔偿。双方当事人对折价赔偿不能协商一致的,法院应当终结执行程序。申请执行人可以另行起诉请求被执行人赔偿损失。需注意,2015年修正的《民诉法解释》规定了诉讼确定赔偿金额制度,之前司法解释规定的法院执行机构直接裁决赔偿金额已不再适用。双方当事人对折价赔偿不能协商一致的,执行机构已无权径行裁决赔偿金额。

对于实务中容易发生的双方当事人对交付物是否是原物的争议,执行人员应根据生效法律文书对原物的描述来确定。导入案例10-2中,判决书对于争议标的物只有一句简单描述:要求被告归还原告借款担保物——署名为"吴某中"的油画一幅。仅仅依据生效判决书无法确认被执行人交付的标的物是否为原担保物。申请执行人王某主张该油画在担保时曾经过鉴定专家鉴定,鉴定结论为真品,所以应对被执行人交付的标的物重新请专家进行鉴定,由法院根据鉴定意见审查被执行人交付的标的物是否符合判决书的要求。法院认为，书画作品的鉴定不仅专业性强，而且鉴定的主观性很强。几年前，关于"张大千仿石溪山水"画的鉴定，南北几位鉴定大家分别给出了"真""伪"两个截然不同的答案就是例证。即便是艺术品作者本人给出的鉴定意见，同样也不能想当然地作为判断的标准。因此，法院不能依据任何一个鉴定意见就当然地认定艺术品的真伪，所以法院没有采纳王某的重新鉴定建议，也没有对该书画作品的真伪进行认定。事实上，案件审理过程中，王某作为担保物的所有人提起诉讼要求李某返还担保物，但依据王某所能提供的证据、法院主动调查取证结果以及李某的认可，法院只能认定王某的确将一幅署名"吴某中"的油画作为借款担保物交付李某，对于标的物的可供识别的特征却无法查明。对于审判阶段无法查明的事实，执行阶段也不可能查明。因此，执行人员认为无须对执行标的物的真伪作出认定，只需要按照生效法律文书对原物的描述来确定是否是执行标的物即可。

被执行人将执行依据确定交付、返还的物品直接交付给申请执行人的，申请执行人应当向法院出具物品接收证明；没有物品接收证明的，执行人员应当将履行情况记入笔录，经双方当事人签字后附卷。

（2）法院转交交付。

对于被执行人不方便当面交付，或被执行人拒不交付，由法院采取强制措施查封并实施占有的，动产由法院转交。即由被执行人将执行标的物交付执行人员，再由执行人员转交申请执行人或其委托的代理人。转交时应由申请执行人或其指定的代收人签收，出具收条，并将收条附卷。

对于需要法院转交的动产的保管、收取与交付及风险承担问题，《最高人民法院关于执行款物管理工作的规定》明确：① 执行物的管理实行执行机构与有关管理部门分工负责、相互配合、相互监督的原则。对于由法院保管的查封并实施占有的物品，应当指定专人或部门负责，逐案登记，妥善保管，任何人不得擅自使用。执行机构应当指定专人对执行物的收发情况进行管理，设立台账、逐案登记，并与执行物管理部门对执行款物的收发情况每月进行核对。② 被执行人将物品交由法院转交给申请执行人或由法院主持双方当事人进行交接的，执行人员应当将交付情况记入笔录，经双方当事人签字后附卷。查封至法院或被执行人、担保人等直接向法院交付的物品,执行人员应当立即通知保管部门对物品进行清点、登记,有价证券、金银珠宝、古董等贵重物品应当封存,并办理交接。保管部门接收物品后,应当出具收取凭证。对于在异地查封,且不便运输或容易毁损的物品,法院可以委托物品所在地法院代为保管,代为保管的法院应当按照上述规定办理。③ 法院查封并实施占有或被执行人交付,且属于执行依据确定交付、返还的物品,执行人员应当自查封并实施占有或被执行人交付之日起 30 日内,完成执行费用的结算、通知申请执行人领取和发放物品等工作。不属于执行依据确定交付、返还的物品,符合处置条件的,执行人员应当依法启动财产处置程序。④ 法院解除对物品的查封并实施占有措施的,除指定由被执行人保管的外,应当自解除查封措施之日起 10 日内将物品发还给所有人或交付人。物品在法院查封并实施占有期间,因自然损耗、折旧所造成的损失,由物品所有人或交付人自行负担,但法律另有规定的除外。

2. 案外他人占有动产

《民事强制执行法(草案)》规定,案外他人占有执行依据确定交付标的物的,法院可以依照该法第十一章(对债权的执行)第二节(对一般债权的执行)的规定执行。即,执行程序开始后,法院可首先向占有动产的他人发出查封令,禁止他人向被执行人交付该动产。亦可直接向他人发出履行令,责令他人直接或通过法院向申请执行人交付该动产。他人认为该动产不存在、已消灭或者存在其他妨碍执行请求事由的,应当在收到履行令之日起 15 日内,向法院提出书面异议,并说明事实和理由。他人提出异议时作虚假陈述的,法院可以对他人予以罚款、拘留;给申请执行人造成损害的,他人应当承担赔偿责任。如他人占有该动产的事实已经生效法律文书确定的,他人不得提出上述异议。他人提出异议的,法院应当通知申请执行人。申请执行人认为异议不成立的,可以在收到通知之日起 15 日内以他人为被告向执行法院提起诉讼。起诉经法院受理的,申请执行人应当向执行机构提交已受理的证明文件,并将受理的事实告知被执行人。申请执行人未在规定期间内提起诉讼的,法院应当依据他人的申请,在异议范围内解除履行令。他人未提出异议,又未依照履行令履行义务的,法院可以裁定对他人强制执行。

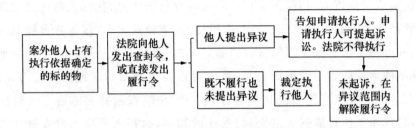

图 10-1 他人占有动产执行程序流程

《民事强制执行法(草案)》还规定,为执行依据确定的义务人(包括义务承受人、继承人或遗产管理人等主体)的利益而占有执行依据确定交付的特定物的占有人,执行法院可以追加其为被执行人。他人为被执行人或被执行人的权利义务承受人的利益占有动产的,法院可直接追加他人为被执行人,责令他人直接或通过法院向申请执行人交付动产。当然,他人如果对法院追加其为被执行人的裁定不服,可以选择在裁定送达之日起 15 日内,向作出裁定的法院提起诉讼,也可以选择在裁定送达之日起 10 日内,向上一级法院申请复议。

他人占有期间动产毁损、灭失的,他人与申请执行人可以协商折价赔偿。双方对折价赔偿不能协商一致的,法院应当终结执行程序,申请执行人可以另行起诉请求他人赔偿损失。

(三)对交付印章、证照及其他凭证的执行

导入案例 10-3

某研究会成立时申领了社会团体法人登记证书,李某原系该组织法定代表人。2020 年 2 月,研究会将法定代表人变更为王某,并申领了新的社会团体法人登记证书。李某对研究会法定代表人的变更程序及变更结果持有异议,认为系违法变更,不应产生法律效力,其仍为法定代表人。李某在研究会法定代表人变更之前为该组织刻制了新的公章,李某称该公章应为有效公章。研究会则认为变更法定代表人程序及结果合理合法,李某无权再持有社会团体法人登记证书及公章。研究会向法院起诉请求李某返还以李某为法定代表人的社会团体法人登记证书原件及以某研究会为名称刻制的公章原物。法院判决支持了某研究会的诉讼请求。因李某未主动返还，某研究会向法院申请强制执行。

印章、证照是民事主体人格的象征，民事主体使用印章、证照，具有证明和确定其主体资格和能力的法律效果，故民事主体对其印章、证照享有专用权、使用权和支配权。民事主体为组织的，其印章、证照由经过授权的自然人掌管和占有。有权掌管和占有印章、证照的自然人一旦被解除授权（多数情况下为解除原职务），其无权继续掌管和占有，应当将印章、证照交还组织。如果不交还，构成对组织合法民事权益的侵害，同时妨害组织进行正常的经营活动。所以，排除这种妨害，对组织来说具有现实意义和直接利益。

执行依据确定被执行人交付印章、证照或者其他凭证（含各种票据）的，法院可以按照对动产的执行方法和措施执行，责令非法占有人（包括被执行人及其他非法占有人）向申请执行人直接交付。非法占有人不方便当面交付，或拒不交付的，由法院采取强制措施查封并实施占有，再由执行人员转交给申请执行人或其委托的代理人，转交时应由申请执行人或其指定的代收人签收，出具收条，并将收条附卷。

《民事强制执行法（草案）》对于交付印章、证照及其他凭证，还规定了一种特殊执行方法，即法院可以根据申请执行人的申请，宣告印章、证照及其他凭证作废，并通知有关组织重新制发。对于刻制印章的管理，各省、市、自治区基本上都有自己的管理办法规定，通常都是需要凭主管部门出具的证明或者市场监督管理部门核发的营业执照，到经营印章刻制业务的组织刻制。经营印章刻制业务的组织应当在刻制印章后及时将委托刻制组织的名称、法定代表人、负责人和经办人的姓名以及印模等信息，报送公安部门备案。证照和其他凭证的作废及重新制发程序，各相关管理部门也有不同的管理规定。法院在宣告印章、证照及其他凭证作废后，可向印章刻制组织、证照及其他凭证的制发组织发出协助执行通知书，通知有关组织重新制发。

三、拒不交付不动产或动产的法律后果

被执行人拒不交付不动产或动产的，虽然法院可以采取直接执行措施，由

法院强制占有不动产或动产后,再转交给申请执行人占有。但直接执行需要大量的人力、物力,有时还可能引发群体性事件甚至极端事件。显然,古语所言的"不战而屈人之兵""兵不血刃"才是最好的执行方法,因此,对这类案件采取间接执行措施效果更好。既有的间接执行措施中,对被执行人采取罚款措施最为常用,但由于罚款金额有限,且对同一不履行义务的行为只能处罚一次,对被执行人的威慑力不够大,直接影响了间接执行措施的执行效果。

《民事强制执行法(草案)》规定了特殊罚款制度,针对被执行人持续拒不履行不可替代行为的情形,可以适用特殊罚款制度:被执行人占有执行依据确定交付的标的物而拒绝交付的,法院可以对其按日予以罚款,但是标的物为种类物的除外。法院对个人或者组织采取罚款措施的,应当根据其行为后果、当地经济发展水平等因素确定罚款的金额。被执行人对罚款决定不服的,可以向上一级法院申请复议。按日计算罚款金额,每日罚款金额上限最高可达《民事诉讼法》规定的罚款金额上限。换言之,对个人的罚款金额为每日人民币 10 万元以下,对组织的罚款金额为每日人民币 100 万元以下。通过增加罚款的力度和强度,让拒不执行生效法律文书的被执行人付出更高的违法成本,最终迫使被执行人尽快履行相应的义务。

适用特殊罚款制度时应注意:(1)适用主体仅为被执行人,对被执行人以外的其他占有人不能适用;(2)执行标的物仅适用于特定物,对于种类物应适用本章第一节介绍的替代执行措施,不能适用特殊罚款制度。(3)按日罚款的天数由执行法院灵活确定,但是累计罚款的天数不得超过 180 日。

执行依据确定交付的标的物转移给申请执行人占有后,被执行人或者原占有人立即又强行占有该标的物的,法院可以根据申请执行人的申请继续强制执行并应当对其予以处罚。《民事强制执行法(草案)》未对再次占有已交付动产或不动产是否适用特殊罚款制度作出明确,从条文顺序安排以及再次占有标的物的性质恶劣程度来看,对执行依据确定交付的标的物转移给申请执行人占有后,被执行人又强行占有该标的物的,法院可以根据申请执行人的申请继续强制执行,也可以对再次占有标的物的被执行人按日予以罚款。

物之交付请求权执行中,本节没有介绍的,参见本书第八章"对不动产的执行""对动产的执行"中的介绍。

第二节 行为请求权的执行

> **导入案例 10-4**
>
> 承租人东河公司与出租人大利公司签订房屋租赁合同。一年后,东河公司向大利公司提出要将这片场地装修为档口,并且要拆除一部分残缺墙体,重新布建。大利公司拒绝了东河公司的装修要求。东河公司出于利益考虑,违反租赁合同将档口承重外墙打通,加建违章建筑扩宽档口,租赁给服装批发商户牟利。大利公司维权无果,只得诉诸法院,要求东河公司将墙体恢复原状。经过一审、二审,某市中级法院对这宗租赁合同纠纷作出终审判决:东河公司须将改建的厂房墙体恢复原状。然而,东河公司的经营者依然我行我素,未见行动,大利公司只得向一审法院申请强制执行。法院向东河公司发出公告,限令该公司在指定期限前将打通的墙体恢复,东河公司仍不予理睬。法院遂现场强制执行,清空档口,并由申请执行人事先选定的工程队现场砌墙补洞。对拒不配合执行、态度恶劣的东河公司法定代表人杨某,法院当场宣布予以司法拘留15日。

一、对可替代行为与不可替代行为的执行

对法律文书指定行为的执行,是指被执行人不履行法律文书指定的行为,法院根据债权人申请强制被执行人履行指定行为的措施。法律文书指定的行为,包括作为与不作为。对指定行为的执行分为两种,一种是由本人履行,另一种是法院委托有关组织或者其他人替代履行,费用由被执行人承担。

1. 本人履行

被执行人不履行法律文书指定的行为,且该项行为只能由被执行人完成的,法院可采用间接强制的方式,通过对被执行人采取罚款、拘留措施,对被执行人心理进行强制来迫使其履行义务。

既有的间接执行措施中,除追究刑事责任外,对被执行人采取拘留措施最为严厉,但由于法律规定的拘留时间最长为 15 日,对被执行人的威慑力不够大,直接影响了间接执行措施的执行效果。《民事强制执行法(草案)》规定,执行依据确定被执行人作出特定行为,该行为不能由他人替代完成的,法院应当责令被执行人在指定期限内履行。被执行人逾期未履行的,应当对被执行人依据该法规定按日予以罚款或者予以拘留,但是被执行人有正当理由的除外。拘留期限届满后,被执行人仍未作出特定行为的,法院可以再次予以拘留,但是累计拘留期限不得超过 6 个月。法律对被执行人拒不履行不能由他人替代履行的行为设置了更加严格的法律后果,不仅可适用特殊罚款制度,还可适用特殊拘留制度。通过强化拒不执行生效法律文书的违法成本,最终迫使被执行人尽快履行相应的义务。

拘留决定作出后,被执行人作出特定行为的,法院不再实施拘留或者提前解除拘留;承诺作出特定行为的,可以不再实施或者提前解除,必要时可以要求被执行人提供担保。

2. 代履行

被执行人不履行生效法律文书确定的行为义务,该义务可由他人完成的,法院可以选定代履行人,并由被执行人向代履行人支付代履行费用。法律、行政法规对履行该行为义务有资格限制的,应当从有资格的人中选定。必要时,可以通过招标的方式确定代履行人。申请执行人可以在符合条件的人中推荐代履行人,也可以申请自己代为履行,是否准许,由法院决定。

代履行费用的数额由法院根据案件具体情况确定,并由被执行人在指定期限内预先支付。被执行人未预付的,法院可以对该费用强制执行。代履行结束后,被执行人可以查阅、复制费用清单以及主要凭证。案例 10-4 中,"将被破坏的外墙恢复原状"属于典型的可替代行为的执行,由法院委托他人或申请执行人完成指定履行的行为。关于代履行人的选任,既可以由法院选定,亦可由申请执行人推荐并经法院准许,还可以由申请执行人本人担任。代履行人履行的费用由被执行人承担,被执行人拒不承担的,法院强制执行,从而将非金钱债务的执行转换为金钱债务执行。

二、对交出未成年子女与探望权的执行

1. 对交出未成年子女的执行

执行依据确定未成年子女由一方当事人抚养,另一方当事人或者他人拒不交出的,鉴于交出未成年子女作为执行标的的特殊性,执行方法有两种:第一种是将其视为不可替代行为的执行,法院可以对被执行人按日予以罚款或者予以拘留,但是被执行人有正当理由的除外。拘留期限届满后,被执行人仍未作出特定行为的,法院可以再次予以拘留,但是累计拘留期限不得超过6个月。拘留决定作出后,被执行人同意履行义务的,法院不再实施拘留或者提前解除拘留;被执行人承诺履行义务的,可以不再实施或者提前解除,必要时可以要求被执行人提供担保。对于拒不交出未成年子女的他人,虽然不可以直接适用特殊罚款制度或特殊拘留制度,但由于他人通常是被执行人的直系亲属或接受被执行人指令的人,因此,仍然可以通过对被执行人采取特殊罚款措施或特殊执行措施来迫使他人交出未成年子女。上述间接执行方法可操作性较强,对被执行人的威慑力较大,且对未成年子女的身体健康与心理健康均不会造成任何伤害,因此,应当作为法院首选的执行方法。第二种是法院将未成年子女直接作为执行标的,在不损害未成年子女的身体健康和心理健康的前提下,法院将该未成年子女直接领交抚养人。但是,满八周岁的子女明确表示反对直接执行的,法院不得领交。

2. 探望权的执行

探望权是基于父母子女身份关系,不直接抚养子女的一方享有的与未成年子女探望、联系、会面、交往、短期共同生活的法定权利。离婚后不直接抚养子女一方在探视子女时与另一方产生纠纷的原因较多,问题非常复杂,根源往往是由于双方离婚时对处理子女抚养及对方探望子女问题考虑不周而产生矛盾隔阂。我国《民法典》对探望权的规定比较原则,仅在第1086条规定:"离婚后,不直接抚养子女的父或者母,有探望子女的权利,另一方有协助的义务。行使探望权利的方式、时间由当事人协议;协议不成的,由人民法院判决。父或者母探望子女,不利于子女身心健康的,由人民法院依法中止探望;中止的事由消失后,应当恢复探望。"此类案件在审理时,法院在确定探望的时间和方

式上,应从有利于子女的身心健康、且不影响子女的正常生活和学习的角度考虑。探望的方式亦应灵活多样,简便易行,具有可操作性,便于当事人行使权利和法院有效执行。实务中,关于探望方式主要有三种裁判类型:一是看望式探望,探望权人前往子女的居住场所进行短期看望;二是留宿式探望,探望权人将子女领走,和子女短期共同生活后将子女送回;三是陪伴式探望,双方确定时间地点,共同陪伴子女进行交流。

由于探望权的行使需要父母和孩子三方配合,受各方关系亲疏远近、性格相投程度、子女本人的意愿等诸多因素的影响,法官作为当事人家庭关系以外的人,无法在案件审判和执行的短时间内了解清楚各种因素,所以,法院审理和执行的难度都比较大。

对于探望权的执行,法院无法采取直接执行方法,只能采取间接执行方法。如果子女有独立判断能力,不愿意接受探望时,法院不能违背其意愿强制执行,可以通知有关组织协助进行心理疏导。如果负责抚养子女的一方不履行法律依据确定的义务,法院应当责令被执行人在指定期限内履行。被执行人逾期未履行的,应当对被执行人按日予以罚款或者予以拘留,但是被执行人有正当理由的除外。拘留期限届满后,被执行人仍未履行相应义务的,法院可以再次予以拘留,但是累计拘留期限不得超过6个月。拘留决定作出后,被执行人同意履行义务的,法院不再实施拘留或者提前解除拘留;被执行人承诺履行义务的,可以不再实施或者提前解除,必要时可以要求被执行人提供担保。

三、对不作为与容忍行为的执行

不作为,又称为不为一定行为,包括两种情形:一是要求债务人容忍他人的行为,即债权人作出某种行为时债务人有容忍的义务;二是禁止债务人作出一定的行为,即债务人有不为某种行为的义务。

不作为请求权,是指债权人请求债务人容忍他人的行为或禁止债务人作出一定行为的权利。容忍行为是指对权利人所实施的某项行为,债务人有予以容忍而不加以妨碍的义务,比如土地使用权人容忍他人从其土地上通行的义务。禁止行为又称为单纯的不作为,是指禁止债务人作出一定积极的行为,比如禁止债务人加建围墙影响邻居采光等。

生效法律文书所确定的不作为义务,只要债务人没有作出一定的积极行为,其义务即处于履行之中,债权人的权利即处于实现状态,自然没有强制执行的必要。但当债务人实施了一定的积极行为,就会产生不履行义务的问题,此时也就存在强制执行的必要。不作为是一种消极行为,不作为义务只能由被执行人履行,他人无法代替,因此,不作为也是一种不可替代的行为,通常也应采取间接执行的方法执行。但不作为有时也需要法院直接除去被执行人行为的后果,即有时也需要法院采取直接执行措施制止被执行人实施积极行为,或迫使被执行人及时采取补救措施。

《民事强制执行法(草案)》规定,执行依据确定被执行人不得作出一定行为或者应当容忍他人一定行为,被执行人违反该义务或者可能违反该义务的,法院应当对被执行人予以罚款、拘留或者纳入失信被执行人名单,也可以根据案件情况采取其他适当方法防止、制止被执行人违反该义务。被执行人违反不作为义务或者容忍义务产生的后果需要消除的,法院可以根据申请执行人的申请裁定依法消除。

不作为义务,有的是一次性的,即在较短时间内禁止实施一定行为或实施某种特定的行为,其后即不再发生义务不履行的问题;有的是反复的,即按一定的时间间隔反复地不实施一定行为;还有的是持续的,即在一定的期间内或永久地不实施一定的行为。容忍义务通常都具有持续性。对于反复的或持续性的不作为义务和容忍义务,法院在执行后通常即可终结执行。如被执行人再次违反不作为义务或者容忍义务的,法院可以根据申请执行人的申请再次立案,再次进行强制执行。

四、对意思表示的执行

所谓对意思表示的执行,是指执行依据所载债权人的请求权,以债务人向有关国家机关、事业单位等组织或个人作出一定的意思表示为标的,债务人作出一定的意思表示后,债权即告满足或实现。生效法律文书判决债务人作出一定意思表示的义务,以发生一定的法律效果为目的。这类判决的履行无须债务人实施具体的行为,判决生效后,可以直接采用法律拟制的方法,视为债务人的意思表示已经作出,债权人的权利已得到实现和满足。

《民事强制执行法(草案)》规定,法律文书确定被执行人作出意思表示的,该法律文书生效时,视为意思表示已经作出。对于法律文书确定被执行人作出意思表示附条件的,不能仅以法律文书生效作为意思表示已经作出的要件,而是应以所附条件已经成就作为意思表示已经作出的要件。所附条件成就后,才能视为意思表示已经作出。同样道理,对于法律文书确定被执行人作出意思表示以申请执行人应为对待给付义务为条件的,申请执行人已经履行对待给付义务时,才能视为意思表示已经作出。

对于意思表示的实现程序,《民事强制执行法(草案)》亦规定:生效法律文书确定被执行人协助申请执行人办理的有关事项,需要被执行人向国家机关、事业单位等有关组织和个人提出申请或者作出同意等意思表示的,申请执行人向有关组织和个人出示该文书时,有关组织和个人应当按照被执行人已提出申请或者作出该意思表示办理。既然法律文书确定被执行人提出申请或作出意思表示,该法律文书生效时,拟制提出申请或意思表示已经作出,被执行人因此无须再向国家机关、事业单位等有关组织和个人重复实施申请或同意的具体行为。上述规定为生效法律文书判决被告协助原告办理有关财产权的证照转移手续案件的执行另辟蹊径。以往这类案件执行过程中,法院需要向制发该证照的有关主管部门发出协助执行通知书,要求该单位协助办理。《民事强制执行法(草案)》优化规定为,法院可以不再发出协助执行通知书,申请执行人向国家机关、事业单位等有关组织和个人出示该生效法律文书的,即具有法院发出协助执行通知书的效力,有关组织和个人应当积极协助,并按照生效法律文书的要求,为权利人办好有关财产权证照转移手续。

思考题

1. 简述强制迁出房屋和退出土地的执行程序。
2. 交付种类物和交付特定物的执行措施最大的不同是什么?
3. 对拒不交付动产或不动产的被执行人可否再次适用拘留措施?
4. 被执行人不履行生效法律文书确定的行为,该行为可由他人替代完成的,法院可否对该被执行人处以不超过180日的按日罚款措施,直至该被执行人履行义务?

5. 对探望权案件的执行，法院可否采用直接执行方法，将未成年子女直接领交给权利人探望？为什么？

6. 生效法律文书确定被执行人协助申请执行人办理的有关事项，需要被执行人向国家机关、事业单位等有关组织提出申请的，是否需要在进入执行程序后法院向有关组织再次发出协助通知书，有关组织才予以协助执行？

第十一章 保全执行

第一节 诉前保全与诉讼保全程序

依据不同的标准,保全可以作不同的分类。以保全的标的物为标准,保全可分为财产保全、行为保全与证据保全。以申请保全的时间节点为标准,保全可分为诉讼前保全与诉讼中保全。由于诉讼前保全启动条件相对比较严苛,一般情况下诉讼中保全即可达到控制被申请人财产的目的,因此,实务中诉讼前保全适用比例较低,诉讼中保全较为普遍。《民事诉讼法》对诉讼前财产保全、行为保全、证据保全的申请、裁定与实施及保全救济等程序与诉讼中财产保全的规定基本一致,为了方便学习,本书着重介绍诉讼中财产保全的相关程序,诉讼前财产保全、行为保全、证据保全只介绍不同于诉讼中财产保全的特别规定。

一、财产保全

财产保全,是指法院根据利害关系人或当事人的申请,或者由法院依职权对被申请人的财产所采取的限制其处分或者转移的强制性措施。简言之,财产保全就是法院根据申请或依职权对被申请人财产采取的强制性措施。财产保全分为诉前财产保全与诉讼中财产保全。

《民事诉讼法》《民事强制执行法(草案)》《民诉法解释》对财产保全程序均有规定,《最高人民法院关于人民法院办理财产保全案件若干问题的规定》(法释〔2016〕22号,2020年12月修改)(以下简称《保全规定》),对保全程序又进一步予以细化。本书结合上述法律、法律草案、司法解释的规定及实务操作中常见问题,从保全申请人视角出发,以诉讼中财产保全流程为主线展开介绍。

(一)诉讼中财产保全

诉讼中财产保全,又称为诉讼财产保全,是指法院在案件审理过程中,为了防止当事人的行为或其他原因使生效裁判文书不能执行或难以执行,根据当事人申请或法院依职权,对当事人的财产或诉讼标的物所采取的强制性措施。诉讼财产保全的作用与意义除了保障生效裁判文书顺利执行外,在被申请人财产得到控制的情形下也有利于申请人与被申请人达成和解协议,从而一次性解决纠纷。

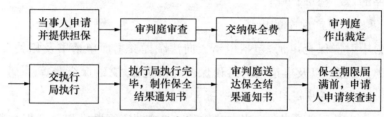

图 11-1 诉讼财产保全(依申请启动)流程

1. 采取诉讼中财产保全的条件

(1)必须是因当事人一方的行为,如当事人可能存在转移、处分、毁损财产的行为;或是因为当事人之外的其他原因,如天气变化导致特定物变质、腐烂。不采取保全措施控制被申请人财产,或及时变现被执行人财产的,生效判决可能不能执行或难以执行。

(2)采取诉讼财产保全的案件仅限于有给付内容的案件。采取诉讼财产保全措施,未来的生效裁判须具有可执行性。给付之诉具有可供执行的内容,以及转移、隐匿财产致使生效判决不能执行或难以执行的可能,故给付之诉案件可申请诉讼财产保全。单纯的确认之诉,如只请求确认合同无效,以及单纯的变更之诉,如只请求解除婚姻关系,生效裁判即可宣告执行,无须强制执行,故单纯的确认之诉、变更之诉均不得申请诉讼财产保全。①

(3)启动方式既可以是依当事人申请,也可以是法院依职权采取。诉讼

---

① 实务中,有些案件并非单纯的确认之诉或变更之诉,比如,离婚案件中,原告除了提出解除婚姻关系请求外,通常还有分割夫妻关系存续期间共同财产的请求。对于此类案件,原告仍然可以申请财产保全。

保全的启动方式有两种,通常情况下需要当事人提出申请,法院经审查符合条件的裁定执行,不符合条件的裁定驳回申请。特殊情况下,当事人没有申请,法院认为有必要时也可依职权裁定执行。由于保全错误给被申请人造成财产损失的需要赔偿被申请人的损失,当事人申请保全错误时由当事人赔偿,依职权保全错误时法院须依照《国家赔偿法》予以赔偿,因此,法院通常不会依职权采取诉讼保全措施。当事人认为有必要采取诉讼保全措施时,应积极主动提出申请。

(4) 采取诉讼财产保全的案件,法院可以责令申请人提供担保,申请人不提供担保的,裁定驳回申请。

2. 诉讼中财产保全的申请

诉讼中财产保全申请,包括申请人向法院提交书面申请书及相关资料,提供保全财产线索,以及申请人对诉讼保全提供担保,交纳保全费等。

(1) 提交申请及资料。

当事人申请财产保全,应当向法院提交申请书,并提供相关证据材料。申请书应当载明下列事项:① 申请保全人与被保全人的身份、送达地址、联系方式;② 请求事项和所根据的事实与理由;③ 请求保全数额或者争议标的;④ 明确的被保全财产信息或者具体的被保全财产线索;⑤ 为财产保全提供担保的财产信息或资信证明,或者不需要提供担保的理由;⑥ 其他需要载明的事项。

当事人在诉讼中申请财产保全,通常在起诉受理阶段提出申请,个别情况下也有可能在一审判决作出后,或对方当事人提起上诉后,以及裁判文书生效后尚未申请执行前提出申请,极个别情况下还有可能在再审阶段提出申请。根据《民诉法解释》的规定,对当事人不服一审判决提起上诉的案件,在第二审法院接到报送的案件之前,当事人有转移、隐匿、出卖或者毁损财产等行为,必须采取保全措施的,由第一审法院依当事人申请或者依职权采取。第一审法院的保全裁定,应当及时报送第二审法院。法律文书生效后,进入执行程序前,债权人因对方当事人转移财产等紧急情况,不申请保全将可能导致生效法律文书不能执行或者难以执行的,可以向执行法院申请采取保全措施。债权人在法律文书指定的履行期间届满后5日内不申请执行的,法院应当解除保全。

债权人在法律文书生效后执行程序启动前申请财产保全的,申请书应当载明生效法律文书的制作机关、文号和主要内容,并附生效法律文书副本。

(2) 申请人提供担保。

诉讼财产保全实施后,如果申请人的诉讼请求被生效判决驳回,被保全人的生活及生产经营可能遭受损失,因此,《民事诉讼法》规定了诉讼保全的担保制度。[①] 诉讼保全担保不仅可以保护被保全人的合法权益,而且可以通过增加申请人的负担来防止申请人滥用保全程序。《民事诉讼法》规定,当事人申请诉讼保全,法院可以责令申请人提供担保。根据《保全规定》,法院责令申请保全人提供财产保全担保的,担保数额不超过请求保全数额的30%;申请保全的财产系争议标的的,担保数额不超过争议标的价值的30%。财产保全期间,申请保全人提供的担保不足以赔偿可能给被保全人造成的损失的,法院可以责令其追加相应的担保;拒不追加的,可以裁定全部解除或者部分解除财产保全。

目前,财产保全担保方法有四种:① 申请人提供财产担保;② 案外人提供财产担保;③ 担保公司保函担保;④ 保险公司担保(诉讼保全责任险)。

通常情况下,申请人可以自己名下的银行存款、房产、车辆等财产提供担保。申请人没有担保财产的,或自有财产不方便提供担保的,可与亲属、朋友等案外人协商,由案外人以其名下财产向法院提供诉讼保全担保。申请人或案外人为财产保全提供财产担保的,应当向法院出具担保书。担保书应当载明担保人、担保方式、担保范围、担保财产及其价值、担保责任承担等内容,并附相关证据材料。案外人为财产保全提供保证担保的,应当向法院提交保证书。保证书应当载明保证人、保证方式、保证范围、保证责任承担等内容,并附相关证据材料。对财产保全担保,法院经审查,认为违反《民法典》《公司法》等

---

① 美国民事诉讼法在授予保全裁定时要求申请人有胜诉的可能,担保的意义仅限于在保全有误的情况下,用来弥补被申请人因此遭受的损失。在英国,申请人获得中间禁令只需要证明双方存在严重的争议,仅凭申请人的宣誓声明,无须听证即可被授予禁令,通过成就保全担保增加申请人的负担,以防止申请人滥用保全程序。在德国、日本和我国台湾地区,担保不仅仅是为了保护被申请人的合法权益,也可以成为获得保全裁定的要件,在申请人来不及或者暂时无法提供证据的情况下,担保甚至可以替代申请人提供证据证明有保全必要性的释明责任。

有关法律禁止性规定的,应当责令申请保全人在指定期限内提供其他担保;逾期未提供的,裁定驳回申请。对申请保全人或者案外人提供的担保财产,法院应当依法办理查封手续。

如申请人不能提供上述担保财产的,可申请由依法成立、符合相应资质的担保公司向法院出具财产保全担保函,以担保函方式担保。[①] 担保公司保函担保表面上设置合理,申请人向担保公司交纳一定的担保费用,担保公司为诉讼保全提供信用担保,保全错误时由担保公司赔偿被申请人损失。但实务中存在一些问题,尤其是法院在审查担保公司的担保能力方面困难重重:首先,能成为担保人的基础就在于其良好的资产信用,但是案件诉讼一般要经历几个月甚至几年时间,法院无法对担保公司的运行状况进行监测,这期间如担保公司发生倒闭、破产等状况会使信用担保风险加剧,实务中已出现过担保公司倒闭的案例。其次,当前经济活动极为复杂,各个经济主体之间有着千丝万缕的关系,若担保公司的关联企业出现风险,会影响担保公司的担保能力。再次,担保公司多次为他人提供担保,其提供担保的份额超过其能力范围,而目前还没有统一的企业对外担保数额的信息共享平台,法院无法对此情况进行审查,造成担保的风险增加。最后,实务中有些申请人提供法院辖区外的外市或外省担保公司担保,法院无法判断这些担保公司的资质信用。如果保全错误需要赔偿被申请人损失,担保公司无法承担担保责任时,保全申请人仍然需要承担赔偿责任,因此,申请人在决定采用担保公司保函担保时,除了审查担保公司是否具备相应资质外,还应慎重审查担保公司的担保能力与信用状况。当然,申请人也可选择更为"保险"的保险公司保单担保。

保险公司为诉讼保全提供担保是近年来兴起的一种担保方式,目前有越来越多的保险公司开办诉讼保全责任险业务。保险公司担保亦为信用担保,是由诉讼保全申请人作为投保人,被申请人作为保险受益人,诉讼保全申请人交纳保险费,在发生保险错误时,财产保全申请人依据保险合同,要求保险公司在保险限额内赔偿被申请人的损失,从而降低保全申请人与被申请人因诉

---

① 《保全规定》第8条规定:"金融监管部门批准设立的金融机构以独立保函形式为财产保全提供担保的,人民法院应当依法准许。"根据该条规定,金融监管部门批准设立的金融机构可以独立保函形式为财产保全提供担保,但这种担保方式在实践中并不常见,因此,本书未将其列入财产保全担保方式予以介绍。

讼财产保全可能带来的风险。根据《保全规定》，保险人以其与申请保全人签订财产保全责任险合同的方式为财产保全提供担保的，应当向法院出具担保书。担保书应当载明，因申请财产保全错误，由保险人赔偿被保全人因保全所遭受的损失等内容，并附相关证据材料。①

表 11-1　财产保全担保方式比较

	优、缺点	费用
申请人财产担保	需要查封担保财产，担保财产转让时需要置换其他财产供查封	无
案外人财产担保	需要案外人出具担保书，且需要查封担保财产，担保财产转让时需要置换其他财产供查封	无
担保公司担保	担保公司担保为信用担保，仅需出具保函，无须查封或置换担保财产；资质等级较差公司担保可能存在担保风险	担保费较高
保险公司担保	亦为信用担保，无须查封或置换担保财产；担保风险相对较低	相比担保公司费用较低

（3）担保责任的免除。

《民事诉讼法》规定，当事人申请诉讼保全，法院可以责令申请人提供担保。实务中，法院为了保护被申请人的合法权益，同时也为了防止申请人滥用保全程序，通常会责令保全申请人提供担保，但也有案件免除申请人的担保责任。为了规范法院免除担保责任行为，《保全规定》对免除担保责任的情形作出了规定。当事人在诉讼中申请财产保全，有下列情形之一的，法院可以不要求提供担保：① 追索赡养费、扶养费、抚育费、抚恤金、医疗费用、劳动报酬、工伤赔偿、交通事故人身损害赔偿的；② 婚姻家庭纠纷案件中遭遇家庭暴力且经济困难的；③ 人民检察院提起的公益诉讼涉及损害赔偿的；④ 因见义勇为遭受侵害请求损害赔偿的；⑤ 案件事实清楚、权利义务关系明确，发生保全错误可能性较小的；⑥ 申请保全人为商业银行、保险公司等由金融监管部门批准设立的具有独立偿付债务能力的金融机构及其分支机构的。另外，法律文书生效后，进入执行程序前，由于此时债权债务关系已经确定，债权人申请财产保全的，法院可以不要求提供担保。

---

① 诉讼财产保全申请人选择保险公司与购买其他保险产品选择保险公司一样，在比较保费高低的前提下，应尽量选择资质等级较高的大型保险公司，以降低保全风险。

(4) 保全财产线索的提供。

应当明确,诉讼财产保全提供保全财产线索的责任首先在于保全申请人。当事人申请财产保全,应当向法院提供明确的被保全财产信息。[①] 当事人在诉讼中申请财产保全,确因客观原因不能提供明确的被保全财产信息,但提供了具体财产线索的,法院可以依法裁定采取财产保全措施。财产信息为明确的信息,是指根据该信息可准确确定具体是哪项财产,比如珠海市香洲区星园路1号仁恒星园小区2栋XX房。财产线索是指只能为确定具体财产提供查找线索,并不能准确确定具体是哪项财产,比如珠海市香洲区星园路1号仁恒星园小区内一套房屋。

法院根据上述具体财产线索作出保全裁定的,在裁定执行过程中,申请保全人可以向已经建立网络执行查控系统的执行法院,书面申请通过该系统查询被保全人的财产。申请保全人提出查询申请的,执行法院可以利用网络执行查控系统,对裁定保全的财产或者保全数额范围内的财产进行查询,并采取相应的查封、扣押、冻结措施。法院利用网络执行查控系统未查询到可供保全财产的,应当书面告知申请保全人。

(5) 交纳保全费。

财产保全需要收取保全费用,并由申请人预交,最终由败诉方承担。申请人交纳保全费用后,法院才可以制作保全裁定书。财产保全费以申请保全金额为基数计算,最高不超过5000元。具体速算公式见下图。

表 11-2 财产保全理费速算公式

标的额	计算公式
1000元以下	固定每件30元
1000元—10万元	标的×0.01+20元
10万元以上	标的×0.005+520元
财产保全费最高收取5000元,即5000元封顶	

[①] 此规定亦适用于诉前财产保全。

3. 财产保全的裁定与救济

（1）保全裁定的制作。

《民事诉讼法》规定，对诉讼财产保全，情况紧急的，必须在48小时内作出裁定。裁定采取财产保全措施的，应当立即开始执行。《保全规定》进一步明确，法院接受财产保全申请后，应当在5日内作出裁定；需要提供担保的，应当在提供担保后5日内作出裁定；裁定采取保全措施的，应当在5日内开始执行。申言之，诉讼财产保全裁定与执行时限分为两种情形：情况紧急的，法院须于48小时内作出裁定并立即开始执行；非紧急情况的，5日内作出裁定并在保全裁定作出后5日内开始执行。[1]

表11-3 诉讼财产保全裁定及实施时限

	裁定时限	实施时限
情况紧急	必须在48小时内作出裁定	裁定作出后立即开始执行
非紧急情况	应当在5日内作出裁定；需要提供担保的，应当在提供担保后5日内作出裁定	裁定采取保全措施的，应当在5日内开始执行

（2）保全裁定的复议及异议。

作为财产保全制度的救济措施，被申请人在收到法院的财产保全裁定后，有权申请复议。《民事诉讼法》规定，当事人对财产保全的裁定不服的，可以申请复议一次。复议期间不停止裁定的执行。《保全规定》进一步明确，申请保全人、被保全人对保全裁定或者驳回申请裁定不服的，可以自裁定书送达之日起5日内向作出裁定的法院申请复议一次。法院应当自收到复议申请后10日内审查。[2]

对保全裁定不服申请复议，法院经审查，理由成立的，裁定撤销或变更；理由不成立的，裁定驳回。对驳回申请裁定不服申请复议的，法院经审查，理由

---

[1] 法律、司法解释对起算时间未作具体规定。从《保全规定》条文文义以及法院操作的可行性考虑，不应以申请人提交申请书作为起算时间，应从申请人提供担保并交纳保全费后开始起算。非紧急情况也应从申请人提供担保并交纳保全费后开始起算。

[2] 对于保全财产在外地的，受理保全申请法院通常委托外地法院执行保全裁定。外地法院执行后，向委托法院回馈保全资料往往滞后，而审判庭送达保全材料通常在先，因此，实务中，被保全人提出复议申请时，审查保全复议的审判庭尚未收到执行机构回馈的保全结果通知书，导致审判庭无法在收到复议申请后10日内开始审查。

成立的,裁定撤销,并采取保全措施;理由不成立的,裁定驳回。根据该条规定,不仅被保全人不服保全裁定可申请复议,保全申请人对法院驳回申请的裁定不服亦可申请复议。

4. 财产保全的续申请

实务中,案件从审理到进入执行程序需要较长周期,而法律对财产保全措施效力期限有一定限制。法院查封被执行人的银行存款的期限不得超过1年,查封动产的期限不得超过2年,查封不动产及其他财产权的期限不得超过3年。申请执行人申请延长期限的,法院应当在查封期限届满前办理续行查封手续,续行期限不得超过上述期限。法院也可以依职权办理续行查封手续。

法院采取保全措施后,应书面告知当事人保全财产项目、保全期限届满日,书面告知文书通常为《保全结果通知书》。申请人应当在期限届满7日前申请续保全,逾期申请或不申请的,自行承担不能保全的法律后果。[①] 申请人需根据不同的保全财产在期限届满前向法院申请续保全,银行存款及其他资金需在采取保全措施1年内提出续查封申请,动产需在2年内提出续查封申请,不动产及其他财产权需在3年内提出续查封申请。如续保全期限届满后仍然需要继续采取财产保全措施的,申请人需要在期限届满前再次提出续保全申请,法律对于续保全申请次数并无限制。

如果申请续查封时案件正在第二审法院审理的,申请人应当向第二审法院提出续查封申请。第二审法院裁定对第一审法院采取的保全措施予以续保或者采取新的保全措施的,第二审法院可以自行实施,也可以委托第一审法院实施。

如果申请续查封时案件正在依照审判监督程序进行再审的,申请人应当向再审法院提出续封申请。再审法院裁定对原保全措施予以续保或者采取新的保全措施的,可以自行实施,也可以委托原审法院或者执行法院实施。[②]

---

① 《保全规定》第18条规定:"申请保全人申请续行财产保全的,应当在保全期限届满七日前向人民法院提出;逾期申请或者不申请的,自行承担不能续行保全的法律后果。人民法院进行财产保全时,应当书面告知申请保全人明确的保全期限届满日以及前款有关申请续行保全的事项。"

② 根据《民事诉讼法》审判监督程序的规定,再审法院通常为原审的上级法院及原审第二审法院的上级法院,但也可能为原审法院。

5. 财产保全的解除

财产保全的解除分为三种情形：案件审理终结，申请人申请解除；被申请人提供担保财产解除；特殊原因解除。

(1) 案件审理终结解除。

案件审理终结，申请人申请解除财产保全的，包括下列情形：当事人双方达成和解协议，义务人主动履行义务，原告向法院申请撤诉；当事人双方达成调解协议，义务人按照协议约定履行调解协议，申请人申请解除财产保全；判决生效后，义务人主动履行判决确定的义务；等等。[①]

(2) 被申请人提供担保财产解除。

被申请人提供担保财产解除财产保全措施，也称为保全财产置换，是指被申请人因已保全财产另有用途或急于处置，以本人或案外人未被采取保全措施的财产置换已被采取保全措施的财产。由于案件审理周期普遍较长，保全财产置换在实务中较为常见。

《民诉法解释》规定，财产保全的被保全人提供其他等值担保财产且有利于执行的，法院可以裁定变更保全标的物为被保全人提供的担保财产。《保全规定》进一步明确，财产纠纷案件，被保全人或第三人提供充分有效担保请求解除保全的，法院应当裁定准许。但被保全人请求对作为争议标的的财产解除保全的，须经申请保全人同意。对于"有利于执行"的界定，通常以执行程序中被保全财产变现的难易程度及变现周期来考量。比如，存款等现金性资产变现最为容易，商品住房次之，厂房、机器设备、成品半成品变现较为困难，股权变现最为困难。如果被保全财产为商品住房，被保全人以存款等现金性资产提供担保的，法院应当解除对商品住房的查封；如果被保全人以机器设备提供担保请求解除对商品住房的查封的，法院则不应予以准许。

(3) 特殊原因解除。

特殊原因解除，是指非上述两种原因之外的解除财产保全措施。根据《保全规定》，法院采取财产保全措施后，有下列情形之一的，申请保全人应当及时

[①] 实务中，当事人双方达成调解协议，如协议内容为义务人延期或分期付款的，通常情况原告不申请解除财产保全措施，待被告全部履行完约定义务后，原告再向法院申请解除保全措施。特殊情况下，原告考虑被告的信用状况良好，经济实力较强，解除财产保全风险较小，或被告提出解除财产保全为调解的前提条件，也可在达成调解后即向法院申请解除财产保全措施。

申请解除保全：① 采取诉前财产保全措施后30日内不依法提起诉讼或者申请仲裁的；② 仲裁机构不予受理仲裁申请、准许撤回仲裁申请或者按撤回仲裁申请处理的；③ 仲裁申请或者请求被仲裁裁决驳回的；④ 其他法院对起诉不予受理、准许撤诉或者按撤诉处理的；⑤ 起诉或者诉讼请求被其他法院生效裁判驳回的；⑥ 申请保全人应当申请解除保全的其他情形。

法院实施解除财产保全措施的时限为：法院收到解除保全申请后，应当在5日内裁定解除保全；情况紧急的，必须在48小时内裁定解除保全。申请保全人未及时申请法院解除保全的，应当赔偿被保全人因财产保全所遭受的损失。被保全人申请解除保全，法院经审查认为符合法律规定的，应当在上述规定期间内裁定解除保全。

法院解除保全措施一般由申请保全人提出申请。实务中，如果申请保全人迟迟不提出申请解除保全措施，为了保护被申请人的合法权益，法院应当依职权裁定解除保全措施。《民诉法解释》规定，裁定采取保全措施后，有下列情形之一的，人民法院应当作出解除保全裁定：其一，保全错误的；其二，申请人撤回保全申请的；其三，申请人的起诉或者诉讼请求被生效裁判驳回的；其四，人民法院认为应当解除保全的其他情形。解除以登记方式实施的保全措施的，应当向登记机关发出协助执行通知书。

6. 财产保全错误的赔偿

财产保全申请有错误，给被申请人造成财产损失的，申请人应当赔偿被申请人因财产保全所遭受的损失。索赔程序并非在本案中一并解决，被申请人应以申请人为被告向法院另案提起诉讼，由法院以侵权纠纷立案审理后作出判决。

如果是法院依职权错误决定采取财产保全措施，被保全人不能以法院作为被告提起诉讼。被保全人应当向法院申请国家赔偿，法院应依据《国家赔偿法》的规定，赔偿被申请人遭受的损失。

（二）诉前财产保全及其特别规定

1. 诉前财产保全概述

实务中，经常出现民事主体发生纠纷后尚未诉诸法院前，债务人为了逃避履行义务，预先转移或者处分其财产的情形，这必然给债权人实现权利带来极大的威胁。即使纠纷诉诸法院债权人胜诉,生效判决也可能难以执行。诉前保全可以预防或挽救这一损害的发生,当利害关系人出现紧急情况时,可以首先向法院申请诉前财产保全,然后再提起诉讼,使其合法权益及时地得到保护。

诉前财产保全,又称为诉讼前财产保全,是指起诉或申请仲裁前,法院根据利害关系人的申请,对被申请人的有关财产所采取的强制性措施。《民事诉讼法》规定,利害关系人因情况紧急,不立即申请保全将会使其合法权益受到难以弥补的损害的,可以在提起诉讼或者申请仲裁前向被保全财产所在地、被申请人住所地或者对案件有管辖权的法院申请采取保全措施。申请人应当提供担保,不提供担保的,裁定驳回申请。

法院接受诉前财产保全申请后,必须在 48 小时内作出裁定;裁定采取保全措施的,应当立即开始执行。申请人在法院采取保全措施后 30 日内不依法提起诉讼或者申请仲裁的,法院应当解除保全。

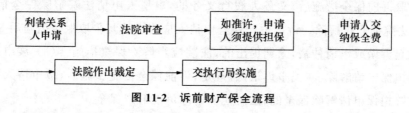

图 11-2 诉前财产保全流程

2. 诉前财产保全的条件

(1) 诉前财产保全的申请应是具有给付的内容。换言之,诉前财产保全的未来提起之诉必须属于给付之诉,生效裁判须具有可执行性,单纯的确认之诉、变更之诉不得申请诉前财产保全。

(2) 情况紧急,债务人有可能马上转移、处分财产,或者由于客观原因,财产有可能发生毁损、灭失,如果不采取诉前财产保全措施,申请人的合法权益就会遭到难以弥补的损失。

(3) 必须由利害关系人提出申请,法院不能依职权采取诉前财产保全措施,这是诉前财产保全与诉讼财产保全的区别之一。

(4) 申请人应当提供担保。由于申请人与对方之间的民事权利义务未加审理,为了防止错误的保全给对方造成损害,申请人应当提供担保①,申请人不提供担保的,裁定驳回申请。

(5) 应当向保全财产所在地、被申请人住所地或者对案件有管辖权的法院提出申请。《民事诉讼法》赋予了申请人对诉前保全法院的选择权,有利于保护申请人的合法权益。

3. 诉前财产保全的转化

利害关系人申请诉前财产保全,在法院采取保全措施后30日内依法提起诉讼或者申请仲裁的,诉前财产保全措施自动转为诉讼或仲裁中的保全措施;进入执行程序后,保全措施自动转为执行中的查封措施。自动转为诉讼、仲裁中的保全措施或者执行中的查封措施的,期限连续计算,法院无须重新制作裁定书。

4. 诉前保全的解除

诉前保全的解除有三种情形:(1) 申请人提出申请解除。申请人申请法院采取诉前保全措施后,义务人履行义务的,申请人申请法院解除保全措施。(2) 法院依职权解除。诉前财产保全申请人应当在法院采取保全措施后30日内提起诉讼或申请仲裁,逾期提出的,法院应当解除保全措施。(3) 被申请人提供担保申请解除。《民事诉讼法》规定,诉前保全措施实施后,被申请人提供了足够担保申请解除保全的,法院应当解除诉前财产保全。

除了上述特别规定外,诉前财产保全与诉讼财产保全的其他规定完全一致。

表 11-4 诉前财产保全与诉讼财产保全比较

	诉前财产保全	诉讼财产保全
申请裁定时间	起诉或申请仲裁前	诉讼中
启动时间	根据利害关系人申请	根据当事人申请或法院依职权
是否担保	申请人应当提供担保	法院可以责令申请人提供担保,也可以不提供担保

---

① 根据《民诉法解释》的规定,诉前财产保全,提供相当于保全数额的担保;情况特殊的,人民法院酌情处理。诉前行为保全,担保数额根据案件具体情况决定。

(续表)

	诉前财产保全	诉讼财产保全
裁定时间	法院必须在 48 小时内作出裁定	情况紧急的,法院也必须在 48 小时内作出裁定
担保数额	通常应当提供相当于保全数额的担保;情况特殊的,法院酌情处理	担保数额不超过请求保全数额的 30%

二、行为保全

导入案例 11-1

某知名食品公司技术骨干王某突然离职,为了保护自身商业秘密,该公司在提起诉讼的同时向某市中级人民法院提出行为保全申请。事件起源于王某在收到公司续约通知后突然提出离职。王某离职前是公司核心项目技术组的负责人,其所持有的商业秘密资料中既有技术秘密,也有经营秘密。王某在离职前一直刻意收集公司的商业秘密信息,储存在其私人电脑上。公司认为,王某的行为让在其控制之下的大量公司商业秘密处于巨大的泄露风险之中,如不立即采取相应的保全措施,公司极有可能遭受巨大且不可挽回的损失。为让申请获得法院准许,该公司向法院提供了 100 万元的担保金。

法院召开了某公司参加的单方听证会查明,根据王某签署的劳动合同,其对公司商业秘密负保密义务,涉案的电子文件属于该公司商业秘密,相关文件存储于该公司的服务器及相关工作人员的工作电脑中,设置了访问权限及安装了加密系统。王某在离职前转存了上述文件,且不按规定将上述商业秘密资料归还公司,属于以不正当手段获取商业秘密。某市中级人民法院认为本案存在侵权可能,某公司的申请应予准许,遂裁定禁止王某对外泄露其掌握的商业秘密,并将相应商业秘密资料归还公司。

建立行为保全制度是我国民事诉讼实务的迫切需要。比如:在家庭暴力侵害纠纷中,有时需要立即制止一方当事人对另一方当事人实施侵害行为;在相邻权纠纷中,需要立即制止正在实施或将要实施的侵害;在专利权纠纷中,需要立即制止正在进行的专利侵权;等等。当先予执行的标的是行为时,与行为保全的程序基本一致，法院也经常以先予执行代替行为保全。但先予执行只能适用于诉讼中，且要求当事人权利义务明确，审查较严格，启动较为困难，行为保全的申请与裁定与先予执行相比较为便捷，而法律效果几近相同。

（一）行为保全概述

行为保全，是指法院在诉讼或仲裁前根据利害关系人的申请，或诉讼中根据当事人的申请，或者由法院依职权对被申请人的行为所采取的强制性措施。行为保全分为诉前行为保全与诉讼中行为保全。保全的行为包括作为与不作为，即责令被申请人作出一定行为或禁止作出一定行为。导入案例11-1中，法院在诉讼中根据某公司申请，裁定禁止王某对外泄露其掌握的商业秘密，并将相应商业秘密资料归还公司。法院裁定保全的对象不是财产，也不是证据，而是王某的行为，属于诉讼中行为保全。裁定保全的行为既包括不作为，禁止王某对外泄露其掌握的商业秘密；也包括作为，王某须将相应商业秘密资料归还公司。

对于诉前行为保全，与诉前财产保全一致，保全申请人必须提供担保。但保全的对象是被申请人必须为或者不为一定行为，不存在具体的财产数额，提供担保的数额也无法与保全数额挂钩。为确保被申请人因保全所遭受的损失得到赔偿，法院只能根据具体情况，主要是根据被申请人可能因行为保全带来的后果来决定担保数额。与诉讼中财产保全一致，诉讼中行为保全，是否需要提供担保以及担保的数额，由法院根据具体案情决定，既可以要求申请人提供担保，也可以不要求申请人提供担保。比如在人格权纠纷中，申请对人身行为实施保全的，可以不提供担保；知识产权纠纷中申请行为保全的，一般要提供担保。同样，法院决定申请人提供担保的，担保金额也是法院根据具体情况，主要是根据被申请人可能因行为保全带来的后果来决定。导入案例11-1中，法院根据具体情况，决定某公司对行为保全的担保金额为100万元。

行为保全与财产保全除了上述共同点之外，还有启动方式都包括当事人申请与法院依职权启动。二者的区别在于：

1. 保全案件类型不同

财产保全的对象是双方争执的标的物，或者与争议有关的财物，提出财产保全的案件必须是给付之诉，或者包含给付之诉的诉讼。比如离婚案件，离婚之诉属于变更之诉，但离婚案件中通常涉及夫妻共同财产的分割，因此，离婚案件往往包含给付内容,当事人可申请财产保全。行为保全的案件类型则包括给付之诉、确认之诉及形成之诉,当事人在三种诉中都可以申请行为保全。

2. 申请的目的不同

申请财产保全的目的在于保证将来的生效判决能够得以执行,顺利实现债权,防止被申请人转移、隐匿其名下的财产。申请行为保全的目的主要在于避免申请人遭受其他不可弥补的损害,立即制止被申请人正在实施的侵权行为,或者要求被申请人实施一定行为进行补救,有时也在于保证将来的判决或裁定能够得以执行。

3. 执行内容不同

财产保全的核心是防止被申请人处分财产,执行措施通常是查封。行为保全的核心是限制被申请人的行为,裁定被申请人必须为或者不为一定行为,被申请人一旦违反裁定确定的义务,应当承担一定的法律责任,比如罚款、拘留直至承担刑事责任。导入案例11-1中,如王某对外泄露其掌握的商业秘密,或未将相应商业秘密资料归还公司,即王某如不履行行为保全裁定确定的义务,可能被法院罚款、拘留,情节严重的,还有可能承担刑事责任。

(二) 行为保全的适用条件

行为保全适用于金钱请求之外的请求权,如停止侵害、排除妨碍、消除危险及特定标的物返还的案件,行为保全的适用条件有:

(1) 当事人之间存在民事权利义务争议。申请人应当证明其合法权益正在或者即将遭到侵犯或损害。申请人须为本案的适格当事人,具有保全的请求资格。

(2) 有作出行为保全的必要。申请人须证明,如法院不采取行为保全措施,将来的判决或裁定将难以执行或者申请人将遭受难以弥补的损害。需注意,如果被申请人的行为不影响将来判决或裁定的执行或者虽然影响但不会导致无法执行或难以执行,以及造成的损害日后可以挽回的,法院则不应作出行为保全裁定。导入案例11-1中,如法院不采取行为保全措施,某公司包括技术秘密与营销秘密在内的商业秘密随时可能被王某泄露给竞争对手,一旦泄露,损失巨大且难以挽回,因此,该案具有作出行为保全的必要性。

(3) 原告有胜诉可能。行为保全在关注对权利人利益保护的同时,还应当在原告与被告的利益之间保持适当平衡，防止申请人利用保全制度阻止被申请人的正当生活与生产经营，因此要求法院对原告胜诉的可能性有所权衡。毕竟行为保全相对于财产保全是更为严厉的强制措施，对被申请人的生活、生产经营影响很大，一旦发生错误对被申请人的损害也更大，且很难恢复原状。导入案例 11-1 中，法院召开某公司参加的单方听证会的目的之一，就是评估某公司作为原告胜诉的可能性。法院查明根据王某劳动合同，王某对公司商业秘密负保密义务，王某在离职前转存了商业秘密文件，且不按规定将上述商业秘密资料归还公司，属于以不正当手段获取商业秘密，某公司胜诉可能性较大，因此，法院作出了行为保全裁定。

(4) 对公共利益的保护。在涉及公共利益的案件中，法院应当更多考虑对公共利益的促进。比如环境污染案件，法院在裁定是否作出禁止企业继续排放污染物的行为保全时，由于企业的经济效益是可以测量的，而对环境的污染则难以测算，法院应当从更有效保护社会公共利益的立场出发进行裁量。

行为保全的裁定与执行、解除、救济等与财产保全规定一致，具体参见本节相关规定。

三、证据保全

（一）证据保全概述

《民事诉讼法》第 84 条规定："在证据可能灭失或者以后难以取得的情况下，当事人可以在诉讼过程中向人民法院申请证据保全，人民法院也可以主动采取保全措施。因情况紧急，在证据可能灭失或者以后难以取得的情况下，利害关系人可以在提起诉讼或者申请仲裁前向证据所在地、被申请人住所地或者对案件有管辖权的人民法院申请保全证据。证据保全的其他程序，参照适用本法第九章保全的有关规定。"所谓证据保全，是指法院在起诉前或诉讼中，依据当事人的申请，或依职权对可能灭失或今后难以取得的证据，予以调查收集或固定保存的行为[①]。证据保全包括诉前证据保全与诉讼中证据保全。

证据保全的意义在于：(1) 证据可能由于自身原因发生变化，如不及时采

---

① 广义的证据保全，还包括仲裁证据保全和公证证据保全。《公证法》规定，根据自然人、法人或者其他组织的申请，依照法定程序对民事诉讼证据以提供公证的方式予以保全。

取一定措施,证据可能灭失。比如,银行营业场所的监控视频采用自动滚动保存方式,由于硬盘存储空间限制,一定时间之前的视频资料将自动删除。再如,证人生命垂危,或证人即将出国并长期滞留国外等情况。(2)证据持有人有可能毁损、转移、藏匿、篡改证据,从而使证据灭失或无法取得。

证据保全的适用条件为:(1)申请保全的证据与待证事实具有关联性,且同时具备重要性与具体性。(2)申请人应当提供存在紧急情况,证据可能灭失或者以后难以取得的证据。(3)启动条件应当是本案当事人、利害关系人申请,或者法院依职权采取。(4)申请人须向有管辖权的法院提出申请。诉前证据保全的管辖法院为证据所在地、被申请人住所地或者对案件有管辖权的法院。(5)法院要求申请人提供担保的,申请人应当提供担保。

(二)证据保全的申请

根据《最高人民法院关于民事诉讼证据的若干规定》,当事人或者利害关系人申请证据保全,应当在举证期限届满前向法院提出申请。申请书应当载明需要保全的证据的基本情况、申请保全的理由以及采取何种保全措施等内容。法律、司法解释对诉前证据保全有规定的,依照其规定办理。

当事人或者利害关系人申请采取查封等限制保全标的物使用、流通的保全措施,或者保全可能对证据持有人造成损失的,法院应当责令申请人提供相应的担保。担保方式或者数额由法院根据保全措施对证据持有人的影响、保全标的物的价值、当事人或者利害关系人争议的诉讼标的金额等因素综合确定。

证据保全的裁定与执行、解除、救济等与财产保全规定一致,具体参见本节相关规定。

第二节 保全的执行

一、保全的执行概述

保全由法院执行机构负责实施。法院审判庭作出保全裁定移送执行后,执行机构应当立即开始执行。

《民事诉讼法》规定,对诉讼财产保全,情况紧急的,必须在 48 小时内作出裁定。裁定采取财产保全措施的,应当立即开始执行。《保全规定》进一步明确,法院接受财产保全申请后,应当在 5 日内作出裁定。裁定采取保全措施的,应当在 5 日内开始执行。申言之,包括诉前财产保全、行为保全与证据保全在内,保全的执行时限分为两种情形:情况紧急的,法院须于作出裁定后立即开始执行;非紧急情况的,法院须于保全裁定作出后 5 日内开始执行。

实务中,由于诉讼案件受理地不一定是被告所在地,可供保全的财产有时在作出保全裁定法院的管辖区域之外。此情形下,保全裁定通常由作出保全裁定的法院委托外地法院执行,可能会影响保全裁定的执行效率。为了更好地实现保全目的,《民事强制执行法(草案)》首次规定,经作出保全裁定的法院准许,申请保全人也可以向被保全财产所在地或者被保全行为地法院申请执行。该规定明确了保全裁定的作出法院可以与保全裁定的执行法院相分离的机制,赋予了申请保全人在作出保全裁定的法院准许的情况下,可以根据案件情况选择确定保全执行法院的权利。

二、保全的范围

(一)财产保全的范围

财产保全限于请求的范围,或者与本案有关的财物。"限于请求的范围",是指保全财产的价值与诉讼标的金额大体相当。"本案有关的财物",通常是指特定物纠纷中,利害关系人之间或当事人之间争议的特定标的物。

《民事强制执行法(草案)》第 105 条规定:"查封不动产的价额,应当以足以清偿执行债务和执行费用为限。但是,查封的不动产不便于实物分割或者实物分割可能严重减损其价额,且被执行人其他财产不足以清偿债务或者不便执行的除外。前款规定的价额是指通过执行程序处置不动产可能获得的价款金额。不动产整体的价额明显超出执行债务和执行费用的金额,可以办理分割登记的,应当通知不动产登记机构依法办理分割登记。分割后,解除对超标的部分的查封。"法院应当依据财产保全裁定采取相应的查封措施。可供保全的土地、房屋等不动产的整体价值明显高于保全裁定载明金额的,法院应当对该不动产的相应价值部分采取查封措施,但该不动产不便于实物分割或者分割会严重减损其价值的除外。

需注意,保全财产的价值是以变价价值来判断,对于一些难以变价或变价后可能严重贬值的财产,法院可适当超标的保全。另外,保全财产的价值有时难以判断,如查封财产为机器设备、原材料、成品、半成品,其变价价值未经评估分析难以判断,因此,对这些财产应当允许一定范围内超标的查封。

对银行账户或其他现金性资产资金采取查封措施的,法院应当明确具体的查封数额。

实务中,还需注意以下两点:

1. 到期应得收益或债权可以保全

法院对债务人到期应得的收益,可以采取财产保全措施,限制其支取,通知有关组织协助执行。对被申请人预期从有关组织中应得的股息或红利等收益,法院可以采取查封措施,禁止到期后被执行人提取和有关组织向被申请人支付。对被申请人在有限责任公司、其他法人企业中的投资权益或股权,法院也可以采取查封措施。查封投资权益或股权的,应当通知有关组织不得办理被冻结投资权益或股权的转移手续,不得向被申请人支付股息或红利。被查封的投资权益或股权,被申请人不得自行转让。有关组织收到法院发出的协助通知后,擅自向被申请人支付股息或红利,或擅自为被申请人办理已查封股权的转移手续,造成已转移的财产无法追回的,应当在所支付的股息或红利或转移的股权价值范围内向申请人承担责任。

债务人的财产不能满足保全请求,但对他人有金钱债权的,法院可以依债权人的申请予以保全。实务中,法院对债权进行保全时必须把握好以下三点:(1)保全必须由当事人申请;(2)所保全的债权必须为债务人依据合同所应得的债权利益;(3)债权到期他人要求偿付的,不得支付或交付给债务人,只能向法院支付或交付,由法院提存财物或者价款。

2. 抵押物、留置物可以保全

法院对抵押物、质押物、留置物可以采取财产保全措施,但不影响抵押权人、质押权人、留置权人的优先受偿权。

在分配程序中,普通债权按照查封财产的先后顺序受偿,被保全财产在满足优先债权后,查封的顺位直接决定普通债权是否能够实现,因此,对抵押物、质押物、留置物也应当申请法院采取保全措施。此外，抵押物、留置物通常情况下由首次查封法院予以处置。由本辖区法院处置抵押物、留置物，可以节省抵押权人、留置权人的时间及费用，所以抵押权人、留置权人也需要对抵押物、留置物提出财产保全申请。

（二）行为保全的范围

行为保全限于申请人请求的范围，并以将来判决、裁定的执行所需要的限度或者申请人的损害弥补所需程度为限。如果被申请人的行为不影响将来判决或裁定的执行，或者虽然影响但不会导致无法执行或难以执行，以及所造成的损害日后可以挽回的，法院则不应当将该行为纳入行为保全的范围。

（三）证据保全的范围

证据保全限于申请人请求的范围，并以被保全证据与案件审理的关联程度及对证据持有人生产经营的影响程度作为判断标准。如证据保全的标的与案件主要事实关联度较小，但采取保全措施严重影响证据持有人生产经营的，则不应将该标的纳入被保全证据的范围。

三、保全的方法

采取保全措施，属于强制执行的范畴，因此保全的方法和措施，依照执行程序相关规定办理。

（一）财产保全的方法

1. 财产保全的措施

财产保全的措施包括查封以及法律规定的其他方法。"法律规定的其他方法"主要是指到期债权的保全方法，即通知有关单位限制其支取或清偿，第三人有偿付要求的，法院提存财物或价款。被保全人有多项财产可供保全的，在能够实现保全目的的情况下，法院应当选择对其生产经营活动影响较小的财产进行保全。

保全的目的是为了实现将来法律文书的顺利执行，法院对被保全人的财产采取控制性措施即可实现该目的，因此，保全执行中，不得对保全标的物采取变价、划拨等处分措施。但保全标的物具有下列情形之一的，法院可以责令当事人及时处理,由法院保全价款;必要时,法院可予以变卖,保全价款:(1)季节性、鲜活、易腐烂变质以及具有其他不宜长期保存的情形;(2)不及时变价会导致价值严重贬损;(3)保管困难或者保管费用过高。

对不动产和特定的动产(如车辆、船舶等)进行财产保全,法院可以采用扣押有关财产权证照并通知有关产权登记部门不予办理该项财产的转移手续的财产保全措施;必要时,也可以查封并对该项财产实施占有。

对被保全人持有案外公司的股权采取保全措施,有关股权的权利外观判断、查封方法、查封效力等,应适用《最高人民法院关于人民法院强制执行股权若干问题的规定》。对于被保全人在其他营利法人享有的投资权益采取保全措施,亦可以参照该司法解释的规定执行。相关内容参见本书第八章第七节的介绍。

法院在财产保全中采取查封措施,需要有关单位协助办理登记手续的,有关单位应当在裁定书和协助执行通知书送达后立即办理。针对同一财产有多个裁定书和协助执行通知书的,应当按照送达的时间先后办理登记手续。

2. 保全财产的保管

法院在财产保全中采取查封措施时,应当妥善保管被查封并实施占有的财产。不宜由法院保管的,法院可以指定被保全人负责保管;不宜被保全人保管的,可以委托他人或者申请保全人保管。查封担保物权人占有的担保财产,一般由担保物权人保管;由法院保管的,质权、留置权不因采取保全措施而消灭。

由法院指定被保全人保管的财产,如果继续使用对该财产的价值无重大影响,可以允许被保全人继续使用;由法院保管或者委托他人、申请保全人保管的财产,法院和其他保管人不得使用。法院对厂房、机器设备等生产经营性财产进行保全时,指定被保全人保管的,应当允许其继续使用。

(二)行为保全的方法

1. 一般行为保全

申请人申请行为保全的目的是为了避免遭受不可弥补的损害,立即制止被申请人正在实施的侵权行为,或者要求被申请人实施一定行为予以补救,可见,行为保全的核心是限制被申请人的行为。

采取行为保全措施时,法院应根据当事人的请求目的,结合具体案情灵活确定保全措施。导入案例11-1中,法院可以采取扣留保存有公司商业秘密的王某的电脑,责令王某交出涉及某公司商业秘密的文件等具体措施。

采取行为保全措施既要保护申请人的合法权益,防止损害的继续发生与扩大,又要防止对被申请人造成过重负担,损害被申请人的合法权益。比如股东权纠纷中,申请人经常提出扣押被申请人公章、营业执照、会计账簿等保全申请,但上述保全措施很有可能影响到被申请人公司的正常经营,因此,需要慎重选择。

2. 停止侵害人格权禁令

《民法典》第997条规定:"民事主体有证据证明行为人正在实施或者即将实施侵害其人格权的违法行为,不及时制止将使其合法权益受到难以弥补的损害的,有权依法向人民法院申请采取责令行为人停止有关行为的措施。"该条规定又被称为停止侵害人格权禁令,是指侵害他人生命、身体、健康、名誉、荣誉、隐私等人格权的行为已经发生或即将发生,如果不及时制止,将导致损害后果迅速扩大或难以弥补,在此情形下,被侵权人有权申请行为保全,由法院颁发禁止令,责令行为人停止侵权行为。

目前,网络侵权、网络暴力行为层出不穷,甚至有愈演愈烈之势。无论是组织还是自然人,当其名誉、荣誉受到网络侵权之害时,应及时向法院申请停止侵害人格权禁令,由法院责令相关互联网平台对侵权信息采取删除、屏蔽、断开链接等紧急措施。

(三)证据保全的方法

法院进行证据保全,可以要求当事人或者诉讼代理人到场。

法院采取证据保全措施时,应根据不同证据的特点,采取不同的方法,并制作笔录。对证人证言,采取制作笔录或录音的方法。对书证,应采取拍照、复制的方法。对物证,应采取现场勘验,制作笔录、绘图、拍照、录像、保存原物的方法。对视听资料、电子数据,应要求被调查人提供原始载体;提供原始载体确有困难的,可以提供复制件,提供复制件的,法院应当在调查笔录中说明其来源和制作经过。在符合证据保全目的的情况下,法院应当选择对证据持有人利益影响最小的保全措施。

申请证据保全错误造成财产损失,当事人请求申请人承担赔偿责任的,法院应予支持。法院采取诉前证据保全措施后,当事人向其他有管辖权的法院提起诉讼的,采取保全措施的人民法院应当根据当事人的申请,将保全的证据及时移交受理案件的法院。

实务中应注意:(1)诉前证据保全的申请人在法院采取保全措施后30天内不起诉或申请仲裁的,法院应当裁定解除采取的措施。(2)我国《海事诉讼特别程序法》《专利法》《著作权法》等对证据保全有特别规定的,应优先适用特别规定。

四、保全执行的救济与效力

申请保全人、被保全人、利害关系人认为保全裁定实施过程中的执行行为违反法律规定提出书面异议的,法院应当依照执行行为异议规定审查处理。

法院对诉讼争议标的以外的财产进行保全,案外人对保全裁定或者保全裁定实施过程中的执行行为不服,基于实体权利对被保全财产提出书面异议的,法院应当依照案外人异议审查处理并作出裁定。案外人对该裁定不服的,可以自裁定送达之日起15日内向法院提起案外人异议之诉;申请保全人对该裁定不服的,可以自裁定送达之日起15日内向法院提起许可执行之诉。法院裁定案外人异议成立后,申请保全人在法律规定的期间内未提起许可执行之诉的,法院应当自起诉期限届满之日起7日内对该被保全财产解除保全。

实务中,有些权利人在申请保全法院查封义务人财产后,法律文书已生效,但出于各种目的迟迟不申请强制执行。为了倒逼权利人及时申请强制执行,《民事强制执行法(草案)》特别规定,终局执行的执行依据确定的履行期间届满、所附条件成就之日起30日内,债权人未申请执行的,作出保全裁定的法院可以根据被保全人的申请,裁定解除保全。

被申请人提供担保财产解除财产保全措施,也称为保全财产置换,是指被申请人因已保全财产另有用途或急于处置,以本人或案外人未被采取保全措施的财产置换已被采取保全措施的财产。由于案件审理周期普遍较长,保全财产置换在实务中较为常见。对于案外他人(含担保公司)向法院提供财产担保、保证或者保险公司以责任保险合同等方式提供担保,法院据此变更保全内容或者解除保全的,进入终局执行后,法院可以裁定直接执行担保财产或案外他人在保证范围内的财产,或者由保险人依据保险合同赔偿相应损失。

思考题

1. 保全裁定是否只能由作出保全裁定的法院执行?
2. 保全标的物具有哪些情形之一的,法院可以责令当事人及时处理,由法院保全价款;必要时,法院可予以变卖,保全价款?
3. 终局执行的执行依据确定的履行期间届满30日后,债权人迟迟不申请执行,被保全人是否可向法院申请裁定解除保全措施?
4. 诉讼过程中,王某以银行账户存款向法院提供财产担保,法院据此解除了对被告李某房屋的查封。进入终局执行后,法院是否可以直接裁定执行王某提供担保的银行账户存款?

第十二章 执行的停止与终结

根据被执行人的履行能力,金钱债权执行案件可以分为无财产可供执行和有财产可供执行两类。无财产可供执行,是指经过法院穷尽财产调查措施及相应的强制执行措施后,没有发现被执行人有可供执行的财产,或者仅发现部分财产并执行完毕后,申请执行人的全部或部分债权不能得到实现。造成被执行人无财产可供执行的原因纷繁复杂,主要为以下几方面:(1)社会经济发展水平。一个案件能否执行或执行多少,主要取决于被执行人的财产能力,法院的强制执行力度只能起相对的辅助作用。社会的经济发展水平直接决定被执行人的财产能力。(2)当事人必然承担的风险。无财产可供执行案件是任何国家和地区的执行工作都无法避免的客观存在,本质上属于当事人应当自己承担的商业风险、交易风险和法律风险。市场经济中存在交易风险是客观经济规律,当事人在订立合同之初就应当能够预见到,交易风险是随时可能发生的不利后果,不可能完全规避和杜绝。法院的强制执行程序只是对债权人合法权益的一种事后救济手段,执行程序的基本职能是尽力实现权利人经生效法律文书确认的权利,但执行程序不可能承担、也不可能完全避免客观存在的全部风险。(3)执行手段的局限性。法院的财产查控手段虽然日趋完善,但仍有其局限性。一方面由于我国的社会信用体系建设仍有待加强,没有对被执行人在全社会形成更加有效的威慑;另一方面被执行人逃避执行、规避执行的手段日趋多样化和隐蔽化,执行措施因其自身局限性,不能完全杜绝和打击被执行人规避执行的行为。为合理配置司法资源,最大限度地实现司法公正,需要对这些无财产可供执行或暂时无财产可供执行案件配置合理的出口,因此,法律规定了执行的停止与终结制度。①

第一节 不予执行

不予执行,是指对于当事人就某些法律文书所提出的执行申请,法院在进行审查时,或者在执行过程中,因法定事由的出现,依法作出裁定,不予执行该法律文书并结束程序的制度。不予执行分为两种,一种是国外或域外法院作出的判决,以及国外或域外仲裁机构作出的仲裁裁决,需要在我国国内或域内强制执行的,必须经我国大陆或内地人民法院予以承认与执行。法院经审查,符合法定情形的,裁定不予承认与执行。第二种是特指我国大陆或内地(域内)仲裁机构作出的仲裁裁决需要法院强制执行,符合法定情形的,法院裁定不予执行。第一类不予承认与执行,产生的法律效果是没有启动执行程序;第二类不予执行产生的法律效果是,不予执行的裁定生效后,执行程序即告结束,法院应当作结案处理。②

一、仲裁裁决的不予执行

导入案例 12-1

某工程公司与某建材商行(个体工商户,业主为陶某)签订材料供应承包合同。在合同履行过程中,双方产生纠纷。陶某根据合同约定的仲裁条款向某仲裁委员会申请仲裁,并委托某律师事务所律师许某为代理人,许某选定王某作为该案仲裁员。仲裁案件审理过程中,仲裁员王某与许某所在的律师事务所签订聘用合同,后王某加入该律师事务所并成为合伙人。王某成为合伙人同日,某仲裁委员会作出裁决。某工程公司以仲裁庭对双方当事人提供的

---

① 据最高人民法院统计,目前未执结案件中,无财产可供执行的大约占到 40%左右,且被执行人无财产可供执行案件逐年积累递增,已经成为法院无法承受之重。

② 一个国家内部各个独特法律制度的地区称为法域。我国大陆(内地)、香港、澳门、台湾的民事诉讼制度,在"一国两制"的政治框架下分别在各个法域内运行,由此形成"一个国家、两种制度、两大法系、四个法域"的状况。

证据不作认证即予采用、对己方提出的材料实际用量的评估申请不作答复为由,向某市中级人民法院申请撤销仲裁裁决。某中级法院审查后裁定驳回某工程公司的申请。案件进入执行程序后,某工程公司以仲裁员王某应该回避却没有回避导致仲裁庭的组成违法、裁决认定事实的主要证据不足、适用法律错误为由,申请对该裁决不予执行。法院审查认为:陶某选定的仲裁员王某在审理该仲裁案期间与陶某代理律师所在的律师事务所签订聘用合同,王某与该所之间已存在合同上的权利义务关系。陶某的代理律师许某与王某形成《仲裁法》规定的仲裁员"与本案当事人、代理人有其他关系",且有可能影响到本案的公正裁决,符合必须回避的情形。但王某在审理仲裁案件过程中应当回避而未回避,由其参加的仲裁庭在组成上违反了法定程序,因此,裁定该仲裁裁决不予执行。

(一)我国域内仲裁裁决的不予执行

域内仲裁裁决不予执行的事由分为两类:一类是执行仲裁裁决违背公序良俗,其实质是仲裁裁决的内容违背公序良俗;第二类是仲裁程序违法、裁决根据的证据系伪造或当事人隐瞒主要证据以及仲裁员违法违纪违规。

1. 执行仲裁裁决违背公序良俗

《民事强制执行法(草案)》规定,对依法设立的仲裁机构的裁决,一方当事人不履行,对方当事人向有管辖权的法院申请执行,执行程序终结前,执行法院认定执行仲裁裁决违背公序良俗的,裁定不予执行。比如,仲裁裁决支持出借人的赌博债务请求,裁决借款人还本付息。民事活动应当尊重社会公德,并不得损害社会公共利益。赌博是一种以财物作注区分胜负从而接受或给予他人财物的畸形竞争游戏。由于赌博的胜负带有极大的随机性和偶然性,容易引发参与人不劳而获的投机和侥幸心理,从而导致家庭、社会矛盾纠纷,既有违社会公共道德,又破坏社会管理秩序,因而在我国域内是典型的违背公序良俗的行为。

2. 仲裁程序违法、裁决根据的证据系伪造或当事人隐瞒主要证据以及仲裁员违法违纪违规

被申请人提出证据证明仲裁裁决有下列情形之一,经法院组成合议庭审

查核实后,裁定不予执行:

(1) 当事人在合同中没有订有仲裁条款或者事后没有达成书面仲裁协议的。仲裁以当事人双方自愿为前提,当事人没有选择仲裁的,仲裁机构进行仲裁违背仲裁的基本原则,因此所作的裁决,法院可以不予执行。

(2) 裁决的事项不属于仲裁协议的范围或者仲裁机构无权仲裁的。仲裁机构裁决的事项要受到双方当事人协议的限制,哪些纠纷交付仲裁要由当事人决定,仲裁机构不能超出当事人协议范围增加仲裁事项。对于仲裁机构超出当事人协议范围裁决的事项,法院有权不予执行。

(3) 仲裁庭的组成或者仲裁的程序违反法定程序的。仲裁庭是仲裁的法定主体,仲裁庭的组成如果违反法定程序,势必会影响仲裁的公正。仲裁程序是仲裁公正的保证,如果仲裁程序违法,对仲裁裁决的结果也会造成影响。因此,如果仲裁庭的组成或者仲裁的程序违反法定程序,法院有权不予执行。比如,仲裁员与本案有利害关系的必须回避。如果仲裁庭的组成违反上述规定,必须回避的仲裁员没有回避,那么对其所作的裁决,法院有权不予执行。

(4) 裁决所依据的证据是伪造的。证据是仲裁庭认定事实、确定双方当事人的责任并作出裁决的根据。因此,当事人必须向仲裁庭提供真实的证据。如果当事人提供了伪造的证据,势必会影响仲裁庭对案件事实作出正确判断,仲裁裁决的正确性就要打折扣,使一方当事人的合法权益受到损害,法院有权不予执行。

(5) 对方当事人向仲裁机构隐瞒了足以影响公正裁决的证据的。所谓足以影响公正裁决的证据,是指直接关系到仲裁裁决最后结论的证据,通常与仲裁案件所涉及的争议焦点或关键事实密切相关。为了维护仲裁裁决认定事实的正确性和裁决结果的公正性,对方当事人向仲裁机构隐瞒了足以影响公正裁决的证据的,被申请人可以申请法院不予执行。

(6) 仲裁员在仲裁该案时有贪污受贿、徇私舞弊、枉法裁决行为的。上述行为是仲裁过程中的违法行为,严重影响到仲裁裁决的公正性,法院查实后,不予执行该仲裁裁决。

导入案例 12-1 中,本案仲裁员王某在仲裁期间与陶某的仲裁代理人所在的律师事务所签订了聘用合同,达成了加入该所的意向,就意味着王某已经与该所形成了利益共同体,尤其是作为合伙人而言,律所的每一笔业务更是与其利益直接相关。尽管这一流动行为还没有获得司法行政管理部门的批准,但这仅代表王某暂时不能以律师身份执业,并不能否认事实上已经形成了的利害关系。因此,王某与陶某的仲裁代理人之间的关系已经使王某作为仲裁员的中立地位受到怀疑,并可能影响仲裁裁决的公正性。这符合仲裁法规定的应自行回避的事由,而王某却没有回避,仲裁庭的组成违反了法定程序,故法院裁定不予执行仲裁裁决符合法律规定。

(二) 我国域内涉外仲裁裁决的不予执行

对我国域内涉外仲裁机构作出的涉外仲裁裁决,法院司法审查监督的范围仅限于仲裁程序方面以及公序良俗的问题,不涉及其他实体问题,即对裁决在公序良俗之外的认定事实和适用法律是否有错误不作审查。

被申请人提出证据证明仲裁裁决有下列情形之一的,经法院组成合议庭审查核实,裁定不予执行:(1) 当事人在合同中没有订立仲裁条款或者事后没有达成书面仲裁协议的;(2) 被申请人没有得到指定仲裁员或者进行仲裁程序的通知,或者由于其他不属于被申请人负责的原因未能陈述意见的;(3) 仲裁庭的组成或者仲裁的程序与仲裁规则不符的;(4) 裁决的事项不属于仲裁协议的范围或者仲裁机构无权仲裁的。法院认定执行该裁决违背社会公共利益的,也应裁定不予执行。

我国域内仲裁机构作出的仲裁裁决(含涉外仲裁机构作出的涉外仲裁裁决)被法院裁定不予执行后,丧失强制执行力,从而间接否定了该仲裁裁决的法律效力。仲裁裁决被法院裁定不予执行的,当事人对该裁定提出执行异议或者复议的,法院不予受理。当事人可以根据双方达成的书面仲裁协议重新申请仲裁,也可以向法院提起诉讼。

(三) 我国香港特别行政区仲裁裁决的不予执行

在内地或者香港特区申请执行的仲裁裁决,被申请人接到通知后,提出证据证明有下列情形之一的,经审查核实,有关法院可裁定不予执行:(1) 仲裁协议当事人依对其适用的法律属于某种无行为能力的情形;或者该项仲裁协议依约定的准据法无效;或者未指明以何种法律为准时,依仲裁裁决地的法律是无效的。(2) 被申请人未接到指派仲裁员的适当通知,或者因他故未能陈述意见的。(3)裁决所处理的争议不是交付仲裁的标的或者不在仲裁协议条款之内,或者裁决载有关于交付仲裁范围以外事项的决定的,但交付仲裁事项的决定可与未交付仲裁的事项划分时,裁决中关于交付仲裁事项的决定部分应当予以执行。(4)仲裁庭的组成或者仲裁庭程序与当事人之间的协议不符,或者在有关当事人没有这种协议时与仲裁地的法律不符的。(5)裁决对当事人尚无约束力,或者业经仲裁地的法院或者按仲裁地的法律撤销或者停止执行的。有关法院认定依执行地法律,争议事项不能以仲裁解决的,则可不予执行该裁决。内地法院认定在内地执行该仲裁裁决违反内地社会公共利益,或者香港特区法院认定在香港特区执行该仲裁裁决违反香港特区的公共政策的,则可不予执行该裁决。

(四)我国澳门特别行政区仲裁裁决的不予执行

在内地或者澳门特区申请认可和执行的仲裁裁决,被申请人提出证据证明有下列情形之一的,经审查核实,有关法院可以裁定不予认可:(1)仲裁协议一方当事人依对其适用的法律在订立仲裁协议时属于无行为能力的;或者依当事人约定的准据法,或当事人没有约定适用的准据法而依仲裁地法律,该仲裁协议无效的;(2)被申请人未接到选任仲裁员或者进行仲裁程序的适当通知,或者因他故未能陈述意见的;(3)裁决所处理的争议不是提交仲裁的争议,或者不在仲裁协议范围之内的;或者裁决载有超出当事人提交仲裁范围的事项的决定,但裁决中超出提交仲裁范围的事项的决定与提交仲裁事项的决定可以分开的,裁决中关于提交仲裁事项的决定部分可以予以认可;(4)仲裁庭的组成或者仲裁程序违反了当事人的约定,或者在当事人没有约定时与仲裁地的法律不符的;(5)裁决对当事人尚无约束力,或者业经仲裁地的法院撤销或者拒绝执行的。有关法院认定,依执行地法律,争议事项不能以仲裁解决的,不予认可和执行该裁决。内地法院认定在内地认可和执行该仲裁裁决违反内地法律的基本原则或者社会公共利益,澳门特别行政区法院认定在澳门特别行政区认可和执行该仲裁裁决违反澳门特别行政区法律的基本原则或者公共秩序的,不予认可和执行该裁决。

(五)我国台湾地区仲裁裁决的不予执行

对申请认可和执行我国台湾地区仲裁机构作出的仲裁裁决,被申请人提出证据证明有下列情形之一的,经审查核实,我国大陆人民法院裁定不予认可:(1)仲裁协议一方当事人依对其适用的法律在订立仲裁协议时属于无行为能力的;或者依当事人约定的准据法,或当事人没有约定适用的准据法而依台湾地区仲裁规定,该仲裁协议无效的;或者当事人之间没有达成书面仲裁协议的,但申请认可台湾地区仲裁调解的除外;(2)被申请人未接到选任仲裁员或进行仲裁程序的适当通知,或者由于其他不可归责于被申请人的原因而未能陈述意见的;(3)裁决所处理的争议不是提交仲裁的争议,或者不在仲裁协议范围之内;或者裁决载有超出当事人提交仲裁范围的事项的决定,但裁决中超出提交仲裁范围的事项的决定与提交仲裁事项的决定可以分开的,裁决中关于提交仲裁事项的决定部分可以予以认可;(4)仲裁庭的组成或者仲裁程序违反当事人的约定,或者在当事人没有约定时与台湾地区仲裁规定不符的;(5)裁决对当事人尚无约束力,或者业经台湾地区法院撤销或者驳回执行申请的。

此外,依据国家法律,该争议事项不能以仲裁解决的,或者认可该仲裁裁决将违反一个中国原则等国家法律的基本原则或损害社会公共利益的,人民法院应当裁定不予认可。

(六)外国仲裁裁决在我国域内的承认与执行

国外仲裁机构作出的裁决需要我国人民法院承认和执行的,应当由当事人直接向被执行人住所地或者其财产所在地的中级人民法院提出书面申请,并附裁决书正本。如申请人为外国当事人,申请书应当用中文文本提出。

对外国仲裁裁决在我国的承认与执行,我国人民法院应当依照我国缔结或者参加的国际条约,或者按照互惠原则办理。法院强制执行涉外仲裁机构的仲裁裁决时,被执行人以有"当事人在合同中没有订立仲裁条款或者事后没有达成书面仲裁协议"的情形为由提出抗辩的,法院应当对被执行人的抗辩进行审查,并根据审查结果裁定执行或者不予执行。

对临时仲裁庭在我国领域外作出的仲裁裁决,一方当事人向我国人民法院申请承认和执行的,法院应当按照上述外国仲裁裁决的规定处理。

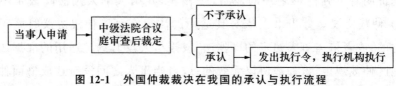

图 12-1　外国仲裁裁决在我国的承认与执行流程

二、公证债权文书的不予受理、不予执行及诉讼

《最高人民法院关于公证债权文书执行若干问题的规定》于 2018 年 10 月 1 日起施行，该规定不仅规定了公证债权文书不予执行的情形（与《民事强制执行法（草案）》的规定情形基本相同），还对公证债权文书执行的不予受理、驳回申请以及债权人、债务人及利害关系人提起诉讼的情形作出了规定，由于这些情形均直接影响到公证债权文书的执行，故本书一并予以介绍。

（一）公证债权文书执行的不予受理与驳回申请

债权人申请执行公证债权文书，有下列情形之一的，法院应当裁定不予受理；已经受理的，裁定驳回执行申请：(1) 公证债权文书属于不得经公证赋予强制执行效力的文书；(2) 公证债权文书未载明债务人接受强制执行的承诺；(3) 公证证词载明的权利义务主体或者给付内容不明确；(4) 债权人未提交执行证书；(5) 其他不符合受理条件的情形；(6) 公证债权文书赋予强制执行效力的范围同时包含主债务和担保债务的，法院应当依法予以执行；仅包含主债务的，对担保债务部分的执行申请不予受理；仅包含担保债务的，对主债务部分的执行申请不予受理。债权人对不予受理、驳回执行申请裁定不服的，可以自裁定送达之日起 10 日内向上一级法院申请复议。申请复议期满未申请复议，或者复议申请被驳回的，当事人可以就公证债权文书涉及的民事权利义务争议向法院提起诉讼。

（二）公证债权文书的裁定不予执行

《民事强制执行法（草案）》规定，执行程序终结前，被执行人提供证据证明公证债权文书有下列情形之一的，经执行法院审查核实，裁定不予执行：(1) 被执行人未到场且未委托代理人到场办理公证；(2) 被执行人为无民事行为能力人或者限制民事行为能力人，没有监护人代为办理公证；(3) 公证员为本人、近亲属办理公证,或者办理与本人、近亲属有利害关系的公证;(4)公证员办理该项公证有贪污受贿、徇私舞弊行为,已经由生效刑事法律文书等确认;(5)其他严重违反法定公证程序的情形。上述(1)—(5)项均是制作公证债权文书时严重违反法定程序的情形。执行法院认定执行公证债权文书违背公序良俗的,也应裁定不予执行。

不予执行公证债权文书的裁定生效后,当事人可以就该公证债权文书涉及的民事权利义务争议向法院提起诉讼。

(三)公证债权文书的判决不予执行

公证债权文书的裁定不予执行的情形包括公证程序违反法律规定与公证内容违反公序良俗(特殊实体事项)两种。对于公证债权文书涉及债权人与债务人的权利义务等实体判断的,应当由法院审判部门适用审判程序进行审理后作出判决。

1. 债务人起诉请求不予执行

有下列情形之一的,债务人可以在执行程序终结前,以债权人为被告,向执行法院提起诉讼,请求不予执行公证债权文书:(1)公证债权文书载明的民事权利义务关系与事实不符;(2)经公证的债权文书具有法律规定的无效、可撤销等情形;(3)公证债权文书载明的债权因清偿、提存、抵销、免除等原因全部或者部分消灭。

债务人提起诉讼,不影响法院对公证债权文书的执行。债务人提供充分、有效的担保,请求停止相应处分措施的,法院可以准许;债权人提供充分、有效的担保,请求继续执行的,应当继续执行。

对债务人提起的诉讼,法院经审理认为理由成立的,判决不予执行或者部分不予执行;理由不成立的,判决驳回诉讼请求。当事人同时就公证债权文书涉及的民事权利义务争议提出诉讼请求的,法院可以在判决中一并作出裁判。

2. 债权人、利害关系人起诉请求不予执行

公证债权文书还有可能损害债权人及利害关系人的合法权益,因此,有下列情形之一的,债权人、利害关系人可以就公证债权文书涉及的民事权利义务争议直接向有管辖权的法院提起诉讼:(1)公证债权文书载明的民事权利义务关系与事实不符;(2)经公证的债权文书具有法律规定的无效、可撤销等

情形。

债权人提起诉讼,诉讼案件受理后又申请执行公证债权文书的,法院不予受理。进入执行程序后债权人又提起诉讼的,诉讼案件受理后,法院可以裁定终结公证债权文书的执行。债权人请求继续执行其未提出争议部分的,法院可以准许。

利害关系人提起诉讼,不影响法院对公证债权文书的执行。利害关系人提供充分、有效的担保,请求停止相应处分措施的,法院可以准许;债权人提供充分、有效的担保,请求继续执行的,应当继续执行。

三、外国法院判决、裁定的不予执行

(一)承认与执行的申请

外国法院作出的已经发生法律效力的民事判决、裁定,需要我国法院承认和执行的,有两种途径:(1)由当事人直接向我国有管辖权的中级人民法院申请承认和执行;(2)由外国法院依照该国与我国缔结或者参加的国际条约的规定,或者按照互惠原则,请求人民法院承认和执行。

申请人向法院申请承认和执行外国法院作出的发生法律效力的判决、裁定,应当提交申请书,并附外国法院作出的发生法律效力的判决、裁定正本或者经证明无误的副本以及中文译本。外国法院判决、裁定为缺席判决、裁定的,申请人应当同时提交该外国法院已经合法传唤的证明文件,但判决、裁定已经对此予以明确说明的除外。我国缔结或者参加的国际条约对提交文件有规定的,按照规定办理。

(二)承认与执行的审查程序

承认和执行外国法院作出的发生法律效力的判决、裁定或者外国仲裁裁决的案件,我国人民法院应当组成合议庭进行审查。法院应当将申请书送达被申请人,被申请人可以陈述意见。法院经审查作出的裁定,一经送达即发生法律效力。

对外国法院作出的发生法律效力的判决、裁定,需要我国人民法院执行的,当事人应当先向我国人民法院申请承认。法院经审查,裁定承认后,再由法院执行机构予以执行。当事人仅申请承认而未同时申请执行的,法院仅对

应否承认进行审查并作出裁定。

（三）承认与执行的审查结果

我国人民法院对申请或者请求承认和执行的外国法院作出的发生法律效力的判决、裁定，依照我国缔结或者参加的国际条约，或者按照互惠原则进行审查：

（1）认为不违反我国法律的基本原则或者国家主权、安全、社会公共利益的，裁定承认其效力，需要执行的，发出执行令，依照法律规定执行。

（2）认为违反我国法律的基本原则或者国家主权、安全、社会公共利益的，不予承认和执行。

（3）当事人向我国有管辖权的中级人民法院申请承认和执行外国法院作出的发生法律效力的判决、裁定的，如果该法院所在国与我国没有缔结或者共同参加国际条约，也没有互惠关系的，裁定驳回申请，但当事人向法院申请承认外国法院作出的发生法律效力的离婚判决的除外。

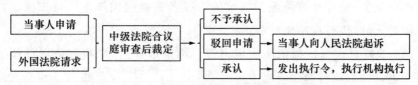

图 12-2　外国法院判决在我国的承认与执行流程

承认和执行申请被裁定驳回的，当事人可以向我国法院提起诉讼，由法院按照涉外民事诉讼程序审理后作出判决。

第二节　执行中止与执行终结

一、执行中止

（一）执行中止的概念

执行中止，是指在执行过程中，由于出现了某种特殊情况而使执行程序暂时停止，待特殊情况消失后，执行程序再继续进行。执行中止只是执行程序的暂时停止,法院不能作结案处理。中止的原因消除后,法院应当恢复执行。

(二)执行中止的情形

根据《民事强制执行法(草案)》的规定,有下列情形之一的,法院可以裁定中止执行:

(1)作为一方当事人的自然人死亡,尚未确定继承人或遗产管理人,或者需要等待继承人继承权利或承担义务。在执行程序中,一方当事人死亡的,执行程序将因缺少一方主体而无法进行。确定权利义务承受人可能需要一定时间,执行程序应当中止。

(2)作为一方当事人的自然人丧失民事行为能力,尚未确定法定代理人。当事人丧失民事行为能力的,需要法定代理人代为作出民事行为。确定法定代理人需要一定时间,执行程序应当中止。

(3)作为一方当事人的法人或者非法人组织终止,尚未确定权利义务承受人。法人或者其他组织终止,是指法人或者其他组织依法被撤销、解散、宣告破产以及合并、分立等情况。如果法人或者其他组织终止后尚未确定权利义务承受人的,执行程序应当中止。

(4)法院对执行依据依法决定再审。再审审理后,原执行依据可能被撤销或变更,因此,执行程序应当中止。

(5)一方当事人申请撤销仲裁裁决。法院审查后,仲裁裁决有可能被撤销,因此,执行程序应当中止。

(6)法院已受理以被执行人为债务人的破产申请。《企业破产法》规定,人民法院受理破产申请后,有关债务人财产的保全措施应当解除,执行程序应当中止。因此,被执行人被申请破产后,为保障所有债权人公平受偿,执行程序应当中止。当然,如果破产案件审理终结,被执行人没有被宣告破产,法院应当恢复执行。

(7)法律规定或法院认为可以中止执行的其他情形。其他情形主要包括:① 被执行人确无财产可供执行的;② 执行的标的物是其他法院或仲裁机构正在审理的案件争议标的物,需要等待该案件审理完毕确定权属的;③ 被执行人向法院提出不予执行仲裁裁决的请求,并提供适当担保的;等等。

法院依据"法院对执行依据依法决定再审"或"一方当事人申请撤销仲裁

裁决"两项情形裁定中止执行的,中止范围限于再审程序或者撤销仲裁程序中有争议的部分,对于无争议部分可以继续执行。

执行中止,法院应制作裁定书。裁定书应当写明中止执行的理由与法律依据,并由执行员、书记员署名,加盖法院印章。

（三）执行中止的效力

中止执行的效力分为两种:(1) 依据"法院对执行依据依法决定再审"或"一方当事人申请撤销仲裁裁决"规定中止执行的,中止执行期间,法院不得采取新的执行措施。申请执行人申请采取查封措施的,依照《民事诉讼法》有关诉讼保全的规定办理。(2) 依据除这两项之外的其他项情形中止执行的,中止执行期间,法院一般不得采取新的执行措施;认为确有必要的,可以查封被执行人的财产,但是一般不得进行处分。

执行中止的原因消失后,执行法院可以根据当事人的申请或依职权恢复执行,恢复执行应当书面通知当事人。中止执行的裁定,自执行程序恢复时自行失效。

二、暂缓执行

暂缓执行与中止执行的法律效果一致,都是暂缓采取执行措施。不同点在于暂缓执行通常要经申请执行人申请或申请执行人同意,只有立即执行有违公序良俗时法院才可以依职权作出决定。且暂缓执行的期限较短。而中止执行的法定事由较为复杂,中止的时间较长且难以确定。

有下列情形之一的,法院应当暂缓执行:

(1) 申请执行人申请或者同意延期执行。执行程序开始后,申请执行人请求或者同意延期执行,是申请执行人对其自身权利的处分,法院应当暂缓执行。

(2) 因公序良俗等事由不宜立即执行。对执行有违公序良俗的认定应当慎重,否则,可能造成暂缓执行的滥用。比如,妻子起诉离婚,法院认为双方感情没有破裂判决不予离婚。妻子对此判决不服,搬回娘家居住。丈夫在多次接妻子回家被拒绝后,向法院申请执行,要求强制执行妻子回家履行同居义务。法律规定夫妻双方有配偶权,但并未规定夫妻双方一定要履行同居义务,即使履行该义务也不得违背妇女意志。如对该案强制执行,有违公序良俗,法院不应立即执行。暂缓执行后,法院应委托妻子所在居委会、工作单位或妇联等组织做妻子的思想工作;做不通工作的,待法定期限届满后,视妻子是否再次起诉离婚再作决定。

上级法院在办理案件过程中,认为法院办理的执行案件存在不宜立即执行事由的,可以裁定暂缓执行。

暂缓执行的期限,为 3 个月以下。因特殊事由需要延长的,可以延长一次,延长的期限不得超过 3 个月。换言之,暂缓执行不能无限期延续,最长期限为 6 个月。

暂缓执行只是执行程序的暂时停止。暂缓执行情形消失或者期限届满后,恢复执行。

三、终结本次执行

导入案例 12-2

李某与夏某租赁合同纠纷一案,法院判决夏某应偿还李某租赁款 18 万元。因夏某未履行还款义务,李某申请强制执行。执行过程中,法院向被执行人夏某发出执行通知书及申报财产令。经网络查控系统查询,夏某名下除一辆汽车外无其他可供执行财产。因夏某拒接电话、拒不露面,执行法官对其名下汽车查封后以公告方式通知其限期将车辆交至法院。后法院对夏某采取列入失信被执行人名单、限制高消费措施,并通过微信、微博、抖音、今日头条等公众号对夏某发出执行悬赏公告,发动社会公众查找夏某踪迹及财产线索。之后,法院将夏某涉嫌拒不履行判决、裁定犯罪的线索移送公安机关处理。2020 年 4 月 9 日,李某发现夏某名下汽车下落,执行法官立即将车辆扣押。

2020 年 4 月 29 日,被执行人夏某被公安机关抓获。经审理查明,夏某在案件执行期间躲避执行,未如实报告财产,拒不移交查封车辆,致使法院生效判决无法执行。夏某犯拒不执行判决、裁定罪被判处拘役 5 个月,缓刑 10 个月。夏某车辆经网络拍卖,成交价 6 万元,但仍无法将该案案款还清,夏某本人也表示暂无履行案款能力。法院裁定该案终结本次执行。

(一) 终结本次执行概述

终结本次执行程序是指在执行程序开始后,法院按照执行程序要求,履行了法定执行手续,采取了相应强制措施,穷尽了执行手段和方法,仍然无法使案件得以执结,在查明被执行人确无可供执行的财产、暂时无履行能力的情况下,执行工作暂无必要继续进行,由法院裁定本案执行程序阶段性终结,待日后发现被执行人有可供执行财产或财产线索时,再重新启动执行程序的一种制度。

终结本次执行是执行程序的阶段性终结,法院可将终结本次执行案件作结案处理。对于无财产可供执行的终结本次执行案件,要及时启动执行转破产程序,清理"僵尸企业",有序消化终结本次执行案件存量。[①]

《最高人民法院关于严格规范终结本次执行程序的规定(试行)》(以下简称《终本规定》)于 2016 年 12 月 1 日起施行,对终结本次执行的条件、程序、后续执行等作出了严格规定。

(二) 终结本次执行的条件

根据《终本规定》的规定,法院终结本次执行程序,应当同时符合下列条件:

(1) 已向被执行人发出执行通知,依法责令被执行人报告财产。

"责令被执行人报告财产",是指应当完成下列事项:第一,向被执行人发出报告财产令;第二,对被执行人报告的财产情况予以核查;第三,对逾期报告、拒绝报告或者虚假报告的被执行人或者相关人员,依法采取罚款、拘留等强制措施,构成犯罪的,依法启动刑事责任追究程序。法院应当将财产报告、核实及处罚的情况记录入卷。

(2) 已对被执行人依法采取限制消费措施,并将符合条件的被执行人纳入失信被执行人名单。

(3) 已穷尽必要合理的财产调查措施,未发现被执行人有可供执行的财产、发现的财产不能处置或者已经处分完毕但债权尚未全部实现。

[①] 参见《最高人民法院关于进一步完善执行权制约机制加强执行监督的意见》(法〔2021〕322 号)第 5 条规定。

"已穷尽必要合理的财产调查措施",必须使用"总对总""点对点"网络查控系统全面核查财产情况;当事人提供财产线索的,应当及时核查,有财产的立即采取控制措施;有初步线索和证据证明被执行人存在规避执行、逃避执行嫌疑的,法院应当根据申请执行人申请采取委托专项审计、搜查等措施,符合条件的,应当采取罚款、司法拘留或者追究拒不执行法院判决、裁定罪等措施。具体来讲,法院应当完成下列调查事项:第一,对申请执行人或者其他人提供的财产线索进行核查;第二,通过网络执行查控系统对被执行人的存款、车辆及其他交通运输工具、不动产、有价证券等财产情况进行查询;第三,无法通过网络执行查控系统查询财产情况的,在被执行人住所地或者可能隐匿、转移财产所在地进行必要调查;第四,被执行人隐匿财产、会计账簿等资料且拒不交出的,依法采取搜查措施;第五,经申请执行人申请,根据案件实际情况,依法采取审计调查、公告悬赏等调查措施;第六,法律、司法解释规定的其他财产调查措施。法院应当将财产调查情况记录入卷。导入案例12-2中,法院已穷尽了上述执行措施,但申请执行人的债权尚未全部实现。

"发现的财产不能处置",包括下列情形:第一,被执行人的财产经法定程序拍卖、变卖未成交,申请执行人不接受抵债或者依法不能交付其抵债,又不能对该财产采取强制管理等其他执行措施的;第二,法院在登记机关查封的被执行人车辆、船舶等财产,未能实际扣押的。①

(4) 已依法采取法律规定应当采取的其他执行行为。

需注意,终结本次执行没有规定兜底条款,不允许法院自行灵活决定。

(三) 终结本次执行的裁定与救济

终结本次执行程序前,法院应当将案件执行情况、采取的财产调查措施、被执行人的财产情况、终结本次执行程序的依据及法律后果等信息告知申请执行人,并听取其对终结本次执行程序的意见。法院应当将申请执行人的意见记录入卷。需注意,申请执行人是否同意和认可终结本次执行程序,不是法

---

① 《最高人民法院关于进一步完善执行权制约机制加强执行监督的意见》第24条第3款规定:"执行中已查控到财产的,人民法院应当依法及时推进变价处置程序,不得滥用《最高人民法院关于严格规范终结本次执行程序的规定(试行)》第四条关于'发现的财产不能处置'的规定,不得以申请执行人未申请拍卖为由不进行处置而终结本次执行程序;不得对轮候查封但享有优先权的财产未经法定程序商请首封法院移送处置权而终结本次执行程序。"

院能否作出终结本次执行程序决定的前提。之所以在终结本次执行程序前听取申请执行人的意见,一方面是尊重申请执行人的知情权和参与权;另一方面是通过听取意见,赢取申请执行人对终结本次执行程序的认同。

终结本次执行程序应当制作裁定书,载明下列内容:(1)申请执行的债权情况;(2)执行经过及采取的执行措施、强制措施;(3)查明的被执行人财产情况;(4)实现的债权情况;(5)申请执行人享有要求被执行人继续履行债务及依法向法院申请恢复执行的权利,被执行人负有继续向申请执行人履行债务的义务。

终结本次执行程序裁定书送达申请执行人后,执行案件可以作结案处理。法院进行相关统计时,应当对以终结本次执行程序方式结案的案件与其他方式结案的案件予以区分。终结本次执行程序裁定书应当依法在互联网上公开。

当事人、利害关系人认为终结本次执行程序违反法律规定的,可以提出执行异议。法院受理后,应当依照执行行为异议的规定以执行行为异议进行审查。

案件符合终结本次执行程序条件,又符合移送破产审查相关规定的,执行法院应当在作出终结本次执行程序裁定的同时,将执行案件相关材料移送被执行人住所地法院进行破产审查。

（四）终结本次执行案件信息的录入及删除

终结本次执行程序裁定书送达申请执行人以后,执行法院应当在 7 日内将相关案件信息录入最高人民法院建立的终结本次执行程序案件信息库,并通过该信息库统一向社会公布。终结本次执行程序案件信息库记载的信息应当包括下列内容:(1)作为被执行人的法人或者其他组织的名称、住所地、组织机构代码及其法定代表人或者负责人的姓名,作为被执行人的自然人的姓名、性别、年龄、身份证件号码和住址;(2)生效法律文书的制作单位和文号、执行案号、立案时间、执行法院;(3)生效法律文书确定的义务和被执行人的履行情况;(4)法院认为应当记载的其他事项。建立信息库并对外公布,既可以让被执行人及其法定代表人、负责人承担接受社会否定评价的后果,也可以向公众提示交易风险,社会上可能与被执行人发生交易的对象,可从公布的信息库中获知被执行人无履行能力的情况,进而作出是否与其交易的决策,避免承担不必要的风险和损失。

当事人、利害关系人认为公布的终结本次执行程序案件信息错误的,可以向执行法院申请更正。执行法院审查属实的,应当在3日内予以更正。

有下列情形之一的,法院应当在3日内将案件信息从终结本次执行程序案件信息库中屏蔽:(1)生效法律文书确定的义务执行完毕的;(2)依法裁定终结执行的;(3)依法应予屏蔽的其他情形。

(五)终结本次执行裁定的效力和恢复执行

终结本次执行程序并不消灭债权债务关系和执行依据的执行力,因此,终结本次执行程序,不影响已经采取的执行行为的效力。终结本次执行程序后,被执行人应当继续履行生效法律文书确定的义务。被执行人自动履行完毕的,当事人应当及时告知执行法院。

终结本次执行程序后,申请执行人发现被执行人有可供执行财产的,可以向执行法院申请恢复执行。申请恢复执行不受申请执行时效期间的限制。执行法院核查属实的,应当恢复执行。法院应当定期通过在线等适当方式调查被执行人的财产。发现被执行人有可供执行财产的,恢复执行。申言之,终结本次执行程序后,恢复执行有两种途径:一是申请执行人申请恢复执行;二是法院依职权调查被执行人财产并恢复执行。案件终结本次执行程序后,虽然已经结案,但毕竟"案结事未了",因此,法院还应当在5年内通过网络执行查控系统对被执行人的财产定期进行查询,如发现被执行人财产,法院须及时依职权恢复执行。

终结本次执行程序后,发现被执行人有可供执行财产,不立即采取执行措施可能导致财产被转移、隐匿、出卖或者毁损的,执行法院可以依申请执行人申请或依职权立即采取查封等控制性措施。申请执行人申请延长查封期限的,法院应当依法办理续行查封手续。

终结本次执行程序后,当事人、利害关系人申请变更、追加执行当事人,符合法定情形的,法院应予支持。变更、追加被执行人后,申请执行人申请恢复执行的,法院应予支持。

终结本次执行程序后,被执行人或者其他人妨害执行的,法院可以依法予以罚款、拘留；构成犯罪的，依法追究刑事责任。

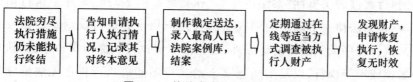

图 12-3　终结本次执行程序流程

四、执行终结

导入案例 12-3

蒋某与潘某民间借贷纠纷一案，诉讼中经调解双方达成协议：(1) 潘某偿还蒋某借款本金 2.8 万元，定于 2014 年 6 月 27 日前付清；(2) 若潘某未按第一项约定的时间偿还借款本金，则还应向蒋某支付资金利息。因潘某未履行生效法律文书确定的义务，蒋某于 2015 年 2 月申请强制执行。某县法院经网络查询，未查找到被执行人潘某有可供执行的财产。执行人员前往潘某居住地所在村、社实地调查，查明潘某全家共六人，其中子女四人均未成年，全家居住的土木结构瓦房年久失修，已破烂不堪，夫妻无固定收入，家庭经济非常困难。因潘某暂无履行能力，案件于同年 8 月终结本次执行程序。

2020 年 4 月，申请执行人提供执行线索，称潘某因发生交通事故死亡，有死亡赔偿金，请求法院恢复执行。法院经调查，作出执行裁定，冻结了潘某因交通事故案件获得的死亡赔偿金 3 万元。该裁定送达后，潘某的亲属向法院提出执行异议，认为死亡赔偿金是对死亡人近亲属的赔偿，所有权属于潘某的近亲属，并非潘某的遗产，不能执行。法院经听证审查，认为异议人的异议成立，裁定支持其异议请求。申请执行人蒋某不服提起复议，某市中级人民法院裁定驳回其复议请求。后执行人员多方调查，查明被执行人潘某死亡后，确无遗产可供执行。2020 年 12 月 3 日，法院裁定本案执行终结。

（一）执行终结的概念

执行终结，是指在执行过程中，由于出现了某种特殊情况，使执行程序无法或无须继续进行,因而依法结束执行程序。执行终结是执行程序的最终结束,是执行案件的实质性"案结事了"。执行终结的表现形式除了执行债权全部实现(包括法律文书确定的债权全部实现与执行和解协议约定的债权全部实现),执行程序无须继续的情形外,还包括申请执行人撤回执行申请、执行依据被撤销或不予执行,以及实质意义上的执行不能等执行程序无法继续执行的情形。执行终结后,法院将执行案件作结案处理。

(二)终结执行的情形

根据《民事强制执行法(草案)》的规定,有下列情形之一的,法院应当裁定终结执行:

(1)执行债权全部实现。申请执行的目的就是实现申请执行人的债权,执行债权全部实现的,申请执行的目的已达到,执行程序应终结。

(2)执行和解协议履行完毕。当事人达成和解协议,被执行人履行全部义务的,和解协议约定的债权已全部实现,执行程序应终结。

(3)申请执行人撤回执行申请。申请人撤回执行申请是对其自身权利的处分,只要不违反法律规定,法院就应准许其撤回申请。但需注意,实务中申请人撤回执行申请后,一般不允许其再次提出执行申请。

(4)执行依据被裁定不予执行或者被撤销。执行依据被裁定不予执行或者被撤销的,法院的执行行为失去了依据,执行程序必须终结。

(5)执行依据指定被执行人交付的特定物灭失。作为执行标的的特定物确已毁损或者灭失的,经双方当事人同意,可以折价赔偿。双方当事人对折价赔偿不能协商一致的,法院应当终结执行程序,申请执行人可以另行起诉请求被执行人赔偿损失。

(6)作为被执行人的自然人死亡,无遗产可供执行,又无义务承担人。上述情形出现后,执行无法继续进行,执行程序应终结。

(7)作为被执行人的法人或者非法人组织终止,无财产可供执行,又无义务承担人。上述情形出现后,执行无法继续进行,执行程序应终结。

(8)自终结本次执行程序之日起满5年且未发现被执行人可供执行的财产。出现上述情形的,执行程序无法也没有必要继续进行,应当终结执行程序。

导入案例12-3中,执行案件于2015年8月裁定终结本次执行,至2020年12月,终结本次执行时间已超过5年,但仍未发现被执行人有可供执行的财产。且该案也满足第4项"作为被执行人的自然人死亡,无遗产可供执行,又无义务承担人"的情形,执行法院裁定本案执行终结符合法律规定。

(9)被执行人的破产重整计划被法院裁定批准、破产和解协议被法院裁定认可或者被执行人被法院裁定宣告破产。出现上述情形的,执行程序无法也没有必要继续进行,应当终结执行程序。

(10)法律规定或法院认为应当终结执行的其他情形。设置兜底条款,由执行法院视案件情况灵活处理。

上述第6、7、8项情形的共同特点是执行案件陷入僵局,客观上无法继续执行,属于"执行不能"。所谓执行不能,是指执行法院已穷尽执行措施和财产调查手段,仍未发现被执行人有可供执行财产,或被执行人财产因客观原因不能处置,导致申请执行人的胜诉权无法得到实现。与执行难不同,执行不能是一种客观存在的司法现象,本质上属于申请执行人应当自行承担的商业风险、交易风险和法律风险,执行不能的风险应由申请执行人自行承担。

执行终结,法院应当制作裁定书,裁定书应当写明执行终结的理由和法律依据,并由执行员、书记员署名,加盖法院印章。

执行终结后,法院已没有依据继续控制和处分被执行人的财产,因此,应当及时解除已经采取的执行措施。

第三节 执行转破产

导入案例12-4

某实业有限公司成立于2002年12月10日,主要经营塑胶模具的生产、批发业务。2015年5月,该公司因经营不善、资金链断裂等问题被迫停业,继而导致1384件案件经诉讼或仲裁后相继进入强制执行程序。在执行过程中,某区法院查明,某实业有限公司严重资不抵债,459名员工债权因查封顺序在后,对拍卖款受偿无望,执行程序陷入僵局。2017年2月23日,法院在征得其中一案申请执行人同意后,将其所涉某实业有限公司执行案移送某市中级法院破产审查。2017年4月5日,某市中级法院裁定受理该公司破产清算案,该公司其他执行案件相应中止,所涉债权债务关系统一纳入破产清算程序中处理。

某市中级法院在报纸上刊登受理公告并依法指定管理人开展工作。经管理人对该公司的资产、负债及经营情况进行全面调查审核后发现,该公司除银行存款3645.48元和机器设备拍卖款162万元外,已无可变现资产,而负债规模高达1205.93万元,严重资不抵债。2017年6月28日,某市中级法院依法宣告该公司破产。按照通过的破产财产分配方案,可供分配的破产财产1623645.48元,优先支付破产费用685012.59元后,剩余938632.89元全部用于清偿职工债权11347789.79元。2017年12月29日,某市中级法院依法裁定终结某实业有限公司破产清算程序。

一、破产清算概述

(一) 破产清算与执行的关系

破产清算既是一种概括的债务清理程序,也是一种概括的执行程序,目的在于剥夺不能清偿债务的债务人对其全部财产的管理处分权,一次性地执行被执行人的全部财产,防止债务人的财产为个别的债权人受偿或被个别的法院执行,从而使全体债权人获得公平受偿的机会。相对于破产清算,民事强制执行具有个别执行(以债务人的部分财产满足个别债权人的债权)的特征。

民事案件的执行与破产清算有着十分密切的联系,在一定条件下,某一民事案件的执行可以转换成对被执行人进行破产清算,或某一民事案件的执行被破产清算所吸收。执行法院在执行过程中,发现被执行人的资产不足清偿全部债务的,应当向当事人释明可以依法申请被执行人破产。涉及财产分配的,应当暂缓财产分配,及时询问申请执行人、被执行人是否申请或者同意将案件移送破产审查,避免影响各债权人的公平受偿权。对于无财产可供执行的终结本次执行案件,要及时启动执转破程序。① 经申请人之一向执行法院申请或被执行人同意的,执行法院可启动执行转破产程序,将执行案件相关材料移送被执行人住所地法院。执行法院作出移送决定,并不意味着破产程序必然开始。被执行人是否具备破产原因、破产程序能否启动,应由受移送的破产管辖法院审查后裁定。②

(二) 破产清算的主要程序

1. 宣告破产前

破产审查法院裁定受理破产申请后,债务人对个别债权人的清偿无效。受理法院应当通知所有已知的债权人并予以公告,同时指定破产管理人,包括申请执行人在内的全部债权人向受理宣告破产的法院申报债权。

破产申请受理后,受理执行案件的法院应裁定中止案件的执行,并解除对债务人财产的保全措施;已经开始而尚未终结的有关债务人的民事诉讼或者仲裁应当中止,在管理人接管债务人的财产后,该诉讼或者仲裁继续进行。破产申请受理后有关债务人的民事诉讼,只能向受理破产申请的法院提起。

在法院受理破产申请后、宣告债务人破产前,债务人或者出资额占债务人注册资本 1/10 以上的出资人,可以向法院申请重整。破产重整的对象应当是具有挽救价值和可能的困境企业。破产重整不限于债务减免和财务调整,重整的重点是维持企业的营运价值。法院在审查重整计划时,除合法性审查外,还应审查其中的经营方案是否具有可行性。重整计划中关于企业重新获得盈利能力的经营方案具有可行性、表决程序合法、内容不损害各表决组中反对者的清偿利益的,法院应当自收到申请之日起 30 日内裁定批准重整计划。法院根据债务人的资产状况、技术工艺、生产销售、行业前景等因素,能够认定债务人明显不具备重整价值以及拯救可能性的,应裁定不予受理。重整计划草案未获得通过,或已通过的重整计划未获得批准,抑或重整计划获得批准后,债务人不能执行或者不执行重整计划,法院应当裁定终止重整程序,并宣告债

---

① 参见《最高人民法院关于进一步完善执行权制约机制加强执行监督的意见》第 5 条规定。

② 为加强破产信息公开,最高人民法院设立了全国企业破产重整案件信息网。2016 年 8 月 1 日以后受理的破产案件和尚未审结的破产案件的审判流程信息以及公告、法律文书、债务人信息等与破产程序有关的信息均统一在破产重整案件信息网公布。

务人破产。

债务人可以直接向法院申请和解,也可以在法院受理破产申请后、宣告债务人破产前,向法院申请和解。债务人申请和解,应当提出和解协议草案。和解协议草案经债权人会议表决未获得通过,或者已经债权人会议通过的和解协议未获得法院认可,或虽经法院认可,但债务人不能执行或者不执行和解协议的,法院经和解债权人请求,应当裁定终止和解协议的执行,并宣告债务人破产。

破产宣告前,有下列情形之一的,法院应当裁定终结破产程序,并予以公告:(1) 第三人为债务人提供足额担保或者为债务人清偿全部到期债务的;(2) 债务人已清偿全部到期债务的。

2. 宣告破产后

法院受理破产清算申请后,第一次债权人会议上无人提出重整或和解申请的,管理人应当在债权审核确认和必要的审计、资产评估后,及时向法院提出宣告破产的申请。法院受理破产和解或重整申请后,债务人出现应当宣告破产的法定原因时,法院亦应当依法宣告债务人破产。法院宣告债务人破产的,应当自裁定作出之日起5日内送达债务人和管理人,自裁定作出之日起10日内通知已知债权人,并予以公告。债务人被宣告破产后,债务人称为破产人,债务人财产称为破产财产,法院受理破产申请时对债务人享有的债权称为破产债权。

法院宣告债务人破产后,管理人应当及时拟订破产财产变价方案,提交债权人会议讨论。管理人应当按照债权人会议通过的或者法院裁定的破产财产变价方案,适时变价出售破产财产。

变价出售破产财产应当通过拍卖进行。但是,债权人会议另有决议的除外。破产企业可以全部或者部分变价出售。企业变价出售时,可以将其中的无形资产和其他财产单独变价出售。按照国家规定不能拍卖或者限制转让的财产,应当按照国家规定的方式处理。

管理人应当及时拟订破产财产分配方案,提交债权人会议讨论。债权人会议通过破产财产分配方案后,由管理人将该方案提请法院裁定认可。破产财产分配方案经法院裁定认可后,由管理人执行。

破产人无财产可供分配的,管理人应当请求法院裁定终结破产程序。破产财产在清偿完顺位在先的优先债权后,无财产可供后续顺位的债权人分配的,管理人应当请求法院裁定终结破产程序。

管理人在最后分配完结后,应当及时向法院提交破产财产分配报告,并提请法院裁定终结破产程序。法院应当自收到管理人终结破产程序的请求后作出是否终结破产程序的裁定。裁定终结的,应当予以公告。管理人应当自破产程序终结之日起10日内,持法院终结破产程序的裁定,向破产人的原登记机关办理注销登记。

破产清算程序终结的,如果原申请执行人的债权已得到全部清偿,则执行程序结束;如果债权只得到部分清偿,由于剩余部分已无财产可供执行,则执行法院应裁定终结执行。

破产人的保证人和其他连带债务人,在破产程序终结后,对债权人依照破产清算程序未受清偿的债权,依法继续承担清偿责任。

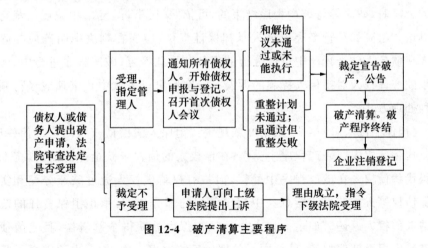

图 12-4 破产清算主要程序

(三)破产程序与担保责任的衔接

对于有担保的破产债权,债权人应在何时请求担保人承担担保责任,是否可以在申报债权的同时提出承担担保责任的请求,如何避免债权人超额受偿,以及担保人在清偿债权后,追偿权行使方式及范围等问题,《企业破产法》《全国法院破产审判工作会议纪要》等都有规定涉及,但实务中仍存争议。2021 年

1月1日,《最高人民法院关于适用〈中华人民共和国民法典〉有关担保制度的解释》(法释〔2020〕28号,以下简称《担保制度解释》)施行,对上述问题予以明确规定。

《担保制度解释》第23条第1款规定:"人民法院受理债务人破产案件,债权人在破产程序中申报债权后又向人民法院提起诉讼,请求担保人承担担保责任的,人民法院依法予以支持。"根据上述规定,破产债权人向担保人主张承担担保责任不受破产程序的影响,债权人享有同时向破产管理人申报债权及向担保人主张承担担保责任的权利。"依法予以支持"的表述意味着法院不仅仅只是受理担保责任诉讼,而且应对债权人的主张予以实体审理并作出相应判决。关于实体审理时担保人应承担担保责任的金额的认定,《最高人民法院对〈关于担保期间债权人向保证人主张权利的方式及程序问题的请示〉的答复》(〔2002〕民二他字第32号)规定:对于债权人申报了债权,同时又起诉保证人的保证纠纷案件,法院应当受理。在具体审理并认定保证人应承担保证责任的金额时,如需等待破产程序结束的,可依照《民事诉讼法》相关规定裁定中止诉讼。法院如径行判决保证人承担保证责任,应当在判决中明确应扣除债权人在债务人破产程序中可以分得的部分。据此答复,破产程序进行中,法院对于破产债权人对担保人提起的诉讼在立案后可以采取中止审理或径行判决两种处理方式。①

《担保制度解释》第23条第2款规定:"担保人清偿债权人的全部债权后,可以代替债权人在破产程序中受偿;在债权人的债权未获全部清偿前,担保人不得代替债权人在破产程序中受偿,但是有权就债权人通过破产分配和实现担保债权等方式获得清偿总额中超出债权的部分,在其承担担保责任的范围内请求债权人返还。"如果债权人先行从担保人处获得全部清偿,且之前债权人已经申报全部债权的,虽然同一份债权只能申报一次,担保人不得再另行申报债权,但担保人可通过申请转付债权人在破产程序相应清偿份额的方式,替代债权人在破产程序中受偿,从而确保对债务人追偿权的行使。但是如果担保人仅清偿部分债务,债权人在担保人处未获得全部清偿的,虽然担保人依法

---

① 由于中止审理的案件容易转化为长期未结案件,"径行判决担保人承担保证责任,同时在判决中明确应扣除债权人在债务人破产程序中可以分得的部分"不失为一种最佳方案。

享有追偿权,但根据《民法典》第700条关于保证人行使追偿权不得损害债权人利益的规定,担保人不得就清偿部分代替债权人在破产程序中受偿。法理依据为,担保人是代债务人清偿债务,因此,在债务人所有财产不足以清偿全部债务时,债务人应当先履行主债务,而不能因担保人行使追偿权而向担保人首先支付,否则会损害债权人的利益,因为主债务人和担保人对于债权人而言,都是债务人。只有在满足了债权人的债权的情况下,担保人才能对主债务人行使追偿权。① 但是,如果债权人在破产程序中申报债权及从担保人处获得的受偿金额超过债权额,基于禁止超额受偿的原则,担保人有权请求债权人就超出部分在其承担担保责任的范围内予以返还。当然,债权人主张担保权利未能完全受偿的,未受偿的债权作为普通债权继续受偿。

《担保制度解释》第23条第3款规定:"债权人在债务人破产程序中未获全部清偿,请求担保人继续承担担保责任的,人民法院应予支持;担保人承担担保责任后,向和解协议或者重整计划执行完毕后的债务人追偿的,人民法院不予支持。"根据《企业破产法》的规定,担保人或其他连带债务人仍需对债权人未获清偿部分继续承担责任。但基于破产程序的特殊性,此时担保人的追偿权受到限制。具体而言,我国破产程序包含破产清算、破产重整与破产和解程序,破产清算程序终结后,企业主体消灭,故不存在担保人追偿的问题。但在破产重整与破产和解程序中,按照重整计划或者和解协议减免的债务,自重整计划或者和解协议执行完毕时起,债务人不再承担清偿责任。也就是说,对应的债务人的该部分债务将实际获得免责。对于担保人而言,其就债权人剩余债权承担担保责任后,如果仍向重整后或者和解后的债务人追偿,则意味着实质上源于同一债务的普通债权,在债务人处获得了两次清偿,导致该笔债权的清偿率高于其他同类债权,从而违反了破产法同类债权平等清偿的原则。担保人追偿权因受限制而承担的不利后果,应看作担保人应承担的法律风险与经营风险。

此外,如果债权人没有向法院申报债权,债权的担保人为了减少自己的担

---

① 在债权人、债务人、担保人这三者的关系中,债务人和担保人之间的关系属于内部关系,债务人、担保人与债权人的关系属于外部关系。在内部关系与外部关系相冲突的情况下,应当优先满足外部关系。

保风险可以自己的名义申报债权,以期预先向债务人求偿,以弥补代替债务人向债权人清偿所遭受的损失。预先追偿权的范围是担保人承担担保责任的数额,既包括其担保的主债权数额,也包括其担保的主债权的附属权利,如利息、违约金、损害赔偿金和实现债权的费用。担保人参加破产分配,是将担保责任的数额作为一般债权向法院申报,至于其是否构成破产债权,除已经仲裁机构或法院依法确定的和诉讼未决的以外,由第一次债权人会议调查,并由法院裁定后确定。担保人在债权人不申报债权、不愿意申报债权,或是基于不可抗力的事由未能申报的情况下均可申报,但必须是在法定申报债权期限内申报债权。

需注意,《担保制度解释》第23条的规定仅限于债权人已经在破产程序中申报全部债权的情形,如果债权人未在破产程序中申报债权要求清偿,而是直接向担保人主张担保责任,则担保人可以在破产程序中预先申报担保债权,提前向债务人行使求偿权。

实务中,为避免债权人超额受偿,担保人在清偿了全部或部分债权后,应当主动向债务人的破产管理人提供相应的清偿凭证,披露担保责任的承担信息,破产管理人也应及时向担保人反馈对债权人清偿债权的进展与结果。

《担保制度解释》第24条规定:"债权人知道或者应当知道债务人破产,既未申报债权也未通知担保人,致使担保人不能预先行使追偿权的,担保人就该债权在破产程序中可能受偿的范围内免除担保责任,但是担保人因自身过错未行使追偿权的除外。"债权人在知道或应当知道债务人破产时,有义务在债权申报或者补充申报期限内的适当时间,向担保人作出不参加破产程序而向担保人求偿的意思表示。此外,债权人享有同时向破产管理人申报债权及向担保人主张承担担保责任的权利,因此债权人仅向担保人主张担保责任的行为,并不必然代表债权人放弃申报债权,债权人的通知内容应当明确表明其不申报债权的意思,而且债权人一旦作出这一意思表示,便不得反悔,以便担保人能及时申报债权。如果债权人在知道债务人破产时,既不申报债权,又不告知担保人债务人破产、自己不申报债权但不放弃求偿这些情况,导致担保人未能预先从债务人破产财产中得到补偿的,担保人在其如及时申报债权可从破产财产中分配到的价额范围内免责。担保人免除相应担保责任以其自身没有过错为前提,如担保人因自身过错导致未行使追偿权的,则不能免除相应担保责任。实务中,还可能存在担保人知道或者应当知道债务人已经破产的情形,如果债权人有证据证明担保人知悉债权人未申报债权的,即便债权人未履行上述通知义务,担保人亦不能免除相应担保责任。

实务中,还存在债权人申报债权后又撤回的情况,此时债权人通常是为了方便及时要求担保人清偿债务。由于债权人向担保人主张承担担保责任,一般不会出现未通知担保人的情形进而导致担保人丧失预先行使追偿权的机会,故不适用担保责任的相应免除规则。但是,如债权人撤回债权申报后,因种种原因确未通知担保人或向其主张权利,直至担保人丧失追偿可能的,也不排除担保责任的相应免除。

二、执行转破产案件的移送

(一) 移送条件

执行程序中,被执行人符合法律规定的"不能清偿到期债务,并且资产不足以清偿全部债务或者明显缺乏清偿能力"情形的,执行法院经申请执行人之一或者被执行人同意,应当裁定中止对该被执行人的执行,将执行案件相关材料移送被执行人住所地法院。

执行法院采取财产调查措施后,发现被执行人符合破产规定的,应当及时询问申请执行人、被执行人是否同意将案件移送破产审查。申请执行人、被执行人均不同意移送且无人申请破产的,执行法院应当对执行变价所得财产,在扣除执行费用及清偿优先受偿的债权后,对于普通债权,按照财产保全和执行中查封的先后顺序清偿。其他已经取得执行依据的债权人申请参与分配的,法院不予支持。[①]

执行案件移送破产审查,应同时符合下列条件:(1)被执行人或者有关被执行人的任何一个执行案件的申请执行人书面同意将执行案件移送破产审查;(2)被执行人不能清偿到期债务,并且资产不足以清偿全部债务或者明显

---

① 执行分配程序对查封顺位在前的普通债权申请执行人较为有利。由于破产清算程序采用普通债权按债权比例分配的方式,故可以更好地保护查封顺位在后的债权人的权益。实务中,为避免债权落空,已取得执行依据的债权人应尽快申请执行。成为执行案件的申请执行人,就有权向执行法院提出对被执行人进行破产审查的申请。

缺乏清偿能力。

（二）征询及决定

为减少异地法院之间移送的随意性，基层法院拟将执行案件移送异地中级法院进行破产审查的，在作出移送决定前，应先报请其所在地中级法院执行部门审核同意。

执行法院作出移送决定后，应当于5日内送达申请执行人和被执行人。申请执行人或被执行人对决定有异议的，可以在受移送法院破产审查期间提出，由受移送法院一并处理。

执行法院作出移送决定后，应当书面通知所有已知执行法院，所有执行法院均应中止对被执行人的执行程序。但是，对被执行人的季节性、鲜活、易腐烂变质商品以及其他不宜长期保存的物品，执行法院应当及时变价处置，处置的价款不作分配。受移送法院裁定受理破产案件的，执行法院应当在收到裁定书之日起7日内，将该价款移交受理破产案件的法院。案件符合终结本次执行程序条件的，执行法院可以同时裁定终结本次执行程序。

为确保对被执行人财产的查封措施的连续性，执行法院决定移送后、受移送法院裁定受理破产案件之前，对被执行人的查封措施不解除。查封期限在破产审查期间届满的，申请执行人可以向执行法院申请延长期限，由执行法院负责办理。

（三）移送材料及接收

执行法院作出移送决定后，应当向受移送法院移送下列材料：(1) 执行案件移送破产审查决定书；(2) 申请执行人或被执行人同意移送的书面材料；(3) 执行法院采取财产调查措施查明的被执行人的财产状况、已查封、扣押、冻结财产清单及相关材料；(4) 执行法院已分配财产清单及相关材料；(5) 被执行人债务清单；(6) 其他应当移送的材料。

执行案件移送破产审查，由被执行人住所地法院管辖。在级别管辖上，为适应破产审判专业化建设的要求，合理分配审判任务，实行以中级法院管辖为原则、基层法院管辖为例外的管辖制度。中级法院经高级法院批准，也可以将案件交由具备审理条件的基层法院审理。

移送的材料不完备或内容错误，影响受移送法院认定破产原因是否具备的,受移送法院可以要求执行法院补齐、补正,执行法院应于 10 日内补齐、补正。该期间不计入受移送法院破产审查的期间。受移送法院需要查阅执行程序中的其他案件材料,或者依法委托执行法院办理财产处置等事项的,执行法院应予协助配合。

执行法院移送破产审查的材料,由受移送法院立案部门负责接收。受移送法院不得以材料不完备等为由拒绝接收。立案部门经审核认为移送材料完备的,应以"破申"作为案件类型代字编制案号登记立案,并及时将案件移送破产审判部门进行破产审查。破产审判部门在审查过程中发现本院对案件不具有管辖权的,应当将案件移送有管辖权的法院受理。受移送的法院认为不属于本院管辖的,应当报请共同上级法院指定管辖,不得再自行移送。

需注意,根据最高人民法院最新的案由规定,受移送法院登记立案的是破产申请审查案件,而非破产清算、破产重整、破产和解案件。从审判流程和案件审理阶段上看,破产申请审查阶段仍属于破产程序开始前的预备阶段。故破产申请审查案件立案后,仅意味着法院决定通过司法程序对债务人是否具备破产原因进行审理,并不代表破产程序已经启动。

三、执行转破产案件的审查

(一)破产审查与受理

受移送法院的破产审判部门应当自收到移送的材料之日起 30 日内作出是否受理的裁定。执转破案件的破产审查结果,直接影响执行程序的走向,关系到当事人的实体权益。为保障当事人对执转破案件结果的知情权,保障当事人对后续程序的参与和监督,受移送法院作出裁定后,应当在 5 日内将是否受理破产案件的裁定向申请执行人、被执行人送达,并送交执行法院。

申请执行人申请或同意移送破产审查的,裁定书中以该申请执行人为申请人,被执行人为被申请人;被执行人申请或同意移送破产审查的,裁定书中以该被执行人为申请人;申请执行人、被执行人均同意移送破产审查的,双方均为申请人。

受移送法院裁定受理破产案件的,执行法院应当解除对被执行人财产的保全措施。裁定受理破产案件之前执行程序中产生的评估费、公告费、保管费等执行费用,可以参照破产费用的规定,从债务人财产中随时清偿。

执行法院收到受移送法院受理裁定后,应当于7日内将已经扣划到账的银行存款、实际扣押的动产、有价证券等被执行人财产移交给受理破产案件的法院或管理人。执行法院收到受移送法院受理裁定时,已通过拍卖程序处置且成交裁定已送达买受人的拍卖财产,通过以物抵债偿还债务且抵债裁定已送达债权人的抵债财产,已完成转账、汇款、现金交付的执行款,因财产所有权已经发生变动,不属于被执行人的财产,不再移交。

(二)受移送法院不予受理或驳回申请的处理

受移送法院作出不予受理或驳回申请裁定的,应当在裁定生效后7日内将接收的材料、被执行人的财产退回执行法院,执行法院应当恢复对被执行人的执行。

受移送法院作出不予受理或驳回申请的裁定后,法院不得重复启动执行案件移送破产审查程序。申请执行人或被执行人以有新证据足以证明被执行人已经具备了破产原因为由,再次要求将执行案件移送破产审查的,法院不予支持。但是,申请执行人或被执行人可以直接向具有管辖权的法院提出破产申请。

四、宣告破产的效力

宣告破产的效力,是指法院宣告债务人破产后,对破产人、债权人和其他利害关系人所产生的法律上的后果。宣告破产的效力主要包括以下四个方面:

(1)对债务人的效力。债务人被宣告破产后,丧失继续经营、独立对外进行民事活动的能力。债务人的法定代表人、董事、监事、高级管理人员的权利受到限制。债务人由管理人接管,债务人的所有职工,除必要的留守人员外,管理人应尽快使其与债务人企业解除劳动合同。

(2)对债务人财产的效力。债务人被宣告破产后,无权再管理处分其财产,只能由管理人按照破产清算、分配的目的,进行接管和处置。

(3)对债权人的效力。债务人被宣告破产后,法院受理破产申请时对债务人享有的债权称为破产债权。债权人应当在法院确定的债权申报期限内向管理人申报债权。破产债权包括有财产担保的债权和普通债权。对破产人的特定财产享有担保权的债权可以通过行使别除权得到优先受偿,不按照破产清算程序清偿。① 债权人行使优先受偿权未获受偿部分,或者放弃优先受偿权的,其债权为普通债权。普通债权只能按照法律规定的清偿顺序和破产财产分配方案确定的清偿比例进行受偿。

(4) 对法院审理程序的效力。破产宣告是专属于法院的司法裁判权。在法院受理破产申请后、宣告债务人破产前,债务人或者出资额占债务人注册资本 1/10 以上的出资人,可以向法院申请重整,债务人也可以向法院申请和解,但债务人被宣告破产后,法院不能再裁定债务人进入重整、和解程序。

受移送法院裁定宣告被执行人破产或裁定终止和解程序、重整程序的,应当自裁定作出之日起 5 日内送交执行法院,执行法院应当裁定终结对被执行人的执行。

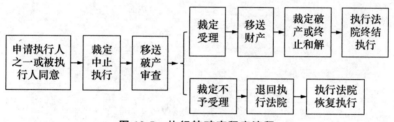

图 12-5　执行转破产程序流程

思考题

1. 造成被执行人无可供执行财产的原因有哪些?
2. 简述域内仲裁裁决裁定不予执行的法定情形?
3. 公证债权文书的裁定不予执行与诉讼判决不予执行事由有何区别? 具体事由分别有哪些?
4. 终结本次执行的条件有哪些?

---

① 别除权是指债权人因其债权设有物权担保或享有优先受偿权,而在破产程序中就债务人特定财产享有的优先受偿权利。

5. 符合哪些法定情形之一的,法院可裁定终结执行?

6. 终结本次执行与终结执行只有两字之差,二者有什么区别?

7. 执行案件移送破产审查是否必须经申请执行人同意?

8. 执行案件移送破产审查后,受移送法院作出不予受理或驳回申请裁定的,执行案件应如何处理?

第十三章 执 行 监 督

执行监督作为法院纠正自身错误执行行为的重要手段,是执行工作有错必纠原则的体现。原则上,对于执行过程中的所有实施或裁决行为,法院认为存在错误的,均可以启动执行监督程序予以审查处理。

执行监督有广义和狭义之分。广义的执行监督是指各权力监督主体对法院行使民事执行权的行为进行察看并提出意见的活动,即具有监督权的机关认为执行机构作出的裁定、决定、通知或具体执行行为不当或者存在错误,要求执行机构予以纠正的法律制度。执行监督的形式和内容十分广泛,不仅包括立法机关、人民检察院的法律监督,而且包括执政党的纪律监督、政协的民主监督等,但不包括新闻媒体、执行当事人或者案外人的监督。狭义的执行监督,专指法院系统内部的监督,包括法院自身各部门之间和不同人员之间的监督,以及上下级法院之间的制约与监督。

执行监督外观上虽然均是法院依职权启动,但从其内部考察,法院发现执行行为存在错误的途径有所不同。首先是法院内部自查发现执行行为存在错误;其次是执行案件当事人或案外利害关系人向法院提出申请后,法院经审查发现执行行为存在错误。此外,经执行案件当事人或利害关系人提出申诉,具有监督权的机关要求法院纠正错误,法院经审查发现存在错误亦是实务中常见的一种途径。

第一节　执行监督的申请与审查

执行监督重在"监督",是一种事后救济。执行过程中,当事人或案外利害关系人认为法院的执行行为不当或错误,损害其合法权益的,可以提出执行行为异议。执行法院审查并作出裁定后,当事人或利害关系人对裁定不服的,可以向上级法院申请复议。执行异议与复议类似于审判程序中的"两审终审",上级法院经复议审查,对执行行为是否存在不当或错误作出终局裁定,当事人或利害关系人本应"服判息诉",但复议裁定并不能排除也有可能存在错误。此外,由于执行案件律师代理率偏低,没有法律知识的当事人或利害关系人有可能认为执行行为存在错误,但由于种种原因没有提出异议或复议。如果任凭不当或错误的执行行为持续,势必会损害当事人或利害关系人的合法权益。此时,法律仍需给他们一条救济途径。执行监督是一种非正常程序,其作为执行异议与复议程序的补充,设置用意在于纠正不当或错误的执行行为,维护当事人或利害关系人的合法权益。

2023年2月1日,《最高人民法院关于办理申请执行监督案件若干问题的意见》(法〔2023〕4号)施行。意见第6条至第11条基于《最高人民法院关于完善四级法院审级职能定位改革试点的实施办法》(2021年10月1日起施行)的规定[①],对最高人民法院受理和办理执行监督的条件设置了比较高的门槛。2023年9月12日,《最高人民法院关于四级法院审级职能定位改革试点结束后相关工作要求的通知》印发,明确了四级法院审级职能定位改革试点工作于2023年9月27日正式结束,自2023年9月28日起,不再执行《最高人民法院关于完善四级法院审级职能定位改革试点的实施办法》。最高人民法院、各高级人民法院恢复施行《民事诉讼法》第206条(2023年《民事诉讼法》第210

[①] 《最高人民法院关于完善四级法院审级职能定位改革试点的实施办法》规定,要将涉及重大国家利益、社会公共利益和具有普遍法律适用指导意义的案件交由较高层级法院审理,逐步实现基层人民法院重在准确查明事实、实质化解纠纷;中级人民法院重在二审有效终审、精准定分止争;高级人民法院重在再审依法纠错、统一裁判尺度;最高人民法院监督指导全国审判工作、确保法律正确统一适用。

条)、《行政诉讼法》第 90 条的规定。《最高人民法院关于办理申请执行监督案件若干问题的意见》第 6 条至第 11 条因与最高人民法院及高级人民法院的审级职能发生冲突,也因与《民事诉讼法》第 210 条的规定相冲突而不应再适用。上述规范性文件施行之前,法律、司法解释及其他规范性文件重在强调法院内部监督及纠错,对当事人或利害关系人申请执行监督的途径、程序等没有明确规定,实务中,法院也将当事人或利害关系人申请执行监督作为申诉、信访案件对待。随之而来的,一方面法院对此类案件重视程度不够,审查处理随意性较大,有些甚至长期搁置成为"抽屉案";另一方面,当事人或利害关系人在法院审查处理后,仍然无休止地重复申诉、信访的情况较为普遍。《最高人民法院关于办理申请执行监督案件若干问题的意见》对执行监督案件中普遍存在的申请途径、申请期限、立案受理、重复监督、结案方式等问题进行了规范,是指引法院执行监督工作的比较重要的规范性文件。

一、执行监督的申请

通常情况下,执行异议和复议是执行监督的前置程序,因此,当事人或利害关系人申请执行监督,通常是不服上级法院作出的执行复议裁定,认为执行复议裁定存在错误。当事人、利害关系人对执行复议裁定不服,向作出复议裁定的上一级法院申请执行监督的[①],法院应当立案,但法律、司法解释另有规定的除外。换言之,执行行为如果是由基层法院作出,复议裁定的作出法院为中级法院,当事人或利害关系人通常情况下应向高级法院申请执行监督;执行行为如果是由中级法院作出,复议裁定的作出法院为高级法院,通常情况下当事人或利害关系人应向最高人民法院申请执行监督;执行行为如果是由高级法院作出,复议裁定的作出法院为最高人民法院,当事人或利害关系人仍应向最高人民法院申请执行监督。符合"当事人一方人数众多或者当事人双方为公

---

① 需注意上级法院与上一级法院的区别。上一级法院是指作出执行复议裁定的上级法院的上一级法院。

民的案件"①,或法律、司法解释另有特别规定的,当事人、利害关系人可以向复议裁定的作出法院(即《民事诉讼法》第210条规定的发生法律效力的裁定的原审人民法院)申请执行监督。②

作为例外情况,当事人或利害关系人依法应当提出执行异议而未提出,直接向执行法院的上级法院申请执行监督的,上级法院应当告知其向执行法院提出执行异议。超过异议申请期限的,告知其向执行法院申请执行监督。当事人或利害关系人向执行法院提出执行异议,执行法院作出裁定后,申请人依法应当申请复议而未申请,直接向复议法院的上一级法院申请执行监督的,上一级法院应当告知其向复议法院申请复议。超过复议申请期限的,告知其向复议法院申请执行监督。③ 法院在办理执行申诉信访过程中,发现信访诉求符合上述两种情形的,按照上述程序指引处理。

当事人或利害关系人对执行复议裁定不服申请执行监督的,应当在执行复议裁定发生法律效力后6个月内提出。当事人或利害关系人因超过提出执行异议期限或者申请复议期限,未经执行异议或复议程序向法院申请执行监督的,应当在提出异议期限或者申请复议期限届满之日起6个月内提出。申请人超过上述期限向法院申请执行监督的,法院不予受理;已经受理的,裁定终结审查。

当事人或利害关系人申请执行监督,通常应当同时提交下列材料:(1)申请人的身份证明;(2)执行监督申请书,载明具体的监督请求、事实和理由;(3)相关的法律文书及相应的证据清单和材料;(4)法律文书送达地址确认书和联系方式。

---

① "人数众多"应参照代表人诉讼的人数标准确定为10人以上(含本数)。参照《民诉法解释》的规定,人数众多的一方当事人,包括公民、法人和其他组织。换言之,申请执行人或被执行人一方包括公民、法人和其他组织在内的当事人为10人以上时,可以向复议裁定的作出法院申请执行监督。对于"双方为公民",参照《民诉法解释》的规定,是指申请执行人和被执行人均为公民。

② 《民事诉讼法》第210条规定:"当事人对已经发生法律效力的判决、裁定,认为有错误的,可以向上一级人民法院申请再审;当事人一方人数众多或者当事人双方为公民的案件,也可以向原审人民法院申请再审。当事人申请再审的,不停止判决、裁定的执行。"

③ 执行行为异议通常应在相应的执行程序终结前提出,对执行终结不服的(实质是对终结执行的执行行为提出异议),可以在知道或者应当知道终结执行之日起30日内提出异议。执行复议应当在执行异议裁定送达之日起10日内提出。

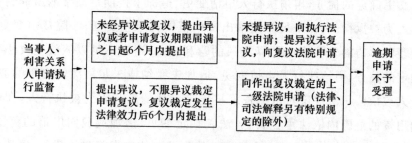

图 13-1　执行监督申请时限、受理法院

二、执行监督的受理

执行监督作为一种事后救济程序,应在当事人或利害关系人穷尽一切前置法定程序救济后再行启动。法律及司法解释规定的前置救济程序包括执行异议与复议程序、审判监督程序、提起诉讼启动审理程序、重新申请仲裁程序等。启动审判监督程序、提起诉讼启动审理程序、重新申请仲裁程序属于实体救济程序,与执行监督程序在纠错途径、启动、审查处理、法律文书、法律效力等方面有明显的区别,相比之下,这些实体救济程序更加公开、严谨,救济途径也更加完善,可以更好地保护当事人及利害关系人的合法权益,因此,法律、司法解释规定了实体审理救济程序的,当事人及利害关系人不应再申请执行监督,法院也不应当受理他们提出的执行监督申请。

当事人或利害关系人对执行裁定不服,向法院申请执行监督,有下列情形之一的,法院应当以适当的方式向其释明法律规定或者法定救济途径,一般不作为执行监督案件受理:

(1) 执行过程中,案外人对执行标的提出书面异议,法院经审查,理由成立的,裁定中止对该标的的执行,理由不成立的,裁定驳回异议。案外人、当事人对案外人异议裁定不服的,依照审判监督程序办理或者向法院提起诉讼。

(2) 对下列处理变更、追加当事人申请的裁定不服,可以向法院提起执行异议之诉的。

具体情形包括:① 作为被执行人的有限合伙企业,财产不足以清偿生效法律文书确定的债务,申请执行人申请变更、追加未按期足额缴纳出资的有限合伙人为被执行人,在未足额缴纳出资的范围内承担责任,法院裁定变更、追加或驳回申请的。② 作为被执行人的营利法人,财产不足以清偿生效法律文书确定的债务,申请执行人申请变更、追加未缴纳或未足额缴纳出资的股东、出资人或依公司法规定对该出资承担连带责任的发起人为被执行人,在尚未缴纳出资的范围内依法承担责任,法院裁定变更、追加或驳回申请的。③ 作为被执行人的营利法人,财产不足以清偿生效法律文书确定的债务,申请执行人申请变更、追加抽逃出资的股东、出资人为被执行人,在抽逃出资的范围内承担责任,法院裁定变更、追加或驳回申请的。④ 作为被执行人的公司,财产不足以清偿生效法律文书确定的债务,其股东未依法履行出资义务即转让股权,申请执行人申请变更、追加该原股东或依公司法规定对该出资承担连带责任的发起人为被执行人,在未依法出资的范围内承担责任,法院裁定变更、追加或驳回申请的。⑤ 作为被执行人的一人有限责任公司,财产不足以清偿生效法律文书确定的债务,股东不能证明公司财产独立于自己的财产,申请执行人申请变更、追加该股东为被执行人,对公司债务承担连带责任,法院裁定变更、追加或驳回申请的。⑥ 作为被执行人的公司,未经清算即办理注销登记,导致公司无法进行清算,申请执行人申请变更、追加有限责任公司的股东、股份有限公司的董事和控股股东为被执行人,对公司债务承担连带清偿责任,法院裁定变更、追加或驳回申请的。①

(3) 被申请人提出证据证明仲裁裁决有下列情形之一,仲裁裁决被法院裁定不予执行,当事人可以重新申请仲裁或者向法院起诉的。

具体情形包括:① 当事人在合同中没有订有仲裁条款或者事后没有达成书面仲裁协议的。② 裁决的事项不属于仲裁协议的范围或者仲裁机构无权仲裁的。③ 仲裁庭的组成或者仲裁的程序违反法定程序的。④ 裁决所依据

---

① 申请人、被申请人对执行法院作出的变更、追加裁定或驳回申请裁定不服,既可以选择在裁定送达之日起15日内,向作出裁定的法院提起诉讼,也可以选择在裁定书送达之日起10日内向上一级法院申请复议,但变更、追加"法人财产不足以清偿债务时依法对该债务承担清偿责任的出资人"及"有限合伙企业财产不足以清偿债务时未缴纳或者未足额缴纳出资的有限合伙人"为被执行人的除外。列举的六种具体情形符合上述除外情形特征的,申请人或被申请人提起诉讼是唯一的救济途径,不能申请复议。

的证据是伪造的。⑤ 对方当事人向仲裁机构隐瞒了足以影响公正裁决的证据的。⑥ 仲裁员在仲裁该案时有贪污受贿、徇私舞弊、枉法裁决行为的。仲裁裁决被法院裁定不予执行的,当事人可以根据双方达成的书面仲裁协议重新申请仲裁,也可以向法院起诉。

(4) 公证债权文书被裁定不予执行或者部分不予执行,当事人可以向法院提起诉讼的。

执行程序终结前,被执行人提供证据证明公证债权文书有下列情形之一的,经执行法院审查核实,裁定不予执行:① 被执行人未到场且未委托代理人到场办理公证;② 被执行人为无民事行为能力人或者限制民事行为能力人,没有监护人代为办理公证;③ 公证员为本人、近亲属办理公证,或者办理与本人、近亲属有利害关系的公证;④ 公证员办理该项公证有贪污受贿、徇私舞弊行为,已经由生效刑事法律文书等确认;⑤ 其他严重违反法定公证程序的情形。另外,执行法院认定执行公证债权文书违背公序良俗的,也可裁定不予执行。不予执行公证债权文书的裁定生效后,当事人可以就该公证债权文书涉及的民事权利义务争议向法院提起诉讼。

(5) 法律或者司法解释规定不通过执行复议程序进行救济的其他情形。

兜底条款为法律、司法解释将来可能增加规定的不通过执行复议程序进行救济的情形预留了适用空间。

审判程序中,一个民事案件通常在两审终审后发生法律效力。作为两审终审制的补充,部分案件进入再审程序。当事人认为法院的生效法律文书存在错误的,应当首先向法院申请再审,只有法院驳回再审申请,或逾期未作出处理,或再审作出的判决、裁定有明显错误的,才可以向检察院申请抗诉或申请发出检察建议。因此,我国实行的是"法院纠错先行,检察抗诉断后"的申请再审顺位模式。此外,我国实行有限再审制度,在检察院作出提出或不提出检察建议或抗诉的决定后,当事人不得再次向检察院申诉,也不得再次向法院申请再审。执行监督没有实行"法院纠错先行,检察抗诉断后"的监督顺位,当事人或利害关系人可不经向法院申请而直接向检察院申请执行监督,但检察院作出决定后即告终结,当事人或利害关系人不能再向法院申请执行监督。因此,当事人或利害关系人向法院申请执行监督,有下列情形之一的,不予

受理:

(1) 针对法院就复议裁定作出的执行监督裁定提出执行监督申请的。

当事人或利害关系人不服复议裁定申请执行监督,法院经过审查作出裁定,当事人或利害关系人的申请事项相当于已经过异议程序、复议程序及执行监督三道"关卡"的审查,仍然存在错误的概率已经小之又小。如果允许当事人或利害关系人再次申请执行监督,不仅浪费有限的司法资源,也不利于执行程序的正常推进,最终影响生效法律文书的权威性。

需注意,虽然法院不再受理执行监督再次申请,但当事人或利害关系人还有权向检察院提出申诉。因此,法院应当告知当事人或利害关系人可以向检察院申请检察建议,但因检察院提出检察建议而作出执行监督裁定的除外。

(2) 在检察院对申请人的申请作出不予提出检察建议后又提出执行监督申请的。

当事人或利害关系人向检察院申请执行监督,检察院经审查认为法院的执行行为不存在不当或错误情形,从而决定不予提出检察建议。检察院作出决定后即告终结,当事人或利害关系人无权再向法院申请执行监督,提出申请的法院不予受理。

三、执行监督的审查与结案

(一) 执行监督案件的办理流程

执行监督案件的立案审查统一归口法院的立案部门。当事人或利害关系人申请执行监督,应向法院的立案部门递交申请书及相关材料。立案后,立案部门应当将案件材料及时移交执行裁决部门。

《最高人民法院关于进一步完善执行权制约机制加强执行监督的意见》要求各级法院深化执行裁决权与执行实施权分离。具备条件的法院可单独设立执行裁判庭,负责办理执行异议、复议、执行异议之诉案件,以及消极执行督办案件以外的执行监督案件。不具备条件的法院,执行异议、复议、消极执行督办案件以外的执行监督案件由执行机构专门合议庭负责审查。执行裁决部门接收执行监督案卷材料后,依法组成合议庭,审查执行监督案件。执行监督案件所涉的原案执行实施或者审查人员,不得参与执行监督案件的审查。[1]

办理执行监督案件可以根据案件具体情况,采取书面审查、调卷审查、听证审查等方式,必要时可以调查取证及询问当事人。原案事实比较清楚、法律关系比较明确且申诉理由不能成立的,可以采取书面审查方式。原案遗漏重要事实或者主要事实认定不清、可能存在错误,且适用法律、处理结果争议较大的,以及重大疑难复杂、社会关注度较高的执行监督案件,可以采取听证审查方式。原案当事人以外的人与执行监督审查结果有直接利害关系的,可以列为第三人,与案件当事人在程序上享有相同的权利和义务。经合法传唤后,申请人无正当理由拒不到庭参加听证的,或者未经许可中途退庭的,按撤回申诉处理。其他当事人、利害关系人不参加听证的,案件继续审查。

执行监督审查期间,原则上不停止执行。申请人提供充分、有效的担保请求暂缓执行的,可以根据案件情况决定是否暂缓执行。对方当事人提供充分、有效的担保请求继续执行的,应当继续执行。上级法院受理执行监督案件,决定暂缓执行或者继续执行的,上级法院应当书面通知执行法院。

需注意,当事人、利害关系人向最高人民法院申请执行监督的案件,除法律、司法解释另有特别规定的以外,应当由最高人民法院进行审查。《最高人民法院关于办理申请执行监督案件若干问题的意见》第 9 条[2]、第 10 条[3]、第 11 条[4]的规定已不再适用。

---

[1] 《执行异议规定》规定执行异议及复议案件均需组成合议庭审查。执行监督案件作为执行异议、复议的补充救济,显然也应当组成合议庭审查。

[2] 第 9 条主要内容为:向最高人民法院申请的执行监督案件符合下列情形之一的,最高人民法院可以决定由原审高级人民法院审查:(1)案件可能存在基本事实不清、审查程序违法、遗漏异议请求情形的;(2)原执行复议裁定适用法律可能存在错误,但不具有普遍法律适用指导意义的。

[3] 第 10 条主要内容为:高级人民法院经审查,认为原裁定适用法律确有错误,且符合"具有普遍法律适用指导意义"或"最高人民法院或者不同高级人民法院之间近三年裁判生效的同类案件存在重大法律适用分歧,截至案件审查时仍未解决的"情形,需要由最高人民法院审查的,经高级人民法院审判委员会讨论决定后,可以报请最高人民法院审查。最高人民法院收到高级人民法院根据前款规定提出的报请后,认为有必要由本院审查的,应当立案审查;认为没有必要的,不予立案,并决定交高级人民法院立案审查。

[4] 第 11 条主要内容为:最高人民法院应当自收到执行监督申请书之日起 30 日内,决定由本院或者作出执行复议裁定的高级人民法院立案审查。最高人民法院决定由原审高级人民法院审查的,应当在作出决定之日起 10 日内将执行监督申请书和相关材料交原审高级人民法院立案审查,并及时通知申请人。

（二）执行监督案件的结案方式

执行监督案件审查终结后作结案处理。执行监督案件的结案方式包括：

（1）准许撤回申请。申请人撤回监督申请的，准许撤回申请。

（2）驳回监督申请。申请人提出的监督请求缺乏证据支持，没有事实与理由依据的，监督请求不能成立，驳回监督申请。

（3）限期改正。原案裁定或者请求纠正的其他执行行为认定事实或者适用法律错误，申请人提出的监督请求成立或者部分成立的，指定执行法院在一定期限内改正。

（4）撤销并改正。原案裁定或者请求纠正的其他执行行为认定事实不清、证据不足的，在查清事实后撤销原案执行异议或复议裁定，或者撤销请求纠正的其他执行行为，作出相应裁定直接改正。

（5）提级执行。申请人提出的监督申请成立，上级法院决定提级自行执行。

（6）指定执行。申请人提出的监督申请成立，上级人民法院决定指定辖区内其他法院执行。

（7）撤销执行异议裁定和执行复议裁定，发回异议法院重新审查；或者撤销执行复议裁定，发回复议法院重新审查。原案裁定或者请求纠正的其他执行行为为下级法院作出，存在基本事实不清、主要证据不足，或者遗漏请求事项或者适用程序错误情形的，可以裁定撤销原案执行异议或复议裁定，或者撤销请求纠正的其他执行行为，发回下级法院重新审查。

（8）按撤回执行监督申请处理。经合法传唤后，申请人无正当理由拒不到庭参加听证，或者未经许可中途退庭的，按撤回监督申请处理。最高人民法院立案的执行监督申请书不符合要求，最高人民法院给予指导和释明后，一次性告知申请人在10日内予以补正。申请人无正当理由逾期未予补正的，同样按申请人撤回监督申请处理。

（9）终结审查。执行监督审查期间，执行法院自行纠正执行错误的，执行监督案件作结案处理。

（10）其他。设置兜底条款，便于审查法院在出现新情况时灵活掌握。

法院审查执行监督案件，一般应当作出执行裁定，但不支持监督请求的，可以根据案件具体情况作出驳回通知书。

图13-2 执行监督申请流程

第二节 上级法院的执行监督

导入案例 13-1

某中级法院在执行陈某、郭某、春某、贾某申请执行某观光医疗主题园区开发有限公司、闫某、孙某民间借贷纠纷四案中,原申请执行人陈某、郭某、春某、贾某分别将其依据生效法律文书拥有的债权转让给了某实业发展有限公司。依据某实业发展有限公司的申请,某中级法院裁定变更某实业发展有限公司为上述四案的申请执行人,债权总额为129605303.59元(包括本金、利息及其他费用),并将四案合并执行。

执行过程中,某中级法院拟拍卖被执行人所有土地及地上建筑物(被多家法院查封)。因拍卖流拍,某中级法院裁定将扣除温泉酒店及1号住宅楼后的流拍财产,以保留价153073614元以物抵债给某实业发展有限公司。对于某观光医疗主题园区开发有限公司所欠施工单位的工程款,在施工单位决算后,由某实业发展有限公司及其股东予以退还。案涉土地轮候查封人赵某对该裁定提出执行异议,请求法院实现查封在前的债权人债权以后,严格按照查封顺位对申请人的债权予以保护、清偿。某中级法院审查后裁定驳回赵某的异议。

赵某向某高级法院申请复议。某高级法院复议审查后,裁定撤销某中级法院以物抵债执行裁定。某实业发展有限公司向最高人民法院申诉,请求最高人民法院进行执行监督。最高人民法院审查后认为,某中级法院在原申请执行人陈某、郭某、春某、贾某将债权转让给某实业发展有限公司后将四案合并执行,但该四案查封土地、房产的顺位情况不一,也并非全部首封案涉土地或房产。执行法院虽将四案合并执行,但仍应按照原申请执行人依据相应债权申请查封的顺序确定受偿顺序。某中级法院裁定将全部涉案财产抵债给某实业发展有限公司,实质上是将查封顺位在后的原申请执行人债权受偿顺序提前,影响了在先轮候的债权人的合法权益。最高人民法院最终裁定驳回某实业发展有限公司的申诉请求。①

一、上级法院执行监督的内容和程序

上级法院执行机构负责本院对下级法院执行工作的监督、指导和协调。上级法院依法监督下级法院的执行工作,最高人民法院依法监督地方各级法院和专门法院的执行工作。法院的内部监督是通过两种方式来实现的。一是通过法院内部实行执行实施权和执行裁决权的分离,形成执行机构的内部权力运行中的监督制约机制。事实上这种分权只是一种系统内部制约,虽然能起到一定的监督作用,但这种监督只是一种自我监督和自我约束。二是通过上级法院对下级法院进行监督的方式来实现法院系统的内部监督。导入案例13-1中,最高人民法院通过对某实业发展有限公司申诉的审查,实质上对某中级法院及某高级法院进行了执行监督。

上级法院对下级法院的执行监督主要包括以下方面:

1. 对下级法院的执行行为或执行中作出的其他生效裁定、决定的执行监督

一是对下级法院作出不当或错误裁定、决定、通知的监督,比如执行法院对被执行人错误地作出罚款或拘留决定,上级法院可以行使监督权;二是对法院具体执行行为违反法律规定的监督,比如执行法院错误地执行了案外人的财产,没有依法保留被执行人及其所扶养的家属的生活必需品等,上级法院有权对此执行行为进行监督。

(1) 指令下级法院纠正,并可通知其暂缓执行。上级法院组成合议庭审

---

① 案例素材来源于最高人民法院第23批指导性案例第122号,2019年12月24日发布。

查认为下级法院的执行行为违反法律规定,或执行中作出的其他生效裁定、决定确有错误的,应首先指令下级法院自行纠正。指令应以书面形式下达,并指出执行错误或不当之处。必要时可通知有关法院暂缓执行。根据《执行问题规定》,暂缓执行的期限不得超过3个月。因特殊事由需延长的,只能延长3个月。延长暂缓执行期限应报经院长批准,并及时通知下级法院。

(2) 对下级法院复议的审查。上级法院的纠正指令,下级法院必须执行。但下级法院认为纠正指令有错误的,可在收到指令后5日内请求上级法院复议。上级法院应及时对复议请求进行审查。复议理由成立的,应撤销纠正指令,并通知下级法院恢复执行;复议理由不成立的,可通知下级法院复议理由不成立并要求其立即纠正。

(3) 上级法院直接作出裁定或决定予以纠正。如经复议审查后理由不成立而下级法院仍不予纠正的,上级法院可直接作出裁定或决定予以纠正,送达有关法院及当事人,并可直接向有关单位发出协助执行通知书。纠正裁定或决定一经送达立即生效,下级法院须无条件地遵照执行。

2. 对下级法院未依法实施执行行为的监督

实务中,法院实施违反法律规定的执行行为并不多见,经常发生的是法院没有严格按照法律规定实施执行行为,即法院怠于实施执行行为。上级法院认为下级法院在办理案件中未实施执行行为违反法律规定的,可以督促下级法院限期实施;必要时,也可以决定由本院或者指定本辖区其他法院执行该案件。

3. 对非诉讼生效法律文书的执行监督

法院之外的其他机构作出的非诉讼法律文书如果没有错误,法院应当依法执行。但如果这些法律文书有法定的不予执行的情形,法院应当裁定不予执行。如上级法院发现下级法院执行的非诉讼生效法律文书有不予执行事由,下级法院应当依法作出不予执行裁定而不制作的,可以责令下级法院在指定时限内作出裁定,必要时可直接裁定不予执行。

4. 对据以执行的生效法律文书的执行监督

上级法院在监督、指导、协调下级法院执行案件中,发现据以执行的生效法律文书确有错误的,应当书面通知下级法院暂缓执行,并按照审判监督程序处理。该规定实质上是对法院制作的判决书、裁定书、调解书、支付令等生效法律文书的执行监督,因为只有法院制作的生效法律文书有错误,才会发生按照审判监督程序处理的问题。因此,当上级法院发现下级法院据以执行的生效法律文书确有错误时,有权用书面的形式通知下级法院暂缓执行,下级法院应当立即暂缓执行,并按照法定程序进行审查;符合再审条件的,即按照审判监督程序的规定进行再审。

5. 对执行期限的执行监督

执行法院执行生效的法律文书,应当遵守执行期限的规定,即应当在立案之日起 6 个月内执行结案,确有特殊情况需要延长的,由本院院长批准可以延长。如果上级法院发现下级法院的执行案件(包括受委托执行的案件)在规定的期限内未能执行结案,应当作出裁定、决定、通知而不制作的,或应当依法实施具体执行行为而不实施的,应当发出督促令督促下级法院限期执行,下级法院应当按督促令的要求及时执行。为了进一步加强执行期限的监督,上级法院对下级法院长期未能执结的案件,认为确有必要的,上级法院可以决定由本院执行或与下级法院共同执行,也可以指定本辖区内其他法院执行,以保证案件得到及时执行。

为了强化上级法院的执行监督职能,《民事强制执行法(草案)》还规定,下级法院拒不执行上级法院的裁定、决定或者有严重违法执行行为的,上级法院可以建议依照有关程序对主管人员和直接责任人员依法给予处分。该规定拓展了上级法院执行监督的内涵,加大了执行监督的力度。当下级法院拒不执行上级法院的裁定、决定,或者下级法院执行行为存在严重违法情形时,上级法院除了可以行使监督权纠错外,还可以建议有关部门依照有关程序对下级法院主管执行人员和直接责任人员予以纪律处分。

二、执行异议、案外人异议与执行监督的竞合及其处理

《最高人民法院关于办理申请执行监督案件若干问题的意见》施行之前,上级法院的执行监督是法院内部的一种行政性的、权力制约和纠错的制度,其实施主体体现于上级法院与下级法院之间,具体程序在法院内部运行,当事人、利害关系人无从参与,上级法院处理后一般只向执行法院下发内部函文,在特殊情况下才制作正式的裁定或决定。当事人、利害关系人、案外人虽可向上级法院提出申诉反映情况,要求上级法院行使执行监督权,以保护自己的合

法权益,但这种权利本质上属于宪法赋予公民申诉权的具体表现,而非执行程序中的救济制度。因为这种申诉行为并不必然产生相应的程序法上的效果,向上级法院反映情况后,是否会得到处理,以及在多大程度上得到处理,申诉人都无能为力。相反,提出执行异议、案外人异议是法律赋予当事人、利害关系人、案外人的法定权利,异议或复议申请符合法定条件的,执行法院和上一级法院就必须进行审查处理,并作出裁定,裁定应当送达当事人、利害关系人、案外人和有关法院。在此过程中,当事人、利害关系人、案外人有权依法参与执行救济程序,提供证据,进行质证和辩论,充分表达意见和主张,影响救济裁定的作出。

《最高人民法院关于办理申请执行监督案件若干问题的意见》对执行监督案件的申请途径、申请期限、立案受理、重复监督、结案方式等问题进行了规范,与执行异议、案外人异议等法定程序相比,执行监督与执行异议、案外人异议在纠错途径、启动程序、审查处理程序、法律效力等方面的规定并不完全相同。二者都有纠正执行错误的实际效果,可以作为两种不同的纠错机制同时存在,但执行监督是一种事后救济程序,是一种法定程序之外的补充程序,应在当事人或利害关系人穷尽一切前置法定程序救济后再行启动。

执行法院出现违法执行时,即使当事人、利害关系人未提出异议,或者对裁定不服时未向上一级法院申请复议,如果上级法院发现执行法院存在违法执行问题的,也应当依法主动进行监督。如果当事人、利害关系人已经提出了执行异议或正在申请复议,在异议、复议程序正常进行的情况下,上级法院一般无须再就同一问题重复进行监督。如果当事人同时申请执行监督,或有权机关要求法院内部进行执行监督,执行异议、案外人异议与执行监督出现竞合,通常应当优先以程序更加公开严谨、救济途径更加完善的异议审查程序进行处理。当然,特殊情况下,上级法院认为必要时也可以直接进行执行监督。导入案例 13-1 中,在法院执行异议和复议审查过程中,如果执行当事人或案外利害关系人同时向上级法院或最高人民法院提出申诉,执行异议复议审查程序应优先进行,是否进行执行监督应在异议复议审查程序结束之后视有无必要再行决定。

第三节 检察监督

导入案例 13-2

2020年3月始,某市检察院部署开展了为期一年的终结本次执行专项监督活动,对全市法院消极执行、滥用终结本次执行程序等问题开展专项法律监督,利用中国裁判文书网、中国执行信息公开网等司法公开平台主动发现线索,共办理执行监督案件49件,其中涉及终结本次执行案件32件。2021年4月,该市检察院对2020年办理的终结本次执行监督案件进行汇总梳理,发现法院终本执行中存在三个方面的突出问题:一是对终本执行程序的适用条件把握不准确。部分法院对"已穷尽财产调查措施"的标准执行不严,部分案件对发现的财产未采取有效的查封处置措施,部分法院还存在对当事人提供的财产线索没有及时核实处理,随意认定无财产可供执行的情形。二是适用终本执行程序不规范。部分法院在终本执行前未听取申请执行人意见,部分法院在终本执行后没有依法将网络查控结果告知申请执行人,造成执行款项未能及时进行执行划拨。三是制作终本执行法律文书不规范。

2021年4月,某市检察院向某市中级法院制发检察建议:一是开展一次终结本次执行程序的专题培训,压实执行人员在执行活动中的司法责任,提高执行人员准确把握适用终结本次执行程序的实体条件和程序规定的能力。二是制定一个终结本次执行程序的裁定书范本,进一步规范终结本次执行程序裁定书的制作。三是组织一次终结本次执行案件质量评查活动,加强对本辖区终结本次执行程序案件的梳理和总结,开展有针对性的整改,对于共性问题建章立制,堵塞程序漏洞,进一步督促基层法院规范执行。2021年6月,某市中级法院函复某市检察院,表示已经根据检察建议,采取了一系列整改落实措施。

一、检察监督的范围和方式

《中共中央关于加强新时代检察机关法律监督工作的意见》指出,人民检察院是国家的法律监督机关,是保障国家法律统一正确实施的司法机关,是保护国家利益和社会公共利益的重要力量,是国家监督体系的重要组成部分。意见进一步提出人民检察院依法履行刑事、民事、行政和公益诉讼等检察职能,为新时代检察工作战略布局提供了明确依据。目前,人民检察院已推动形成刑事、民事、行政、公益诉讼"四大检察"并行的法律监督工作格局,民事检察监督包括对法院民事审判活动和民事执行活动进行法律监督。检察院对民事执行活动实施法律监督,应当依法保障各方当事人的诉讼权利,监督和支持法院依法行使执行权。

(一)对法院民事执行活动的监督

《民事强制执行法(草案)》第 96 条规定:"经当事人、利害关系人申请,人民检察院认为同级或者下级人民法院的执行行为违反法律规定、应当实施执行行为而未实施或者在执行中作出的其他生效裁定、决定确有错误,需要纠正的,应当提出检察建议。但是,当事人、利害关系人依照本法可以提出异议、申请复议、提起诉讼或者人民法院正在进行异议、复议审查或者诉讼审理的除外。执行行为违背公序良俗或者执行人员在执行案件时有贪污受贿、徇私舞弊、枉法执行等违法行为且司法机关已经立案的,人民检察院可以依职权进行监督。"检察院对法院执行生效民事判决、裁定、调解书、支付令、仲裁裁决以及公证债权文书等具有执行效力和内容的法律文书,依法实施法律监督,重点监督法院在民事执行活动中执行实施行为是否违法、执行审查行为是否错误以及是否存在怠于或不履行法定职责等违反法律规定的情形。

1. 当事人、利害关系人申请检察监督

经当事人、利害关系人申请,检察院认为同级或者下级法院的执行行为违反法律规定、应当实施执行行为而未实施或者在执行中作出的其他生效裁定、决定确有错误,需要纠正的,应当提出检察建议。但是,当事人、利害关系人可以提出异议、申请复议、提起诉讼或者法院正在进行异议、复议审查或者诉讼审理的除外。换言之,只有在当事人、利害关系人穷尽法律规定的提出异议、申请复议、提起诉讼等救济途径之后,法院没有支持当事人、利害关系人的纠正请求,当事人、利害关系人才可以申请检察监督。

检察监督的主要方式是发出检察建议书。检察建议书是检察院对同级法院民事执行活动进行监督发出的文书,上级检察院如果认为下级人民法院的执行行为违反法律规定、应当实施执行行为而未实施或者在执行中作出的其他生效裁定、决定确有错误,需要纠正的,应当向同级法院发出检察建议书,或指令下级检察院向同级法院发出检察建议书。

检察院对执行活动提出检察建议的,应当经检察长或者检察委员会决定,制作检察建议书,在决定之日起15日内将检察建议书连同案件卷宗移送同级法院,并制作决定提出检察建议的通知书,发送当事人。法院收到检察建议书后,应当在3个月内将审查处理情况书面回复检察院。

检察院发现法院执行实施行为有下列情形之一的,应当向法院提出检察建议:(1) 没有执行依据,违法受理执行案件的;(2) 未按法律规定调查被执行人财产状况的;(3) 调查、搜查违反法律规定的;(4) 采取查封、扣押、冻结等财产控制措施和评估、拍卖、变卖等财产处置措施违反法律规定的;(5) 明显超标的执行、执行案外人财产或者对依法不得执行的财产采取执行措施的;(6) 解除已经采取的执行措施违反法律规定的;(7) 违反法律规定保管、使用被执行财产的;(8) 执行款物的分配和发还措施违反法律规定的;(9) 迫使、欺骗当事人违背真实意愿达成执行和解协议,损害其合法权益的;(10) 执行实施行为有其他违反法律规定情形的。

检察院发现法院有下列怠于或不履行执行职责情形之一的,应当向法院提出检察建议:(1) 对依法应当受理的执行申请不予受理又不依法作出不予受理裁定的;(2) 对已经受理的执行案件不依法作出执行裁定或者未在法定的期限内采取执行措施的;(3) 违法不受理执行异议、复议或者受理后逾期未作出裁定、决定的;(4) 不依法采取执行措施,导致被执行人财产遭受损失或者导致执行目的不能实现的;(5) 暂缓执行、中止执行的原因消失后,未按规定恢复执行的;(6) 依法应当改变或者解除执行措施而不改变、解除的;(7) 被执行人确有财产可供执行,法院无正当理由自收到申请执行书之日起超过6个月未执行的;(8) 有其他不履行或者怠于履行职责行为的。

检察院发现法院作出的民事执行裁定、决定有下列情形之一的,应当向法院提出检察建议:(1)提级管辖、指定管辖或者对管辖异议的裁定违反法律规定的;(2)裁定不予受理、中止执行、终结本次执行、终结执行、恢复执行、执行回转等违反法律规定的;(3)执行裁定所确定的内容与执行依据不符的;(4)裁定追加、变更执行主体错误的;(5)裁定采取财产调查、控制、处置以及分配等措施违反法律规定的;(6)审查执行异议、复议以及案外人异议作出的裁定违反法律规定的;(7)决定罚款、拘留、暂缓执行等事项违反法律规定的;(8)执行裁定、决定有其他违法情形的。

检察院认为当事人申请监督的法院执行活动不存在违法情形的,应当作出不支持监督申请的决定,在决定之日起15日内制作不支持监督申请决定书并发送申请人。

2. 主动依职权监督

检察院发现法院执行行为违背公序良俗或者执行人员在执行案件时有贪污受贿、徇私舞弊、枉法执行等违法行为且司法机关已经立案的,可以依职权进行监督。检察院提出检察建议的,应当制作检察建议书,在决定提出检察建议之日起15日内将检察建议书连同案件卷宗移送同级法院,并制作决定提出检察建议的通知书,发送申请人。

(二)对其他国家机关的监督

《中共中央关于加强新时代检察机关法律监督工作的意见》指出,人民检察院全面深化行政检察监督。检察机关依法履行对行政诉讼活动的法律监督职能,促进审判机关依法审判,推进行政机关依法履职,维护行政相对人合法权益。在履行法律监督职责中发现行政机关违法行使职权或者不行使职权的,可以依照法律规定制发检察建议等督促其纠正。意见还强调深入推进全国执行与监督信息法检共享,推动依法解决执行难问题。检察院发现有关国家机关不依法履行执行依据确定的义务或者协助执行义务的,可以提出检察建议。法院在执行案件中发现存在上述情形的,可以请求检察院依法履行法律监督职责。具体情形包括:

1. 有关国家机关不履行协助义务

协助义务人能否按照法院的要求协助执行是执行工作能否顺利进行的关

键所在。法院在执行中要求有关国家机关协助实施的事项包括：协助调查财产及身份信息；协助查找被执行人、被拘传人、被拘留人；协助查找和控制被查封的机动车、船舶、航空器等财产；协助办理财产权证照转移手续；有暴力阻碍执行或者其他必要情形时，制止违法行为、维持现场秩序、协助采取限制出境；等等。有关国家机关未协助实施上述事项的，法院可以请求人民检察院依法履行法律监督职责、提出检察建议。

2. 不依法履行执行依据确定的义务

为了更好地开展公共管理活动，国家机关购置办公用品、租赁房屋、租用交通工具或者它们的工作人员在从事公务活动中伤害了他人或者损害了他人的财产的，有关国家机关就与相应的出卖方、出租方、受损失方形成了民事法律关系，因此，国家机关亦可成为民事执行案件的被执行人。机关法人作为被执行人的案件如果不能得到及时执行，不仅会损害申请执行人的合法权益，也有损于国家机关的形象和公信力。对于国家机关不依法履行执行依据确定的义务的，法院可以请求检察院依法履行法律监督职责提出检察建议。

检察院根据法院的请求向有关国家机关提出检察建议后，有关国家机关应及时对是否存在上述情形进行审查，并在收到检察建议书 3 个月内将审查情况书面回复检察院。检察院依法向有关单位提出纠正意见或者检察建议的，有关单位应当及时整改落实并回复，有不同意见的，可以在规定时间内书面说明情况或者提出复议。对于无正当理由拒绝接受监督的单位和个人，检察院可以建议监察机关或者该单位的上级主管机关依法依规处理。

二、检察机关的调查核实措施

根据《中共中央关于加强新时代检察机关法律监督工作的意见》的规定，为进一步提升法律监督效能，检察机关要加强对监督事项的调查核实工作，精准开展法律监督。检察机关依法调阅被监督单位的卷宗材料或者其他文件，询问当事人、案外人或者其他有关人员，收集证据材料的，有关单位和个人应当协助配合。对于无正当理由拒绝协助调查的单位和个人，检察机关可以建议监察机关或者该单位的上级主管机关依法依规处理。检察院因履行执行监督职责提出检察建议的需要，报经检察长审批后，可以采取以下措施，对相关事项进行调查核实:(1)向当事人或者案外人调查核实有关情况;(2)依照有关规定调阅法院的执行卷宗;(3)法律规定的其他措施。

检察院因对法院的民事执行活动提出检察建议的需要,可以向当事人或案外人调查核实有关情况,但这种调查取证权与刑事侦查权不同,检察机关仅对与民事执行活动相关的事实有一定的调查权,仅限于调查与本案有关的情况。检察院进行调查核实,不得采取限制人身自由和查封财产等强制性措施。

检察院认为法院在执行活动中可能存在怠于履行职责情形的,可以依照有关规定向法院发出说明案件执行情况通知书,要求说明案件的执行情况及理由。并可以依法调阅法院的执行卷宗。检察院采取调查核实措施的,法院应当予以配合。

思考题

1. 简述当事人或利害关系人申请执行监督的时限及逾期申请的法律后果。

2. 简述上级法院对下级法院执行监督的主要内容。

3. 具备哪些情形,检察院可以不经当事人、利害关系人申请,主动依职权进行监督?

4. 检察院对法院执行活动行使检察监督权适用什么法律文书?

5. 检察院因履行执行监督职责的需要,可以采取什么措施,对相关事项进行调查核实?

参 考 文 献

[1] 张卫平主编:《民事诉讼法学》(第三版),法律出版社2013年版。
[2] 常怡主编:《民事诉讼法学》(第三版),中国政法大学出版社1999年版。
[3] 李浩:《民事诉讼法学》(第三版),法律出版社2016年版。
[4] 赵刚、占善刚、刘学在:《民事诉讼法》(第三版),武汉大学出版社2015年版。
[5] 江必新主编:《民事执行新制度理解与适用》,人民法院出版社2010年版。
[6] 沈宗灵主编:《法理学》(第三版),北京大学出版社2009年版。
[7] 董少谋编著:《民事强制执行法》,中国政法大学出版社2008年版。
[8] 石淼:《民事诉讼法要义及实务》,北京大学出版社2021年版。